21世纪经济与管理精编教材·经济学系列

Stata 数据分析应用

（第二版）

Data Analysis and Application Using Stata

2nd edition

朱顺泉 夏 婷◎编 著

北京大学出版社
PEKING UNIVERSITY PRESS

图书在版编目(CIP)数据

Stata 数据分析应用 / 朱顺泉, 夏婷编著. —2 版. —北京：北京大学出版社, 2023.1
21 世纪经济与管理精编教材. 经济学系列
ISBN 978-7-301-33493-5

Ⅰ.①S… Ⅱ.①朱… ②夏… Ⅲ.①统计分析—应用软件—高等学校—教材 Ⅳ.①C819

中国版本图书馆 CIP 数据核字(2022)第 193181 号

书　　　名	Stata 数据分析应用（第二版）
	Stata SHUJU FENXI YINGYONG（DI-ER BAN）
著作责任者	朱顺泉　夏　婷　编著
策 划 编 辑	周　莹
责 任 编 辑	刘冬寒　闫格格
标 准 书 号	ISBN 978-7-301-33493-5
出 版 发 行	北京大学出版社
地　　　址	北京市海淀区成府路 205 号　100871
网　　　址	http://www.pup.cn
微信公众号	北京大学经管书苑（pupembook）
电 子 邮 箱	编辑部 em@pup.cn　总编室 zpup@pup.cn
电　　　话	邮购部 010-62752015　发行部 010-62750672　编辑部 010-62752926
印 刷 者	三河市博文印刷有限公司
经 销 者	新华书店
	787 毫米×1092 毫米　16 开本　22 印张　469 千字
	2015 年 9 月第 1 版
	2023 年 1 月第 2 版　2023 年 12 月第 2 次印刷
定　　　价	56.00 元

未经许可，不得以任何方式复制或抄袭本书之部分或全部内容。
版权所有，侵权必究
举报电话：010-62752024　电子邮箱：fd@pup.cn
图书如有印装质量问题，请与出版部联系，电话：010-62756370

前　言

党的二十大报告总结了过去五年的历史成就，擘画了未来中国经济和社会发展前进的方向，凸显了中国高质量发展的要求和趋势，为中国数字经济发展指明了方向。未来数字经济的重要发展方向是实现数字经济助力实体经济发展。经济高质量发展的一个重要方面是建立现代化经济体系，现代化经济体系建立离不开实体经济发展。党的二十大报告提出，坚持把发展经济的着力点放在实体经济上。数字经济主要包括数字产业化和产业数字化。发展数字经济，能够推动 5G 网络、工业互联网、大数据、人工智能、基础软件等数字产业发展。数字技术发展又能进一步推动数字经济与实体经济的融合，通过运用数字技术对传统产业进行全方位、全链条改造，可以有效提高全要素生产率，促进传统产业数字化、网络化、智能化发展。发展数字经济，促进数字经济和实体经济深度融合，打造具有国际竞争力的数字产业集群，将是未来数字经济发展的着力点。

在当今大数据时代的背景下，数据已经成为人们决策最为重要的参考依据之一，数据分析行业已经迈入了一个全新的阶段。《Stata 数据分析应用》（第二版）侧重于 Stata 软件的数据存取、图形展示和统计与计量经济数据分析，重点介绍了 Stata 软件在统计学与计量经济分析中的应用，同时结合大量的实例，通过大量的丰富的实例，对 Stata 软件进行科学、准确和全面的介绍，以便读者能深刻理解 Stata 软件的精髓和灵活、高效的使用技巧。

Stata 软件是在经济金融数据分析、宏观经济预测、销售预测和成本分析等领域应用非常广泛的统计与计量软件之一，它具有菜单驱动、短小精悍、运算速度快、绘图功能强、更新和发展速度惊人等特点，因而受到广大用户的欢迎和喜爱。2021 年 4 月 20 日，Stata 公司正式宣布 Stata 17.0 上线。相比于以往的版本，Stata 17.0 是一次令人激动的重大升级，不仅有贝叶斯计量经济学的"高歌猛进"，与主流计算机语言平台的深度整合，更便于编程的 Do 文件编辑器，而且更为贴近计量实战的需求。在可预见的将来，Stata 软件依然会是统计学与计量经济学最强大的软件之一。本书通过丰富的实例，详细介绍了 2021 年新发行的 Stata 17.0 在经济管理、社会科学研究中的应用，目的在于培养读者的定量思维观念、精益求精的科学研究理念。

本书中所使用的实例体现了社会价值和社会规范的正向要求，在技术训练和实践操作中，倡导通过实证的方式为正向的社会价值和社会规范导向提供直接的经验证据，做到以数据、方法、模型、实证结果说服人、教育人。本书可以通过知识讲授、方法模型推演以及实践操作等方式与读者面对面沟通，从而及时矫正读者可能存在的价值观或道德规范的方向性偏差，实践操作环节中的数据实例分析也体现了经济金融政策法律、法规的隐性信息导向。

本书侧重于理论与应用相结合，实例丰富且通俗易懂，实用性、实验和可操作性特别强，详细介绍了各种统计和计量经济方法在 Stata 软件中的实现过程。本书适合作为经济学、金融学、统计学等相关专业的本科生或研究生学习统计学、计量经济学等课程的教材或实验参考用书，同时对从事数据分析的职场人士也大有裨益。

本书的内容安排如下：第 1 章介绍 Stata 基本窗口、变量与数据处理；第 2 章介绍 Stata 图形的绘制；第 3 章介绍 Stata 描述性统计；第 4 章介绍 Stata 参数假设检验；第 5 章介绍 Stata 相关分析；第 6 章介绍 Stata 最小二乘线性回归分析；第 7 章介绍 Stata 因变量受限回归分析；第 8 章介绍 Stata 异方差计量检验与应用；第 9 章介绍 Stata 自相关计量检验与应用；第 10 章介绍 Stata 多重共线性计量检验与应用；第 11 章介绍 Stata 时间序列分析；第 12 章介绍 Stata 面板数据分析；第 13 章介绍 GARCH 模型的 Stata 应用；第 14 章介绍 VECM 模型的 Stata 应用。本书也是广东省一流本科投资学专业建设点项目（2020）、国家级一流本科专业投资学专业建设点项目（2020）、广东省一流本科课程投资学建设项目（2022）、广东省研究生教育创新计划项目（2022）等阶段性成果。

本书实例经典，内容丰富，有很强的针对性，书中各章详细地介绍了实例的 Stata 软件具体操作过程，读者只需按照书中介绍的步骤一步一步地实际操作，就能掌握全书的内容。为了帮助读者更加直观地学习本书，我们可将书中实例的全部数据文件打包发送，读者可参照书后教辅申请说明，免费申请。读者只需在 Stata17 目录中建立一个 zsq 目录名（命名可随意），将所有 Stata 数据文件复制到此目录，即可进行操作。

本书的出版，得到了北京大学出版社周莹编辑的支持、帮助，应该感谢她为读者们提供了这么好的一个工具！由于时间和水平的限制，书中难免出现一些纰漏，恳请读者谅解并提出宝贵意见。

作 者
2022 年 11 月于广州

目 录

第 1 篇　Stata 应用基础

第 1 章　Stata 17.0 基本窗口、变量与数据处理 ··············· 003
1.1　Stata 17.0 基本窗口说明 ············· 003
1.2　Stata 17.0 数据文件的创建与读取 ············· 004
1.3　创建和替代变量 ············· 009
1.4　分类变量和定序变量操作 ············· 014
1.5　数据的基本操作 ············· 017
1.6　定义数据的子集 ············· 022
操作练习题 ············· 026

第 2 章　Stata 图形的绘制 ··············· 027
2.1　直方图的绘制 ············· 027
2.2　散点图的绘制 ············· 031
2.3　曲线标绘图的绘制 ············· 034
2.4　连线标绘图的绘制 ············· 038
2.5　箱图的绘制 ············· 041
2.6　饼图的绘制 ············· 044
2.7　条形图的绘制 ············· 046
2.8　点图的绘制 ············· 049
操作练习题 ············· 052

第 2 篇　Stata 统计应用

第 3 章　Stata 描述性统计 ··············· 055
3.1　描述性统计基本理论 ············· 055
3.2　定距变量的描述性统计 ············· 066
3.3　正态分布检验和数据转换 ············· 071
3.4　单个分类变量的汇总 ············· 075

3.5 两个分类变量的列联表分析 ····· 077
3.6 多个分类变量的列联表分析 ····· 080
操作练习题 ····· 084

第4章 Stata 参数假设检验 ····· 085
4.1 参数假设检验的基本理论 ····· 085
4.2 单个样本 t 检验应用 ····· 097
4.3 两个独立样本 t 检验应用 ····· 099
4.4 配对样本 t 检验应用 ····· 102
4.5 单一样本方差的假设检验应用 ····· 104
4.6 双样本方差的假设检验应用 ····· 106
操作练习题 ····· 109

第5章 Stata 相关分析 ····· 110
5.1 简单相关分析基本理论 ····· 110
5.2 简单相关分析基本应用 ····· 111
5.3 偏相关分析的基本理论 ····· 114
5.4 偏相关分析的基本应用 ····· 114
操作练习题 ····· 117

第6章 Stata 最小二乘线性回归分析 ····· 118
6.1 一元线性回归分析基本理论 ····· 118
6.2 一元线性回归分析的应用 ····· 121
6.3 多元线性回归分析基本理论 ····· 129
6.4 多元线性回归分析的应用 ····· 133
操作练习题 ····· 143

第7章 Stata 因变量受限回归分析 ····· 144
7.1 断尾回归分析 ····· 144
7.2 截取回归分析 ····· 151
操作练习题 ····· 158

第3篇 Stata 计量经济应用

第8章 Stata 异方差计量检验与应用 ····· 161
8.1 回归模型的异方差计量检验基本理论 ····· 161
8.2 回归模型的异方差计量检验基本应用 ····· 169
8.3 回归模型的异方差计量检验拓展应用 ····· 179
操作练习题 ····· 183

第9章 Stata 自相关计量检验与应用 ……184
9.1 回归模型的自相关计量检验基本理论 ……184
9.2 回归模型的异方差计量检验基本应用 ……191
9.3 回归模型的自相关计量检验拓展应用 ……201
操作练习题 ……202

第10章 Stata 多重共线性计量检验与应用 ……203
10.1 回归模型的多重共线性计量检验基本理论 ……203
10.2 回归模型的多重共线性计量检验基本应用 ……209
10.3 回归模型的多重共线性计量检验的拓展应用 ……217
操作练习题 ……219

第11章 Stata 时间序列分析 ……220
11.1 时间序列分析的基本理论 ……220
11.2 时间序列分析的基本应用 ……223
11.3 单位根检验 ……233
11.4 协整检验 ……242
11.5 格兰杰因果关系检验 ……251
操作练习题 ……258

第12章 Stata 面板数据分析 ……259
12.1 面板数据分析的基本理论 ……259
12.2 短面板数据分析的基本应用 ……260
12.3 长面板数据分析的基本应用 ……281
操作练习题 ……302

第13章 GARCH 模型的 Stata 应用 ……303
13.1 GARCH 模型的含义 ……303
13.2 ARCH 效应检验 ……305
13.3 GARCH 模型的 Stata 应用 ……306
操作练习题 ……324

第14章 VECM 模型的 Stata 应用 ……325
14.1 VECM 模型的含义 ……325
14.2 VECM 模型的 Stata 应用 ……326
14.3 VECM 模型的应用实例 ……329
操作练习题 ……342

参考文献 ……343

第1篇
Stata 应用基础

第1章　Stata 17.0 基本窗口、变量与数据处理

Stata 是一种功能全面的统计与计量软件包，是目前最为流行的统计与计量软件包之一。它具有短小精悍、运算速度快、绘图功能强、容易操作、功能强大等特点。它不仅包括一套事先编制好的分析数据功能，同时还允许用户根据自己的需要来创建程序。该软件被引入我国后，得到了广大学者的认可，适用范围越来越广。本章对 Stata 17.0 的基本窗口、变量与数据管理做一些初步介绍。

1.1　Stata 17.0 基本窗口说明

将 Stata 17.0 安装在 F 盘（也可以是其他盘）的 stata17 目录上，在目录 stata17 创建一个 zsq 目录（命名可随意），将光盘或 U 盘上的所有文件复制在 F:\ stata17\ zsq 目录中。

在正确安装 Stata 17.0 后，双击 Stata 主程序的图标文件，即可打开 Stata 17.0 的主界面，如图 1-1 所示。

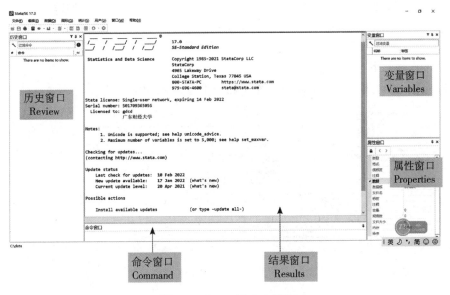

图 1-1　Stata 17.0 主界面

在图 1-1 中，有 5 个区域：历史窗口、命令窗口、结果窗口、变量窗口、属性窗口。

历史窗口（Review）显示的是自本次启动 Stata 17.0 以来执行过的所有命令。

命令窗口（Command）是最重要的窗口，它的作用是在本窗口内输入准备执行的命令。

结果窗口（Results）显示的是每次执行 Stata 命令后的执行结果，无论成功还是失败。

变量窗口（Variables）显示的是当前数据文件中的所有变量。

属性窗口（Properties）显示的是当前数据文件中设定的变量以及数据的性质。

1.2 Stata 17.0 数据文件的创建与读取

1.2.1 Stata 17.0 数据文件的创建

例 1-1 表 1-1 是我国 2016—2020 年上市公司数量的数据，创建 Stata 17.0 格式的数据文件并保存。

表 1-1 我国 2016—2020 年上市公司数量

年份（year）	上交所（shangjiao）/个	深交所（shenjiao）/个
2016	1 199	1 883
2017	1 394	2 083
2018	1 451	2 127
2019	1 573	2 192
2020	1 800	2 356

操作过程如下：

进入 Stata 17.0，打开主程序，弹出如图 1-2 所示的主界面。

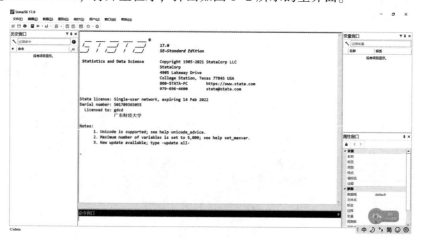

图 1-2 主界面

选择"数据"|"数据编辑器"|"数据编辑器（编辑）"，弹出如图 1-3 所示的"数据编辑器（编辑）"对话框。

图 1-3　"数据编辑器（编辑）"对话框（1）

在"数据编辑器（编辑）"对话框左上角的单元格中输入第 1 个数据"2016"，系统即自动创建"*var*1"变量，如图 1-4 所示。

图 1-4　"数据编辑器（编辑）"对话框（2）

单击右下方的属性窗口中的"变量"|"变量特征"（含名称、类型、长度等）即可进入可编辑状态，如图 1-5 所示。

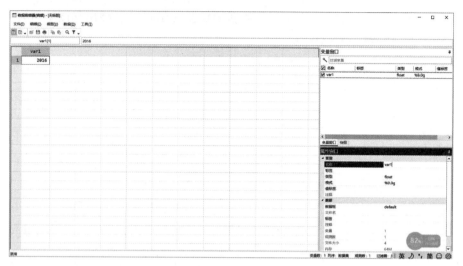

图 1-5 "数据编辑器（编辑）"对话框（3）

对变量名称进行必要的修改，第 1 个变量是年份，可把"*var1*"修改为"*year*"，其他采取系统默认设置，修改完成后在左侧数据输入区域单击，即可弹出如图 1-6 所示的对话框。

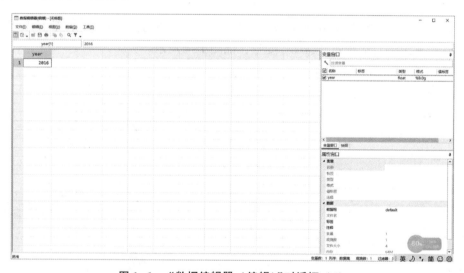

图 1-6 "数据编辑器（编辑）"对话框（4）

逐个录入其他数据，其他两个变量参照年份进行设置，将其定义为"*shangjiao*""*shenjiao*"，数据录完后，如图 1-7 所示。

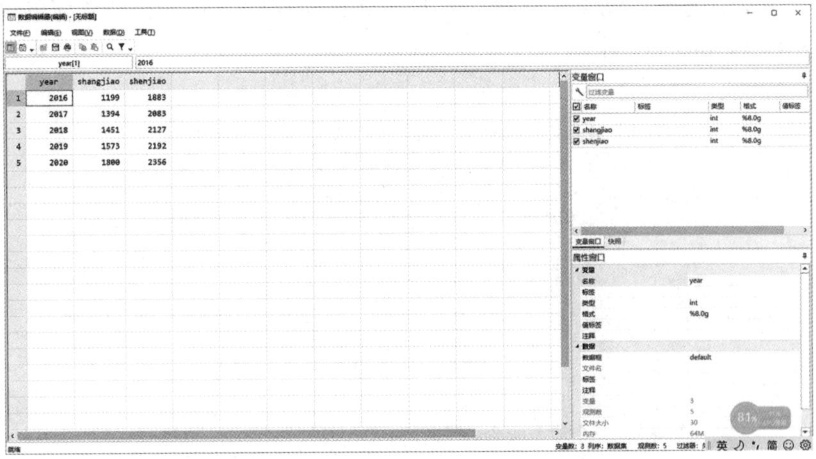

第 1 章　Stata 17.0 基本窗口、变量与数据处理

图 1-7　"数据编辑器（编辑）"对话框（5）

关闭"数据编辑器（编辑）"对话框，在主界面的工具栏里单击 Save 保存，将数据保存在 F:\stata17\zsq\chap01 中，文件名为 al1-1.dta。

1.2.2　Stata 17.0 数据文件的读取及转换

读取以前创建的 Stata 格式的数据文件比较简单，有三种方式：
(1) 直接双击该文件，即可打开数据。
(2) 在主界面的菜单栏里面选择"文件"|"打开"命令，然后找到文件打开即可。
(3) 在主界面的命令窗口中，输入命令：use filename（文件名称）。
例如：use "F:\stata17\zsq\chap01\al1-1.dta"

在建立好 Excel 文件之后，若要在 Stata 中读取 Excel 文件，在主界面的菜单栏里面选择"文件"|"导入"|"Excel 电子表格（*.xls；*.xlsx）"命令，得到如图 1-8 所示的界面。

图 1-8　Stata 读取 Excel 文件的界面

在图 1-8 中选择"浏览"命令，定位至文件所在的目录，找到对应的文件，可得到如图 1-9 所示的界面。

图 1-9　定位至文件目录和文件

在图 1-9 所示命令框中选择"打开"按钮，再选择"确定"即可。

在建立好 Excel 文件之后，若要把 Excel 文件转换成 Stata 数据文件也可用如下命令实现：

import excel "F:\stata17\zsq\chap01\al1-1.xls", sheet("Sheet1") clear

若要把 Stata 数据文件转换成 Excel 文件，需先把 Stata 文件打开，命令如下：

use "F:\stata17\zsq\chap01\al1-1.dta", clear

然后在主界面的菜单栏里面选择"文件"|"导出"|"Excel 电子表格（*.xls；*.xlsx）"命令，得到如图 1-10 所示的界面。

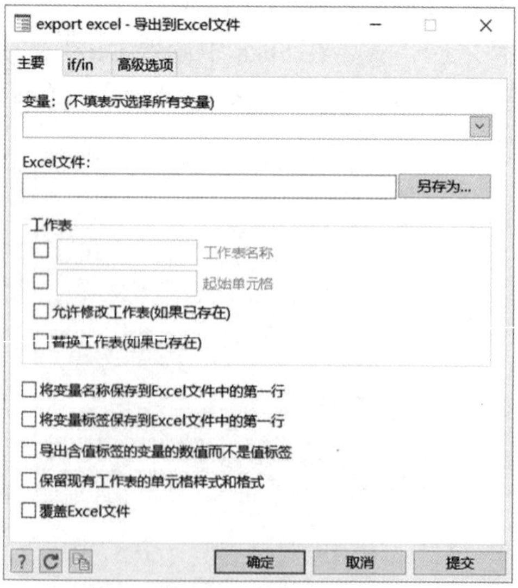

图 1-10　把 Stata 数据文件转换成 Excel 文件初始界面

在图 1-10 的"变量"下拉框中选择变量,在"Excel 文件"栏出现相应的目录和文件,可得到如图 1-11 所示的界面。

图 1-11 找到文件目录和文件

在图 1-11 中选择"确定"即可。

在打开 Stata 数据文件之后,把 Stata 数据文件转换成 Excel 文件也可用如下命令实现:

export excel year shangjiao shenjiao using "F:\stata17\zsq\chap01\al1-1.xls", firstrow(variables)

1.3 创建和替代变量

前面介绍了创建、修改数据文件和变量的通用方式,但在某些情况下,需要利用现有变量生成一个新的变量,那么如何快捷方便地实现这种操作呢? Stata 17.0 提供了 generate 以及 replace 命令供我们选择使用,其中 generate 命令是利用现有变量生成一个新的变量,并保留原来的变量不变;而 replace 命令则是利用现有变量生成一个新的变量替换原来的变量。

例 1-2 我国 2009 年各地区的就业人口以及工资总额数据如表 1-2 所示。用 Stata 17.0 命令进行操作:(1) 生成新的变量来描述各地区的平均工资情况;(2) 生成平均工资变量替代原有的工资总额变量;(3) 对生成的平均工资变量数据均作除以 10 的处理;(4) 对就业人口变量进行对数平滑处理,从而产生新的变量。

表 1-2 我国 2009 年各地区的就业人口以及工资总额

地区（region）	就业人口（people）/人	工资总额（sumwage）/元
北京	6 193 478	354 562 114
天津	2 016 501	88 650 773
河北	5 030 626	139 819 814
山西	3 857 975	107 304 259
内蒙古	2 458 276	76 181 130
…	…	…
青海	506 254	16 361 377
宁夏	581 039	19 536 870
新疆	2 494 187	71 506 764

在进行 Stata 统计分析之前，要把数据录入 Stata 中，录入数据与例 1-1 的操作类似。本例有 3 个变量，分别是地区、就业人口、工资总额，把地区变量设定为 region，类型为 str14，格式为%14s；就业人口变量设定为 people，类型为 long，格式为%10.0g；工资总额变量设定为 sumwage，类型为 long，格式为%10.0g；录完数据后，并做数据保存，如图 1-12 所示。

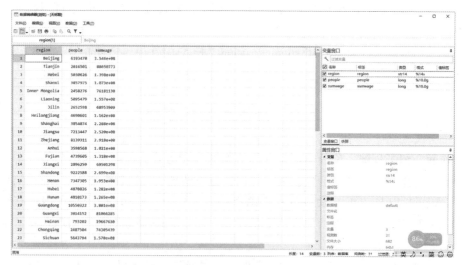

图 1-12 例 1-2 数据

进入 Stata 17.0，弹出如图 1-13 所示的主界面。

第 1 章　Stata 17.0 基本窗口、变量与数据处理　011

图 1-13　主界面

在主界面的 Command 文本框输入如下命令：
use "F:\stata17\zsq\chap01\al1-2.dta"，clear
并单击键盘上的回车键进行确认。
在主界面的 Command 文本框输入如下命令：
generate avwage＝sumwage/people
本命令的含义是生成新的变量来描述各地区的平均工资情况。
再输入如下命令：browse
即得到如图 1-14 所示的 avwage 数据。

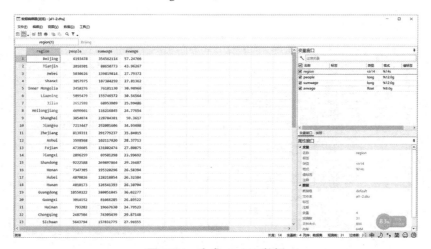

图 1-14　生成 avwage 数据

在主界面的 Command 文本框输入如下命令：
replace sumwage＝sumwage/people

本命令的含义是生成平均工资变量来替代原有的工资总额变量。

再输入如下命令：browse

即得到如图 1-15 所示的 sumwage 数据。

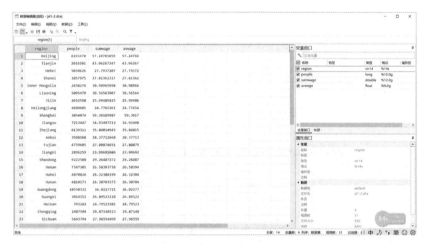

图 1-15　替代 sumwage 数据（1）

在主界面的 Command 文本框输入如下命令：

replace sumwage=sumwage/10

本命令的含义是生成平均工资变量数据均作除以 10 的处理。

再输入如下命令：browse

即得到如图 1-16 所示的 sumwage 数据。

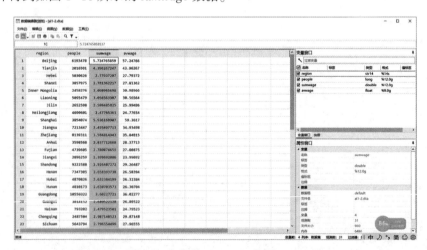

图 1-16　替代 sumwage 数据（2）

在主界面的 Command 文本框输入如下命令：

gen lpeople=ln(people)

本命令的含义是对就业人口变量进行对数平滑处理，从而产生新的变量。
再输入如下命令：browse
即得到如图 1-17 所示的 *lpeople* 数据。

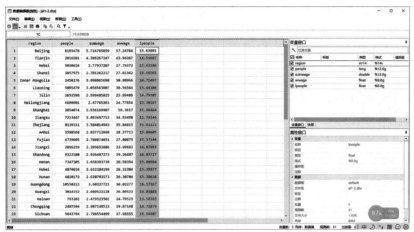

图 1-17　生成 *lpeople* 数据

注意，在上面的例子中，我们使用了代数运算符"/"。在 Stata 17.0 中，还可以使用的代数运算符如表 1-3 所示。

表 1-3　代数运算符

代数运算符	+	−	*	/	^
含义	加	减	乘	除	乘方

在上面的例子中，也用到了自然对数函数 ln。在 Stata 17.0 中，还可以使用的函数如表 1-4 所示。

表 1-4　函数

函数	含义	函数	含义	函数	含义
abs (x)	x 的绝对值	sqrt (x)	平方根函数	exp (x)	指数函数
sin (x)	正弦函数	cos (x)	余弦函数	tan (x)	正切函数
asin (x)	反正弦函数	acos (x)	反余弦函数	atan (x)	反正切函数
trunc (x)	整数部分	logit (x)	x 的对数比率	total (x)	x 的移动合计
mod (x, y)	x/y 的余数	sign (x)	符号函数	round (x)	x 的四舍五入整数
atanh (x)	双曲反正切函数	floor (x)	小于等于 x 的最大整数	ceil (x)	小于等于 x 的最小整数

1.4 分类变量和定序变量操作

在很多情况下,我们会用到分类变量(虚拟变量)的概念,其用途是通过定义值的方式将观测样本进行分类,例如根据某一变量特征的不同把观测样本分为3类,那么就需要建立3个分类变量 A、B、C,如果观测样本属于 A 类,其对应的分类变量 A 的值就为1,对应的分类变量 B 和 C 的值就为0。定序变量的用途是根据数据值大小将数据分到几个确定的区间,其在广义上也是一种分类,下面用实例来说明它们的基本操作。

例1-3 某大学各个学院承担的项目数量如表1-5所示。试用 Stata 17.0 对数据进行以下操作:(1)试生成新的分类变量来描述项目级别;(2)试生成新的定序变量对项目数量进行定序,分到3个标志区间。

表1-5 某大学各个学院承担的项目数量和级别

学院($xueyuan$)	项目数量($number$)/个	项目级别($type$)
会计	20	省级
工商	14	省级
统计	4	省级
数学	3	省级
国际	5	省级
经济	21	省级
公管	10	国家级
贸易	19	国家级
金融	32	国家级
旅游	3	国家级

在进行 Stata 统计分析之前,首先要把数据录入 Stata 中,录入数据与例1-1类似,或者将目录 F:\stata17\zsq\chap01 中的 al1-3.dta 或 al1-3.xls 数据直接调入 Stata 17.0 也可。本例有3个变量,分别是学院、项目数量、项目级别,把学院变量设定为 $xueyuan$,类型为 str6,格式为%9.0s;项目数变量设定为 $number$,类型为 byte,格式为%10.0g;项目级别变量设定为 $type$,类型为 byte,格式为%9.0s。录完数据后,并做数据保存,如图1-18所示。

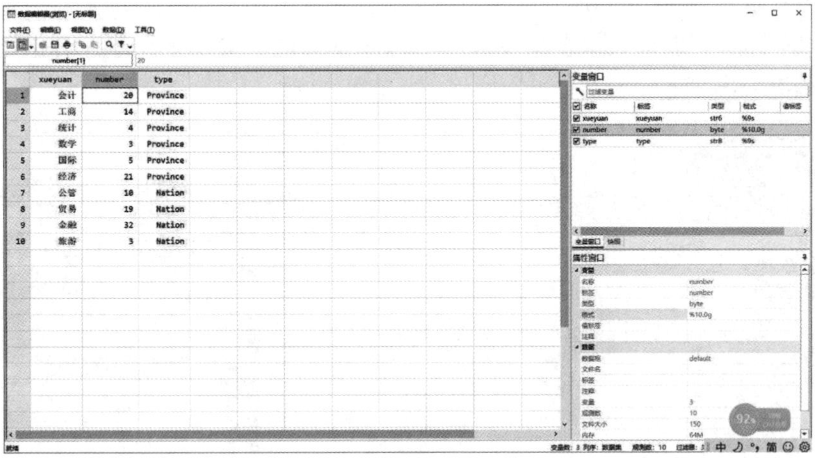

图 1-18　例 1-3 数据

进入 Stata 17.0，打开数据文件，弹出如图 1-19 所示的主界面。

图 1-19　主界面

在主界面的 Command 文本框输入如下命令：

tabulate type，generate（type）

本命令的含义是生成新的分类变量来描述项目级别。

执行后即得到如图 1-20 所示的数据。

type	Freq.	Percent	Cum.
Nation	4	40.00	40.00
Province	6	60.00	100.00
Total	10	100.00	

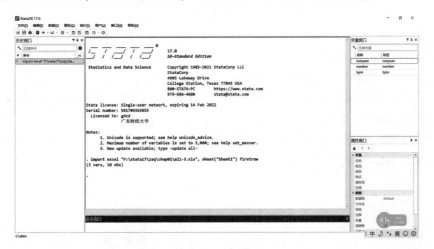

图 1-20　描述项目级别的结果

再输入如下命令：browse

按回车键后，进入数据查看界面，可以看到如图 1-21 所示的生成的分类数据"type1"和"type2"。

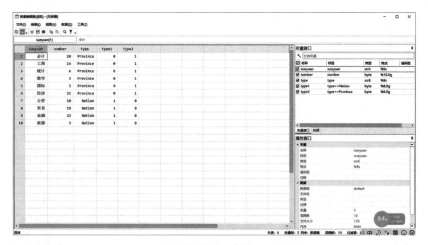

图 1-21 "数据编辑器（浏览）"对话框（1）

在 Command 文本框输入如下命令：

generate number1＝autocode（number，3，1，25）

本命令的含义是生成新的定序变量对项目数量进行定序，分到 3 个标志区间。

输入如下命令：browse

进入数据查看界面，可以看到如图 1-22 所示的定序变量"number1"的数据。该变量将 number 的取值区间划分成等宽的 3 组。

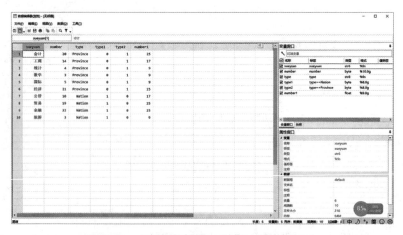

图 1-22 "数据编辑器（浏览）"对话框（2）

以本例数据为基础，试生成新的分类变量按数值大小对项目数量进行 4 类定序，则命令为：

sort number

generate number2=group（4）

输入如下命令：browse

进入数据查看界面，可以看到如图 1-23 所示的定序变量 "*number*2" 的数据。该变量将 *number* 的取值按大小分成了 4 个序列。

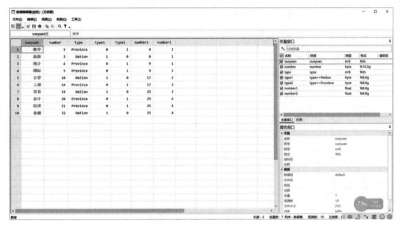

图 1-23　"数据编辑器（浏览）"对话框（3）

1.5　数据的基本操作

在对数据进行分析时，可能会遇到需要针对现有的数据进行预处理的情况，如对数据进行长短变换、把字符串数据转换为数值数据、生成随机数等。

例 1-4　CJ 集团是一家国内大型连锁销售公司，该集团一直在 A、B、C、D、E 五地开展经营活动，2011—2013 年，CJ 集团在上述地区的开店情况如表 1-6 所示。

表 1-6　CJ 集团 2011—2013 年在五地的开店情况

地区 （region）	2011 年开店数 （*number*2011）	2012 年开店数 （*number*2012）	2013 年开店数 （*number*2013）
A	30	32	33
B	7	8	9
C	18	19	22
D	60	65	32
E	26	20	15

试通过操作 Stata 17.0 完成以下工作：（1）将数据进行长短变换；（2）再将数据变换回来，并把地区字符串数据转换成数值数据；（3）生成一个随机变量，里面包含界于 0 和 1 之间的 15 个随机数据。

在进行 Stata 统计分析之前，首先要把数据录入 Stata 中，录入数据与例 1-1 类似，本例有 4 个变量，分别是地区、2011 年开店数、2012 年开店数、2013 年开店数，把地区变量设定为 region，类型为 str14，格式为%14.0s；2011 年开店数变量设定为 number2011，类型为 byte，格式为%8.0g；2012 年开店数变量设定为 number2012，类型为 byte，格式为%8.0g；2013 年开店数变量设定为 number2013，类型为 byte，格式为%8.0g。录完数据后，并做数据保存，如图 1-24 所示。

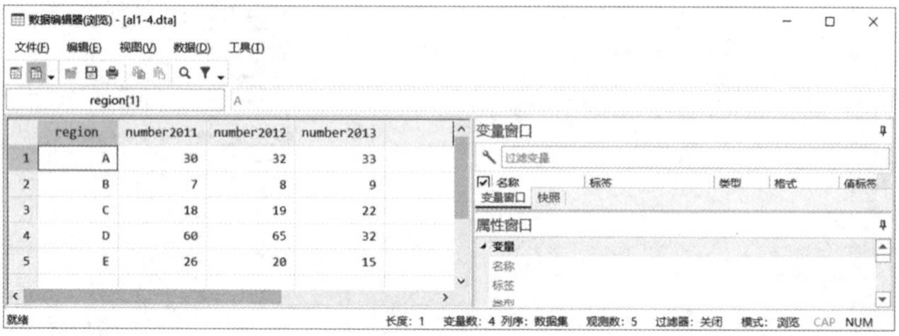

图 1-24　例 1-4 的数据

进入 Stata 17.0，打开相关数据文件，弹出如图 1-25 所示的主界面。

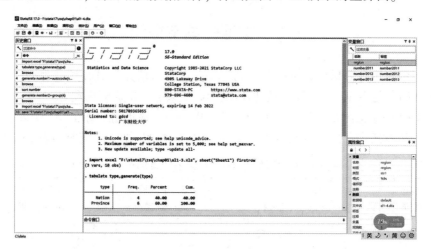

图 1-25　主界面

在主界面的 Command 文本框输入如下命令：
reshape long number，i（region）j（year）
本命令的含义是将数据进行长短变换。
执行上述命令后即得到如图 1-26 所示的数据。

```
(j = 2011 2012 2013)

Data                                      Wide    ->   Long
-----------------------------------------------------------------
Number of observations                      5     ->   15
Number of variables                         4     ->   3
j variable (3 values)                             ->   year
xij variables:
        number2011 number2012 number2013  ->   number
```

图 1-26　将数据进行长短变换的结果

在主界面的 Command 文本框输入如下命令：browse
进入数据查看界面，可以看到如图 1-27 所示的变换后的数据。

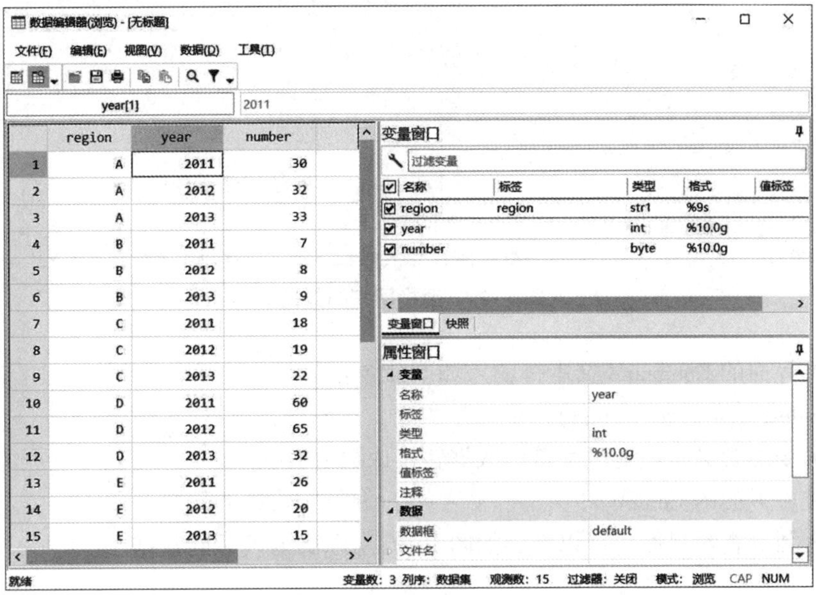

图 1-27　变换后的数据

在主界面的 Command 文本框输入如下命令：
reshape wide number，i（region）j（year）
本命令的含义是将数据变换回来。
执行上述命令后即得到如图 1-28 所示的数据结果。

```
(j = 2011 2012 2013)

Data                                      Long    ->   Wide
-----------------------------------------------------------------
Number of observations                     15     ->   5
Number of variables                         3     ->   4
j variable (3 values)                     year    ->   (dropped)
xij variables:
                                          number  ->   number2011 number2012 number2013
```

图 1-28　数据变换回来的结果

在主界面的 Command 文本框输入如下命令：browse

可以看到如图 1-29 所示的变换回来的数据。

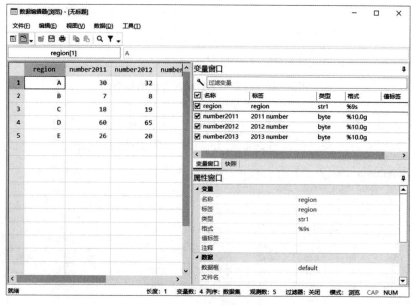

图 1-29　变换回来的数据

在主界面的 Command 文本框输入如下命令：

encode region，gen（regi）

本命令的含义是把地区字符串数据转换成数值数据。

再在主界面的 Command 文本框输入如下命令：browse

进入数据查看界面，可以看到如图 1-30 所示的变换后的数据。

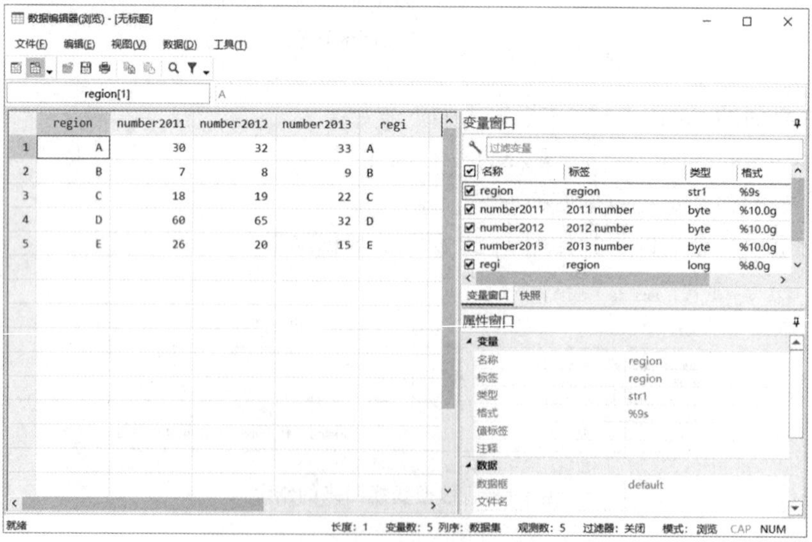

图 1-30　把地区字符串数据转换为数值数据

在主界面的 Command 文本框输入如下命令：

clear

set obs 15

generate suiji=uniform（）

这三条命令的含义是生成一个随机变量，里面包含界于 0 和 1 之间的 15 个随机数据。

再在主界面的 Command 文本框输入如下命令：browse

进入数据查看界面，可以看到如图 1-31 所示的生成的随机数据。

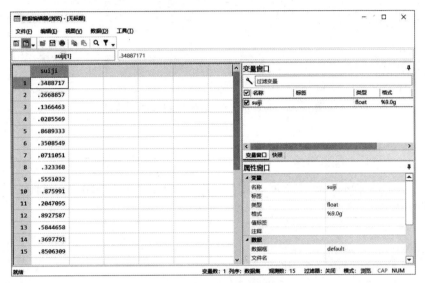

图 1-31 生成随机数据

在定义随机数时，系统命令默认区间范围是 [0, 1]，那么如何实现自由取值，例如从 [9, 18] 随机地取出 15 个数据呢？

操作命令相应做如下形式的修改：

clear

set obs 15

generate suiji=9+9 * uniform（）

browse

在主界面的 Commend 文本框输入上述命令，并按回车键进行确认的结果如图 1-32 所示。

那么如何选取整数呢？

操作命令相应做如下形式的修改：

clear

set obs 15

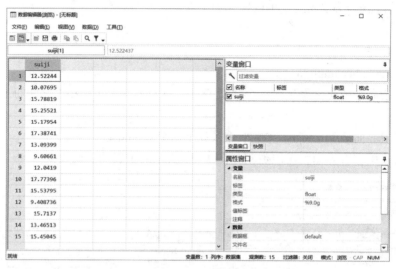

图 1-32　实现从 [9，18] 随机取数的结果

generate suiji=9+trunc（9*uniform（））
browse

在主界面的 Commend 文本框输入上述各个命令，并按回车键进行确认，结果如图 1-33 所示。

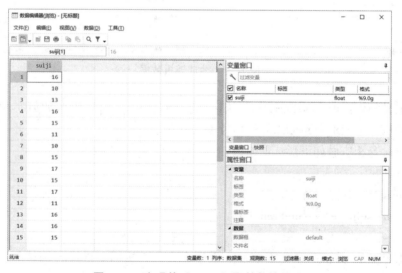

图 1-33　实现从 [9，18] 取整数的结果

1.6　定义数据的子集

在很多情况下，现有的 Stata 数据达不到分析要求，我们需要截取出数据的一部

分进行分析，或者删除不需要纳入分析范围的数据，这时我们就需要用到 Stata 的定义数据子集功能。下面我们通过实例的方式来说明定义数据子集的基本操作。

例 1-5 试通过操作数据文件 al1-5.dta 完成以下工作：（1）列出第 3 条数据；（2）列出第 1—3 条数据；（3）列出"shangjiao"变量值最小的两条数据；（4）列出"year"变量值大于 2015 的数据；（5）列出"year"变量值大于 2017 的数据且"shangjiao"变量值大于 1200 的数据；（6）删除第 3 条数据；（7）删除"year"变量值等于 2016 的数据；（8）删除"year"变量值大于 2016 的数据且"shangjiao"变量值大于 1200 的数据。

进入 Stata 17.0，首先在"F:\stata17\zsq\chap01\"目录中，用 Stata 软件打开 al1-5.dta 数据文件，命令如下：

use "F:\stata17\zsq\chap01\al1-5.dta", clear

弹出如图 1-34 所示的主界面。

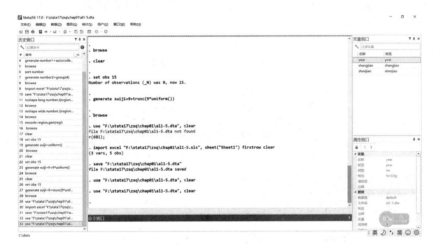

图 1-34 主界面

输入命令：

list in 3

本命令的含义是列出第 3 条数据。

图 1-35 是列出第 3 条数据的结果。

	year	shangj~o	shenjiao
3.	2018	1451	2127

图 1-35 例 1-5 分析结果（1）

输入命令：

list in 1/3

本命令的含义是列出第 1—3 条数据。

图 1-36 是列出第 1—3 条数据的结果。

	year	shangj~o	shenjiao
1.	2016	1199	1883
2.	2017	1394	2083
3.	2018	1451	2127

图 1-36 例 1-5 分析结果（2）

输入命令：

sort shangjiao

list shangjiao shenjiao in 1/2

这两条命令的含义是列出"*shangjiao*"变量值最小的两条数据。

图 1-37 是具体结果。

	shangj~o	shenjiao
1.	1199	1883
2.	1394	2083

图 1-37 例 1-5 分析结果（3）

输入命令：

list if year>2015

本命令的含义是列出"*year*"变量值大于 2015 的数据。

图 1-38 是具体结果。

	year	shangj~o	shenjiao
1.	2016	1199	1883
2.	2017	1394	2083
3.	2018	1451	2127
4.	2019	1573	2192
5.	2020	1800	2356

图 1-38 例 1-5 分析结果（4）

输入命令：

list if year>2015 & shangjiao>1200

本命令的含义是列出"*year*"变量值大于 2017 的数据且"*shangjiao*"变量值大于 1200 的数据。

图1-39是具体结果。

```
     year    shangj~o   shenjiao
2.   2017      1394       2083
3.   2018      1451       2127
4.   2019      1573       2192
5.   2020      1800       2356
```

图1-39 例1-5分析结果（5）

输入命令：

drop in 3

本命令的含义是删除第3条数据。

图1-40是具体结果。

```
. drop in 3
(1 observation deleted)
```

图1-40 例1-5分析结果（6）

输入命令：

drop if year==2016

本命令的含义是删除"*year*"变量值等于2016的数据。

图1-41是具体结果。

```
. drop if year==2016
(1 observation deleted)
```

图1-41 例1-5分析结果（7）

输入命令：

drop if year>2016& shangjiao>1200

本命令的含义是删除"*year*"变量值大于2016且变量值"*shangjiao*"大于1200的数据。

图1-42是具体结果。

```
. drop if year>2016& shangjiao>1200
(3 observations deleted)
```

图1-42 例1-5分析结果（8）

在上述的Stata命令中用到了关系运算符和逻辑运算符。Stata 17.0中共提供了6种关系运算符和3种逻辑运算符，如表1-7和表1-8所示。

表 1-7 关系运算符

关系运算符	==	<	!=	>=	>	<=
含义	等于	小于	不等于	大于等于	大于	小于等于

表 1-8 逻辑运算符

逻辑运算符	&	|	!
含义	与	或	否

操作练习题

对例题 1-1，1-2，1-3，1-4，1-5 中的数据文件，使用 Stata 17.0 软件重新操作一遍。

第 2 章 Stata 图形的绘制

Stata 常用的图形有：直方图、散点图、曲线标绘图、连线标绘图、箱图、饼图、条形图、点图等，下面我们通过实例来说明这几种主要图形的绘制方法。

2.1 直方图的绘制

直方图又叫柱状图，是一种统计报告图，由一系列高度不等的纵向条纹或线段表示数据分布的情况，一般用横轴表示数据类型，纵轴表示分布情况。通过绘制直方图，可以较为直观地传递有关数据的变化信息，使数据使用者能够较好地观察数据波动的状态，使数据决策者依据分析结果确定在什么地方需要集中力量改进工作。

例 2-1 为了解我国各地区的电力消费情况，某课题组搜集整理了 2009 年我国 29 个省区市的电力消费数据，如表 2-1 所示。试通过绘制直方图来直观反映我国各地区的电力消费情况。

表 2-1 2009 年我国 29 个省区市的电力消费情况

地区（region）	电力消费（DLXF）/亿千瓦时
北京	739.146 484 4
天津	550.155 578 6
河北	2 343.846 680 0
山西	1 267.537 598 0
内蒙古	1 287.925 659 0
…	…
青海	337.236 785 9
宁夏	462.958 496 1
新疆	547.876 586 9

使用 Stata 17.0 中打开在目录 F:\stata17\zsq\chap02 中的 al2-1.dta 数据文件，命令如下：

```
use "F:\stata17\zsq\chap02\al2-1.dta", clear
browse
```

数据如图 2-1 所示。

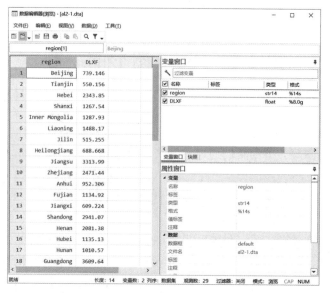

图 2-1　例 2-1 数据

在主界面的 Command 文本框中输入命令：
histogram DLXF, frequency
输入完后，按回车键，得到如图 2-2 所示的结果。

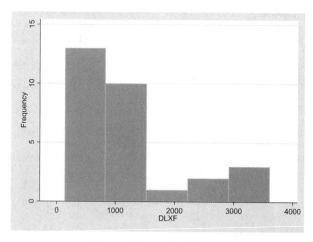

图 2-2　例 2-1 直方图（1）

通过观察直方图，可见各地区处于 1 500—2 300 亿千瓦时区间的电力消费频度较低。

上面的 Stata 命令比较简单，分析过程及结果已经达到解决实际问题的要求。但 Stata 17.0 的强大之处在于，它同样提供了更加复杂的命令格式以满足用户更加个性

化的需求。

1. 给图形增加标题

例如我们要给图形增加标题的名称：电力消费情况，那么操作命令就应该相应修改为：

histogram DLXF, frequency title ("电力消费情况")

输入完后，按回车键，得到如图 2-3 所示的结果。

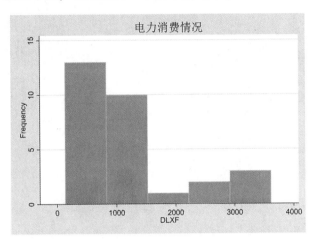

图 2-3　例 2-1 直方图（2）

2. 给坐标轴增加数值标签并设定间距

例如我们要在图 2-3 的基础上对 X 轴添加数值标签，取值为 0—4 000，间距为 500；对 Y 轴添加数值标签，取值为 0—15，间距为 3，那么操作命令就应该相应地修改为：

histogram DLXF, frequency title ("电力消费情况") xlabel (0 (500) 4000) ylabel (0 (3) 15)

输入完后，按回车键，得到如图 2-4 所示的结果。

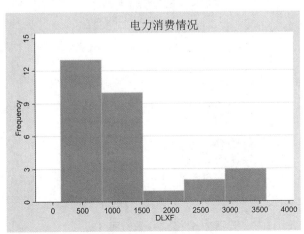

图 2-4　例 2-1 直方图（3）

3. 显示坐标轴的刻度

例如我们要在图 2-4 的基础上对 Y 轴添加刻度，取值为 0—15，间距为 1，那么操作命令就应该相应地修改为：

histogram DLXF, frequency title（"电力消费情况"）xlabel（0（500）4000）ylabel（0（3）15）ytick（0（1）15）

输入完后，按回车键，得到如图 2-5 所示的结果。

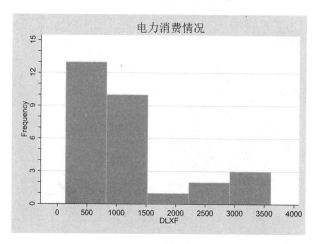

图 2-5　例 2-1 直方图（4）

4. 设定直方图的起始值以及直方条的宽度

例如我们要在图 2-5 的基础上进行改进，使直方图的第 1 个直方条从 100 开始，每一个直方条的宽度为 500，那么操作命令就应该相应地修改为：

histogram DLXF, frequency title（"电力消费情况"）xlabel（0（500）4000）ylabel（0（3）15）ytick（0（1）15）start（100）width（500）

输入完后，按回车键，得到如图 2-6 所示的结果。

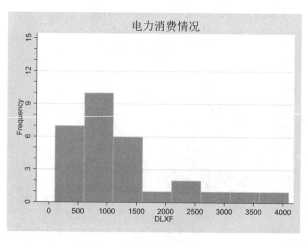

图 2-6　例 2-1 直方图（5）

2.2 散点图的绘制

散点图就是点在坐标系平面上的分布图，它对数据预处理有很重要的作用。研究者对数据制作散点图的主要出发点是通过绘制该图来观察某变量随另一变量变化的大致趋势，据此可以探索数据之间的关系，进一步选择合适的函数对数据点进行拟合。

例 2-2 为了解某班级学生的学习情况，教师对该班的学生进行了一次封闭式测验，成绩如表 2-2 所示。试通过绘制散点图来直观反映这些学生的语文、数学成绩的组合情况。

表 2-2 某班级学生的学习成绩

编号	语文（YW）/分	数学（SX）/分
1	99	67
2	97	77
3	90	77
4	67	59
5	67	64
…	…	…
41	69	63
42	91	60

使用 Stata 17.0 软件打开目录 E:\stata17\zsq\chap02 中的 al2-2.dta 数据文件，命令如下：

use "F:\stata17\zsq\chap02\al2-2.dta", clear

browse

数据如图 2-7 所示。

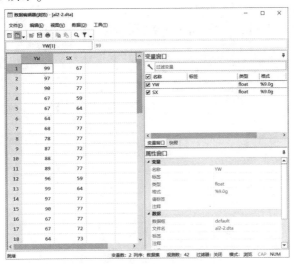

图 2-7 例 2-2 数据

在主界面的 Command 文本框中输入命令：
graph twoway scatter YW SX
输入完后，按回车键，得到如图 2-8 所示的结果。

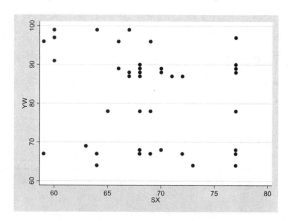

图 2-8　例 2-2 散点图（1）

通过观察散点图，可以看出这些学生的语文和数学成绩的组合情况。

上面的 Stata 命令比较简单，分析过程及结果已经达到解决实际问题的要求。但 Stata 17.0 的强大之处在于，它同样提供了更加复杂的命令格式以满足用户更加个性化的需求。

1. 给图形增加标题、给坐标轴增加数值标签并设定间距、显示坐标轴的刻度

例如我们要给图形增加标题的名称：学生成绩情况，对 X 轴添加数值标签，取值为 60—80，间距为 10；对 Y 轴添加数值标签，取值为 60—100，间距为 10；对 Y 轴添加刻度，间距为 5，那么操作命令就应该相应地修改为：

graph twoway scatter YW SX, title（"学生成绩情况"）xlabel（60（10）80）ylabel（60（10）100）ytick（60（5）100）

输入完后，按回车键，得到如图 2-9 所示的结果。

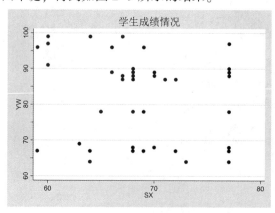

图 2-9　例 2-2 散点图（2）

2. 控制散点标志的形状

例如我们要在图 2-9 的基础上使散点图中的散点标志的形状变为实心菱形,那么操作命令就应该相应地修改为:

graph twoway scatter YW SX, title ("学生成绩情况") xlabel (60 (10) 80) ylabel (60 (10) 100) ytick (60 (5) 100) msymbol (D)

在命令窗口输入上述命令后,按回车键,得到如图 2-10 所示的结果。

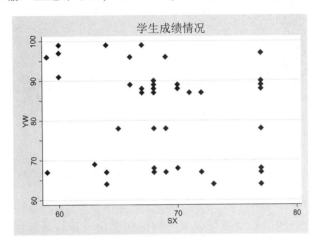

图 2-10 例 2-2 散点图 (3)

在上面的例子中,命令中的 D 代表的是实心菱形。散点标志的其他常用的可选形状与对应命令缩写如表 2-3 所示。

表 2-3 常用形状与对应命令

缩写	描述	缩写	描述	缩写	描述
X	大写字母	S	实心方形	th	空心小三角
Th	空心三角	oh	空心小圆点	sh	空心小方形
T	实心三角	p	很小的点	dh	空心小菱形

3. 控制散点标志的颜色

例如我们要在图 2-10 的基础上进行改进,使散点标志的颜色变为灰色,那么操作命令就应该相应地修改为:

graph twoway scatter YW SX, title ("学生成绩情况") xlabel (60 (10) 80) ylabel (60 (10) 100) ytick (60 (5) 100) msymbol (D) mcolor (gray)

输入完后,按回车键,得到如图 2-11 所示的结果。

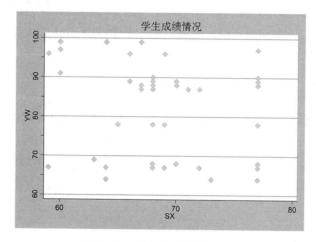

图 2-11　例 2-2 散点图 (4)

2.3　曲线标绘图的绘制

从形式上来看，曲线标绘图与散点图的区别就是一条线替代散点标志，这样做可以更加清晰直观地看出数据走势，但却无法观察到每个散点的准确位置。从用途上看，曲线标绘图常用于时间序列分析的数据预处理，用来观察变量随时间的变化趋势。此外，曲线标绘图可以同时反映多个变量随时间变化的情况，所以，曲线标绘图的应用范围还是非常广泛的。

例 2-3　某村有每年自行进行人口普查的习惯，该村近年的人口数据如表 2-4 所示。试通过绘制曲线标绘图来分析研究该村的人口情况变化趋势以及新生儿数对总人数的影响程度。

表 2-4　某村人口普查资料

年份 (year)	总人数 (total) /人	新生儿数 (new) /人
1997	128	15
1998	138	16
1999	144	16
2000	156	17
2001	166	21
2002	175	17
2003	180	18
2004	185	17

（续表）

年份（year）	总人数（total）/人	新生儿数（new）/人
2005	189	30
2006	192	34
2007	198	37
2008	201	42
2009	205	41
2010	210	39
2011	215	38
2012	219	41

使用 Stata 17.0 软件打开目录 E:\stata17\zsq\chap02 中的 al2-3.dta 数据文件，命令如下：

use "F:\stata17\zsq\chap02\al2-3.dta", clear

browse

数据如图 2-12 所示。

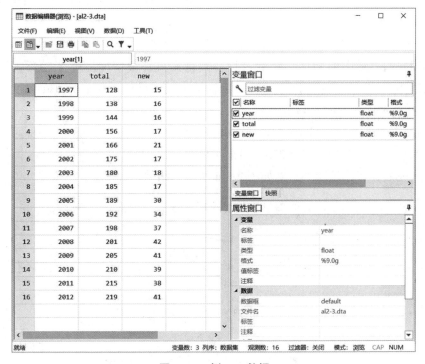

图 2-12 例 2-3 数据

在主界面的 Command 文本框中输入命令：

graph twoway line total new year

输入完后，按回车键，得到如图 2-13 所示的结果。

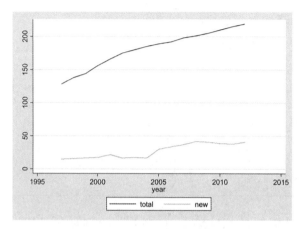

图 2-13　例 2-3 曲线标绘图（1）

通过观察曲线图，可以看出新生儿数小幅上升、总人数上升的速度快。

上面的 Stata 命令比较简单，分析过程及结果已经达到解决实际问题的要求。但 Stata 17.0 的强大之处在于，它同样提供了更加复杂的命令格式以满足用户更加个性化的需求。

1. 给图形增加标题、给坐标轴增加数值标签并设定间距、显示坐标轴的刻度

例如我们要给图形增加标题的名称：某村人口普查情况，对 X 轴添加数值标签，取值为 1997—2012，间距为 2；对 Y 轴添加数值标签，取值为 130—230，间距为 25；对 X 轴添加刻度，间距为 1，那么操作命令就应该相应地修改为：

graph twoway line total new year, title（"某村人口普查情况"）xlabel（1997（2）2012）ylabel（130（25）230）xtick（1997（1）2012）

输入完后，按回车键，得到如图 2-14 所示的结果。

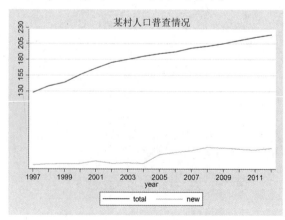

图 2-14　例 2-3 曲线标绘图（2）

2. 改变变量默认标签

例如我们要在图 2-14 的基础上使总人数和新生儿数这两个变量的标签直接以汉字显示，从而更加清晰直观，那么操作命令就应该相应地修改为：

graph twoway line total new year, title（"某村人口普查情况"）xlabel（1997（2）2012）ylabel（130（25）230）xtick（1997（1）2012）legend（label（1 "总人数"）label（2 "新生儿数"））

在命令窗口输入上述命令后，按回车键，得到如图 2-15 所示的结果。

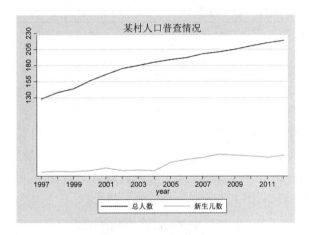

图 2-15　例 2-3 曲线标绘图（3）

3. 改变线条样式

例如我们要在图 2-15 的基础上进行改进，使新生儿数的曲线变成虚线，那么操作命令就应该相应地修改为：

graph twoway line total new year, title（"某村人口普查情况"）xlabel（1997（2）2012）ylabel（130（25）230）xtick（1997（1）2012）legend（label（1 "总人数"）label（2 "新生儿数"））clpattern（solid dash）

输入完后，按回车键，得到如图 2-16 所示的结果。

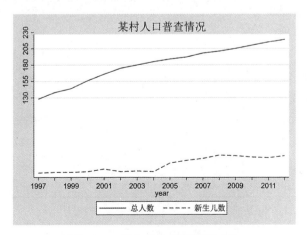

图 2-16　例 2-3 曲线标绘图（4）

在上面的命令中，solid 代表实线，它对应的是第 1 个变量 *total*；dash 代表虚线，它对应的是第 2 个变量 *new*。常用线条样式与其对应的命令缩写如表 2-5 所示。

表 2-5　常用线条样式与其对应的命令缩写

线条样式	命令缩写	线条样式	命令缩写	线条样式	命令缩写
实线	solid	点划线	dash_dot	长划线	longdash
虚线	dash	短划线	shortdash	长划点线	longdash_dot
点线	line	短划点线	shortdash_dot	不可见的线	blank

2.4　连线标绘图的绘制

在上节中我们提到的曲线标绘图用一条线来代替散点标志，可以更加清晰直观地看出数据走势，但却无法观察到每个散点的准确位置。如何做到既可以满足观测数据走势的需要，又能实现每个散点的准确定位？连线标绘图就可以解决这个问题。

例 2-4　1998—2013 年，我国上市公司的数量情况如表 2-6 所示。试通过绘制连线标绘图来分析研究我国上市公司数量的变化情况。

表 2-6　我国上市公司的数量情况

年份（*year*）	上市公司数量（*number*）/个
1998	851
1999	949
2000	1 088
2001	1 160
2002	1 224
2003	1 287
2004	1 377
2005	1 381
2006	1 434
2007	1 550
2008	1 625
2009	1 718
2010	2 063
2011	2 342
2012	2 494
2013	2 493

第 2 章 Stata 图形的绘制

首先我们在目录 F：\stata17\zsq\chap02\上，应用 Stata 建立数据文件 "al2-4.dta"，在 Stata 软件中打开此文件，如图 2-17 所示。

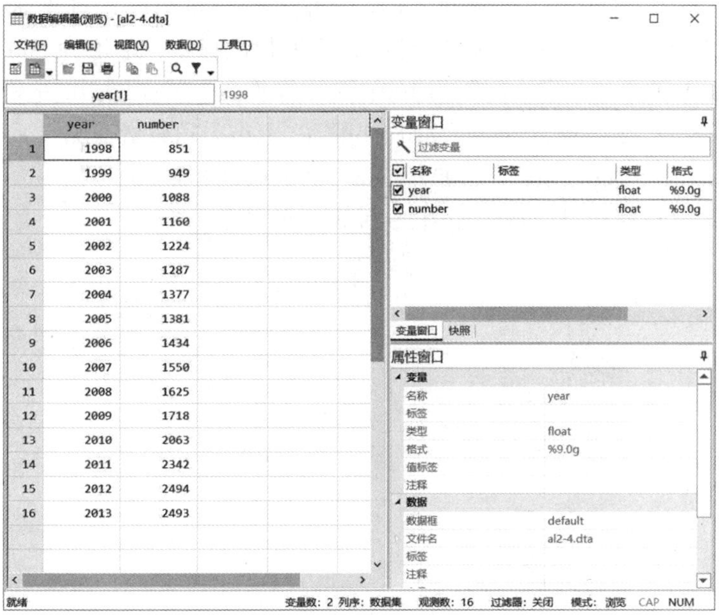

图 2-17 例 2-4 数据

在主界面的 Command 文本框中输入命令：
graph twoway connected number year
输入完后，按回车键，得到如图 2-18 所示的结果。

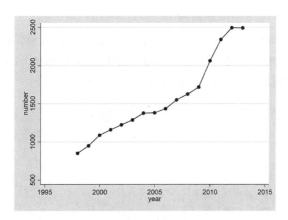

图 2-18 例 2-4 连线标绘图（1）

通过观察连线标绘图可以看出，随着年份的增加，上市公司数量逐年增加。

上面的 Stata 命令比较简单，分析过程及结果已经达到解决实际问题的要求。但 Stata 17.0 的强大之处在于，它同样提供了更加复杂的命令格式以满足用户更加个性

化的需求。

1. 给图形增加标题、给坐标轴增加数值标签并设定间距、显示坐标轴的刻度

例如我们要给图形增加标题的名称：上市公司数量情况，对 X 轴添加数值标签，取值为 1998—2013，间距为 2；对 Y 轴添加数值标签，取值为 800—2 500，间距为 400；对 Y 轴添加刻度，间距为 100，那么操作命令就应该相应地修改为：

graph twoway connected number year, title ("上市公司数量情况") xlabel (1998 (2) 2013) ylabel (800 (400) 2500) ytick (800 (100) 2500)

输入完后，按回车键，得到如图 2-19 所示的结果。

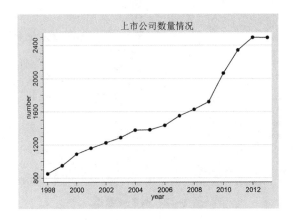

图 2-19 例 2-4 连线标绘图（2）

2. 改变线条样式

例如我们要在图 2-19 的基础上进行改进，使上市公司数量的曲线变为虚线，那么操作命令就应该相应地修改为：

graph twoway connected number year, title ("上市公司数量情况") xlabel (1998 (2) 2013) ylabel (800 (400) 2500) ytick (800 (100) 2500) clpattern (dash)

输入完后，按回车键，得到如图 2-20 所示的结果。

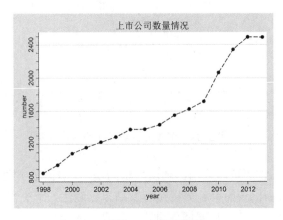

图 2-20 例 2-4 连线标绘图（3）

3. 控制散点标志的形状

例如我们要在图 2-20 的基础上使连线标绘图中散点标志的形状变为实心菱形，那么操作命令就应该相应地修改为：

graph twoway connected number year，title（"上市公司数量情况"）xlabel（1998（2）2013）ylabel（800（400）2500）ytick（800（100）2500）clpattern（dash）msymbol（D）

输入完后，按回车键，得到如图 2-21 所示的结果。

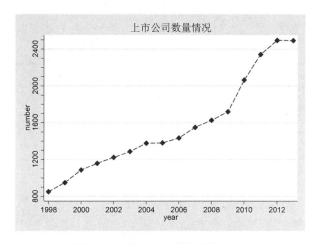

图 2-21 例 2-4 连线标绘图 （4）

2.5 箱图的绘制

箱图又称为箱线图、盒须图，是一种用于显示一组数据分散情况的统计图。箱图很形象地分为中心、延伸以及分部状态，它提供了一种只用 5 个点对数据集做简单总结的方式，这 5 个点包括中点、Q1、Q3、分部状态的高位和低位。数据分析者通过绘制箱图不仅可以直观明了地识别数据中的异常值，还可以判断数据的偏态、尾重以及比较几批数据的形状。

例 2-5 A 集团是一家国内大型销售汽车公司，该公司在组织架构上采取事业部制的管理方式，把全国市场分为 3 个大区，从而督导各省区市的分公司。该集团在全国各省区市的市场份额如表 2-7 所示。试绘制箱图来研究分析其分布规律。

表 2-7 A 集团各省区市市场份额情况

地区（region）	市场份额（SCFE）/%	所属大区（Center）
北京	38	1
天津	44	1

(续表)

地区（region）	市场份额（SCFE）/%	所属大区（Center）
河北	22	1
山西	8	1
内蒙古	32	1
…	…	…
青海	18	3
宁夏	20	3
新疆	60	3

首先我们在目录 F：\stata17\zsq\chap02\上，应用 Stata 建立数据文件"al2-5.dta"，在 Stata 软件中打开此文件，如图 2-22 所示。

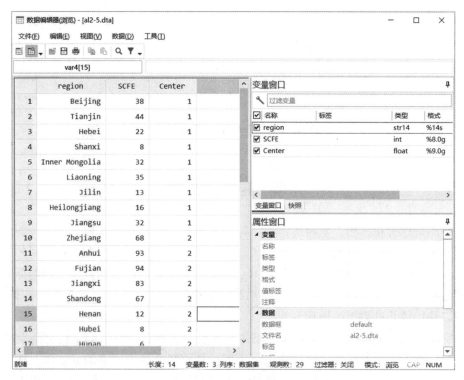

图 2-22　例 2-5 数据

在主界面的 Command 文本框中输入命令：
graph box SCFE
输入完后，按回车键，得到如图 2-23 所示的结果。

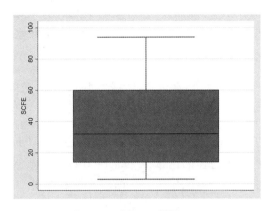

图 2-23 例 2-5 箱图（1）

通过观察箱图，可以了解到很多信息。箱图把所有数据分成了 4 部分，第 1 部分是从顶线到箱子的上部，这部分数据值在全体数据中排名前 25%；第 2 部分是从箱子的上部到箱子中间的线，这部分数据值在全体数据中排名在 25%—50%；第 3 部分是从箱子中间的线到箱子底部的线，这部分数据值在全体数据中排名在 50%—75%；第 4 部分是从箱子底部的线到底线，这部分数据值在全体数据中排名后 25%。顶线和底线的间距在一定程度上反映了数据的离散程度，间距越大，数据就越离散。就本例而言，可以看到该公司市场份额的中位数在 35% 左右，市场份额最高的省区市可达到 90% 左右。

上面的 Stata 命令比较简单，分析过程及结果已经达到解决实际问题的要求。但 Stata 17.0 的强大之处在于，它同样提供了更加复杂的命令格式以满足用户更加个性化的需求。

例如我们能否把上面各省区市的市场份额数据按照所属各大区分别来绘制箱图呢？答案是肯定的。

操作命令如下：

graph box SCFE，over（Center）

输入完后，按回车键，得到如图 2-24 所示的结果。

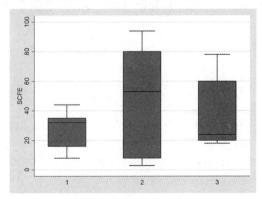

图 2-24 例 2-5 箱图（2）

从该图中可以看出，第 2 大区的市场份额的中位数水平是最高的，第 3 大区的市场份额的中位数水平最低，第 1 大区的市场份额的中位数水平居中。第 2 大区各省区市之间的市场份额存在的差异较大。

2.6 饼图的绘制

饼图是数据分析中常见的一种经典图形，因其外形类似于圆饼而得名。在数据分析中通常需要分析部分占总体的比重，Stata 17.0 提供了绘制饼图的工具，能够直接以图形显示各个组成部分所占的比重，从而使问题更直观。

例 2-6 B 股份有限公司是一家资产规模巨大的国内上市公司，公司采取多元化经营的成长型发展战略，经营范围包括餐饮、房地产、制造等；公司采取区域事业部制的组织架构，在东部、中部、西部都有自己的分部，较为独立地负责本部各产业的具体运营。该公司各大分部的具体营业收入数据如表 2-8 所示。试通过绘制饼图来分析研究该公司各产业的占比情况。

表 2-8　B 股份有限公司各大分部的营业收入　　　　单位：万元

地区 （region）	餐饮业营业收入 （CANYIN）	房地产业营业收入 （FANGCHAN）	制造业营业收入 （ZHIZAO）
东部	2089	9845	10234
中部	828	6432	7712
西部	341	1098	1063

首先我们在目录 F:\stata17\zsq\chap02\上，应用 Stata 建立数据文件"a2-6.dta"。本例有 4 个变量，分别是地区、餐饮业营业收入、房地产业营业收入和制造业营业收入，把地区变量设定为 region，类型为 str6，格式为%9s；餐饮业营业收入变量设定为 CANYIN，类型为 float，格式为%9.0g；房地产业营业收入变量设定为 FANGCHAN，类型为 long，格式为%12.0g；制造业营业收入变量设定为 ZHIZAO，类型为 long，格式为%12.0g。在 Stata 软件中打开此文件，如图 2-25 所示。

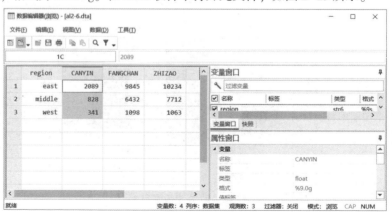

图 2-25　例 2-6 数据

在主界面的 Command 文本框中输入命令：

graph pie CANYIN FANGCHAN ZHIZAO

输入完后，按回车键，得到如图 2-26 所示的结果。

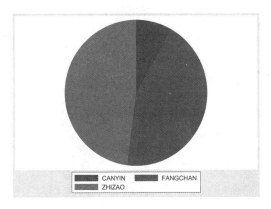

图 2-26　例 2-6 饼图（1）

通过观察该饼图，可以看出该公司的主营业务，该公司的两个支柱产业是制造业和房地产业，餐饮业占比较小。

上面的 Stata 命令比较简单，分析过程及结果已经达到解决实际问题的要求。但 Stata 17.0 的强大之处在于，它同样提供了更加复杂的命令格式以满足用户更加个性化的需求。

1. 对图形展示进行更加个性化的设置

例如我们要突出餐饮业营业收入占比，把房地产业营业收入的饼形颜色改为黄色，给餐饮业营业收入和房地产业营业收入的饼形在距中心 20 个相对半径单位的位置处加上百分比标签，那么操作命令就应该相应地修改为：

graph pie CANYIN FANGCHAN ZHIZAO, pie（1, explode）pie（2, color（yellow））plabel（1 percent, gap（20））plabel（2 percent, gap（20））

输入完后，按回车键，得到如图 2-27 所示的结果。

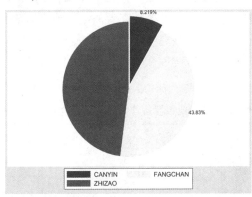

图 2-27　例 2-6 饼图（2）

2. 按照分类变量分别画出饼图

例如我们要在图 2-27 的基础上通过绘制饼图的方式研究该公司每个分部内各产业营业收入的占比情况，那么操作命令就应该相应地修改为：

graph pie CANYIN FANGCHAN ZHIZAO, pie（1, explode）pie（2, color（yellow））plabel（1 percent, gap（20））plabel（2 percent, gap（20））by（region）

输入完后，按回车键，得到如图 2-28 所示的结果。

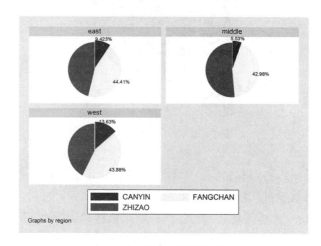

图 2-28　例 2-6 饼图（3）

在上面的结果中，可以看到该公司每个分部各产业营业收入的占比情况。例如东部地区，观测左上方的 east 图就可以得到想要的答案。

2.7　条形图的绘制

相对于前面介绍的箱图，条形图本身所包含的信息相对较少，但是它们仍然为平均数、中位数、合计数或计数等多种统计提供了简单而又多样化的展示，所以条形图也深受研究者的喜爱，经常出现在研究者的论文或者调查报告中。

例 2-7　某地方商业银行内设立 4 个营销团队，分别为 A、B、C、D，其营业收入以及团队人数的具体情况如表 2-9 所示。试通过绘制条形图来分析各营销团队的工作业绩。

表 2-9　某地方商业银行各营销团队营业收入以及团队人数

营销团队（team）	营业收入（sum）/万元	团队人数（number）/人
A	1899	1000
B	2359	1100

(续表)

营销团队（team）	营业收入（sum）/万元	团队人数（number）/人
C	3490	1200
D	6824	1200

首先我们在目录 F:\stata17\zsq\chap02\上，应用 Stata 建立数据文件"al2-7.dta"，在 Stata 软件中打开此文件，如图 2-29 所示。

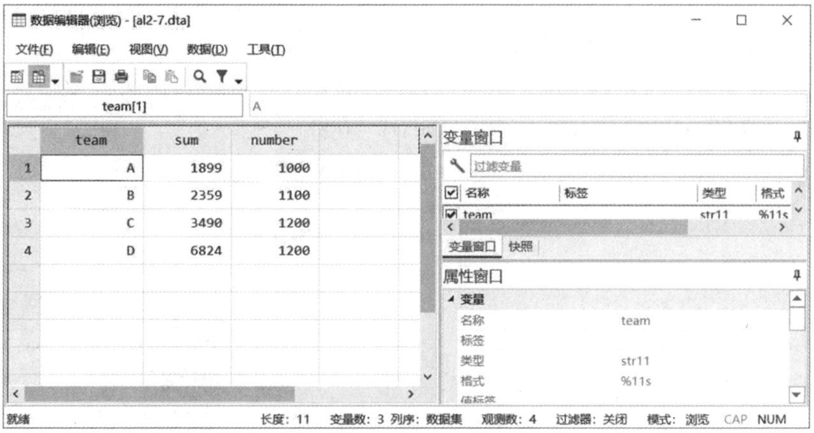

图 2-29 例 2-7 数据

在主界面的 Command 文本框中输入命令：
graph bar sum, over（team）
输入完后，按回车键，得到如图 2-30 所示的结果。

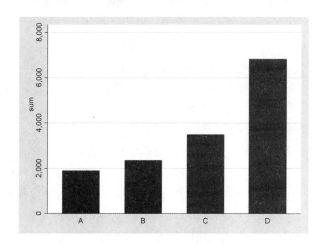

图 2-30 例 2-7 条形图（1）

通过观察该条形图，可以看出该地方商业银行的 4 个营销团队的总体工作业绩，其中 D 团队业绩最好，C 团队次之，B 团队第三，A 团队最差。

上面的 Stata 命令比较简单，分析过程及结果已经达到解决实际问题的要求。但 Stata 17.0 的强大之处在于，它同样提供了更加复杂的命令格式以满足用户更加个性化的需求。

1. 给图形增加标题、给坐标轴增加数值标签并设定间距、显示坐标轴的刻度

例如我们要给图形增加标题的名称：某地方商业银行各营销团队营业收入，对 Y 轴添加数值标签，取值为 1 000—7 000，间距为 1 000；对 Y 轴添加刻度，间距为 500，那么操作命令就应该相应地修改为：

graph bar sum, over（team）title（"某地方商业银行各营销团队营业收入"）ylabel（1000（1000）7000）ytick（1000（500）7000）

输入完后，按回车键，得到如图 2-31 所示的结果。

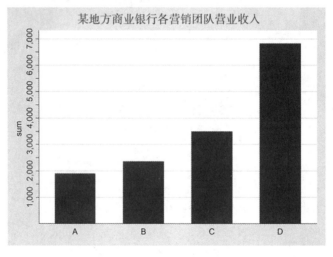

图 2-31　例 2-7 条形图（2）

2. 利用条形图进行对比分析以得到更多信息

例如我们要在图 2-31 的基础上对问题进行深入研究，在上面的实例中得到了各团队总体工作业绩的具体排名，那么这种总业绩的差异是不是由于团队人数的差异导致的？高工作业绩的团队是否配备了更多的员工？那么操作命令就应该相应地修改为：

graph bar sum number, over（team）title（"某地方商业银行各营销团队营业收入以及团队人数"）ylabel（1000（1000）7000）ytick（1000（500）7000）

在命令窗口输入上述命令后，按回车键，得到如图 2-32 所示的结果。

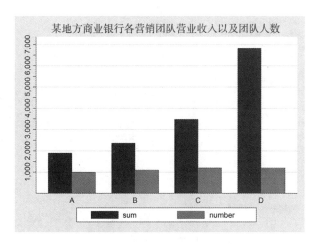

图 2-31　例 2-7 条形图（3）

在上面的结果中，可以看到该商业银行各营销团队之间人数的差别是不明显的，也就是说，各团队工作业绩的巨大差异并不是由各团队的员工人数差异所导致的。

2.8　点图的绘制

点图的功能与作用和前面提到的条形图类似，它们都是用来直观地比较一个或者多个变量的统计情况。点图应用广泛，经常出现在政府机关或者咨询机构发布的报告中。

例 2-8　某财经大学设立 5 个学院，分别是经济学院、工商学院、会计学院、金融学院、统计学院，其内部教职员工人数情况如表 2-10 所示。试通过绘制点图按学院分析该大学教职员工的组成情况。

表 2-10　某财经大学各学院教职员工人数情况

学院（name）	男教职工人数（man）/人	女教职工人数（woman）/人
经济学院	56	61
工商学院	67	68
会计学院	66	71
金融学院	59	67
统计学院	78	81

首先我们在目录 F：\stata17\zsq\chap02\ 上，应用 Stata 建立数据文件"a12-8.dta"，在 Stata 软件中打开此文件，如图 2-32 所示。

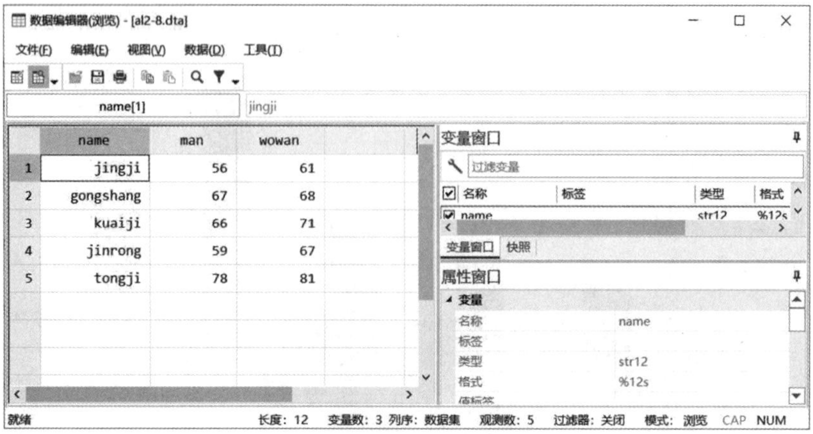

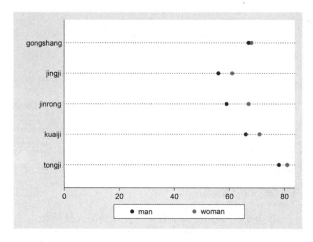

图 2-32 例 2-8 数据

在主界面的 Command 文本框中输入命令：

graph dot man wowan, over (name)

输入完后，按回车键，得到如图 2-33 所示的结果。

图 2-33 例 2-8 点图（1）

通过观察该点图，可以看出很多信息：第一，各个学院的女职工人数都比男职工人数多，因为代表女职工的点都在代表男职工的点的右侧；第二，统计学院不论是男职工还是女职工，人数都是最多的；第三，经济学院不论是男职工还是女职工，人数都是最少的。

上面的 Stata 命令比较简单，分析过程及结果已经达到解决实际问题的要求。但 Stata 17.0 的强大之处在于，它同样提供了更加复杂的命令格式以满足用户更加个性化的需求。

1. 给图形增加标题

例如我们要给图形增加标题的名称：某大学教职员工人数组成情况，那么操作命令就应该相应地修改为：

graph dot man wowan, over（name）title（"某大学教职员工人数组成情况"）

输入完后，按回车键，得到如图 2-34 所示的结果。

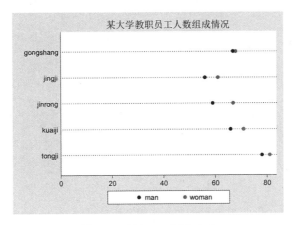

图 2-34　例 2-8 点图（2）

2. 控制散点标志的形状

这里与散点图略有不同，我们要使用 marker 命令。例如我们要在图 2-34 的基础上进行改进，使男职工散点标志的形状变为实心菱形，使女职工散点标志的形状变为实心三角，那么操作命令就应该相应地修改为：

graph dot man wowan, over（name）title（"某大学教职员工人数组成情况"）marker（1, msymbol（D））marker（2, msymbol（T））

输入完后，按回车键，得到如图 2-35 所示的结果。

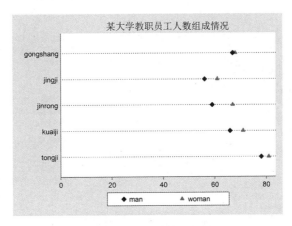

图 2-35　例 2-8 点图（3）

操作练习题

对例题 2-1，2-2，2-3，2-4，2-5，2-6，2-7，2-8 中的 Stata 数据文件，使用 Stata 17.0 软件重新操作一遍。

第 2 篇
Stata 统计应用

第 3 章 Stata 描述性统计

统计就是搜集数据，让我们知道总体状况怎么样。它更重要的意义在于数据分析，即作出判断和预测。

描述性统计是对数据的性质进行描述，如均值描述了数据的中心趋势，方差描述了数据的离散程度。

推断性统计是用来做判断和预测的。例如假设检验是用来做判断的，回归分析和时间序列分析是用来做预测的。

在进行数据分析时，若数据量不大，可以直接观察原始数据来获得所有的信息。但当数据量很大时，就必须借助于各种描述性指标来完配对数据的描述工作。用少量的描述性指标来概括大量的原始数据，对数据展开描述的统计分析方法叫作描述性统计分析。变量的性质不同，Stata 描述性统计分析方法也不一样。本章将介绍的描述性统计分析方法包括定距变量的描述性统计、正态分布检验和数据转换、单个分类变量的汇总、两个分类变量的列联表分析、多个分类变量的列联表分析等。下面通过实例来一一说明。

3.1 描述性统计基本理论

3.1.1 数据分析的基本描述性统计

1. 总体和样本

总体是我们所要研究的所有个体的集合。如中国人的身高集合就是一个总体，从中抽取的 100 人的身高就是一个样本。

我们研究一个总体，通常不是要了解每一个个体的情况，而是想要知道某些总体参数。例如我们想知道中国人的平均身高是多少，这样就可以与 10 年前的平均身高做比较。

但由于种种原因，我们通常不能得到总体中所有个体的数据，而只能抽取一个样本，来计算样本统计量。样本统计量是样本中个体数值的函数，如样本均值、样本方差等。例如我们抽取 100 个中国人，分别量了他们的身高，计算出他们的平均身高，用来估计中国人总体的平均身高。总体、样本、统计量的关系如图 3-1 所示。

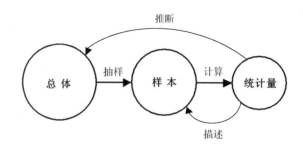

图 3-1 总体、样本、统计量的关系

2. 度量尺度

为了选择一个恰当的统计方法来描述和分析数据,我们需要区分不同的度量尺度(或测量标准)。度量尺度有多种类型,但不外乎四种:名义、顺序、区间和比例。

名义尺度:最简单的度量标准,它对数据进行分类但不进行排序。例如,用 1 表示男,0 表示女。

顺序尺度:稍微强一点的度量标准,它根据某种特征排序,将数据分成不同类别。

区间尺度:比顺序尺度更进一步,数据之间间隔相等。在这一尺度下,数据不仅能比较大小,还能做加减运算,但不能做乘除运算。例如,上海的温度是 20℃,北京的温度是 10℃,可以说上海的温度比北京的温度高 10℃,但不能说上海的温度是北京的两倍。

比例尺度:比区间尺度更进一步,它增加了一个绝对零点。在这一尺度下,数据不仅能比较大小,还能做加减乘除运算。例如人的身高、债券的价格等。

以上四种度量尺度是按照由弱到强的顺序排列的。

3. 频数分布

频数分布是一种用表格列示数据的方法,它用较少的区间对数据总体进行概括。实际落入一个给定区间的观测值数量称为绝对频数(或简称频数)。每个区间的绝对频数除以整个样本观测值的数量即得到频数分布。

建立一个频数分布的基本步骤如下:

（1）将数据以升序排列;
（2）计算数据的极差,定义极差=最大值-最小值;
（3）确定频数分布包含的区间数 k;
（4）确定区间的宽度(极差/k);
（5）不断地在数据最小值上加上区间宽度来确定各个区间的端点,此过程在到达包含最大值的区间时停止;
（6）计算落入每个区间中观测值的个数;
（7）绘制一个列示落入从小到大排列的每个区间中观测值数量的表格。

例如某股票过去 25 年的年收益率如下(由低到高排序):

−28%，−22%，−19%，−18%，−12%，−9%，−8%，−6%，−1%，1%，2%，3%，4%，5%，6%，7%，11%，15%，16%，17%，18%，20%，23%，26%，38%。

现在我们看看这个股票的收益率分布情况。

我们发现，收益率范围为−30%—40%。将−30%—40%区间分段，每10%为一段，共分7段。

最后得到的结果如表3-1所示。

表 3-1 频数表

区间段	绝对频数	相对频数	累积绝对频数	累积相对频数
[−30%，−20%)	2	0.08	2	0.08
[−20%，−10%)	3	0.12	5	0.20
[−10%，−0%)	4	0.16	9	0.36
[0%，10%)	7	0.28	16	0.64
[10%，20%)	5	0.20	21	0.84
[20%，30%)	3	0.12	24	0.96
[30%，40%]	1	0.04	25	1.00
总计	25	1.00		

频数数据的柱状图如图3-2所示。

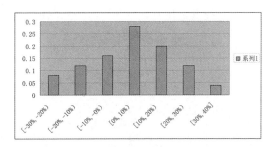

图 3-2 频数数据的柱状图

相对频数的折线图如图3-3所示。

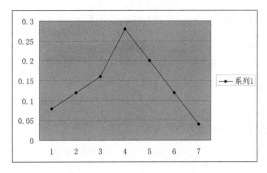

图 3-3 相对频数的折线图

4. 集中趋势的度量

拿到一组数据，我们首先想知道这组数据的中心位置在哪里，即数据围绕什么中心数值波动，这称为集中趋势的度量。它主要有均值、中位数、众数等。

（1）均值。

它有如下4种：

①算术平均值：

$$总体均值\ \mu = \frac{1}{N}\sum_{i=1}^{N} X_i$$

$$样本均值\ \bar{x} = \frac{1}{n}\sum_{i=1}^{n} x_i$$

②几何平均值：

$$\bar{x}_g = \sqrt[n]{x_1 x_2 \cdots x_n}$$

在计算金融学中的平均值时，历年收益率的平均收益率应该用几何平均率，即时间加权收益率，它不受投资项目资金流入和流出的影响。几何平均收益率为 t 年收益率分别加1之后相乘，再开 t 次方，然后减去1。公式为：

$$\bar{R}_g = \sqrt[n]{(1+R_1)(1+R_2)\cdots(1+R_n)} - 1$$

③加权平均值：

$$\bar{x}_w = \sum_{i=1}^{n} w_i x_i$$

其中，w_i 为 x_i 的权重，且权重之和为1。当所有权重相等时，加权平均即为算术平均。

在金融学中，一个资产组合的收益率等于其中各个资产收益率的加权平均，权重为各个资产市值占总资产组合市值的百分比。

④调和平均值：

$$\bar{x}_h = \frac{n}{\sum_{i=1}^{n} \frac{1}{x_i}}$$

当观测值不全相等时，调和平均值<几何平均值<算术平均值。

（2）中位数。

如果有一组数据，把它按从小到大的顺序排列，将这一数列等分成2份，这个分位数称为中位数。对于奇数个数列，中位数就是最中间的那个数；对于偶数个数列，中位数就是最中间的两个数的平均值。

由于均值受异常值的影响较大，因此用均值来估计中心趋势显得很不稳定，而中位数的优点是受异常值影响较小，估计更稳健。

（3）众数。

众数就是一组数据中出现次数最多的数。

如数列：1，1，2，2，3，3，3，4，5，其众数为3。

如数列：1，1，1，2，2，3，3，3，4，5，其众数为1和3。
如数列：1，2，3，4，5，没有众数。
一组数据可能有一个众数，可能有多个众数，也可能没有。众数的这一性质使得其使用范围受到限制。

5. 分位数

如果我们有一组数据，把它们按从小到大的顺序排列，分位数就是正好能将这一数列等分的数。

将这一数列等分成2份，这个分位数称为中位数。将这一数列等分为4份，这3个分位数都称为四分位数，从小到大依次称作：第1个四分位数、第2个四分位数、第3个四分位数。第2个四分位数就是中位数。

将这一数列等分成5份，得到4个五分位数；将这一数列等分成10份，得到9个十分位数；将这一数列等分成100份，得到99个百分位数。

我们可以把所有的分位数都转换成百分位数。例如，第2个五分位数就是第40个百分位数，第3个四分位数就是第75个百分位数。这样，我们就可以用以下公式来计算分位数：

$$L_y = (n+1)y/100$$

其中，n 表示数列中一共有多少个数；y 表示第几个百分位数；L_y 表示结果是数列的第几个数。

例如，有这样一组数列：2，5，7，9，12，16，21，34，39，计算第4个五分位数。

第4个五分位数就是第80个百分位数，数列共有9个数，套用公式：

$$L_y = (n+1)y/100 = (9+1)×80/100 = 8$$

数列的第8个数即为34。

再如，有这样一组数列：2，5，7，9，12，16，21，34，39，40，计算第4个五分位数。

第4个五分位数就是第80个百分位数，数列共有10个数，套用公式：

$$L_y = (n+1)y/100 = (10+1)×80/100 = 8.8$$

数列的第8.8个数是什么意思？就是第8个数再往右的0.8个数，第8个数是34，第9个数是39，相差5，那么0.8个数就是5×0.8=4，所以34+4=38，即第4个五分位数是38。

6. 离散程度的度量

知道一组数据的中心位置之后，就想知道数据距离中心位置是远还是近，这称为离散程度的度量。在金融分析中，常用离散程度来衡量风险。

（1）极差。

极差越小，离散程度越小。由定义可知，极差只用到了一组数据中的两个数据，而忽略了数据的分布状况等许多有用的信息，因此仅仅用极差来度量离散程度是不够的。

(2) 平均绝对差 (Mean Absolute Deviation, MAD)。

$$\text{定义为 MAD} = \frac{\sum_{i=1}^{n} |x_i - \bar{x}|}{n} \tag{3-1}$$

式 (3-1) 中, $\bar{x}$ 表示样本的均值, n 表示样本中观测值的数目。

(3) 总体方差和总体标准差。

总体方差定义为

$$\sigma^2 = \frac{\sum_{i=1}^{N} (X_i - \mu)^2}{N} \tag{3-2}$$

式 (3-2) 中, μ 表示总体均值, N 表示总体的规模。

总体标准差定义为

$$\sigma = \sqrt{\frac{\sum_{i=1}^{N} (X_i - \mu)^2}{N}} \tag{3-3}$$

式 (3-3) 中, μ 表示总体均值, N 表示总体的规模。

(4) 样本方差和样本标准差。

样本方差定义为

$$S^2 = \frac{\sum_{i=1}^{n} (x_i - \bar{x})^2}{n-1} \tag{3-4}$$

式 (3-4) 中, $\bar{x}$ 表示总体均值, n 表示总体的规模。

样本标准差定义为

$$s = \sqrt{\frac{\sum_{i=1}^{n} (x_i - \bar{x})^2}{n-1}} \tag{3-5}$$

式 (3-5) 中, $\bar{x}$ 表示总体均值, n 表示总体的规模。

(5) 变异系数 (Coefficient of Variation, CV)。

定义为标准差除以均值。

用公式表示为

$$CV = \frac{s}{\bar{x}} \tag{3-6}$$

式 (3-6) 中, s 表示样本标准差, $\bar{x}$ 表示总体均值。

(6) 偏度。

偏度是衡量一组数据左右偏离的程度。

左右对称的分布偏度为 0。左右对称的分布,其均值、中位数和众数相等。如

图 3-4 所示是一个对称分布。

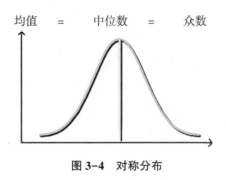

图 3-4 对称分布

如图 3-5 所示是一个非对称的右偏（正偏）分布。在右偏分布中，均值大于中位数，中位数大于众数。

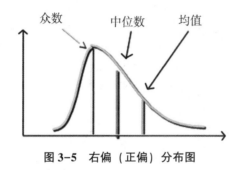

图 3-5 右偏（正偏）分布图

如图 3-6 所示是一个非对称的左偏分布。在左偏分布中，均值小于中位数，中位数小于众数。

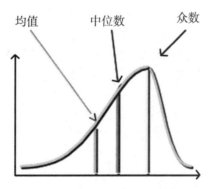

图 3-6 左偏（负偏）分布图

（7）峰度。

峰度是衡量一组数据峰值高于或低于正态分布的程度。正态分布的峰度为 3，一个分布的峰度大于 3 称为高峰态，小于 3 称为低峰态。

常把峰度减去 3 的数值称为超额峰度。同样，任何一个正态分布的超额峰度为 0。一个分布的超额峰度大于 0 称为高峰态，小于 0 称为低峰态。

低峰态、高峰态与正态分布的对比如图 3-7 所示。

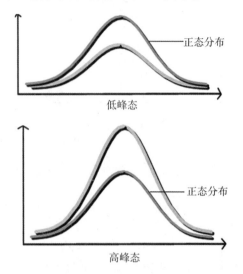

图 3-7　低峰态、高峰态与正态分布的对比图

3.1.2　常用的统计分布

1. 正态分布

在实际问题中，我们考虑的总体特征量（即随机变量 X）的规律有很多都可以用正态分布来描述。正态分布是总体分布的一种，有严格的数学定义。

如果随机变量 X 的概率分布密度函数为：$p(x) = \frac{1}{\sqrt{2\pi}\sigma}\exp\left\{-\frac{(x-\mu)^2}{2\sigma^2}\right\}$，则称随机变量 X 服从均值为 μ、方差为 σ^2 的正态分布，记为 $X \sim N(\mu, \sigma^2)$，如图 3-8 所示。正态分布的密度函数图形如钟形，是对称分布，其均值、中位数、众数均相等，取值范围为 $(-\infty, \infty)$。

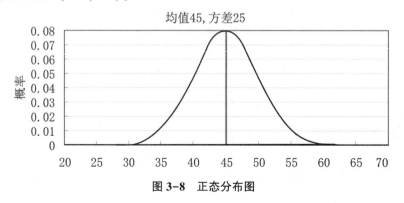

图 3-8　正态分布图

(1) 正态分布的性质。

其性质主要有：①正态分布由其均值和方差完全描述。②正态分布为对称分布，其密度函数关于均值左右对称，随机变量落在均值两边的概率相等。其偏度为0，峰度为0。③两个随机分布的随机变量经过线性组合得到的新随机变量仍然服从正态分布。

正态分布的分布密度函数为

$$F(x) = P(X \leqslant x) = \frac{1}{\sqrt{2\pi}\sigma} \int_{-\infty}^{x} \exp\left(-\frac{(y-\mu)^2}{2\sigma^2}\right) dy, \quad -\infty < x < +\infty$$

特别地，当 $\mu=0$，$\sigma^2=1$ 时的正态分布称为标准正态分布，记为 $X \sim N(0, 1)$。常用 $\varphi(x)$，$\Phi(x)$ 表示其概率密度和分布函数，即

$$\varphi(x) = \frac{1}{\sqrt{2\pi}} \exp\left(-\frac{x^2}{2}\right), \quad \Phi(x) \frac{1}{\sqrt{2\pi}} \int_{-\infty}^{x} \exp\left(-\frac{y^2}{2}\right) dy$$

对于任意的 x，查 $\Phi(x)$ 的函数值表即可求标准正态分布的函数值。

例如，$\Phi(1) = 0.8413$，$\Phi(1.64) = 0.9495$。

由于标准正态分布曲线同横轴所围成的面积是常数1，故

$$\Phi(-x) = 1 - \Phi(x)$$

若 $X \sim N(0, 1)$，还可得到以下结论：

$$P(a \leqslant x \leqslant b) = \Phi(b) - \Phi(a)$$

$$P(|x| \leqslant a) = P(-a \leqslant x \leqslant a) = \Phi(a) - [1 - \Phi(a)] = 2\Phi(a) - 1$$

(2) 正态分布的置信区间。

有了正态分布的概率密度，就可以知道正态随机变量取值落在某个区间的概率，这叫作正态分布的置信区间。

服从正态分布的随机变量 X 落在均值周围正负1个标准差的概率为0.68，我们称 X 的68%的置信区间为 $[\bar{x}-s, \bar{x}+s]$，$\bar{x}$ 为样本均值，s 为样本标准差。容易理解，随机变量 X 大于 $\bar{x}+s$ 的概率为0.16，小于 $\bar{x}-s$ 的概率是0.16。

服从正态分布的随机变量 X 落在均值周围正负1.65个标准差的概率为0.90，我们称 X 的90%的置信区间为 $[\bar{x}-1.65s, \bar{x}+1.65s]$。容易理解，随机变量 X 大于 $\bar{x}+1.65s$ 的概率为0.05，小于 $\bar{x}-1.65s$ 的概率是0.05。

服从正态分布的随机变量 X 落在均值周围正负1.96个标准差的概率为0.95，我们称 X 的95%的置信区间为 $[\bar{x}-1.96s, \bar{x}+1.96s]$。容易理解，随机变量 X 大于 $\bar{x}+1.96s$ 的概率为0.025，小于 $\bar{x}-1.96s$ 的概率是0.025。

服从正态分布的随机变量 X 落在均值周围正负2.58个标准差的概率为0.99，我们称 X 的99%的置信区间为 $[\bar{x}-2.58s, \bar{x}+2.58s]$。容易理解，随机变量 X 大于 $\bar{x}+2.58s$ 的概率为0.005，小于 $\bar{x}-2.58s$ 的概率是0.005。

(3) 标准正态分布。

如果正态分布的均值为0、方差为1，称为标准正态分布，记为 $N(0, 1)$ 或 z 分布。

可以通过变换 $Z=\dfrac{X-\mu}{\sigma}$ 把均值为 μ，方差为 σ^2 的正态分布变成均值为 0、方差为 1 的标准正态分布。

(4) 对数正态分布。

还有一种分布是对数正态分布，但它是右偏的，期权定价模型的标的资产价格是服从对数正态分布的。其性质包括：①如果随机变量 X 的自然对数服从正态分布，那么 X 服从对数正态分布。②对数正态分布的取值大于等于 0。③对数正态分布是右偏的。

2. t 分布

t 分布与标准分布相似，它也是对称分布，取值范围为 $(-\infty, \infty)$，即 t 分布的密度函数向左右两边无限延伸，无限接近 X 轴但在其上方，如图 3-9 所示。

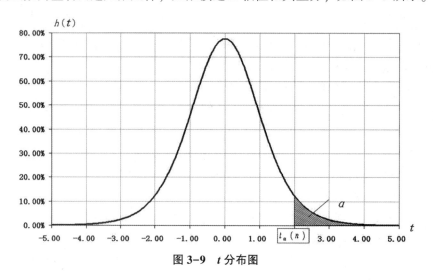

图 3-9　t 分布图

t 分布的均值、方差分别为

$$E(X)=0, \quad D(X)=n/(n-2), \quad n>2$$

它与正态分布有以下区别：

(1) 正态分布有两个参数：均值和方差。而 t 分布只有一个参数，就是 t 分布自由度，即 t 分布由其自由度完全描述。

(2) 与标准正态分布比，t 分布在峰部较矮，在两边尾部较高，形象地说，标准正态分布的观察点跑到两边了，就成了 t 分布。因此 t 分布又称为"瘦峰厚尾分布"。

(3) 随着 t 分布自由度的增加，t 分布的峰部增高，两边的尾部降低。即随着 t 分布的自由度增加，t 分布就越来越接近标准正态分布。当自由度大于 30 时，t 分布就很接近标准正态分布了。

3. 卡方分布

若 n 个相互独立的随机变量服从标准正态分布（也称独立同分布于标准正态分

布),则这 n 个随机变量的平方和构成一个新的随机变量,其分布称为自由度为 n 的卡方分布,如图 3-10 所示。

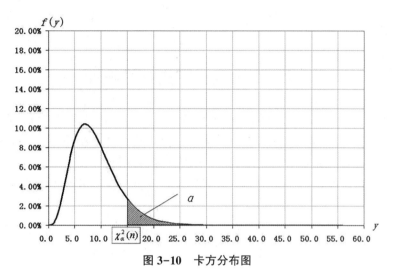

图 3-10　卡方分布图

其主要有以下性质:
(1) 卡方分布由其自由度完全描述。
(2) 卡方分布的取值大于等于 0。
(3) 卡方分布是右偏的。

4. F 分布

设 X、Y 为两个独立的随机变量,X 服从自由度为 m 的卡方分布,Y 服从自由度为 n 的卡方分布,则这两个随机变量相除以后得到的新的随机变量服从自由度为 (m,n) 的 F 分布,m 和 n 分别称为分子自由度和分母自由度,如图 3-11 所示。

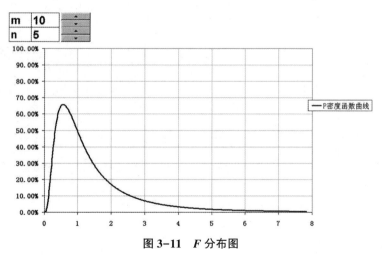

图 3-11　F 分布图

其主要有以下性质：
（1）F 分布由两个自由度（分子自由度和分母自由度）完全描述。
（2）F 分布的取值大于等于 0。
（3）F 分布是右偏的。

3.2 定距变量的描述性统计

数据分析中的大部分变量都是定距变量，通过对定距变量进行基本描述性统计，可以得到数据的概要统计指标，包括平均值、最大值、最小值、标准差、百分位数、中位数、偏度系数和峰度系数等。数据分析者通过获得这些指标，可以从整体上对拟分析的数据进行宏观把握，从而为后续进行更深入的数据分析做好必要的准备。

例 3-1 为了解我国各地区的电力消费情况，某课题组搜集整理了 2009 年我国 31 个省区市的电力消费数据，如表 3-2 所示。试通过对数据进行基本描述性分析来了解我国各地区的电力消费情况。

表 3-2 2009 年我国 31 个省区市的电力消费情况

地区（region）	电力消费（consumption）/亿千瓦时
北京	739.146
天津	550.156
河北	2 343.850
山西	1 267.540
内蒙古	1 287.930
…	…
青海	337.240
宁夏	462.960
新疆	547.880

使用 Stata 17.0 打开目录 F:\stata17\zsq\chap03 中的 al3-1.dta 数据文件，命令如下：

```
use "F:\stata17\zsq\chap03\al3-1.dta" , clear
browse
```

数据如图 3-12 所示。

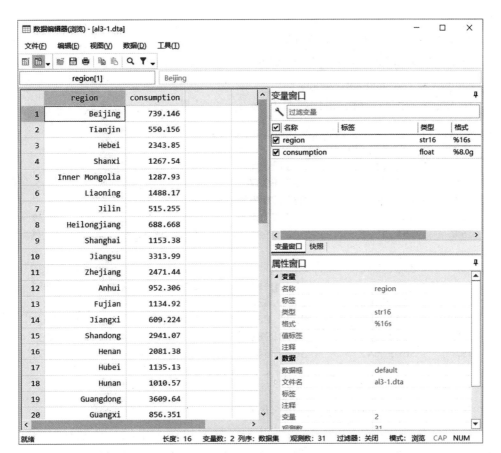

图 3-12 例 3-1 数据

在主界面的 Command 文本框中输入命令：

summarize consumption

输入完后，按回车键，得到如图 3-13 所示的分析结果。

Variable	Obs	Mean	Std. dev.	Min	Max
consumption	31	1180.489	903.5561	17.6987	3609.642

图 3-13 例 3-1 分析结果图（1）

通过观察图 3-13 的结果，可以对 2009 年我国各地区的电力消费情况有一个整体的了解。从结果可以看出，有效观测样本共有 31 个，各地区的电力消费量的平均值为 1 180.489 亿千瓦时，样本的标准差是 903.556 1，样本的最小值是 17.698 7，样本的最大值是 3 609.642。

上面的 Stata 命令比较简单，分析过程及结果已经达到解决实际问题的要求。但 Stata 17.0 的强大之处在于，它同样提供了更加复杂的命令格式以满足用户更加个性

化的需求。

1. 获得更详细的描述性统计结果

例如我们要得到更详细的描述性统计结果，那么操作命令为：

summarize consumption, detail

输入完后，按回车键，得到如图 3-14 所示的结果。

```
                          consumption
      Percentiles      Smallest
 1%     17.6987         17.6987
 5%    133.7675        133.7675
10%    462.9585        337.2368       Obs                31
25%    550.1556        462.9585       Sum of wgt.        31

50%    891.1902                       Mean         1180.489
                       Largest        Std. dev.    903.5561
75%   1324.61         2471.438
90%   2471.438        2941.067        Variance     816413.7
95%   3313.986        3313.986        Skewness     1.309032
99%   3609.642        3609.642        Kurtosis     3.889152
```

图 3-14 例 3-1 分析结果图（2）

从上面的分析结果中可以得到更多信息。

（1）百分位数（Percentiles）。可以看出数据的第 1 个四分位数（25%）是 550.156 6，数据的第 2 个四分位数（50%）是 891.190 2，数据的第 3 个四分位数（75%）是 1 324.61。数据的百分位数的含义是低于该数据值的样本在全体样本中的百分比。例如本例中 25% 百分位数的含义是全体样本中有 25% 的数据值低于 550.156 6。

（2）4 个最小值（Smallest）。本例中，最小的 4 个数据值分别是 17.696 7、133.767 5、337.236 8、462.958 5。

（3）4 个最大值（Largest）。本例中，最大的 4 个数据值分别是 2 471.438、2 941.067、3 313.986、3 609.642。

（4）均值（Mean）和标准差（Std. Dev.）。样本数据的平均值为 1 180.489，样本数据的标准差为 903.556 1。

（5）偏度（Skewness）和峰度（Kurtosis）。偏度表示数据分布不对称的方向和程度。如果偏度值大于 0，那么数据就具有正偏度（右边有尾巴）；如果偏度值小于 0，那么数据就具有负偏度（左边有尾巴）；如果偏度值等于 0，那么数据呈对称分布。本例中数据偏度为 1.309 032，为正偏度但不大。

2. 根据需要获取相应的概要统计指标

例如，我们想观察各地区电力消费数据的均值、极差、总和、方差等数据，那么操作命令可以相应地修改为：

tabstat consumption, stats（mean range sum var）

输入完后，按回车键，得到如图 3-15 所示的结果。

variable	mean	range	sum	variance
consumption	1180.489	3591.944	36595.15	816413.7

图 3-15 例 3-1 分析结果图（3）

从上面的分析结果中可以得到更多的信息，该样本数据的均值是 1 180.489，极差是 3 591.944，总和是 36 595.15，方差是 816 413.7。

统计量与其对应的命令代码如表 3-3 所示。

表 3-3 统计量与其对应的命令代码

统计量	命令代码	统计量	命令代码	统计量	命令代码
均值	mean	非缺失值总数	count	计数	n
总和	sum	最大值	max	最小值	min
极差	range	标准差	sd	方差	var
变异系数	cv	标准误	semean	偏度	skewness
峰度	kurtosis	中位数	median	第1个百分位数	P1
四分位距	iqr	四分位数	q		

3. 按另一变量分类列出某变量的概要统计指标

例如我们要在图 3-15 的基础上按各个省区市分别列出数据的概要统计指标，那么操作命令就应该相应地修改为：

tabstat consumption, stats（mean range sum var）by（region）

输入完后，按回车键，得到如图 3-16 所示的结果。

```
Summary for variables: consumption
    by categories of: region
```

region	mean	range	sum	variance
Anhui	952.3056	0	952.3056	.
Beijing	739.1465	0	739.1465	.
Chongqing	533.7976	0	533.7976	.
Fujian	1134.918	0	1134.918	.
Gansu	705.5127	0	705.5127	.
Guangdong	3609.642	0	3609.642	.
Guangxi	856.3511	0	856.3511	.
Guizhou	750.3007	0	750.3007	.
Hainan	133.7675	0	133.7675	.
Hebei	2343.847	0	2343.847	.
Heilongjiang	688.668	0	688.668	.
Henan	2081.375	0	2081.375	.
Hubei	1135.127	0	1135.127	.
Hunan	1010.57	0	1010.57	.
Inner Mongolia	1287.926	0	1287.926	.
Jiangsu	3313.986	0	3313.986	.
Jiangxi	609.2236	0	609.2236	.
Jilin	515.2545	0	515.2545	.
Liaoning	1488.172	0	1488.172	.
Ningxia	462.9585	0	462.9585	.
Qinghai	337.2368	0	337.2368	.
Shaanxi	740.1138	0	740.1138	.
Shandong	2941.067	0	2941.067	.
Shanghai	1153.379	0	1153.379	.
Shanxi	1267.538	0	1267.538	.
Sichuan	1324.61	0	1324.61	.
Tianjin	550.1556	0	550.1556	.
Tibet	17.6987	0	17.6987	.
Xinjiang	547.8766	0	547.8766	.
Yunnan	891.1902	0	891.1902	.
Zhejiang	2471.438	0	2471.438	.
Total	1180.489	3591.944	36595.15	816413.7

图 3-16　例 3-1 分析结果图（4）

4. 创建变量总体均值的置信区间

例如我们要创建电力消费量均值的 98% 的置信区间，那么操作命令就应该相应地修改为：

ci mean consumption, level (98)

输入完后，按回车键，得到如图 3-17 所示的结果。

```
. ci mean consumption,level(98)

    Variable │      Obs        Mean    Std. err.     [98% conf. interval]
─────────────┼──────────────────────────────────────────────────────────
 consumption │       31    1180.489    162.2835      781.7159    1579.262
```

图 3-17　例 3-1 分析结果图（5）

基于本例中的观测样本，我们可以推断出总体的 98% 水平的置信区间，也就是说，我们有 98% 的信心可以认为数据总体的均值会落在 [781.715 9，1 579.262]，或者说，数据总体的均值落在区间 [781.715 9，1 579.262] 的概率是98%。读者可以根据具体需要通过改变命令中括号里面的数字来调整置信水平的大小。

3.3　正态分布检验和数据转换

在进行统计分析时，一般要假设变量服从或者近似服从正态分布。所以在对搜集的数据进行预处理的时候需要对它们进行正态分布检验，如果数据不满足正态分布假设，我们就要对数据进行必要的转换。数据转换分为线性转换与非线性转换两种，其中线性转换比较简单。下面介绍的是非线性转换在实例中的应用。

例 3-2　为了解我国各地区公共交通车辆的运营情况，某课题组搜集整理了 2009 年我国各省区市的公共交通车辆运营的数据，如表 3-4 所示。试使用 Stata 17.0 对数据进行以下操作：（1）对该数据进行正态分布检验；（2）对数据执行平方根变换方法，以获取新的数据并进行正态分布检验；（3）对数据执行自然对数变换方法，以获取新的数据并进行正态分布检验。

表 3-4　2009 年我国各省区市的公共交通车辆运营情况　　　　单位：辆

地区（region）	公共交通车辆运营数量（sum）
北京	23 730
天津	8 118
河北	13 531
山西	6 655
内蒙古	5 558
…	…
青海	1 994
宁夏	2 133
新疆	8 082

使用 Stata 17.0 打开目录 E:\stata17\zsq\chap03 中的 al3-2.dta 数据文件，命令如下：

use "F:\stata17\zsq\chap03\al3-2.dta", clear
browse

数据如图 3-18 所示。

图 3-18　例 3-2 数据

在主界面的 Command 文本框中输入命令：

sktest sum

本命令的含义是对该数据进行正态分布检验。

输入完后，按回车键，得到如图 3-19 所示的分析结果。

```
Skewness and kurtosis tests for normality
                                                  ——— Joint test ———
    Variable |    Obs   Pr(skewness)  Pr(kurtosis)   Adj chi2(2)  Prob>chi2
         sum |     31       0.0065        0.0804          8.80       0.0123
```

图 3-19　例 3-2 分析结果图（1）

通过观察分析结果，可以得到如下结论：本例中，sktest 命令拒绝了数据呈正态分布的原假设。从偏度上看，Pr（skewness）为 0.006 5，小于 0.05，拒绝数据呈正态分布的原假设；从峰度来看，Pr（Kurtosis）为 0.080 4，大于 0.05，接受数据呈正态分布的原假设；把两者结合起来考虑，从整体上看，Prob>chi2 为 0.012 3，小于 0.05，拒绝数据呈正态分布的原假设。

在主界面的 Command 文本框中输入命令：

generate srsum=sqrt（sum）

sktest srsum

这两条命令的含义是对数据进行平方根变换，并对获取新的数据进行正态分布检验。

输入完后，按回车键，得到如图 3-20 所示的分析结果。

Skewness and kurtosis tests for normality

Variable	Obs	Pr(skewness)	Pr(kurtosis)	Joint test Adj chi2(2)	Prob>chi2
srsum	31	0.4418	0.9062	0.63	0.7293

图 3-20　例 3-2 分析结果图（2）

通过观察分析结果，可以得到如下结论：本例中，sktest 命令接受了数据呈正态分布的原假设。从偏度上看，Pr（skewness）为 0.441 8，大于 0.05，接受数据呈正态分布的原假设；从峰度来看，Pr（kurtosis）为 0.906 2，大于 0.05，接受数据呈正态分布的原假设；把两者结合起来考虑，从整体上看，Prob>chi2 为 0.729 3，大于 0.05，接受数据呈正态分布的原假设。

在主界面的 Command 文本框中输入命令：

generate lsum=ln（sum）

sktest lsum

这两条命令的含义是对数据进行自然对数变换，并对获取新的数据进行正态分布检验。

输入完后，按回车键，得到如图 3-21 所示的分析结果。

Skewness and kurtosis tests for normality

Variable	Obs	Pr(skewness)	Pr(kurtosis)	Joint test Adj chi2(2)	Prob>chi2
lsum	31	0.0462	0.2609	5.12	0.0774

图 3-21　例 3-2 分析结果图（3）

通过观察分析结果，可以得到如下结论：本例中，sktest 命令接受了数据呈正态分布的原假设。从偏度上看，Pr（skewness）为 0.046 2，小于 0.05，拒绝数据呈正态分布的原假设；从峰度来看，Pr（kurtosis）为 0.260 9，大于 0.05，接受数据呈正态分布的原假设；把两者结合起来考虑，从整体上看，Prob>chi2 为 0.077 4，大于 0.05，接受数据呈正态分布的原假设。

上面的 Stata 命令比较简单，分析过程及结果已经达到解决实际问题的要求。但

Stata 17.0 的强大之处在于，它同样提供了更加复杂的命令格式以满足用户更加个性化的需求。

1. 有针对性地对数据进行变换

我们在进行数据分析时，在对初始数据进行正态分布检验、得到数据偏度和峰度信息后，就可以根据数据信息的偏态特征进行有针对性的数据变换。数据变换与其对应的 Stata 命令以及达到的效果如表 3-5 所示。

表 3-5 数据变换与其对应的 Stata 命令以及达到的效果

Stata 命令	数据变换	效果
generate y = x^3	立方	减少严重负偏态
generate y = x^2	平方	减少轻度负偏态
generate y = sqrt（x）	平方根	减少轻度正偏态
generate y = ln（x）	自然对数	减少轻度正偏态
generate y = log10（x）	以 10 为底的对数	减少正偏态
generate y = -（sqrt（x））	平方根负对数	减少严重正偏态
generate y = -（x^-1）	负倒数	减少非严重正偏态
generate y = -（x^-2）	平方负倒数	减少非严重正偏态
generate y = -（x^-3）	立方负倒数	减少非严重正偏态

2. 关于 ladder 命令的介绍

这里我们介绍一个非常好用的命令：ladder。它把幂阶梯和正态分布检验有效地结合到了一起。它尝试幂阶梯上的每一种幂并逐个反馈结果是否显著地为正态或者非正态。以本例为例，操作命令为：

ladder sum

输入完后，按回车键，得到如图 3-22 所示的结果。

```
Transformation      Formula         chi2(2)    Prob > chi2

Cubic               sum^3           37.26        0.000
Square              sum^2           26.32        0.000
Identity            sum              8.80        0.012
Square root         sqrt(sum)        0.63        0.729
Log                 log(sum)         5.12        0.077
1/(Square root)     1/sqrt(sum)     20.13        0.000
Inverse             1/sum           33.29        0.000
1/Square            1/(sum^2)       45.24        0.000
1/Cubic             1/(sum^3)       47.92        0.000
```

图 3-22 例 3-2 分析结果图（4）

在该结果中，可以看出，在 95% 的置信水平上，仅有平方根变换（Square

Root）的 P(chi2) = 0.729 以及自然对数变换（Log）的 P(chi2) = 0.077 是符合正态分布的，其他幂函数的数据变换都不能使数据显著地呈现正态分布。

我们还可以在图 3-22 的基础上更加直观地看出幂阶梯和正态分布检验有效结合的结果，命令如下：

gladder sum

输入完后，按回车键，得到如图 3-23 所示的分析结果。

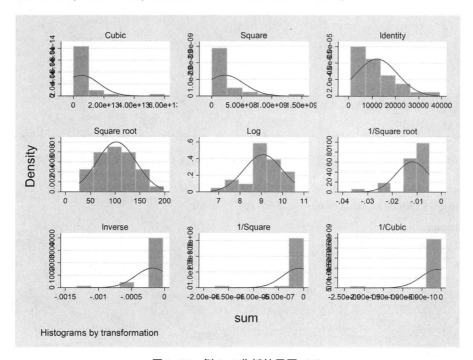

图 3-23　例 3-2 分析结果图（5）

从结果中可以看出每种变换的直方图与正态分布曲线，与图 3-22 所示的检验结果是一致的。

3.4　单个分类变量的汇总

与前面的定距变量不同，分类变量的数值只代表观测值所属的类别，不代表其他任何含义。因此，对分类变量的描述性统计方法是观测其不同类别的频数或者百分数。

例 3-3　某国有商业银行分行人力资源部对分行在岗职工的结婚情况进行了调查。调查结果分为两类：一类是代表结婚，另一类代表未婚（或离异）。统计数据如表 3-6 所示。试对结婚情况这一变量进行单个变量汇总。

表 3-6 某国有商业银行分行在岗职工的结婚情况

编号	性别（gender）	结婚情况（marry）
1	女	是
2	男	是
3	男	是
4	男	否
5	男	是
…	…	…
112	女	是
113	男	是
114	女	否

使用 Stata 17.0 打开目录 F:\stata17\zsq\chap03 中的 al3-3.dta 数据文件，命令如下：

use "F:\stata17\zsq\chap03\al3-3.dta", clear

browse

数据如图 3-24 所示。

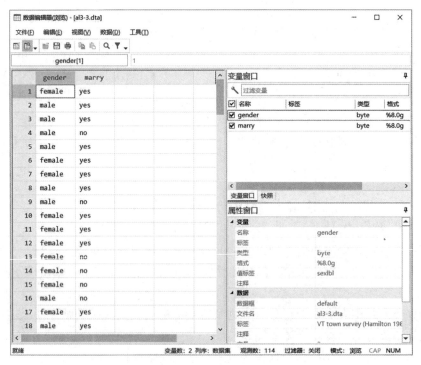

图 3-24 例 3-3 数据

在主界面的 Command 文本框中输入命令：

tabulate marry

输入完后，按回车键，得到如图 3-25 所示的结果。

marry	Freq.	Percent	Cum.
no	45	39.47	39.47
yes	69	60.53	100.00
Total	114	100.00	

图 3-25　例 3-3 分析结果图（1）

从结果中可以看出本次调查所获得的信息，可以发现该分行共有 114 人参与了有效调查，其中处于结婚状态的有 69 位，占比 60.53%，处于未婚（或离异）状态的有 45 位，占比 39.47%，结果分析表 Cum 一栏表示的是累计百分比。

以例 3-3 数据为基础，对结婚情况这一变量进行单个变量汇总并附星点图。

操作命令为：

tabulate marry, plot

输入完后，按回车键，得到如图 3-26 所示的结果。

marry	Freq.	
no	45	*******************************
yes	69	***
Total	114	

图 3-26　例 3-3 分析结果图（2）

从结果中可以看出对结婚情况这一变量进行单个变量汇总的结果以及星点图情况。

3.5　两个分类变量的列联表分析

在上节中，我们介绍了单个分类变量的概要统计，本节我们来介绍两个分类变量是如何进行概要统计的，即二维列联表。

例 3-4　某企业面临经营困境，准备进行深刻而彻底的改革。在变革前，企业调查了员工对改革措施的看法，调查得到的数据整理后如表 3-7 所示。试对数据资料进行二维列联表分析。

表 3-7　某企业员工针对改革措施的看法

编号	性别（*gender*）	是否支持降薪决定（*downsalary*）	是否支持降级决定（*downrank*）
1	女	是	是
2	女	是	是
3	女	是	否
4	男	是	否
5	男	是	否
…	…	…	…
101	女	是	否
102	男	是	否
103	女	否	否

使用 Stata 17.0 打开目录 F:\stata17\zsq\chap03 中的 al3-4.dta 数据文件，命令如下：

use "F:\stata17\zsq\chap03\al3-4.dta", clear

browse

数据如图 3-27 所示。

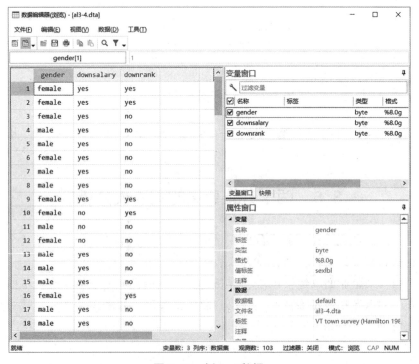

图 3-27　例 3-4 数据

在主界面的 Command 文本框中输入命令：

tabulate downsalary downrank

输入完后，按回车键，得到如图 3-28 所示的结果。

	downrank		
downsalary	no	yes	Total
no	32	8	40
yes	48	15	63
Total	80	23	103

图 3-28　例 3-4 分析结果图（1）

从结果中可以看出本次调查所获得的信息，可以发现该企业共有 103 人参与了有效调查，其中支持降薪的有 63 人，不支持降薪的有 40 人；支持降级的有 23 人，不支持降级的有 80 人；既支持降薪又支持降级的有 15 人，不支持降薪但支持降级的有 8 人，支持降薪但不支持降级的有 48 人。

上面的 Stata 命令比较简单，分析过程及结果已经达到解决实际问题的要求。但 Stata 17.0 的强大之处在于，它同样提供了更加复杂的命令格式以满足用户更加个性化的需求。

我们若要显示每个单元格的列百分比与行百分比，操作命令为：

tabulate downsalary downrank, column row

输入完后，按回车键，得到如图 3-29 所示的结果。

Key
frequency
row percentage
column percentage

	downrank		
downsalary	no	yes	Total
no	32	8	40
	80.00	20.00	100.00
	40.00	34.78	38.83
yes	48	15	63
	76.19	23.81	100.00
	60.00	65.22	61.17
Total	80	23	103
	77.67	22.33	100.00
	100.00	100.00	100.00

图 3-29　例 3-4 分析结果图（2）

分析结果表的单元格包含了三部分信息：频数、行百分比和列百分比。例如最左上角的单元格的意义是：不支持降薪也不支持降级的有 32 人，这部分样本在所有不支持降薪的样本中占比为 80%、在所有不支持降级的样本中占比为 40%。

3.6　多个分类变量的列联表分析

对于一些大型数据集，我们经常需要许多不同变量的频数分布，如何快速实现这一目的呢？这就需要用到 Stata 的多维列联表分析功能，下面通过例子来说明。

例 3-5　某高校会计学院对学生持有证书的情况进行了调查。证书分为 3 类，包括会计师证书、审计师证书、经济师证书。数据经整理汇总后如表 3-8 所示。试使用 Stata 17.0 对数据进行以下操作：（1）对数据中的所有分类变量进行单个变量汇总统计；（2）对数据中的所有分类变量进行二维列联表分析；（3）以"是否持有会计师证书"为主分类变量，制作 3 个分类变量的三维列联表。

表 3-8　某高校会计学院学生持有证书的情况

编号	性别（gender）	是否持有会计师证书（account）	是否持有审计师证书（audit）	是否持有经济师证书（economy）
1	男	有	有	无
2	男	有	无	无
3	女	有	有	有
4	女	无	有	有
5	男	无	无	有
…	…	…	…	…
97	女	无	无	无
98	女	有	有	有
99	女	有	有	无

使用 Stata 17.0 打开目录 F:\stata17\zsq\chap03 中的 al3-5.dta 数据文件，命令如下：

use "F:\stata17\zsq\chap03\al3-5.dta", clear
browse

数据如图 3-30 所示。

图 3-30　例 3-5 数据

在主界面的 Command 文本框中输入命令：

tab1 account audit economy

本命令的含义是对数据中的所有分类变量进行单个变量汇总统计。

输入完命令后，按回车键，得到如图 3-31 所示的结果。

```
-> tabulation of account

   account |      Freq.     Percent        Cum.
-----------+-----------------------------------
        no |         40       40.40       40.40
       yes |         59       59.60      100.00
-----------+-----------------------------------
     Total |         99      100.00

-> tabulation of audit

     audit |      Freq.     Percent        Cum.
-----------+-----------------------------------
        no |         75       75.76       75.76
       yes |         24       24.24      100.00
-----------+-----------------------------------
     Total |         99      100.00

-> tabulation of economy

   economy |      Freq.     Percent        Cum.
-----------+-----------------------------------
        no |         72       72.73       72.73
       yes |         27       27.27      100.00
-----------+-----------------------------------
     Total |         99      100.00
```

图 3-31　例 3-5 分析结果图（1）

从结果中可以看出本次调查所获得的信息，可以发现该校会计学院共有 99 名学生参与了有效调查，其中拥有会计师证书的有 59 人，在 99 名学生中占比 59.60%；拥有审计师证书的有 24 人，在 99 名学生中占比 24.24%；拥有经济师证书的有 27 人，在 99 名学生中占比 27.27%。结果分析表 Cum 一栏表示的是累计百分比。

在主界面的 Command 文本框中输入命令：

tab2 account audit economy

本命令的含义是对数据中的所有分类变量进行二维列联表分析。

输入完命令后，按回车键，得到如图 3-32 所示的结果。

-> tabulation of account by audit

account	audit no	yes	Total
no	32	8	40
yes	43	16	59
Total	75	24	99

-> tabulation of account by economy

account	economy no	yes	Total
no	30	10	40
yes	42	17	59
Total	72	27	99

-> tabulation of audit by economy

audit	economy no	yes	Total
no	60	15	75
yes	12	12	24
Total	72	27	99

图 3-32　例 3-5 分析结果图（2）

从结果中可以看出本次调查所获得的信息，分析结果中包括 3 张二维列联表。第 1 张是变量"*audit*"与变量"*account*"的二维列联表，第 2 张是变量"*economy*"与变量"*account*"的二维列联表，第 3 张是变量"*economy*"与变量"*audit*"的二维列联表，对于二维列联表的解读，上节已经介绍，这里不再赘述。

在主界面的 Command 文本框中输入命令：

by account, sort: tabulate audit economy

本命令的含义是以"是否持有会计师证书"为主分类变量，制作 3 个分类变量的三维列联表。

输入完命令后，按回车键，得到如图 3-33 所示的结果。

```
-> account = no

               economy
    audit     no    yes    Total
       no    26      6       32
      yes     4      4        8
    Total    30     10       40

-> account = yes

               economy
    audit     no    yes    Total
       no    34      9       43
      yes     8      8       16
    Total    42     17       59
```

图 3-33　例 3-5 分析结果图（3）

该分析结果是一张三维列联表，它包括两部分：上半部分是当"*account*"变量取值为"no"的时候，变量"*audit*"与变量"*economy*"的二维列联分析；下半部分是当"*account*"变量取值为"yes"的时候，变量"*audit*"与变量"*economy*"的二维列联表分析。

上面的 Stata 命令比较简单，分析过程及结果已经达到解决实际问题的要求。但 Stata 17.0 的强大之处在于，它同样提供了更加复杂的命令格式以满足用户更加个性化的需求。

这里我们介绍一个用于多维列联表分析的 Stata 命令——table，这是一个多功能的命令，它可以实现多种数据的频数、标准差数据特征的列联表分析。例如我们若要进行简单的频数列联表分析，那么操作命令为：

table account audit economy

输入完后，按回车键，得到如图 3-34 所示的结果。

```
                    economy
                 no    yes    Total

account
  no
    audit
      no       26      6       32
      yes       4      4        8
      Total    30     10       40
  yes
    audit
      no       34      9       43
      yes      8       8       16
      Total    42     17       59
  Total
    audit
      no       60     15       75
      yes      12     12       24
      Total    72     27       99
```

图 3-34　例 3-5 分析结果图（4）

本分析结果的解读与前节类似，这里不再赘述。

操作练习题

对例题 3-1，3-2，3-3，3-4，3-5 中的 Stata 数据文件，使用 Stata 17.0 软件重新操作一遍。

第4章 Stata 参数假设检验

参数假设检验是指针对参数的均值、方差、比率等特征的统计检验。参数假设检验一般假设统计总体的具体分布是已知的，但是其中的一些参数或者取值范围不确定，分析的主要目的是估计这些未知参数的取值，或者对这些参数进行假设检验。参数假设检验不仅能够对总体的特征参数进行推断，还能够对两个或多个总体的参数进行比较。常用的参数假设检验包括单一样本 t 检验、两个总体均值差异的假设检验、总体方差的假设检验、总体比率的假设检验等。下面通过实例来说明 Stata 17.0 的具体应用方法。

4.1 参数假设检验的基本理论

4.1.1 区间估计

1. 总体均值的区间估计

设来自正态总体 $N(\pi, \sigma^2)$ 的随机样本和样本值记为 $x_1, x_2, \cdots, x_n$，样本均值 μ 是总体均值 μ 的一个很好的估计量，利用 $\bar{x}$ 的分布，可以得出 μ 的置信水平为 $1-\alpha$ 的置信区间（通常取 $\alpha=0.05$）：

$$[\bar{x} - Z_{\alpha/2} \frac{\sigma_0}{\sqrt{n}}, \bar{x} + z_{\alpha/2} \frac{\sigma_0}{\sqrt{n}}]，当 \sigma_0 = \sigma 时$$

$$[\bar{x} - t_{\alpha/2}(n-1) \frac{s}{\sqrt{n}}, \bar{x} + t_{\alpha/2}(n-1) \frac{s}{\sqrt{n}}]，当 \sigma 未知时$$

其中，$Z_{\alpha/2}$（$t_{\alpha/2}$）是标准正态分布（或 t 分布）的 $\alpha/2$ 上分位数，即 $P\{|Z| \leq Z_{\alpha/2}\} = 1-\alpha$，其中 $Z \sim N(0, 1)$。

$$s = \sqrt{\frac{1}{n-1} \sum_{i=1}^{n}(x_i - \bar{x})^2}$$

置信水平 $1-\alpha$ 给定时，在 σ 未知的情况下，当均值的标准误 $s_m = s/\sqrt{n}$ 越小时，置信区间的范围也越小，这说明估计的精度越高。

例 4-1 某车间生产的滚珠直径 X 服从正态分布 $N(\mu, 0.6)$。现从某天的产品中抽取 6 个，测得直径为（单位：mm）：14.6, 15.1, 14.9, 14.8, 15.2, 15.1。试求平均直径置信水平为 95% 的置信区间。

解 置信水平 $1-\alpha=0.95$，$\alpha=0.05$。$\alpha/2=0.025$，查表可得 $Z_{0.025}=1.96$，又由样本值得 $\bar{x}=14.95$，$n=6$，$\sigma=\sqrt{0.6}$。有：

置信下限 $\bar{x}-Z_{\alpha/2}\dfrac{\sigma_0}{\sqrt{n}}=14.95-1.96\times\sqrt{\dfrac{0.6}{6}}=14.33$

置信上限 $\bar{x}+Z_{\alpha/2}\dfrac{\sigma_0}{\sqrt{n}}=14.95+1.96\times\sqrt{\dfrac{0.6}{6}}=15.57$

所以平均直径置信度为95%的置信区间为（14.33，15.57）。

例4-2 某糖厂自动包装机装糖，设各包重量服从正态分布 $N(\mu,\sigma^2)$。某日开工后测得9包重量为（单位：kg）：99.3，98.7，100.5，101.2，98.3，99.7，99.5，102.1，100.5。

试求 μ 的置信水平为95%的置信区间。

解 置信水平 $1-\mu=0.95$，查表得 $t_{\alpha/2}(n-1)=t_{0.025}(8)=2.306$。由样本值得 $\bar{x}=99.978$，$S^2=1.47$，故

置信下限 $\bar{x}-t_{\alpha/2}(n-1)\dfrac{s}{\sqrt{n}}=99.978-2.306\times\sqrt{\dfrac{1.47}{9}}=99.046$

置信上限 $\bar{x}+t_{\alpha/2}(n-1)\dfrac{s}{\sqrt{n}}=99.978+2.306\times\sqrt{\dfrac{1.47}{9}}=100.91$

所以 μ 的置信水平为95%的置信区间为（99.046，100.91）。

2. 总体方差的区间估计

总体方差 σ^2 的无偏估计量为 s^2（样本方差）。通过研究

$$\sum(x_i-\bar{x})^2/\sigma^2=(n-1)s^2/\sigma^2$$

的分布可以得出 σ^2 的置信水平为 $1-\alpha$ 的置信区间：

$$\left[\dfrac{(n-1)s^2}{\chi^2_{\alpha/2}(n-1)},\dfrac{(n-1)s^2}{\chi^2_{1-\alpha/2}(n-1)}\right]$$

其中，$\chi^2_{\alpha/2}(n-1)$ 是自由度为 $n-1$ 的 χ^2 分布的 $\dfrac{\alpha}{2}$ 分位数。

例4-3 从某车间加工的同类零件中抽取了16件，测得零件的平均长度为12.8厘米，方差为0.0023。假设零件的长度服从正态分布，试求总体方差及标准差的置信区间（置信水平为95%）。

解 已知：$n=16$，$s^2=0.0023$，$1-\alpha=0.95$，

查表得：

$\chi^2_{1-\alpha/2}(n-1)=\chi^2_{0.975}(15)=6.262$

$\chi^2_{\alpha/2}(n-1)=\chi^2_{0.025}(15)=27.488$

代入数据，可算得所求的总体方差的置信区间为（0.0013，0.0055）。

总体标准差的置信区间为（0.0354，0.0742）。

4.1.2 假设检验

1. 假设检验的概念

为了推断总体的某些性质，我们会提出有关总体性质的各种假设。假设检验就是根据样本提供的信息对所提出的假设作出判断的过程。

原假设是我们怀疑并想拒绝的假设，记为 H_0。备择假设是我们拒绝了原假设后得到的结论，记为 H_α。

原假设和备择假设都是关于总体参数的，例如，我们想知道总体均值是否等于某个常数 μ_0，那么原假设是 $H_0:\mu=\mu_0$，备择假设是 $H_\alpha:\mu\neq\mu_0$。

上面这种假设，我们称为双尾检验，因为备择假设是双边的。

下面两种假设检验称为单尾检验：

$H_0:\mu\geq\mu_0$ $H_\alpha:\mu<\mu_0$

$H_0:\mu\leq\mu_0$ $H_\alpha:\mu>\mu_0$

注意：无论是单尾检验还是双尾检验，等号永远都在原假设一边，这是用来判断原假设的唯一标准。

2. 第一类错误和第二类错误

我们在做假设检验的时候会犯两类错误：第一，原来假设是正确的，而你判断它为错误的，这是第一类错误；第二，原来假设是错误的，而你判断它为正确的，这是第二类错误。

这类似于法官判案时，如果被告是好人，却判他为坏人，这是第一类错误；如果被告是坏人，却判他为好人，这是第二类错误。

在其他条件不变的情况下，如果要求犯第一类错误的概率越低，那么犯第二类错误的概率就会越高。通俗理解即，当我们要求错杀好人的概率降低，那么往往就会放走坏人。

在其他情况不变的情况下，如果要求犯第二类错误的概率越低，那么犯第一类错误的概率就越高。通俗理解即，当我们要求放走坏人的概率降低，那么往往就会错杀好人。

其他条件不变主要指的是样本量 n 不变。换言之，要想少犯第一类错误和第二类错误，就要增大样本量 n。

在进行假设检验的时候，我们会规定允许犯第一类错误的概率，比如 5%，这称为显著性水平，记为 α。我们通常只规定犯第一类错误的概率，而不规定犯第二类错误的概率。

检验的势定义为在原假设是错误的情况下正确拒绝原假设的概率。检验的势等于 1 减去犯第二类错误的概率。

我们用表 4-1 来表示显著性水平和检验的势。

表 4-1　显著性水平和检验的势

	原假设正确	原假设不正确
拒绝原假设	第一类错误 （显著性水平 α）	判断正确 检验的势=1-P（犯第二类错误的概率）
没有拒绝原假设	判断正确	第二类错误

要做假设检验，我们先要计算两样东西：检验统计量和关键值。检验统计量是从样本数据中计算得来的。检验统计量的一般形式为：

检验统计量=（样本统计量-在 H_0 中假设的总体参数值）/样本统计量的标准误

关键值是查表得到的。关键值的计算需要知道以下三点：①检验统计量服从的分布；②显著性水平；③是双尾还是单尾检验。

3. 决策规则

（1）基于检验统计量和关键值的决策准则。

计算检验统计量和关键值之后，怎样判断是否拒绝原假设呢？

首先，我们要搞清楚我们做的是双尾检验还是单尾检验。如果是双尾检验，那么拒绝域在两边。以双尾 z 检验为例，首先画出 z 分布（标准正态分布），在两边画出阴影的拒绝区域。

拒绝区域的面积应等于显著性水平。以 $\alpha=0.05$ 为例，左右两块拒绝区域的面积之和应等于 0.05，可知交界处的数值为 ±1.96。±1.96 即为关键值，如图 4-1 所示。

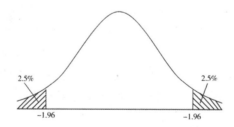

图 4-1　α 为 0.05 的正态分布双尾检验

如果从样本数据中计算得出的检验统计量落在拒绝区域（小于-1.96 或大于 1.96），就拒绝原假设；如果检验统计量没有落在拒绝区域（而在 -1.96 和 1.96 之间），就不能拒绝原假设。

如果是单尾检验，那么拒绝区域在一边。拒绝区域在哪一边，要看备择假设在哪一边。以单尾的 z 检验为例，假设原假设为 $H_0: \mu \leq \mu_0$，备择假设为 $H_\alpha: \mu > \mu_0$，那么拒绝区域在右边，因为备择假设在右边。首先画出 z 分布（标准正态分布），在右边画出阴影的拒绝区域。

拒绝区域的面积还是等于显著性水平。以 $\alpha = 0.05$ 为例，因为只有一块拒绝区域，因此其面积为 0.05，可知交界处的数值为 1.65。1.65 即为关键值，如图 4-2 所示。

如果从样本数据中计算得出的检验统计量落在拒绝区域（大于 1.65），就拒绝原假设；如果检验统计量没有落在拒绝区域（小于 1.65），就不能拒绝原假设。

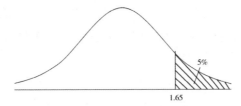

图 4-2 α 为 0.05 的正态分布单尾检验

（2）基于 P 值和显著性水平的决策规则。

在实际中，如统计软件经常给出的是 P 值，可以将 P 值与显著性水平做比较，以决定是否拒绝原假设，这是基于 P 值和显著性水平的决策规则。

首先来看看 P 值到底是什么。对于双尾检验，有两个检验统计量，两个统计量两边的面积之和就是 P 值。因此，每一边的面积是 $P/2$，如图 4-3 所示。

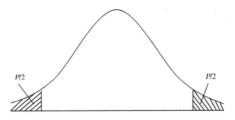

图 4-3 基于 P 值的正态分布双尾检验

对于单尾检验，只有一个检验统计量，检验统计量边上的面积就是 P 值，如图 4-4 所示。

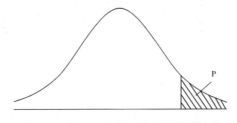

图 4-4 基于 P 值的正态分布单尾检验

计算 P 值的目的是将其与显著性水平做比较。如果 P 值小于显著性水平，说明检验统计量落在拒绝区域，拒绝原假设；如果 P 值大于显著性水平，说明检验统计量没有落在拒绝区域，不能拒绝原假设。

(3) 结论的陈述。

如果不能拒绝原假设,我们不能说接受原假设,只能说无法拒绝原假设。

在作出判断之后,我们还要陈述结论。如果拒绝原假设,那么我们说总体均值显著地不相等。

4. 单个总体均值的假设检验

我们想知道一个总体均值是否等于(或大于等于、小于等于)某个常数 μ_0,可以使用 z 检验或 t 检验。双尾检验和单尾检验的原假设和备择假设如下:

$$H_0: \mu = \mu_0 \qquad H_\alpha: \mu \neq \mu_0$$
$$H_0: \mu \geq \mu_0 \qquad H_\alpha: \mu < \mu_0$$
$$H_0: \mu \leq \mu_0 \qquad H_\alpha: \mu > \mu_0$$

表 4-2 列示了使用 z 检验和 t 检验的情况。

表 4-2 z 检验与 t 检验比较

	正态总体,$n<30$	$n \geq 30$
总体方差已知	z 检验	z 检验
总体方差未知	t 检验	t 检验或 z 检验

下面,我们要计算 z 统计量和 t 统计量。

如果总体方差已知,那么 z 统计量的公式为:

$$z = \frac{\bar{x} - \mu_0}{\sigma\sqrt{n}}$$

其中,$\bar{x}$ 为样本均值,σ 为总体标准差,n 为样本容量。

如果总体方差未知,那么 z 统计量的公式为:

$$z = \frac{\bar{x} - \mu_0}{s\sqrt{n}}$$

其中,$\bar{x}$ 为样本均值,s 为样本标准差。

注意:$n > 30$,$s^2 = \frac{1}{n}\sum_{i=1}^{n}(x_i - \bar{x})^2$;$n \leq 30$,$s^2 = \frac{1}{n-1}\sum_{i=1}^{n}(x_i - \bar{x})^2$,$n$ 为样本容量。

t 统计量的公式为:

$$t_{n-1} = \frac{\bar{x} - \mu_0}{s\sqrt{n}}$$

其中,$\bar{x}$ 为样本均值,s 为样本标准差,n 为样本容量。

下标 $n-1$ 是 t 分布的自由度,我们查表找关键值时要用到自由度。

例 4-4 有一家已经在市场中生存了 24 个月的中等市值成长型基金。在这个区间中,该基金实现了 1.50% 的月度平均收益率,而且该月度收益率的样本标准差为

3.60%。给定该基金所面临的系统性风险（市场风险）水平，并根据一个定价模型，我们预期该基金在这个区间中应该获得1.10%的月度平均收益率。假定收益率服从正态分布，那么实际结果是否和1.10%这个理论上的月度平均收益率或者总体月度平均收益率相一致？

(1) 给出该问题的原假设和备择假设。
(2) 找出原假设和备择假设的检验统计量。
(3) 求出显著性水平为0.10时的问题（1）中所检验的假设的拒绝点。
(4) 确定是否应该在0.10显著性水平下拒绝原假设。

解 （1）我们有一个"不等"的备择假设，其中 μ 是该基金对应的平均收益率。H_0 为 $\mu=1.10$，H_α 为 $\mu \neq 1.10$。

(2) 因为总体方差是未知的，我们利用 24-1=23 自由度的 t 检验。

(3) 因为这是一个双尾检验，我们的拒绝点 $t_{n-1} = t_{0.05,23}$，在 t 分布表中，对应自由度为23的行和0.05的列，找到1.714。双尾检验的两个拒绝点是1.714和-1.714。如果我们发现 $t>1.714$ 或 $t<-1.714$，我们将拒绝原假设。

(4) $t_{23} = \dfrac{\bar{x} - \mu_0}{s/\sqrt{n}} = \dfrac{1.50\% - 1.10\%}{3.60\% \times \sqrt{24}} = 0.022\,681 < 1.714$，因而无法拒绝原假设。

5. 两个独立总体均值的假设检验

我们想知道两个相互独立的正态分布总体的均值是否相等，可以使用 t 检验来完成。双尾检验和单尾检验的原假设和备择假设如下：

$$H_0: \mu_1 = \mu_2 \qquad H_\alpha: \mu_1 \neq \mu_2$$
$$H_0: \mu_1 \geq \mu_2 \qquad H_\alpha: \mu_1 < \mu_2$$
$$H_0: \mu_1 \leq \mu_2 \qquad H_\alpha: \mu_1 > \mu_2$$

下标1和下标2分别表示取自第一个总体的样本和取自第二个总体的样本，这两个样本是相互独立的。

在开始进行假设检验之前，我们先要区分两种情况：第一，两个样本总体方差未知但假定相等；第二，两个样本总体方差未知且假定不等。

对于第一种情况，我们用 t 检验，其自由度为 n_1+n_2-2。t 统计量的计算公式如下：

$$t_{n_1+n_2-2} = \dfrac{(\bar{x}_1 - \bar{x}_2) - (\mu_1 - \mu_2)}{\sqrt{\dfrac{s_p^2}{n_1} + \dfrac{s_p^2}{n_2}}}$$

其中 $s_p^2 = \dfrac{(n_1-1)s_1^2 + (n_2-1)s_2^2}{n_1+n_2-2}$。

s_1^2 为第一个样本的样本方差，s_2^2 为第二个样本的样本方差，n_1 为第一个样本的样本量，n_2 为第二个样本的样本量。

例 4-5 20 世纪 80 年代的标准普尔 500 指数已实现的月度平均收益率似乎与 20 世纪 70 年代的月度平均收益率有巨大的不同，那么这个不同在统计上是显著的吗？表 4-3 所给的数据表明，我们没有充足的理由拒绝这两个收益率的总体方差是相同的。

表 4-3 两个 10 年的标准普尔 500 指数的月度平均收益率及其标准差

10 年区间	月份数	月度平均收益率（%）	标准差
20 世纪 70 年代	120	0.580	4.598
20 世纪 80 年代	120	1.470	4.738

（1）给出与双尾假设检验相一致的原假设和备择假设。

（2）找出问题（1）中假设的检验统计量。

（3）求出问题（1）中所检验的假设在 0.10、0.05、0.01 显著性水平下的拒绝点。

（4）确定在 0.10、0.05、0.01 显著性水平下是否应拒绝原假设。

解（1）令 μ_1 表示 20 世纪 70 年代的总体平均收益率，令 μ_2 表示 20 世纪 80 年代的总体平均收益率，于是我们给出如下的假设：$H_0: \mu_1 = \mu_2$，$H_\alpha: \mu_1 \neq \mu_2$。

（2）因为两个样本分别取自不同的 10 年区间，所以它们是独立样本。总体方差是未知的，但是可以假设二者相等。给定所有这些条件，在 t 统计量的计算公式中所给出的 t 检验具有 120+120−2=238 的自由度。

（3）在 t 分布表中，最接近 238 的自由度为 200。对于一个双尾检验，$df=200$ 的 0.10、0.05、0.01 显著性水平下的拒绝点分别为 ±1.653、±1.972、±2.601。即在 0.10 显著性水平下，如果 $t<-1.653$ 或者 $t>1.653$，我们将拒绝原假设；在 0.05 显著性水平下，如果 $t<-1.972$ 或者 $t>1.972$，我们将拒绝原假设；在 0.01 显著性水平下，如果 $t<-2.601$ 或者 $t>2.601$，我们将拒绝原假设。

（4）计算检验统计量时，首先计算合并方差的估计值：

$$s_p^2 = \frac{(n_1-1)s_1^2 + (n_2-1)s_2^2}{n_1+n_2-2} = \frac{(120-1)(4.598)^2 + (120-1)(4.738)^2}{120+120-2}$$

$$= 21.795\,124$$

$$t_{n_1+n_2-2} = \frac{(\bar{x}_1 - \bar{x}_2) - (\mu_1 - \mu_2)}{\sqrt{\dfrac{s_p^2}{n_1} + \dfrac{s_p^2}{n_2}}} = \frac{(0.580 - 1.470) - 0}{\left(\dfrac{21.795\,124}{120} + \dfrac{21.795\,124}{120}\right)^{1/2}}$$

$$= \frac{-0.89}{0.602\,704} = -1.477$$

t 值等于 −1.477，在 0.10 显著性水平下不显著，在 0.05 和 0.01 显著性水平下也不显著。因此，我们无法在这三个显著性水平下拒绝原假设。

当我们能假设两个总体样本服从正态分布，但是不知道总体样本方差，而且不能假设方差是相等的时候，给出如下检验量：

$$t = \frac{(\bar{x}_1 - \bar{x}_2) - (\mu_1 - \mu_2)}{\sqrt{\dfrac{s_1^2}{n_1} + \dfrac{s_2^2}{n_2}}}$$

s_1^2 为第一个样本的样本方差，s_2^2 为第二个样本的样本方差，n_1 为第一个样本的样本量，n_2 为第二个样本的样本量。

其中，我们使用"修正的"自由度，其计算公式为：

$$df = \frac{(s_1^2/n_1 + s_2^2/n_2)^2}{(s_1^2/n_1)^2/n_1 + (s_2^2/n_2)^2/n_2}$$

例 4-6 具有风险的公司债券的预期收益率是如何决定的？两个重要的考虑因素为预期违约概率和在违约发生的情况下预期能够回收的金额（即回收率）。Altman et al.（1996）首次记录了按行业和信用等级进行分层的违约债券的平均回收率。在 1971—1995 年，他们发现公共事业公司、化工类公司、石油公司以及塑胶制造公司的违约债券的回收率明显要高于其他行业。他们通过检验以信用等级分层的回收率来对此进行研究。这里，我们仅讨论他们对于高信用担保债券的结果。其中 μ_1 表示公共事业公司的高信用担保债券的总体平均回收率，而 μ_2 表示其他行业（非公共事业）公司的高信用担保债券的总体平均回收率，假设 $H_0: \mu_1 = \mu_2$，$H_\alpha: \mu_1 \neq \mu_2$。

表 4-4 摘自他们研究的部分结果。

表 4-4　高信用担保债券的回收率　　　　　　　　单位：美元

行业类别	公共事业公司样本			非公共事业公司样本		
	观测数	违约时的平均价格	标准差	观测数	违约时的平均价格	标准差
高信用担保债券	21	64.42	14.03	64	55.75	25.17

根据他们的研究假设，总体服从正态分布，并且样本是独立的。根据表 4-4 中的数据，回答下列问题：

（1）讨论他们为什么会选择 $t = \dfrac{(\bar{x}_1 - \bar{x}_2) - (\mu_1 - \mu_2)}{\sqrt{\dfrac{s_1^2}{n_1} + \dfrac{s_2^2}{n_2}}}$，而不是 $t_{n_1+n_2-2} = \dfrac{(\bar{x}_1 - \bar{x}_2) - (\mu_1 - \mu_2)}{\sqrt{\dfrac{s_p^2}{n_1} + \dfrac{s_p^2}{n_2}}}$ 的检验方法。

(2) 计算上述给出的原假设的检验统计量。

(3) 计算该检验的修正自由度的数值。

(4) 确定在 0.10 显著性水平下是否应该拒绝原假设。

解 (1) 公共事业公司高信用担保债券的回收率的样本标准差 14.03 要比非公共事业公司回收率的样本标准差 25.17 更小。故不假设它们的均值相等的选择是恰当的，所以采用的是 $t = \dfrac{(\bar{x}_1 - \bar{x}_2) - (\mu_1 - \mu_2)}{\sqrt{\dfrac{s_1^2}{n_1} + \dfrac{s_2^2}{n_2}}}$ 检验。

(2) 检验统计量 $t = \dfrac{(\bar{x}_1 - \bar{x}_2) - (\mu_1 - \mu_2)}{\sqrt{\dfrac{s_1^2}{n_1} + \dfrac{s_2^2}{n_2}}}$

上式中，$\bar{x}_1$ 表示公共事业公司样本的平均回收率 = 64.42，$\bar{x}_2$ 表示非公共事业公司样本的平均回收率 = 55.75，$s_1^2 = 14.03\verb|^|2 = 196.840\,9$，$s_2^2 = 25.17\verb|^|2 = 633.528\,9$，$n_1 = 21$，$n_2 = 64$。

因此，$t = \dfrac{(\bar{x}_1 - \bar{x}_2) - (\mu_1 - \mu_2)}{\sqrt{\dfrac{s_1^2}{n_1} + \dfrac{s_2^2}{n_2}}} = \dfrac{64.42 - 55.75}{(196.840\,9/21 + 633.528\,9/64)^{1/2}} = 1.975$。

(3) $\mathrm{d}f = \dfrac{(s_1^2/n_1 + s_2^2/n_2)^2}{(s_1^2/n_1)^2/n_1 + (s_2^2/n_2)^2/n_2} = \dfrac{(196.840\,9/21 + 633.528\,9/64)^2}{(196.840\,9/21)^2/21 + (633.528\,9/64)^2/64} = 64.99$

即该检验的修正自由度为 65。

(4) 在 t 分布表的数值表中最接近 $\mathrm{d}f = 65$ 的一栏是 $\mathrm{d}f = 60$。对于 $\alpha = 0.10$，我们找到 $t_{\alpha/2} = 1.671$。因此，如果 $t < -1.671$ 或 $t > 1.671$，我们就会拒绝原假设。基于所计算的值 $t = 1.975$，我们在 0.10 显著性水平下拒绝原假设。因而存在一些公共事业公司和非公共事业公司回收率不同的证据。为什么是这样的？奥特曼和基肖尔认为公司资产的不同性质以及不同行业的竞争水平造成了回收率不同的。

6. 配对比较检验

上面我们讲的是两个相互独立的正态分布总体的均值检验，两个样本是相互独立的。如果两个样本相互不独立，我们进行均值检验时要使用配对比较检验。配对比较检验也通过 t 检验来完成，双尾检验和单尾检验的原假设和备择假设如下：

$H_0: \mu_d = \mu_0$ $H_\alpha: \mu_d \neq \mu_0$

$H_0: \mu_d \geq \mu_0$ $H_\alpha: \mu_d < \mu_0$

$H_0: \mu_d \leq \mu_0$ $H_\alpha: \mu_d > \mu_0$

其中：μ_d 表示两个样本均值之差，为常数；μ_0 通常等于 0。t 统计量的自由度为 $n-1$，计算公式如下：

$$t = \frac{\bar{d} - \mu_0}{s_{\bar{d}}}$$

其中，$\bar{d}$ 是样本差的均值。我们取得两个配对的样本之后，对应相减，就得到一组样本差的数据，求这一组数据的均值，就是 $\bar{d}$。$s_{\bar{d}}$ 是 $\bar{d}$ 的标准误，即 $s_{\bar{d}} = s_d/\sqrt{n}$。

下面的例子说明了这个检验在投资策略评估中的应用。

例 4-7 Mcqueen et al.（1997）检验了一个流行的投资策略（该策略投资于道琼斯工业平均指数中收益率最高的 10 只股票，简称"道—10"）与一个买入并持有的策略（该策略投资于道琼斯工业平均指数中所有的 30 只股票，简称"道—30"）之间的业绩比较。

表 4-5 道—10 和道—30 投资组合年度收益率比较（1946—1995）（$n=50$）

策略	平均收益率（%）	标准差
道—10	16.77	19.10
道—30	13.71	16.64
差别	3.06	6.62

（1）给出道—10 和道—30 策略间收益率差别的均值等于 0 这个双尾检验相一致的原假设和备择假设。

（2）找出问题（1）中假设的检验统计量。

（3）求出在 0.01 显著性水平下问题（1）中所检验的假设的拒绝点。

（4）确定在 0.01 显著性水平下是否应该拒绝原假设。

（5）讨论为什么选择配对比较检验。

解 （1）μ_d 表示道—10 和道—30 策略间收益率差别的均值，我们有 $H_0: \mu_d = 0$，$H_\alpha: \mu_d \neq 0$。

（2）因为总体方差未知，所以检验统计量为一个自由度 50-1=49 的 t 检验。

（3）在 t 分布表中，我们查阅自由度为 49 的一行和显著性水平为 0.05 的一列，从而得到 2.68。如果我们发现 $t>2.68$ 或 $t<-2.68$，我们将拒绝原假设。

（4）$t = \dfrac{3.06}{6.62/\sqrt{50}} = 3.2685 \approx 3.27$

因为 3.27>2.68，所以我们拒绝原假设。由此得出结论：平均收益率的差别在统计上是显著的。

（5）道—30 样本包含道—10 样本。因此，它们不是相互独立的。通常，道—10 和道—30 策略间收益率的相关系数为正。由于样本是相互依赖的，因此配对比较检验是恰当的。

7. 单个总体方差的假设检验

首先是关于单个总体方差是否等于（或大于等于，小于等于）某个常数的假设检验。我们要使用卡方检验。

双尾检验和单尾检验的原假设和备择假设如下：

$$H_0: \sigma^2 = \sigma_0^2 \qquad H_\alpha: \sigma^2 \neq \sigma_0^2$$
$$H_0: \sigma^2 \geq \sigma_0^2 \qquad H_\alpha: \sigma^2 < \sigma_0^2$$
$$H_0: \sigma^2 \leq \sigma_0^2 \qquad H_\alpha: \sigma^2 > \sigma_0^2$$

卡方统计量的自由度为 $n-1$，计算方法如下：

$$\chi^2 = \frac{(n-1)s^2}{\sigma_0^2}$$

其中，s^2 为样本方差。

例 4-8 某股票的历史月度收益率的标准差为 5%，这一数据是基于 2003 年以前的历史数据测定的。现在，我们选取 2004—2006 年这 36 个月的月度收益率数据，来检验其标准差是否仍为 5%。我们测得这 36 个月的月度收益率标准差为 6%。在 0.05 显著性水平下，其标准差是否仍为 5%？

解 （1）写出原假设和备择假设：

$$H_0: \sigma^2 = (5\%)^2 \qquad H_\alpha: \sigma^2 \neq (5\%)^2$$

（2）使用卡方检验：

$$\chi^2 = \frac{(n-1)s^2}{\sigma_0^2} = (36-1) \times (6\%)^2 / (5\%)^2 = 50.4$$

（3）查表得到卡方关键值。在 0.05 显著性水平下，由于是双尾检验，两边的拒绝区域面积都为 0.025，自由度为 35，因此关键值为 20.569 和 53.203。

（4）由于 50.4<53.203，卡方统计量没有落在拒绝区域，因此我们不能拒绝原假设。

（5）结论：该股票的标准差显著地等于 5%。

8. 两个总体方差的假设检验

双尾检验和单尾检验的原假设和备择假设如下：

$$H_0: \sigma_1^2 = \sigma_2^2 \qquad H_\alpha: \sigma_1^2 \neq \sigma_2^2$$
$$H_0: \sigma_1^2 \geq \sigma_2^2 \qquad H_\alpha: \sigma_1^2 < \sigma_2^2$$
$$H_0: \sigma_1^2 \leq \sigma_2^2 \qquad H_\alpha: \sigma_1^2 > \sigma_2^2$$

F 统计量的自由度为 n_1-1 和 n_2-1，$F = s_1^2/s_2^2$。

注意：永远把较大的一个样本方差放在分子上，即 F 统计量大于 1，如果这样，我们只需考虑右边的拒绝区域，而不管 F 检验是单尾检验还是双尾检验。

例 4-9 我们想检验 IBM 股票和 HP 股票的月度收益率标准误是否相等。我们选取 2004—2006 年这 36 个月的月度收益率数据，来检验其标准差是否仍为 5%。我们测得这 36 个月两只股票月度收益率的标准差分别为 5% 和 6%。在 0.05 显著性水平下，其标准差是否相等？

解 （1）写出原假设和备择假设：

$$H_0: \sigma_1^2 = \sigma_2^2 \qquad H_\alpha: \sigma_2^2 \neq \sigma_2^2$$

（2）使用 F 检验：

$$F = s_1^2/s_2^2 = 0.003\ 6/0.002\ 5 = 1.44$$

（3）查表得到 F 关键值 2.07。

（4）由于 1.44<2.07，F 统计量没有落在拒绝区域，因此我们不能拒绝原假设。

（5）结论：IBM 股票和 HP 股票月度收益率的标准差显著地相等。

4.2 单个样本 t 检验应用

单个样本 t 检验是假设检验中最基本、最常用的方法之一。与所有的假设检验一样，其依据的基本原理也是统计学中的"小概率反证法"原理。通过单个样本 t 检验，可以实现样本均值和总体均值的比较。检验的基本步骤是：首先提出原假设和备择假设，规定好检验的显著性水平；然后确定适当的检验统计量，并计算检验统计量的值；最后依据计算值和临界值的比较作出统计决策。

例 4-10 某电脑公司销售经理人均月销售 500 台电脑，现采取新的广告策略，半年后，随机抽取该公司 20 名销售经理的人均月销售量数据，具体数据如表 4-6 所示。试问新广告策略是否能够影响销售经理的人均月销售量？

表 4-6　20 名销售经理人均月销售量　　　　　　　　　　　单位：台

编号	人均月销售量（sale）	编号	人均月销售量（sale）
1	506	11	510
2	503	12	504
3	489	13	512
4	501	14	499
5	498	15	487
6	497	16	507
7	491	17	503
8	502	18	488
9	490	19	521
10	511	20	517

使用 Stata 17.0 打开目录 F:\stata17\zsq\chap04 中的 al4-1.dta 数据文件，命令如下：

use "F:\stata17\zsq\chap04\al4-1.dta", clear
browse

数据如图 4-5 所示。

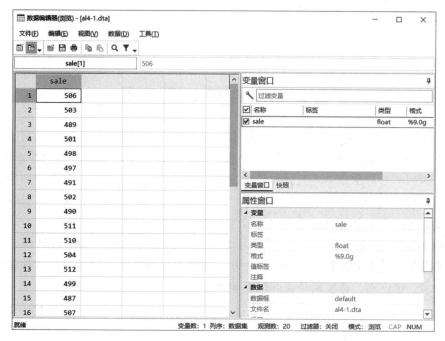

图 4-5　例 4-10 数据

在主界面的 Command 文本框中输入命令：
ttest sale = 500

输入完后，按回车键，得到如图 4-6 所示的分析结果。

```
One-sample t test

Variable |    Obs        Mean    Std. err.   Std. dev.   [95% conf. interval]
    sale |     20       501.8    2.166248    9.687757    497.266    506.334

    mean = mean(sale)                                           t =   0.8309
H0: mean = 500                                  Degrees of freedom =      19

    Ha: mean < 500            Ha: mean != 500              Ha: mean > 500
 Pr(T < t) = 0.7918         Pr(|T| > |t|) = 0.4163        Pr(T > t) = 0.2082
```

图 4-6　例 4-10 分析结果图（1）

通过观察图 4-6 的分析结果，可以看出共有 20 个有效样本参与了假设检验，样本均值是 501.8，标准误是 2.166 248，标准差是 9.687 757，95% 的置信区间是 [497.266, 506.334]，样本的 t 值为 0.830 9，自由度为 19，$Pr(|T|>|t|) = 0.416\ 3$，远大于 0.05，因此不能拒绝原假设，也就是说，新的广告策略没有显著地

影响销售经理的人均月销售量。

上面的 Stata 命令比较简单，分析过程及结果已经达到解决实际问题的要求。但 Stata 17.0 的强大之处在于，它同样提供了更加复杂的命令格式以满足用户更加个性化的需求。

例如我们要把显著性水平调到 1%，也就是说置信水平为 99%，那么操作命令为：

ttest sale=500, level（99）

输入完后，按回车键确认，得到如图 4-7 所示的结果。

```
One-sample t test

Variable |   Obs      Mean    Std. err.   Std. dev.   [99% conf. interval]
    sale |    20     501.8    2.166248    9.687757    495.6025    507.9975

    mean = mean(sale)                                    t =   0.8309
H0: mean = 500                          Degrees of freedom =       19

   Ha: mean < 500           Ha: mean != 500           Ha: mean > 500
 Pr(T < t) = 0.7918       Pr(|T| > |t|) = 0.4163    Pr(T > t) = 0.2082
```

图 4-7　例 4-10 分析结果图（2）

从上面的分析结果中可以看出，与 95% 的置信水平不同的地方在于，显著性水平提升至 1% 后，置信区间得到了扩大，这是正常的结果，因为这是要取得更高的置信水平所必须付出的代价。

4.3　两个独立样本 t 检验应用

同单个样本 t 检验的步骤相同，两个独立样本 t 检验的基本步骤也是：首先提出原假设和备择假设，规定好检验的显著性水平；然后确定适当的检验统计量，并计算检验统计量的值；最后依据计算值和临界值的比较作出统计决策。

例 4-11　表 4-7 给出了 a、b 两个基金公司下 40 只基金的价格。试用独立样本 t 检验方法研究两个基金公司所管理的基金价格之间有无明显的差别（设定显著性水平为 5%）。

表 4-7　a、b 两个基金公司所管理基金的价格　　　　单位：元

编号	a 公司基金价格（funda）	b 公司基金价格（fundb）
1	145	101
2	147	98
3	139	87
4	138	106

（续表）　单位:元

编号	a 公司基金价格 (*funda*)	b 公司基金价格 (*fundb*)
5	135	105
…	…	…
38	138	105
39	144	99
40	102	108

虽然这两个公司的样本量相同，但要注意的是：两个独立样本 t 检验并不需要样本数量相同。

使用 Stata 17.0 打开目录 F:\stata17\zsq\chap04 中的 al4-2.dta 数据文件，命令如下：

use "F:\stata17\zsq\chap04\al4-2.dta", clear
browse

数据如图 4-8 所示。

图 4-8　例 4-7 数据

在主界面的 Command 文本框中输入命令：

ttest funda = fundb, unpaired

输入完后，按回车键，得到如图 4-9 所示的分析结果。

```
Two-sample t test with equal variances

Variable |   Obs |     Mean |  Std. err. |  Std. dev. |  [95% conf. interval]
   funda |    40 |  135.175 |   1.850463 |   11.70336 |   131.4321    138.9179
   fundb |    40 |   104.95 |    1.09717 |   6.939112 |   102.7308    107.1692
Combined |    80 | 120.0625 |   2.008317 |   17.96293 |    116.065     124.06
    diff |       |   30.225 |   2.151278 |            |   25.94213    34.50787

    diff = mean(funda) - mean(fundb)                              t =  14.0498
H0: diff = 0                                  Degrees of freedom =      78

    Ha: diff < 0             Ha: diff != 0              Ha: diff > 0
 Pr(T < t) = 1.0000      Pr(|T| > |t|) = 0.0000      Pr(T > t) = 0.0000
```

图 4-9 例 4-7 分析结果图（1）

通过观察图 4-9 的分析结果，可以看出共有 80 个有效样本参与了假设检验，自由度为 78，其中变量 *funda* 包括 40 个样本，样本均值是 135.175，标准差是 11.703 36，标准误是 1.850 463，95% 的置信区间是 [131.432 1, 138.917 9]；变量 *fundb* 包括 40 个样本，样本均值是 104.95，标准差是 6.939 112，标准误是 1.097 17，95% 的置信区间是 [102.730 8, 107.169 2]。Pr（|T|>|t|）= 0.000 0，远小于 0.05，因此需要拒绝原假设，也就是说，两家基金公司被调查的基金价格之间存在明显的差别。

上面的 Stata 命令比较简单，分析过程及结果已经达到解决实际问题的要求。但 Stata 17.0 的强大之处在于，它同样提供了更加复杂的命令格式以满足用户更加个性化的需求。

1. 改变置信水平

与单一样本 t 检验类似，例如我们要把显著性水平调到 1%，也就是说置信水平为 99%，那么操作命令为：

ttest funda = fundb, unpaired level (99)

输入完后，按回车键确认，得到如图 4-10 所示的结果。

```
Two-sample t test with equal variances

Variable |   Obs |     Mean |  Std. err. |  Std. dev. |  [99% conf. interval]
   funda |    40 |  135.175 |   1.850463 |   11.70336 |   130.1641    140.1859
   fundb |    40 |   104.95 |    1.09717 |   6.939112 |    101.979     107.921
Combined |    80 | 120.0625 |   2.008317 |   17.96293 |   114.7615    125.3635
    diff |       |   30.225 |   2.151278 |            |   24.54489    35.90511

    diff = mean(funda) - mean(fundb)                              t =  14.0498
H0: diff = 0                                  Degrees of freedom =      78

    Ha: diff < 0             Ha: diff != 0              Ha: diff > 0
 Pr(T < t) = 1.0000      Pr(|T| > |t|) = 0.0000      Pr(T > t) = 0.0000
```

图 4-10 例 4-7 分析结果图（2）

从上面的分析结果中可以看出,与95%的置信水平不同的地方在于,显著性水平调至1%后,置信区间得到了扩大,这是正常的结果,因为这是要取得更高的置信水平所必须付出的代价。

2. 在异方差假设条件下进行假设检验

上面的检验过程是假设两个样本代表的总体之间存在相同的方差,如果假设两个样本之间代表的总体之间的方差并不相同,那么操作命令可以相应地修改为:

ttest funda = fundb, unpaired level (99) unequal

输入完后,按回车键进行确认,结果如图4-11所示。

```
Two-sample t test with unequal variances

Variable |   Obs       Mean    Std. err.   Std. dev.   [99% conf. interval]
---------+--------------------------------------------------------------
   funda |    40    135.175    1.850463    11.70336    130.1641    140.1859
   fundb |    40    104.95     1.09717      6.939112   101.979     107.921
---------+--------------------------------------------------------------
Combined |    80    120.0625   2.008317    17.96293    114.7615    125.3635
---------+--------------------------------------------------------------
    diff |           30.225    2.151278                 24.51203    35.93797
---------------------------------------------------------------------
    diff = mean(funda) - mean(fundb)                           t =  14.0498
H0: diff = 0                     Satterthwaite's degrees of freedom =  63.4048

    Ha: diff < 0              Ha: diff != 0              Ha: diff > 0
 Pr(T < t) = 1.0000        Pr(|T| > |t|) = 0.0000      Pr(T > t) = 0.0000
```

图 4-11 例 4-7 分析结果图 (3)

4.4 配对样本 t 检验应用

Stata 的配对样本 t 检验也是假设检验中的方法之一。与所有的假设检验一样,其依据的基本原理也是统计学中的"小概率反证法"原理。通过配对样本 t 检验,可以实现对称、配对数据的样本均值比较。与独立样本 t 检验的区别是:两个样本来自同一总体,而且数据的顺序不能调换。配对样本 t 检验的基本步骤也是:首先提出原假设和备择假设,规定好检验的显著性水平;然后确定适当的检验统计量,并计算检验统计量的值;最后依据计算值和临界值的比较作出统计决策。

例 4-12 为了研究一种政策的效果,特抽取了 50 只股票进行试验,政策实施前后的股票价格如表 4-8 所示。试用配对样本 t 检验方法判断该政策能否引起股票价格的明显变化(设定显著性水平为 5%)。

表 4-8 政策实施前后的股票价格   单位:元

编号	政策实施前价格 ($qian$)	政策实施后价格 (hou)
1	88.6	75.6
2	85.2	76.5
3	75.2	68.2

第 4 章　Stata 参数假设检验　　103

（续表）　单位：元

编号	政策实施前价格（qian）	政策实施后价格（hou）
…	…	…
48	82.7	78.1
49	82.4	75.3
50	75.6	69.9

使用 Stata 17.0 打开目录 F:\stata17\zsq\chap04 中的 al4-3.dta 数据文件，命令如下：

use "F:\stata17\zsq\chap04\al4-3.dta", clear
browse

数据如图 4-12 所示。

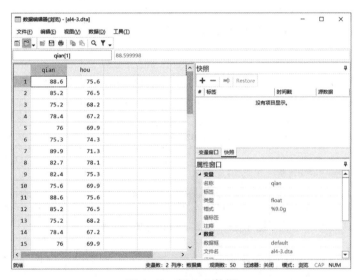

图 4-12　例 4-8 数据

在主界面的 Command 文本框中输入命令：

ttest qian = hou

输入完后，按回车键，得到如图 4-13 所示的分析结果。

```
Paired t test

Variable |   Obs        Mean    Std. err.   Std. dev.   [95% conf. interval]
---------+--------------------------------------------------------------------
    qian |    50       80.93    .7646007    5.406543    79.39348    82.46652
     hou |    50       72.63    .5139305    3.634037    71.59722    73.66278
---------+--------------------------------------------------------------------
    diff |    50    8.299999    .6677101    4.721423    6.958186    9.641813

    mean(diff) = mean(qian - hou)                           t =  12.4305
H0: mean(diff) = 0                           Degrees of freedom =       49

 Ha: mean(diff) < 0        Ha: mean(diff) != 0        Ha: mean(diff) > 0
 Pr(T < t) = 1.0000       Pr(|T| > |t|) = 0.0000       Pr(T > t) = 0.0000
```

图 4-13　例 4-8 分析结果图（1）

通过观察图 4-13 的分析结果，可以看出共有 50 个有效样本参与了假设检验，自由度为 49，其中变量 qian 包括 50 个样本，样本均值是 80.93，标准差是 5.406 543，标准误是 0.764 600 7，95%的置信区间是 [79.393 48，82.466 52]；变量 hou 包括 50 个样本，样本均值是 72.63，标准差是 3.634 037，标准误是 0.513 930 5，95%的置信区间是 [71.597 22，73.662 78]。Pr（|T|>|t|）= 0.000 0，远小于 0.05，因此需要拒绝原假设，也就是说，该政策能引起股票价格的明显变化。

上面的 Stata 命令比较简单，分析过程及结果已经达到解决实际问题的要求。但 Stata 17.0 的强大之处在于，它同样提供了更加复杂的命令格式以满足用户更加个性化的需求。

与单一样本 t 检验类似，例如我们要把显著性水平调到 1%，也就是说置信水平为 99%，那么操作命令可以相应地修改为：

ttest qian = hou, level (99)

输入完后，按回车键，得到如图 4-14 所示的结果。

```
Paired t test

Variable      Obs        Mean    Std. err.   Std. dev.   [99% conf. interval]

    qian       50       80.93    .7646007    5.406543    78.88091    82.97909
    hou        50       72.63    .5139305    3.634037    71.25269    74.00731

    diff       50    8.299999    .6677101    4.721423     6.510568   10.08943

    mean(diff) = mean(qian - hou)                            t =   12.4305
H0: mean(diff) = 0                              Degrees of freedom =      49

Ha: mean(diff) < 0           Ha: mean(diff) != 0           Ha: mean(diff) > 0
Pr(T < t) = 1.0000         Pr(|T| > |t|) = 0.0000          Pr(T > t) = 0.0000
```

图 4-14　例 4-8 分析结果图（2）

从上面的分析结果中可以看出，与 95%的置信水平不同的地方在于，显著性水平调至 1%后，置信区间得到了扩大，这是正常的结果，因为这是要取得更高的置信水平所必须付出的代价。

4.5　单一样本方差的假设检验应用

方差可以用来反映波动情况，经常应用于研究金融市场波动。单一样本方差的假设检验的基本步骤是：首先提出原假设和备择假设，规定好检验的显著性水平；然后确定适当的检验统计量，并计算检验统计量的值；最后依据计算值和临界值的比较作出统计决策。

例 4-13　为了研究某只基金的收益率波动情况，某课题组对该基金连续 50 天的收益率情况进行了调查研究，调查得到的数据经整理后如表 4-9 所示。试检验其方差是否等于 1（设定显著性水平为 5%）。

第 4 章 Stata 参数假设检验

表 4-9 某只基金的收益率波动情况

编号	收益率（return）/%
1	0.564 409 2
2	0.264 802 1
3	0.947 742 6
4	0.276 915 4
5	0.118 015 8
…	…
48	−0.967 873 5
49	0.582 328 4
50	0.795 299 9

使用 Stata 17.0 打开目录 F:\stata17\zsq\chap04 中的 al4-4.dta 数据文件，命令如下：

use "F:\stata17\zsq\chap04\al4-4.dta", clear
browse

数据如图 4-15 所示。

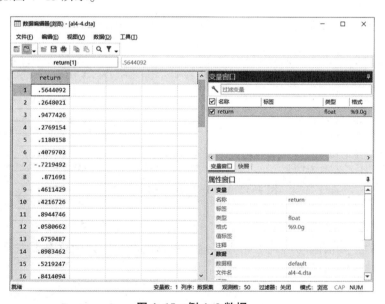

图 4-15　例 4-9 数据

在主界面的 Command 文本框中输入命令：

sdtest return=1

输入完后，按回车键，得到如图 4-16 所示的分析结果。

```
One-sample test of variance

Variable |   Obs  |    Mean   | Std. err. | Std. dev. | [95% conf. interval]
  return |    50  |  .3528605 |  .0669111 |  .473133  | .2183976    .4873234

    sd = sd(return)                              c = chi2 =   10.9689
H0: sd = 1                           Degrees of freedom =        49

    Ha: sd < 1              Ha: sd != 1                Ha: sd > 1
Pr(C < c) = 0.0000    2*Pr(C < c) = 0.0000      Pr(C > c) = 1.0000
```

图 4-16　例 4-9 分析结果图 (1)

通过观察图 4-16 的分析结果，可以看出共有 50 个有效样本参与了假设检验，自由度为 49，样本均值是 0.352 860 5，标准差是 0.473 133，标准误是 0.066 911 1，95% 的置信区间是 [0.218 397 6，0.487 323 4]。$2*\text{Pr}(C<c) = 0.000\,0$，远小于 0.05，因此需要拒绝原假设，也就是说，该基金的收益率方差不显著地等于 1。

上面的 Stata 命令比较简单，分析过程及结果已经达到解决实际问题的要求。但 Stata 17.0 的强大之处在于，它同样提供了更加复杂的命令格式以满足用户更加个性化的需求。

与单一样本 t 检验类似，例如我们要把显著性水平调到 1%，也就是说置信水平为 99%，那么操作命令可以相应地修改为：

sdtest return = 1, level (99)

输入完后，按回车键确认，得到如图 4-17 所示的结果。

```
One-sample test of variance

Variable |   Obs  |    Mean   | Std. err. | Std. dev. | [99% conf. interval]
  return |    50  |  .3528605 |  .0669111 |  .473133  | .173542     .5321791

    sd = sd(return)                              c = chi2 =   10.9689
H0: sd = 1                           Degrees of freedom =        49

    Ha: sd < 1              Ha: sd != 1                Ha: sd > 1
Pr(C < c) = 0.0000    2*Pr(C < c) = 0.0000      Pr(C > c) = 1.0000
```

图 4-17　例 4-9 分析结果图 (2)

从上面的分析结果中可以看出，与 95% 的置信水平不同的地方在于，显著性水平调至 1% 后，置信区间得到了扩大，这是正常的结果，因为这是要取得更高的置信水平所必须付出的代价。

4.6　双样本方差的假设检验应用

双样本方差的假设检验是用来判断两个样本的波动情况是否相同，其在金融领域研究中的应用相当广泛。其基本步骤也是：首先提出原假设和备择假设，规定好检验的显著性水平；然后确定适当的检验统计量，并计算检验统计量的值；最后依据计算值和临界值的比较作出统计决策。

例 4-14 为了研究某两只基金的收益率波动情况是否相同，某课题组对这两只基金连续 20 天的收益率情况进行了调查研究，调查得到的数据经整理后如表 4-10 所示。试使用 Stata 17.0 检验其方差是否相同（设定显著性水平为 5%）。

表 4-10 某两只基金的收益率波动情况　　　　　　　　单位:%

编号	基金 A 收益率（returnA）	基金 B 收益率（returnB）
1	0.424 155 7	0.261 074 6
2	0.898 346 2	0.165 020 7
3	0.521 924 7	0.760 604 0
4	0.841 409 4	0.371 380 5
5	0.211 007 7	0.379 540 9
…	…	…
18	0.564 408 9	0.967 873 2
19	0.264 802 1	0.582 327 8
20	0.947 742 5	0.795 280 0

使用 Stata 17.0 打开目录 F:\stata17\zsq\chap04 中的 al4-5.dta 数据文件，命令如下：

use "F:\stata17\zsq\chap04\al4-5.dta", clear
browse

数据如图 4-18 所示。

图 4-18　例 4-10 数据

在主界面的 Command 文本框中输入命令：

sdtest returnA = returnB

输入完后，按回车键，得到如图 4-19 所示的分析结果。

```
Variance ratio test

Variable  |  Obs  |    Mean   | Std. err. | Std. dev. | [95% conf. interval]
returnA   |   20  |  .5093637 |  .0658694 |  .2945771 |  .3714973    .64723
returnB   |   20  |  .4875398 |  .0667784 |  .298642  |  .3477711    .6273086
Combined  |   40  |  .4984517 |  .046327  |  .2929975 |  .4047466    .5921569

    ratio = sd(returnA) / sd(returnB)                       f =   0.9730
H0: ratio = 1                                Degrees of freedom =   19, 19

    Ha: ratio < 1           Ha: ratio != 1              Ha: ratio > 1
 Pr(F < f) = 0.4765      2*Pr(F < f) = 0.9530         Pr(F > f) = 0.5235
```

图 4-19　例 4-10 分析结果图（1）

通过观察图 4-19 的分析结果，可以看出共有 20 对有效样本参与了假设检验，自由度为 19，其中变量 *returnA* 包括 20 个样本，均值是 0.509 363 7，标准差是 0.294 577 1，标准误是 0.065 869 4，95%的置信区间是 [0.371 497 3，0.647 23]；变量 *returnB* 包括 20 个样本，均值是 0.487 539 8，标准差是 0.298 642，标准误是 0.066 778 4，95%的置信区间是 [0.347 771 1，0.627 308 6]。所有样本共有 40 个，均值是 0.498 451 7，标准差是 0.292 997 5，标准误是 0.046 327，95%的置信区间是 [0.404 746 6，0.592 156 9]；2*Pr（$F<f$）= 0.953 0，远大于 0.05，因此无法拒绝原假设，也就是说，两只股票的收益率方差显著相同。

上面的 Stata 命令比较简单，分析过程及结果已经达到解决实际问题的要求。但 Stata 17.0 的强大之处在于，它同样提供了更加复杂的命令格式以满足用户更加个性化的需求。

与单一样本 *t* 检验类似，例如我们要把显著性水平调到 1%，也就是说置信水平为 99%，那么操作命令可以相应地修改为：

sdtest returnA = returnB，level（99）

输入完后，按回车键，得到如图 4-20 所示的结果。

```
Variance ratio test

Variable  |  Obs  |    Mean   | Std. err. | Std. dev. | [99% conf. interval]
returnA   |   20  |  .5093637 |  .0658694 |  .2945771 |  .3209155    .6978118
returnB   |   20  |  .4875398 |  .0667784 |  .298642  |  .2964913    .6785884
Combined  |   40  |  .4984517 |  .046327  |  .2929975 |  .3730023    .6239012

    ratio = sd(returnA) / sd(returnB)                       f =   0.9730
H0: ratio = 1                                Degrees of freedom =   19, 19

    Ha: ratio < 1           Ha: ratio != 1              Ha: ratio > 1
 Pr(F < f) = 0.4765      2*Pr(F < f) = 0.9530         Pr(F > f) = 0.5235
```

图 4-20　例 4-10 分析结果图（2）

从上面的分析结果中可以看出，与 95%的置信水平不同的地方在于，显著性水平调至 1%后，置信区间得到了扩大，这是正常的结果，因为这是要取得更高的置信水平所必须付出的代价。

操作练习题

对例题 4-1，4-2，4-3，4-4，4-5，4-6，4-7，4-8，4-9，4-10 中的 Stata 数据文件，使用 Stata 17.0 软件重新操作一遍。

第 5 章 Stata 相关分析

在得到相关数据资料后，我们要对这些数据进行分析，研究各个变量之间的关系。相关分析是应用非常广泛的一种方法，它不考虑变量之间的因果关系，而只研究变量之间的相关关系。常用的相关分析包括简单相关分析、偏相关分析等。本章主要介绍简单相关分析、偏相关分析的基本理论及具体实例应用。

5.1 简单相关分析基本理论

简单相关分析是最简单、最常用的一种相关分析方法，其基本功能是可以研究变量之间的线性相关程度并用适当的统计指标表示出来。

1. 简单相关系数的计算

两个随机变量 (X, Y) 的 n 个观测值为 (x_i, y_i)，$i=1, 2, \cdots, n$，则 (X, Y) 之间的相关系数计算公式如下：

$$r = \frac{\sum (x_i - \bar{x})(y_i - \bar{y})}{\sqrt{\sum (x_i - \bar{x})^2 \sum (y_i - \bar{y})^2}}$$

其中：$\bar{x} = \frac{1}{n}\sum_{i=1}^{n} x_i$，$\bar{y} = \frac{1}{n}\sum_{i=1}^{n} y_i$ 分别为随机变量 X 和 Y 的均值。

可以证明：$-1 \leqslant r \leqslant 1$，即 $|r| \leqslant 1$，于是有：

当 $|r|=1$ 时，实际 y_i 完全落在回归直线上，y 与 x 完全线性相关；

当 $0<r<1$ 时，y 与 x 有一定的正线性相关关系，越接近 1，则相关性越强；

当 $-1<r<0$ 时，y 与 x 有一定的负线性相关关系，越接近 -1，则相关性越强。

2. 简单相关系数的显著性检验

由于抽样误差的存在，当相关系数不为 0 时，不能说明两个随机变量 X 和 Y 之间存在相关关系，而需要对相关系数是否为 0 进行检验，即检验相关系数的显著性。

按照假设检验的步骤，简单相关系数的显著性检验过程如下：

(1) 先建立原假设 H_0 和备择假设 H_1：

$H_0: r=0$，相关系数为 0；$H_1: r \neq 0$，相关系数不为 0。

(2) 建立统计量 $t = r\sqrt{n-2}/\sqrt{1-r^2}$，其中 r 为相关系数，n 为样本容量。

(3) 给定显著性水平，一般为 0.05。

(4) 计算统计量的值。在 H_0 成立的条件下，$t = r\sqrt{n-2}/\sqrt{1-r^2}$，否定域 $\theta =$

{|t|>$t_{\alpha/2}$ (n-2)}。

（5）作出统计决策。对于给定的显著性水平 α，查 t 分布表得临界值 $t_{\alpha/2}$ (n-2)，将 t 值与临界值进行比较：

当|t|<$t_{\alpha/2}$ (n-2)，无法拒绝 H_0，表示总体的两个变量之间线性相关性不显著；

当|t|≥$t_{\alpha/2}$ (n-2)，拒绝 H_0，表示总体的两个变量之间线性相关性显著（即样本相关系数的绝对值接近 1，并不是偶然因素所致）。

5.2 简单相关分析基本应用

例 5-1 为了在研究广告费和销售额之间的关系，我们搜集了某厂 1 月到 12 月的广告费和销售额数据如表 5-1 所示。试分析广告费和销售额之间的相关关系。

表 5-1 广告费和销售额数据 　　　　　　　　　单位：万元

月份（time）	广告费（adv）	销售额（sale）
1	35	50
2	50	100
3	56	120
4	68	180
5	70	175
6	100	203
7	130	230
8	180	300
9	200	310
10	230	340
11	240	360
12	250	380

使用 Stata 17.0 打开 F:\stata17\zsq\chap05 中的 a15-1.dta 数据文件，命令如下：

use "F:\stata17\zsq\chap05\a15-1.dta", clear

browse

数据如图 5-1 所示。

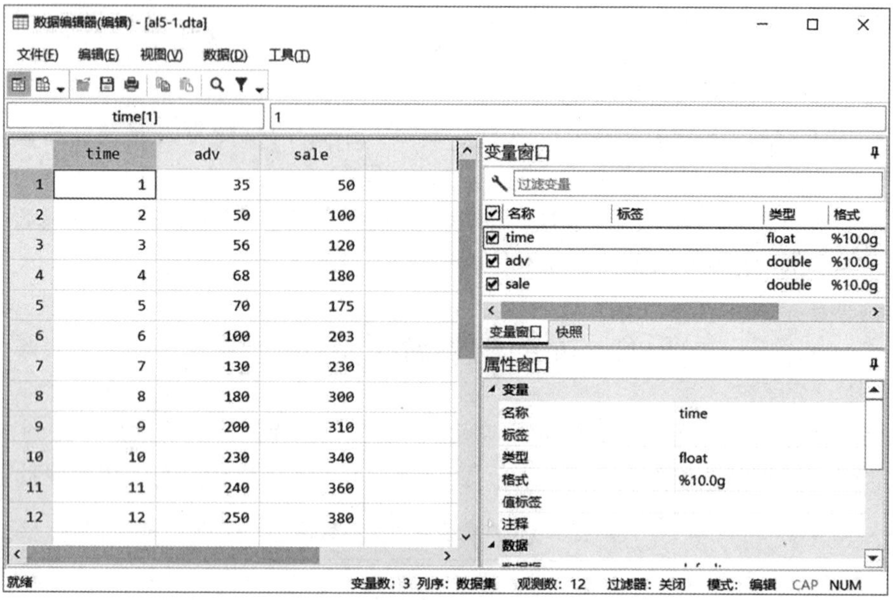

图 5-1 例 5-1 数据

在主界面的 Command 文本框中输入命令：
correlate time adv sale
输入完后，按回车键，得到如图 5-2 所示的分析结果。

```
(obs=12)

             time       adv      sale
    time   1.0000
     adv   0.9773    1.0000
    sale   0.9912    0.9770    1.0000
```

图 5-2 例 5-1 分析结果图（1）

通过观察图 5-2 的结果，可以看出共有 12 个有效样本参与了分析（obs=12），然后可以看到变量两两之间的相关系数，其中变量 *time* 与变量 *adv* 之间的相关系数为 0.977 3，变量 *time* 和变量 *sale* 之间的相关系数为 0.991 2，变量 *adv* 和变量 *sale* 之间的相关系数为 0.977 0，也就是说，本例中变量之间相关性很高。

上面的 Stata 命令比较简单，分析过程及结果已经达到解决实际问题的要求。但 Stata17.0 的强大之处在于，它同样提供了更加复杂的命令格式以满足用户更加个性化的需求。

1. 获得变量的方差协方差矩阵

我们在进行数据分析时，很多时候需要使用变量的方差协方差矩阵，那么操作命令可以相应地修改为：

correlate time adv sale, covariance

输入完后，按回车键，得到如图 5-3 所示的结果。

```
             time      adv      sale
    time       13
     adv   286.955  6631.36
    sale   389.182  8663.55  11858.4
```

图 5-3　例 5-1 分析结果图（2）

从上面的分析结果中可以看到变量的方差协方差矩阵，其中变量 *time* 的方差是 13，变量 *adv* 的方差是 6 631.36，变量 *sale* 的方差是 11 858.4，变量 *time* 与变量 *adv* 的协方差为 286.955，变量 *time* 和变量 *sale* 的协方差为 389.182，变量 *adv* 和变量 *sale* 的协方差为 8 663.55。

2. 获得相关性的显著性检验

我们在进行数据分析时，若要获得相关性的显著性检验，那么操作命令可以相应地修改为：

pwcorr time adv sale, sig

输入完后，按回车键，得到如图 5-4 所示的结果。

```
            time      adv     sale
    time  1.0000

     adv  0.9773   1.0000
          0.0000

    sale  0.9912   0.9770  1.0000
          0.0000   0.0000
```

图 5-4　例 5-1 分析结果图（3）

从上面的分析结果中可以看到变量的相关性的显著性检验结果，其中变量 *time* 与变量 *adv* 之间的相关性显著性 P 值是 0.000 0，变量 *time* 和变量 *sale* 之间的相关性显著性 P 值是 0.000 0，变量 *adv* 和变量 *sale* 之间的相关性显著性 P 值是 0.000 0。

3. 获得相关性的显著性检验，并进行标注

很多时候我们希望能够一目了然地看出变量相关性在不同的置信水平上是否显著，以置信水平为 99% 为例，对应的 Stata 命令为：

pwcorr time adv sale, sidak sig star（0.01）

输入完后，按回车键，得到如图 5-5 所示的结果。

	time	adv	sale
time	1.0000		
adv	0.9773*	1.0000	
	0.0000		
sale	0.9912*	0.9770*	1.0000
	0.0000	0.0000	

图 5-5 例 5-1 分析结果图（4）

从上面的分析结果中可以看出：所有变量之间的相关性均显著。

5.3 偏相关分析的基本理论

很多情况下，需要进行相关分析的变量会同时受到其他变量的影响，这时就需要把其他变量控制住，然后输出控制其他变量影响后的相关系数。Stata17.0 的偏相关分析（Partial Analysis）就是为解决这一问题而设计的。

随机变量（X, Y, Z_1, Z_2, $\cdots$, Z_m），扣除变量 Z_1 影响后，两个随机变量 X 和 Y 之间偏相关系数计算公式如下：

$$r_{xy,\,z_1} = \frac{r_{xy} - r_{xz_1}r_{yz_1}}{\sqrt{(1 - r_{xz_1}^2)(1 - r_{yz_1}^2)}}$$

其中：r_{xy} 为变量 X 和 Y 之间的简单相关系数；r_{xz_1} 为变量 X 和 Z_1 之间的简单相关系数；r_{xz_2} 为变量 X 和 Z_2 之间的简单相关系数。

扣除变量 Z_1 和 Z_2 影响后，两个随机变量 X 和 Y 之间偏相关系数计算公式如下：

$$r_{xy,\,z_1z_2} = \frac{r_{xy,\,z_2} - r_{xy,\,z_1}r_{yz_2,\,z_1}}{\sqrt{(1 - r_{xy,\,z_1})(1 - r_{yz_2,\,z_1})}}$$

可逐次使用这样的递归公式，就可以得到任意阶的偏相关系数。

偏相关系数的显著性检验过程与简单相关系数的显著性检验过程一致，只是统计量为：

$$t = \frac{r\sqrt{n-k-2}}{\sqrt{1-r^2}}$$

在原假设为真的情况下，该统计量服从自由度为 $n-k-2$ 的 t 分布，其中 n 为样本数，r 为相应的偏相关系数，k 为控制变量数。

5.4 偏相关分析的基本应用

例 5-2 某公司下设 15 家分公司，每家分公司某年的销售额、广告费和销售员数量数据如表 5-2 所示。试在控制销售员数量变量的情况下，研究广告费与销售额之间的偏相关关系。

表 5-2 分公司的销售额、广告费与销售员数量

编号	销售额（xse）/万元	广告费（ggf）/万元	销售员数量（xsy）/人
1	7 800	21	19
2	8 400	19	20
3	6 100	18	20
4	5 200	15	15
5	9 700	21	21
6	8 900	20	19
7	10 000	22	22
8	9 300	24	24
9	6 500	15	15
10	7 300	19	18
11	4 800	13	12
12	4 500	11	12
13	6 700	18	18
14	7 500	20	19
15	9 500	15	25

使用 Stata 17.0 打开目录 F:\stata17\zsq\chap05 中的 al5-2.dta 数据文件，命令如下：

use "F:\stata17\zsq\chap05\al5-2.dta", clear

browse

数据如图 5-6 所示。

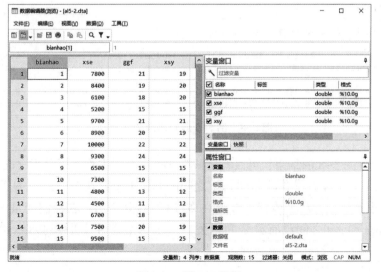

图 5-6 例 5-2 数据

在主界面的 Command 文本框中输入命令：

pcorr xse ggf xsy

输入完后，按回车键，得到如图 5-7 所示的分析结果。

```
(obs=15)

Partial and semipartial correlations of xse with

              Partial    Semipartial    Partial    Semipartial   Significance
  Variable    corr.      corr.          corr.^2    corr.^2       value
       ggf    0.4052     0.1892         0.1642     0.0358        0.1506
       xsy    0.7475     0.4802         0.5587     0.2306        0.0021
```

图 5-7　例 5-2 分析结果图（1）

通过观察图 5-7 的结果，可以看出共有 15 个有效样本参与了分析（obs=15），在控制变量 *xsy* 的情况下，变量 *ggf* 与 *xse* 之间的偏相关系数是 0.405 2，显著性水平是 0.150 6。也就是说，在控制变量 *xsy* 的影响后，变量 *xse* 和 *ggf* 之间没有显著的相关性（因为显著性水平 0.150 6>0.05）。此外，该结果还给出了在控制变量 *ggf* 的情况下，变量 *xse* 与 *xsy* 的偏相关系数为 0.747 5，显著性水平为 0.002 1。也就是说，在控制变量 *ggf* 的影响后，变量 *xse* 与 *xsy* 之间有显著的相关性（因为显著性水平 0.002 1<0.05）。

上面的 Stata 命令比较简单，分析过程及结果已经达到解决实际问题的要求。但 Stata17.0 的强大之处在于，它同样提供了更加复杂的命令格式以满足用户更加个性化的需求。

例如我们仅用偏相关分析方法研究销售员数量在 20 以下的分公司的销售额和广告费之间的相关性，那么操作命令可以相应地修改为：

pcorr xse ggf xsy if xsy<20

输入完后，按回车键，得到如图 5-8 所示的结果。

```
(obs=9)

Partial and semipartial correlations of xse with

              Partial    Semipartial    Partial    Semipartial   Significance
  Variable    corr.      corr.          corr.^2    corr.^2       value
       ggf    0.2822     0.1089         0.0796     0.0119        0.4983
       xsy    0.2076     0.0786         0.0431     0.0062        0.6218
```

图 5-8　例 5-2 分析结果图（2）

通过观察图 5-8 的结果，可以看出共有 9 个有效样本参与了分析（obs=9），在控制变量 *xsy* 的情况下，变量 *ggf* 与 *xse* 之间的偏相关系数是 0.282 2，显著性水平是 0.498 3。也就是说，对于销售员数量在 20 以下的分公司，在控制变量 *xsy* 的情况下，变量 *xse* 和 *ggf* 之间没有显著的相关性（因为显著性水平 0.498 3>0.05）。此外,该结果还给出了在控制住变量 ggf 的情况下,变量 xse 与 xsy 的偏相关系数 0.207 6,显著性水平为 0.621 8。也就是说,对于销售员数量在 20 以下的分公司,在控制变量 ggf 的情况下,变量 xse 与 xsy 之间也没有显著的相关性(因为显著性水平 0.621 8>0.05)。

操作练习题

对例题 5-1,5-2 中的 Stata 数据文件,使用 Stata 17.0 软件重新操作一遍。

第6章 Stata 最小二乘线性回归分析

回归分析是经典的数据分析方法之一，应用范围非常广泛。它是研究分析某一变量受到其他变量影响的分析方法，其基本思想是以被影响变量为因变量，以影响变量为自变量，研究因变量与自变量之间的因果关系。本章主要介绍最简单、最常用的最小二乘线性回归分析方法（包括一元线性回归分析、多元线性回归分析等）的基本理论及其具体应用。

6.1 一元线性回归分析基本理论

6.1.1 一元线性回归分析模型

一元线性回归分析模型如下：

$$Y_i = b_0 + b_1 X_i + \varepsilon_i$$

其中：X 为自变量，Y 为因变量，ε 为残差项或误差项。

给定若干的样本点 (X_i, Y_i)，利用最小二乘法可以找到这样一条直线，它的截距为 $\hat{b}_0$，斜率为 $\hat{b}_1$，符号上面的"^"表示"估计值"。因此我们得到回归结果如下：

$$\hat{Y}_i = \hat{b}_0 + \hat{b}_1 X_i$$

截距的含义是：$X=0$ 时，Y 的值。斜率的含义是：如果 X 增加1个单位，Y 的增加量。

回归的目的是预测因变量 Y，已知截距和斜率的估计值，如果得到了自变量 X 的预测值，我们就很容易求得因变量 Y 的预测值。

例 6-1 某公司的分析师根据历史数据，做了公司销售额增长率关于 GDP 增长率的线性回归分析，得到截距为 -3.2%，斜率为2，国家统计局预测当年 GDP 增长率为 9%，问该公司今年销售额增长率预计为多少？

解 $Y = -3.2\% + 2X = -3.2\% + 2 \times 9\% = 14.8\%$

6.1.2 一元线性回归的假设

任何模型都有假设前提，一元线性回归模型有以下6条假设：

（1）自变量 X 和因变量 Y 之间存在线性关系。

（2）残差项的期望值为0。残差为真实的 Y 值与预测的 Y 值之间的差，即预测的误差。期望值为 0 意味着有些点在回归线的上方，有些点在回归线的下方，且均匀围绕回归直线，这符合常理。

（3）自变量 X 与残差项不相关。残差项本身就是 Y 的变动中不能被 X 的变动所解释的部分。

（4）残差项的方差为常数，即同方差性。如果残差项的方差不恒定，称为异方差性。

（5）残差项与残差项之间不相关。如果残差项与残差项之间相关，称为自相关或序列相关。

（6）残差项为正态分布的随机变量。

6.1.3 方差分析

构建完了一个一元线性回归模型之后，我们通常想要知道回归模型做得好不好。方差分析可以用来评价回归模型的好坏。方差分析的结果是一张表，如表 6-1 所示。

表 6-1 方差分析表

	自由度	平方和	均方和
回归	k	回归平方和	回归均方和
误差	$n-2$	误差平方和	误差均方和
总和	$n-1$	总平方和	

我们可以从方差分析表里求得决定系数和估计的标准误，用来评价回归模型的好坏。

回归的自由度为 k，k 为自变量的个数。对于一元线性回归，自变量的个数为 1。误差的自由度为 $n-2$，n 是样本量。总自由度为以上两个自由度之和。

总平方和（SST）代表总的变动，回归平方和（RSS）代表可以被回归方程解释（即可以被自变量解释）的变动，误差平方和（SSE）代表无法被回归方程解释（即被残差项所解释）的变动。总平方和为以上两个平方和之和，即 SST=RSS+SSE。

均方和（MS）等于各自的平方和除以各自的自由度。

几乎所有的统计软件都能输出方差分析表。有了方差分析表，就能很容易求得决定系数和估计的标准误。

6.1.4 决定系数

决定系数等于回归平方和除以总平方和，公式为：

$$R^2 = \frac{\text{RSS}}{\text{SST}} = 1 - \frac{\text{SSE}}{\text{SST}}$$

决定系数的含义是：X 的变动可以解释多少 Y 的变动。例如 $R^2 = 0.7$ 的含义是：X 的变动可以解释 70% 的 Y 的变动。

通俗地说，$R^2 = \dfrac{\text{可以被解释的变动}}{\text{总的变动}} = 1 - \dfrac{\text{不可以被解释的变动}}{\text{总的变动}}$

显然，决定系数越大，表示回归模型拟合效果越好。

另外，对于一元线性回归，决定系数还等于自变量和因变量的样本相关系数的平方，即 $R^2 = r^2$。

6.1.5 估计的标准误

估计的标准误（SEE）等于残差均方和的平方根，公式为：

$$\text{SEE} = \sqrt{\text{SSE}/(n-2)} = \sqrt{\text{MSE}}$$

SSE 是残差的平方和，MSE 就相当于残差的方差，而 SEE 就相当于残差的标准误。显然，估计的标准误越小，表示回归模型拟合效果越好。

例 6-2 我们构建了一个线性回归模型，得到如表 6-2 所示的方差分析表：

表 6-2 方差分析表

	自由度	平方和	均方和
回归	1	8 000	8 000
误差	50	2 000	40
总和	51	10 000	

问决定系数和估计的标准误分别是多少？

解 $R^2 = \dfrac{\text{RSS}}{\text{SST}} = \dfrac{8\,000}{10\,000} = 0.8$

$\text{SEE} = \sqrt{\text{SSE}/(n-2)} = \sqrt{2\,000/50} = 6.32$

6.1.6 回归系数的假设检验

回归系数的假设检验是指检验回归系数（截距和斜率）是否等于某个常数。通常要检验斜率系数是否等于 0（$H_0: b_1 = 0$），这称为斜率系数的显著性检验。如果不能拒绝原假设，即斜率系数没有显著地不等于 0，那就说明自变量 X 和因变量 Y 的线性相关性不大，回归是失败的。

回归系数的检验是一个 t 检验，t 统计量的自由度为 $n-2$，计算公式为：

$$t = \dfrac{\hat{b}_1}{s_{b_1}}$$

其中 s_{b_1} 为斜率系数的标准误。

例 6-3 我们构建了一个线性回归模型：$Y = 0.2 + 1.4X$。截距系数的标准误为 0.4，斜率系数的标准误为 0.2，问截距系数和斜率系数的显著性检验结果如何？设显著性水平为 5%。

解 计算截距系数的 t 统计量：$t=0.2/0.4=0.5<2$（t 检验的临界点），因此我们不能拒绝原假设，即认为截距系数没有显著地不等于 0。

计算斜率系数的 t 统计量：$t=1.4/0.2=7>2$（t 检验的临界点），因此我们拒绝原假设，即认为斜率系数显著地不等于 0。这说明我们的回归做得不错。

6.1.7 回归系数的置信区间

置信区间估计与假设检验本质上是一样的，一般公式为：点估计±关键值×点估计的标准差。回归系数的置信区间也是如此。

斜率系数的置信区间为 $\hat{b}_1 \pm t_c s_{b_1}$，其中 t_c 是自由度为 $n-2$ 的 t 关键值。

例 6-4 我们构建了一个线性回归模型：$Y=0.2+1.4X$。截距系数的标准差为 0.4，斜率系数的标准差为 0.2，求截距系数和斜率系数的置信水平为 95% 的置信区间。

解 截距系数的置信区间：假设 n 充分大，5% 的显著性水平的 t 关键值一般近似为 2，所以我们得到置信区间为 $0.2\pm2\times0.4$，即 [-0.6, 1.0]。0 包括在置信区间中，所以我们认为截距系数没有显著地不等于 0。

斜率系数的置信区间为 $1.4\pm2\times0.2$，即 [1.0, 1.8]。0 没有包括在置信区间中，所以我们认为斜率系数显著地不等于 0。

6.2 一元线性回归分析的应用

一元线性回归分析是最简单、最基本的一种回归分析方法，其特色是只涉及一个自变量。它主要用来处理一个因变量与一个自变量之间的线性关系，建立变量之间的线性模型并根据模型进行评价和预测。

6.2.1 基本应用

例 6-5 菲利普斯曲线表明，失业率和通货膨胀率之间存在"替代关系"。表 6-3 给出我国 1998—2014 年的通货膨胀率和城镇登记失业率。试用一元线性回归分析方法研究这种替代关系在我国是否存在？

表 6-3　1998—2014 年我国的通货膨胀率和城镇登记失业率　　　　单位：%

年份（year）	通货膨胀率（inflation）	城镇登记失业率（unwork）
1998	-0.84	3.10
1999	-1.41	3.10
2000	0.26	3.10
2001	0.46	3.60
2002	-0.77	4.00

（续表）单位:%

年份（year）	通货膨胀率（inflation）	城镇登记失业率（unwork）
2003	1.16	4.30
2004	3.89	4.20
2005	1.82	4.20
2006	1.46	4.10
2007	4.75	4.00
2008	5.90	4.20
2009	−0.70	4.30
2010	3.30	4.10
2011	5.40	4.10
2012	2.60	4.10
2013	4.00	4.05
2014	2.00	4.09

使用 Stata 17.0 打开目录 F:\Stata17\zsq\chap06 中的 al6-1.dta 数据文件，命令如下：

use "F:\Stata17\zsq\chap06\al6-1.dta", clear
browse

数据如图 6-1 所示。

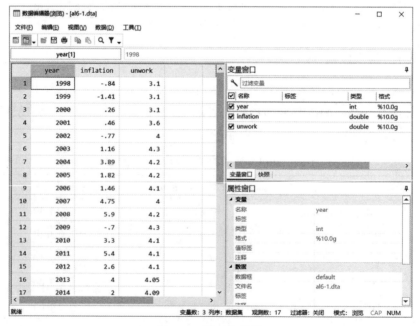

图 6-1　例 6-5 数据

1. 对数据进行描述性分析

在主界面的 Command 文本框中输入命令：

summarize year inflation unwork, detail

本命令的含义是对年份、通货膨胀率、城镇登记失业率变量进行详细的描述性分析。

输入完后，按回车键，得到如图 6-2 所示的分析结果。

```
                             year
-------------------------------------------------------------
      Percentiles      Smallest
 1%      1998            1998
 5%      1998            1999
10%      1999            2000       Obs               17
25%      2002            2001       Sum of wgt.       17

50%      2006                       Mean            2006
                       Largest      Std. dev.    5.049752
75%      2010            2011
90%      2013            2012       Variance        25.5
95%      2014            2013       Skewness           0
99%      2014            2014       Kurtosis    1.791667


                           inflation
-------------------------------------------------------------
      Percentiles      Smallest
 1%     -1.41           -1.41
 5%     -1.41            -.84
10%      -.84            -.77       Obs               17
25%       .26             -.7       Sum of wgt.       17

50%      1.82                       Mean        1.957647
                       Largest      Std. dev.   2.305015
75%      3.89              4
90%       5.4            4.75       Variance    5.313094
95%       5.9             5.4       Skewness     .179988
99%       5.9             5.9       Kurtosis    1.850069


                            unwork
-------------------------------------------------------------
      Percentiles      Smallest
 1%       3.1             3.1
 5%       3.1             3.1
10%       3.1             3.1       Obs               17
25%         4             3.6       Sum of wgt.       17

50%       4.1                       Mean            3.92
                       Largest      Std. dev.   .4206988
75%       4.2             4.2
90%       4.3             4.2       Variance    .1769875
95%       4.3             4.3       Skewness   -1.280373
99%       4.3             4.3       Kurtosis    3.036593
```

.

图 6-2 例 6-5 分析结果图（1）

通过观察图 6-2 的结果，可以得到很多信息，包括百分位数、4 个最小值、4 个最大值、均值、标准差、偏度、峰度等。

（1）百分位数。可以看出变量 year 的第 1 个四分位数（25%）是 2002，第 2 个四分位数（50%）是 2006，第 3 个四分位数（75%）是 2010。变量 inflation 的第 1 个四分位数（25%）是 0.26，第 2 个四分位数（50%）是 1.82，第 3 个四分位数（75%）是 3.89。变量 unwork 的第 1 个四分位数（25%）是 4，第 2 个四分位数（50%）是 4.1，第 3 个四分位数（75%）是 4.2。

（2）4 个最小值。变量 year 最小的 4 个数据值分别是 1998、1999、2000、2001。变量 inflation 最小的 4 个数据值分别是-1.41、-0.84、-0.77、-0.7。变量 unwork 最小的 4 个数据值分别是 3.1、3.1、3.1、3.6。

（3）4 个最大值。变量 year 最大的 4 个数据值分别是 2011、2012、2013、2014。变量 inflation 最大的 4 个数据值分别是 4、4.75、5.4、5.9。变量 unwork 最大的 4 个数据值分别是 4.2、4.2、4.3、4.3。

（4）均值和标准差。变量 year 的均值是 2006，标准差是 5.049 752。变量 inflation 的均值是 1.957 647，标准差是 2.305 015。变量 unwork 的均值是 3.92，标准差是 0.420 698 8。

（5）偏度和峰度。变量 year 的偏度为 0，无偏度；峰度为 1.791 667，有一个比正态分布更短的尾巴。变量 inflation 的偏度为 0.179 988，为正偏度但不大；峰度为 1.850 069，有一个比正态分布更短的尾巴。变量 unwork 的偏度为-1.280 373，为负偏度但不大；峰度为 3.036 593，有一个比正态分布更长的尾巴。

综上所述，数据总体质量较好，没有极端异常值，变量之间的量纲差距、变量的偏度、峰度也是可以接受的，可以进入下一步分析。

2. 对数据进行相关分析

在主界面的 Command 文本框中输入命令：

correlate year inflation unwork

本命令的含义是对年份、通货膨胀率、城镇登记失业率变量进行相关性分析。

输入完后，按回车键，得到如图 6-3 所示的分析结果。

```
(obs=17)

              |    year  inflat~n   unwork
         year |  1.0000
    inflation |  0.6281   1.0000
       unwork |  0.6846   0.5405   1.0000
```

图 6-3 例 6-5 分析结果图（2）

通过观察图 6-3 的结果，可以看到变量 inflation 和 unwork 之间的相关系数是 0.540 5，这说明两个变量之间存在比较强的正相关性，所以我们可以进行回归分析。

3. 对数据进行回归分析

在主界面的 Command 文本框中输入命令：

regress unwork inflation

本命令的含义是对通货膨胀率、城镇登记失业率等变量进行简单回归分析。输入完后，按回车键，得到如图 6-4 所示的分析结果。

Source	SS	df	MS			
Model	.827142005	1	.827142005	Number of obs	=	17
Residual	2.00465799	15	.133643866	F(1, 15)	=	6.19
				Prob > F	=	0.0251
				R-squared	=	0.2921
				Adj R-squared	=	0.2449
Total	2.8318	16	.1769875	Root MSE	=	.36557

unwork	Coefficient	Std. err.	t	P>|t|	[95% conf. interval]	
inflation	.0986407	.0396498	2.49	0.025	.0141292	.1831522
_cons	3.726896	.1178402	31.63	0.000	3.475726	3.978067

图 6-4　例 6-5 分析结果图（3）

通过观察图 6-4 的结果，可以看出共有 17 个样本参与了分析，$F(1, 15) = 6.19$，P 值（Prob>F=0.025 1），说明该模型整体上是非常显著的。模型的决定系数（R-squared）为 0.292 1，修正的决定系数（Adj R-squared）为 0.244 9，说明模型的解释能力不够强。

模型的回归方程是：

$unwork = 0.098\ 640\ 7 \times inflation + 3.726\ 896$

变量 $inflation$ 的系数标准误是 0.039 649 8，t 值为 2.49，P 值为 0.025，系数是非常显著的，95%的置信区间为 [0.014 129 2, 0.183 152 2]。常数项的系数标准误是 0.117 840 2，t 值为 31.63，P 值为 0.000，系数是非常显著的，95%的置信区间为 [3.475 726, 3.978 067]。

4. 变量的方差协方差矩阵

在主界面的 Command 文本框中输入命令：

vce

本命令的含义是获得参与回归的各自变量的系数以及常数项的方差协方差矩阵。输入完后，按回车键，得到如图 6-5 所示的分析结果。

Covariance matrix of coefficients of regress model

e(V)	inflation	_cons
inflation	.0015721	
_cons	-.00307763	.01388631

图 6-5　例 6-5 分析结果图（4）

从上面的图 6-5 结果中可以看到,变量的方差协方差矩阵都不是很大。

5. 对变量系数的假设检验

在主界面的 Command 文本框中输入命令:

test inflation=0

本命令的含义是检验变量通货膨胀率的系数是否显著。

输入完后,按回车键,得到如图 6-6 所示的分析结果。

```
( 1)  inflation = 0

      F(  1,    15) =    6.19
           Prob > F =   0.0251
```

图 6-6　例 6-5 分析结果图(5)

从上面的图 6-6 结果中可以看出,通货膨胀率的系数非常显著,在 5% 的显著性水平上通过了检验。

6. 对因变量的拟合值进行预测

在主界面的 Command 文本框中输入命令:

predict yhat

本命令的含义是对因变量的拟合值进行预测。

输入完后,按回车键,则在"数据编辑器(浏览)"窗口得到如图 6-7 所示的分析结果。

因变量预测拟合值是根据自变量的值和得到的回归方程计算出来的,主要用于预测未来。在图 6-7 中,可以看到 yhat 的值与 unwork 的值是比较接近的,所以拟合效果较好。

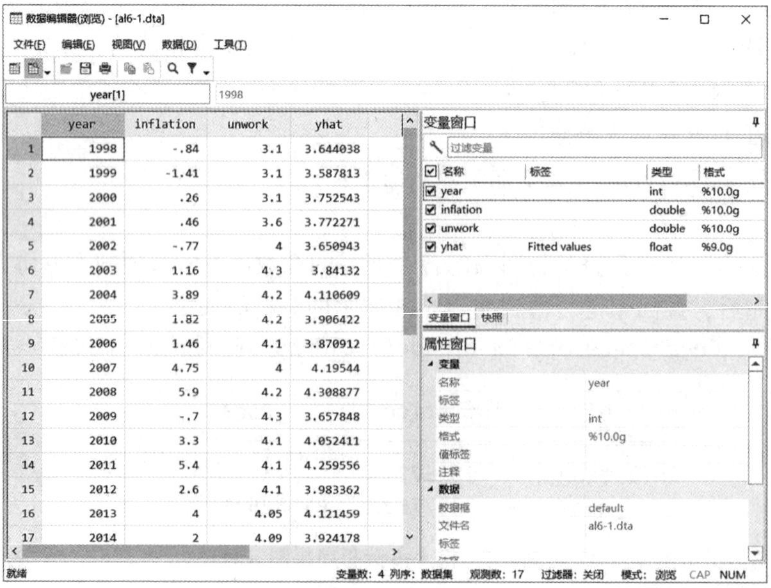

图 6-7　例 6-5 分析结果图(6)

7. 回归分析得到的残差序列

在主界面的 Command 文本框中输入命令：

predict e，resid

本命令的含义是获得回归后的残差序列。

输入完后，按回车键，则在"数据编辑器（浏览）"窗口得到如图 6-8 所示的分析结果。

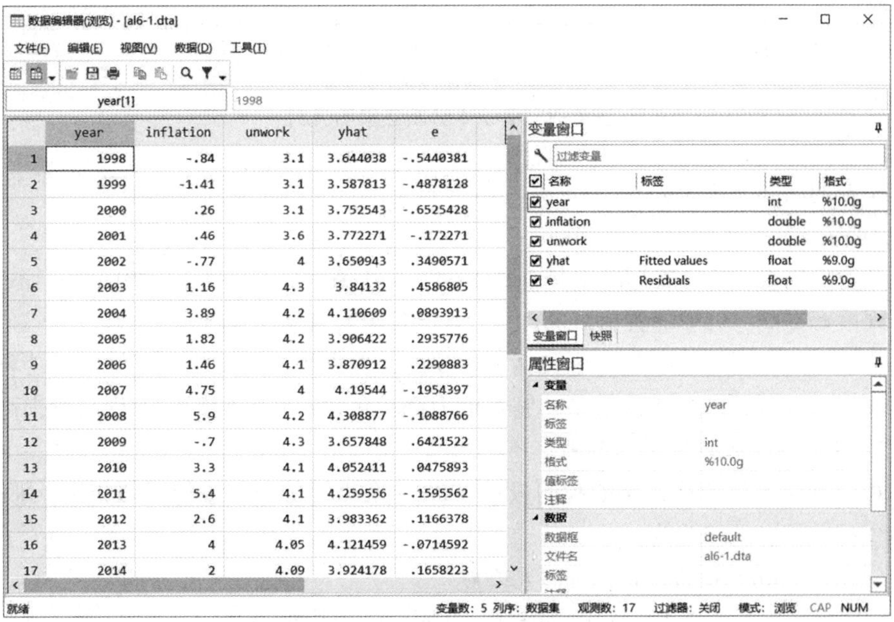

图 6-8　例 6-5 分析结果图（7）

残差序列是很有用处的，例如它可以用来检验变量是否存在异方差，也可以用来检验变量间是否存在协整关系等。在后面的章节中我们将详细说明。

6.2.2　拓展应用

上面的分析过程及结果已经达到解决实际问题的要求。但 Stata 17.0 的强大之处在于，它同样提供了更加复杂的命令格式以满足用户更加个性化的需求。

1. 在回归方程中不包含常数项

在主界面的 Command 文本框中输入命令：

regress unwork inflation，nocon

输入完后，按回车键，得到如图 6-9 所示的分析结果。

通过观察图 6-9 的结果，可以看出模型的 F 值从原来的 6.19 上升为 15.14，P 值从原来的 0.025 1 下降为 0.001 3，说明该模型整体的显著程度提高了。模型的决定系数（R-squared）为 0.486 2，修正的决定系数（Adj R-squared）为 0.454 1。

Source	SS	df	MS		Number of obs	=	17
					F(1, 16)	=	15.14
Model	128.37892	1	128.37892		Prob > F	=	0.0013
Residual	135.68168	16	8.48010499		R-squared	=	0.4862
					Adj R-squared	=	0.4541
Total	264.0606	17	15.5329765		Root MSE	=	2.9121

unwork	Coef.	Std. Err.	t	P>|t|	[95% Conf. Interval]	
inflation	.9246337	.2376422	3.89	0.001	.4208549	1.428413

图 6-9 例 6-5 分析结果图（8）

模型的回归方程是：

$unwork = 0.9246337 \times inflation$

变量 $inflation$ 的系数标准误是 0.2376422，t 值为 3.89，P 值为 0.001，系数的显著程度有提高，95% 的置信区间为 [0.4208549, 1.428413]。

从上面的分析可以看出，不包括常数项的回归方程不论是模型整体的显著程度、变量系数的显著程度，还是模型的解释能力都较包含常数项的回归方程有所提高。

2. 限定参与回归的样本范围

对于例 6-5 的数据，例如我们只对 2000 年及以后的样本进行回归分析，那么操作命令可以相应地修改为：

regress unwork inflation if year>=2000

输入完后，按回车键，得到如图 6-10 所示的分析结果。

Source	SS	df	MS		Number of obs	=	15
					F(1, 13)	=	1.21
Model	.111411676	1	.111411676		Prob > F	=	0.2911
Residual	1.19628166	13	.092021666		R-squared	=	0.0852
					Adj R-squared	=	0.0148
Total	1.30769333	14	.093406667		Root MSE	=	.30335

unwork	Coef.	Std. Err.	t	P>|t|	[95% Conf. Interval]	
inflation	.0419505	.0381256	1.10	0.291	-.0404149	.124316
_cons	3.929966	.1195413	32.88	0.000	3.671713	4.18822

图 6-10 例 6-5 分析结果图（9）

关于结果分析与前面类似，这里不再赘述。

3. 回归预测

继续使用例 6-5 数据，但将年份扩展到 2015 年，假设该年的通货膨胀率为 5%，把样本数据 5% 输入原数据文件的最后一行，然后进行预测，操作命令为：

predict yyhat

输入完后，按回车键，得到如图 6-11 所示的分析结果。

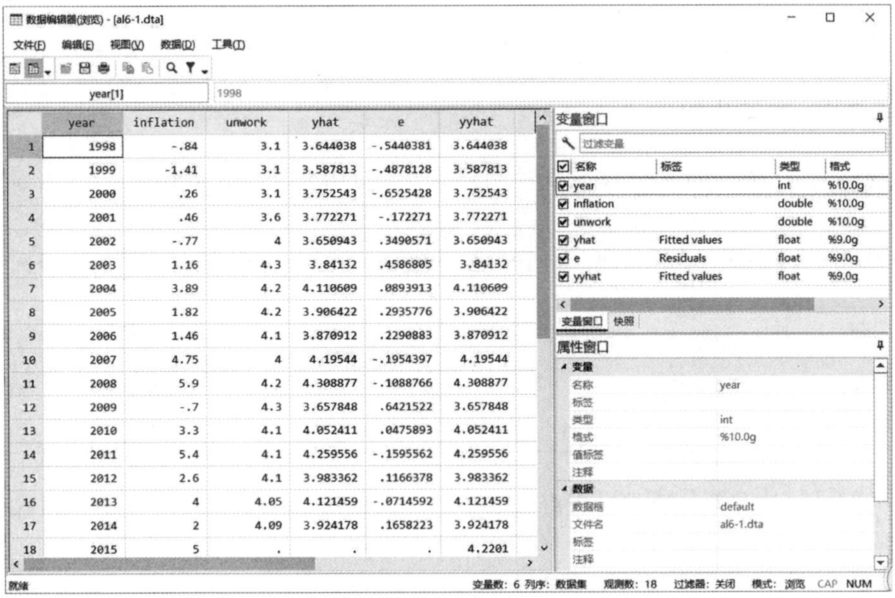

	year	inflation	unwork	yhat	e	yyhat
1	1998	-.84	3.1	3.644038	-.5440381	3.644038
2	1999	-1.41	3.1	3.587813	-.4878128	3.587813
3	2000	.26	3.1	3.752543	-.6525428	3.752543
4	2001	.46	3.6	3.772271	-.172271	3.772271
5	2002	-.77	4	3.650943	.3490571	3.650943
6	2003	1.16	4.3	3.84132	.4586805	3.84132
7	2004	3.89	4.2	4.110609	.0893913	4.110609
8	2005	1.82	4.2	3.906422	.2935776	3.906422
9	2006	1.46	4.1	3.870912	.2290883	3.870912
10	2007	4.75	4	4.19544	-.1954397	4.19544
11	2008	5.9	4.2	4.308877	-.1088766	4.308877
12	2009	-.7	4.3	3.657848	.6421522	3.657848
13	2010	3.3	4.1	4.052411	.0475893	4.052411
14	2011	5.4	4.1	4.259556	-.1595562	4.259556
15	2012	2.6	4.1	3.983362	.1166378	3.983362
16	2013	4	4.05	4.121459	-.0714592	4.121459
17	2014	2	4.09	3.924178	.1658223	3.924178
18	2015	5	.	.	.	4.2201

图 6-11　例 6-5 分析结果图（10）

可以看到，在图 6-11 中出现了预测的因变量 *yyhat* 数据，当通货膨胀率为 5% 时，预测的失业率是 4.220 1%。

6.3　多元线性回归分析基本理论

多元线性回归分析也叫作多重线性回归分析，是最常用的回归分析方法之一。多元线性回归分析涉及多个自变量，常用来分析一个因变量与多个自变量之间的线性关系，首先建立变量之间的线性模型并根据模型进行评价和预测。

6.3.1　多元回归模型

多元线性回归就是用多个自变量来解释因变量。多元线性回归模型如下：

$$Y_i = b_0 + b_1X_{1i} + b_2X_{2i} + \cdots + b_kX_{ki} + \varepsilon_i$$

利用最小二乘法可以找到这样一条直线：

$$\hat{Y}_i = \hat{b}_0 + \hat{b}_1X_1 + \hat{b}_2X_2 + \cdots + \hat{b}_kX_k$$

如果我们得到 $\hat{b}_0$ 和多个 $\hat{b}_j$（$j = 1, \cdots, k$），又得到了所有自变量 X_j（$j = 1, \cdots, k$）的预测值，我们就可求得因变量 Y 的值。

例 6-6　某公司的分析师根据历史数据，做了公司销售额增长率关于 GDP 增长率和公司销售人员增长率的线性回归分析，得到截距为-3.2%，关于 GDP 增长率的斜率为2，关于公司销售人员增长率的斜率为1.2，国家统计局预测当年GDP增长率为9%，公司预计当年销售人员将减少20%。问该公司当年销售额增长率预计为多少？

解 $Y = -3.2\% + 2X_1 + 1.2X_2 = -3.2\% + 2 \times 9\% + 1.2 \times (-20\%) = -9.2\%$

6.3.2 方差分析

与一元线性回归类似，多元线性回归的方差分析表如表6-4所示。

表6-4 方差分析表

	自由度	平方和	均方和
回归	k	回归平方和	回归均方和
误差	$n-k-1$	误差平方和	误差均方和
总和	$n-1$	总平方和	

我们可以从方差分析表里求得决定系数和估计的标准误，用来评价回归模型的好坏。

回归的自由度为k，k为自变量的个数。误差的自由度为$n-k-1$，n是样本量。总自由度为以上两个自由度之和。

总平方和依然为回归平方和与误差平方和之和，即SST=RSS+SSE。

均方和等于各自的平方和除以各自的自由度，即 MSR = RSS/k，MSE = SSE/$(n-k-1)$。

有了上面的方差分析表，就能很容易求得决定系数和估计的标准误，以判断回归模型的好坏。

6.3.3 决定系数

决定系数等于回归平方和除以总平方和，公式为：

$$R^2 = \frac{\text{RSS}}{\text{SST}} = 1 - \frac{\text{SSE}}{\text{SST}}$$

和一元线性回归一样，多元线性回归的决定系数的含义仍然是：所有自变量X的变动可以解释多少比例的Y的变动。决定系数越大，表示回归模型越好。但是对于多元线性回归，随着自变量个数k的增加，决定系数总是变大，无论新增的自变量是否对因变量有解释作用。因此，我们就要调整决定系数如下：

$$\overline{R}^2 = 1 - \frac{n-1}{n-k-1}(1-R^2)$$

调整后的决定系数不一定随着自变量个数k的增加而增大。因此调整后的决定系数能有效地比较不同自变量个数的回归模型的优劣。

关于调整后的决定系数，还要注意两点：

(1) 调整后的决定系数总是小于等于未调整的决定系数。
(2) 调整后的决定系数有可能小于 0。

6.3.4 估计的标准误

估计的标准误（SEE）等于残差均方和的平方根，公式为：

$$\text{SEE} = \sqrt{\text{SSE}/(n-k-1)} = \sqrt{\text{MSE}}$$

显然，估计的标准误越小，表示回归模型越好。

6.3.5 回归系数的 t 检验和置信区间

与一元线性回归类似，回归系数的 t 检验是指检验回归系数是否等于某个常数。通常要检验斜率系数是否等于 0（$H_0: b_j = 0$），这称为斜率系数的显著性检验。如果不能拒绝原假设，即斜率系数没有显著地不等于 0，那就说明自变量 X_j 和因变量 Y 的线性相关性不大，回归是失败的。

这是一个 t 检验，t 统计量自由度为 $n-k-1$，计算公式为：

$$t = \frac{\hat{b}_j}{S_{\hat{b}_j}}$$

其中，$S_{\hat{b}_j}$ 为斜率系数的标准误。

斜率系数的置信区间为 $\hat{b}_j \pm t_c s_{\hat{b}_j}$，其中 t_c 是自由度为 $n-k-1$ 的 t 关键值。

例 6-7 我们构建了一个二元线性回归模型，得到的结果如表 6-5 所示。

表 6-5 变量系数表

变量	系数	统计量
b_0	0.5	1.28
b_1	1.2	2.40
b_2	-0.3	0.92

斜率系数 b_1 的置信水平为 95% 的置信区间为多少？

由于统计量 $= 2.4 = t = \dfrac{\hat{b}_1}{s_{\hat{b}_1}} = \dfrac{1.2}{s_{\hat{b}_1}}$，$s_{\hat{b}_1} = 1.2/2.4 = 0.5$。

斜率系数 b_1 的置信水平为 95% 的置信区间为 [1.2-2×0.5, 1.2+2×0.5] = [0.2, 2.2]。

由于 0 没有包含在置信区间中，所以斜率系数 b_1 显著地不等于 0。

6.3.6 回归系数的 F 检验

回归系数的 F 检验用来检验斜率系数是否全部都等于 0。其原假设是所有斜率系数都等于 0，备择假设是至少有一个斜率系数不等于 0。即

$H_0: b_1 = b_2 = \cdots = b_k = 0$；$H_\alpha$：至少有一个 $b_j \neq 0$

F 统计量的分子自由度和分母自由度分别为 k 和 $n-k-1$，统计量的计算公式如下：

$$F = \frac{\text{MSR}}{\text{MSE}} = \frac{\text{RSS}/k}{\text{SSE}/(n-k-1)}$$

注意：F 检验看上去是双尾检验，但请当作单尾检验来进行，其拒绝区域只在分布的右边一边。

回归系数的 t 检验是对单个斜率系数进行检验，而回归系数的 F 检验是对全部斜率系数进行检验。如果我们没有拒绝原假设，说明所有的斜率系数都没有显著地不等于 0，即所有自变量和因变量 Y 的线性相关性都不大，回归模型效果不好。如果我们能够拒绝原假设，说明至少有一个斜率系数显著地不等于 0，即至少有一个自变量可以解释 Y，回归模型做得不错。

例 6-8 我们抽取了一个样本量为 43 的样本，做了一个三元线性回归，得到 RSS = 4 500，SSE = 1 500，请在 0.05 的显著性水平上检验是否至少有一个斜率系数显著地不等于 0。

解　MSR = RSS/k = 4 500/3 = 1 500

MSE = SSE/$(n-k-1)$ = 1 500/(43-3-1) = 38.46

F = MSR/MSE = 1 500/38.46 = 39

查 F 统计表得关键值为 2.84。

由于 2.84 < 39，F 统计量落在拒绝区域，因此我们要拒绝原假设，即至少有一个斜率系数显著地不等于 0。

6.3.7 虚拟变量

某些回归分析中，需要使用的定性自变量，称为虚拟变量。使用虚拟变量的目的是考察不同类别之间是否存在显著差异。

虚拟变量的取值为 0 或 1，两类时，只需一个虚拟变量；n 类时，则需 $n-1$ 个虚拟变量。

例如，在研究工资水平同学历和工作年限的关系时，我们以 Y 表示工资水平，以 X_1 表示学历，以 X_2 表示工作年限，同时引进虚拟变量 D，其取值如下：

$$D = \begin{cases} 1, & \text{男性} \\ 0, & \text{女性} \end{cases}$$

则可构造如下理论回归模型：

$$Y = \beta_0 + \beta_1 X_1 + \beta_2 X_2 + \beta_3 D + \varepsilon$$

为了模拟某商品销售量的时间序列的季节影响，我们需要引入 4-1=3 个虚拟变量，如下所示：

$$Q_1 = \begin{cases} 1, \text{如果为第一季度} \\ 0, \text{其他情况} \end{cases}; Q_2 = \begin{cases} 1, \text{如果为第二季度} \\ 0, \text{其他情况} \end{cases}; Q_3 = \begin{cases} 1, \text{如果为第三季度} \\ 0, \text{其他情况} \end{cases}$$

则可构造如下理论回归模型：
$$Y = \beta_0 + \beta_1 Q_1 + \beta_2 Q_2 + \beta_3 Q_3 + \varepsilon$$

6.4 多元线性回归分析的应用

6.4.1 基本应用

例 6-9 为了检验美国电力行业是否存在规模经济，学者搜集了 1955 年 145 家美国电力企业的总成本、产量、工资率、燃料价格及资本租赁价格的数据，如表 6-6 所示。试以总成本为因变量，以产量、工资率、燃料价格和资本租赁价格为自变量，利用多元线性回归分析方法研究它们之间的关系。

表 6-6 美国电力行业数据

编号	总成本 (TC) （百万美元）	产量 (Q) （千瓦时）	工资率 (PL) （美元/千瓦时）	燃料价格 (PF) （美元/千瓦时）	资本租赁价格 (PK) （美元/千瓦时）
1	0.082	2	2.09	17.9	183
2	0.661	3	2.05	35.1	174
3	0.990	4	2.05	35.1	171
4	0.315	4	1.83	32.2	166
5	0.197	5	2.12	28.6	233
6	0.098	9	2.12	28.6	195
…	…	…	…	…	…
143	73.050	11 796	2.12	28.6	148
144	139.422	14 359	2.31	33.5	212
145	119.939	16 719	2.30	23.6	162

使用 Stata 17.0 打开目录 F:\Stata17\zsq\chap06 中的 al6-2.dta 数据文件，命令如下：

use "F:\Stata17\zsq\chap06\al6-2.dta", clear
browse

数据如图 6-12 所示。

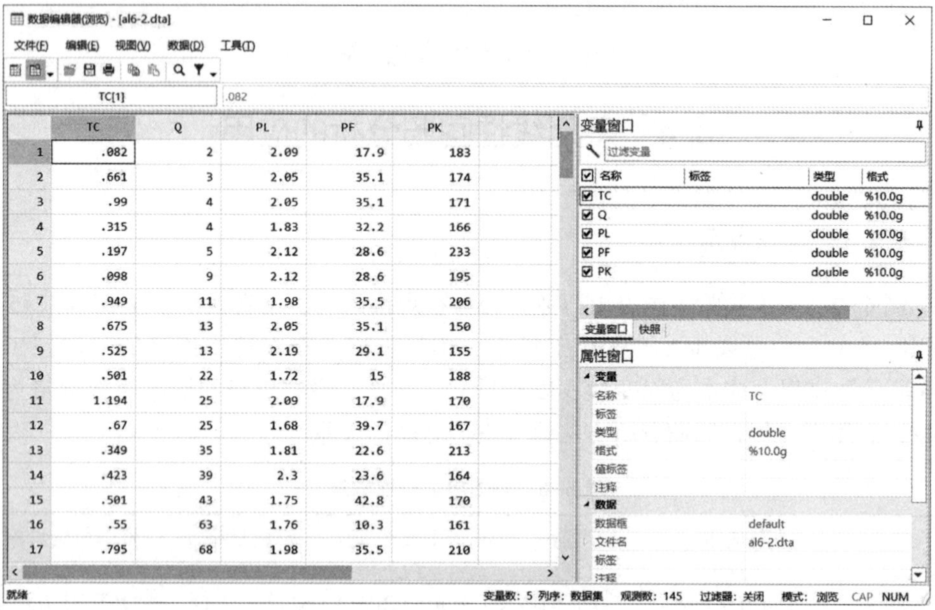

	TC	Q	PL	PF	PK
1	.082	2	2.09	17.9	183
2	.661	3	2.05	35.1	174
3	.99	4	2.05	35.1	171
4	.315	4	1.83	32.2	166
5	.197	5	2.12	28.6	233
6	.098	9	2.12	28.6	195
7	.949	11	1.98	35.5	206
8	.675	13	2.05	35.1	150
9	.525	13	2.19	29.1	155
10	.501	22	1.72	15	188
11	1.194	25	2.09	17.9	170
12	.67	25	1.68	39.7	167
13	.349	35	1.81	22.6	213
14	.423	39	2.3	23.6	164
15	.501	43	1.75	42.8	170
16	.55	63	1.76	10.3	161
17	.795	68	1.98	35.5	210

图 6-12　例 6-9 数据

1. 对数据进行描述性分析

在主界面的 Command 文本框中输入命令：

summarize TC Q PL PF PK，detail

本命令的含义是对总成本、产量、工资率、燃料价格及资本租赁价格变量进行详细的描述性分析。

输入完命令后，按回车键，得到如图 6-13 所示的分析结果。

```
                             TC
-------------------------------------------------------------
      Percentiles      Smallest
 1%        .098           .082
 5%        .501           .098
10%        .705           .197       Obs                 145
25%       2.382           .315       Sum of wgt.         145

50%       6.754                      Mean            12.9761
                        Largest      Std. dev.      19.79458
75%      14.132         69.878
90%      32.318          73.05       Variance       391.8253
95%      44.894        119.939       Skewness       3.636095
99%     119.939        139.422       Kurtosis       19.66927
```

图 6-13　例 6-9 分析结果图（1）

Q

	Percentiles	Smallest		
1%	3	2		
5%	13	3		
10%	43	4	Obs	145
25%	279	4	Sum of wgt.	145
50%	1109		Mean	2133.083
		Largest	Std. dev.	2931.942
75%	2507	11477		
90%	5819	11796	Variance	8596285
95%	8642	14359	Skewness	2.398202
99%	14359	16719	Kurtosis	9.474916

PL

	Percentiles	Smallest		
1%	1.45	1.45		
5%	1.55	1.45		
10%	1.68	1.52	Obs	145
25%	1.76	1.52	Sum of wgt.	145
50%	2.04		Mean	1.972069
		Largest	Std. dev.	.2368072
75%	2.19	2.32		
90%	2.3	2.32	Variance	.0560776
95%	2.31	2.32	Skewness	-.2539563
99%	2.32	2.32	Kurtosis	1.974824

PF

	Percentiles	Smallest		
1%	10.3	10.3		
5%	10.3	10.3		
10%	12.9	10.3	Obs	145
25%	21.3	10.3	Sum of wgt.	145
50%	26.9		Mean	26.17655
		Largest	Std. dev.	7.876071
75%	32.2	39.7		
90%	35.1	42.8	Variance	62.0325
95%	36.2	42.8	Skewness	-.3328658
99%	42.8	42.8	Kurtosis	2.641048

PK

	Percentiles	Smallest		
1%	143	138		
5%	155	143		
10%	157	144	Obs	145
25%	162	148	Sum of wgt.	145
50%	170		Mean	174.4966
		Largest	Std. dev.	18.20948
75%	183	225		
90%	202	225	Variance	331.5851
95%	212	227	Skewness	.9992943
99%	227	233	Kurtosis	3.772226

图 6-13 例 6-9 分析结果图（1）（续）

通过观察图 6-13 的结果，可以得到很多信息，包括百分位数、4 个最小值、4 个最大值、平均值、标准差、偏度、峰度等。

(1) 百分位数。可以看出变量 TC 的第 1 个四分位数 (25%) 是 2.382，第 2 个四分位数 (50%) 是 6.754，第 3 个四分位数 (75%) 是 14.132。变量 Q 的第 1 个四分位数 (25%) 是 279，第 2 个四分位数 (50%) 是 1 109，第 3 个四分位数 (75%) 是 2 507。变量 PL 的第 1 个四分位数 (25%) 是 1.76，第 2 个四分位数 (50%) 是 2.04，第 3 个四分位数 (75%) 是 2.19。变量 PF 的第 1 个四分位数 (25%) 是 21.3，第 2 个四分位数 (50%) 是 26.9，第 3 个四分位数 (75%) 是 32.2。变量 PK 的第 1 个四分位数 (25%) 是 162，第 2 个四分位数 (50%) 是 170，第 3 个四分位数 (75%) 是 183。

(2) 4 个最小值。变量 TC 最小的 4 个数据值分别是 0.082、0.098、0.197、0.315。变量 Q 最小的 4 个数据值分别是 2、3、4、4。变量 PL 最小的 4 个数据值分别是 1.45、1.45、1.52、1.52。变量 PF 最小的 4 个数据值分别是 10.3、10.3、10.3、10.3。变量 PK 最小的 4 个数据值分别是 138、143、144、148。

(3) 4 个最大值。变量 TC 最大的 4 个数据值分别是 69.878、73.05、119.939、139.422。变量 Q 最大的 4 个数据值分别是 11 477、11 796、14 359、16 719。变量 PL 最大的 4 个数据值分别是 2.32、2.32、2.32、2.32。变量 PF 最大的 4 个数据值分别是 39.7、42.8、42.8、42.8。变量 PK 最大的 4 个数据值分别是 225、225、227、233。

(4) 均值和标准差。变量 TC 的均值是 12.976 1，标准差是 19.794 58。变量 Q 均值是 2 133.083，标准差是 2 931.942。变量 PL 的均值是 1.972 069，标准差是 0.236 807 2。变量 PF 的均值是 26.176 55，标准差是 7.876 071。变量 PK 的均值是 174.496 6，标准差是 18.209 48。

(5) 偏度和峰度。变量 TC 的偏度是 3.636 095，为正偏度但不大；峰度是 19.669 27，有一个比正态分布更长的尾巴。变量 Q 的偏度是 2.398 202，为正偏度但不大；峰度是 9.474 916，有一个比正态分布更长的尾巴。变量 PL 的偏度是 -0.253 956 3，为负偏度但不大；峰度是 1.974 824，有一个比正态分布更短的尾巴。变量 PF 的偏度是 -0.332 865 8，为负偏度但不大；峰度是 2.641 048，有一个比正态分布更短的尾巴。变量 PK 的偏度是 0.999 294 3，为正偏度但不大；峰度是 3.772 226，有一个比正态分布略长的尾巴。

综上所述，数据总体质量还是可以的，没有极端异常值，变量之间的量纲差距、变量的偏度、峰度也是可以接受的，可以进入下一步分析。

2. 对数据进行相关分析

在主界面的 Command 文本框中输入命令：

correlate TC Q PL PF PK

本命令的含义是对总成本、产量、工资率、燃料价格及资本租赁价格进行相关性分析。

输入完命令后，按回车键，得到如图 6-14 所示的分析结果。

(obs=145)

	TC	Q	PL	PF	PK
TC	1.0000				
Q	0.9525	1.0000			
PL	0.2513	0.1714	1.0000		
PF	0.0339	-0.0773	0.3137	1.0000	
PK	0.0272	0.0029	-0.1781	0.1254	1.0000

图 6-14　例 6-9 分析结果图（2）

通过观察图 6-14 的结果，可以看到变量 TC 与各个变量之间存在一定的相关性，可以进行后续的回归分析过程。

3. 对数据进行回归分析

在主界面的 Command 文本框中输入命令：

regress TC Q PL PF PK

本命令的含义是对总成本、产量、工资率、燃料价格及资本租赁价格变量进行多元回归分析。

输入完命令后，按回车键，得到如图 6-15 所示的分析结果。

Source	SS	df	MS		Number of obs	=	145
					F(4, 140)	=	418.12
Model	52064.6433	4	13016.1608		Prob > F	=	0.0000
Residual	4358.19481	140	31.129963		R-squared	=	0.9228
					Adj R-squared	=	0.9206
Total	56422.8381	144	391.825265		Root MSE	=	5.5794

TC	Coefficient	Std. err.	t	P>|t|	[95% conf. interval]	
Q	.0063951	.0001629	39.26	0.000	.006073	.0067171
PL	5.655183	2.17636	2.60	0.010	1.352402	9.957964
PF	.20784	.0640999	3.24	0.001	.081111	.334569
PK	.0284415	.0265049	1.07	0.285	-.0239601	.0808431
_cons	-22.22098	6.58745	-3.37	0.001	-35.24472	-9.197235

图 6-15　例 6-9 分析结果图（2）

通过观察图 6-15 的结果，可以看出共有 145 个样本参与了分析，F（4，140）= 418.12，P 值（Prob>F=0.000 0），说明模型整体上是非常显著的。模型的决定系数（R-squared）= 0.922 8，修正的决定系数（Adj R-squared）= 0.920 6，说明模型有较强的解释能力。

模型的回归方程是：

$TC = 0.0063951 \times Q + 5.655183 \times PL + 0.20784 \times PF + 0.0284415 \times PK - 22.22098$

变量 Q 系数的标准误是 0.0001629，t 值为 39.26，P 值为 0.000，系数是非常显著的，95%的置信区间为 [0.006 073, 0.006 717 1]。变量 PL 系数的标准误是 2.176 36，t 值为 2.6，P 值为 0.010，系数是非常显著的，95%的置信区间为 [1.352 402, 9.957 964]。变量 PF 系数的标准误是 0.064 099 9，t 值为 3.24，P 值为 0.001，系数是非常显著的，95%的置信区间为 [0.081 111, 0.334 569]。变量 PK 系数的标准误是 0.026 504 9，t 值为 -3.37，P 值为 0.285，系数是非常不显著的，95%的置信区间为 [-0.023 960 1, 0.080 843 1]。常数项系数的标准误是 -22.220 98，t 值为 -3.37，P 值为 0.001，系数是非常显著的，95%的置信区间为 [-35.244 72, -9.197 235]。

从上面的分析可以看出，美国电力企业的总成本受到产量、工资率、燃料价格、资本租赁价格的影响，产量的增加引起总成本的相对变化是很小的，所以从经济意义上说，美国电力行业存在规模经济。

4. 变量的方差协方差矩阵

在主界面的 Command 文本框中输入命令：

vce

本命令的含义是获得参与回归的各自变量的系数以及常数项的方差协方差矩阵。输入完后，按回车键，得到如图 6-16 所示的分析结果。

Covariance matrix of coefficients of regress model

e(V)	Q	PL	PF	PK	_cons
Q	2.654e-08				
PL	-.0000764	4.7365431			
PF	1.564e-06	-.0508677	.0041088		
PK	-2.741e-07	.01376813	-.00034147	.00070251	
_cons	.00010096	-10.248761	.04900993	-.14021374	43.394499

图 6-16　例 6-9 分析结果图（3）

从上面的图 6-16 结果中可以看到，变量的方差协方差矩阵都不是很大。

5. 对变量系数的假设检验

在主界面的 Command 文本框中输入命令：

test Q PL PF PK

本命令的含义是检验四个变量的系数是否显著。

输入完后，按回车键，得到如图 6-17 所示的分析结果。

```
( 1)  Q = 0
( 2)  PL = 0
( 3)  PF = 0
( 4)  PK = 0

      F(  4,   140) =  418.12
           Prob > F =    0.0000
```

图 6-17　例 6-9 分析结果图（4）

从上面的图 6-17 结果中可以看出，变量系数非常显著，在 5%的显著性水平上通过了检验。

6. 对因变量的拟合值进行预测

在主界面的 Command 文本框中输入命令：

predict yhat

本命令的含义是对因变量的拟合值进行预测。

输入完后，按回车键，则在“数据编辑器（浏览）”窗口得到如图 6-18 所示的分析结果。

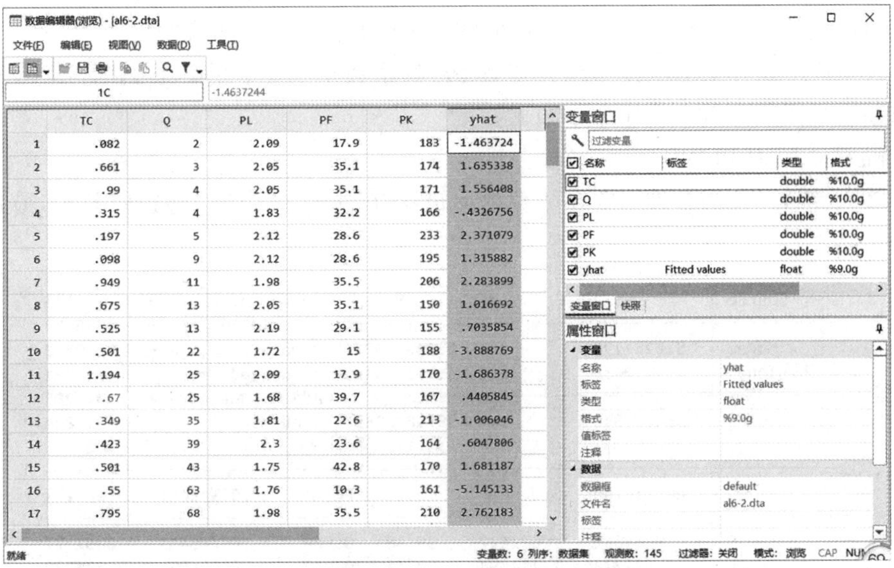

	TC	Q	PL	PF	PK	yhat
1	.082	2	2.09	17.9	183	-1.463724
2	.661	3	2.05	35.1	174	1.635338
3	.99	4	2.05	35.1	171	1.556408
4	.315	4	1.83	32.2	166	-.4326756
5	.197	5	2.12	28.6	233	2.371079
6	.098	9	2.12	28.6	195	1.315882
7	.949	11	1.98	35.5	206	2.283899
8	.675	13	2.05	35.1	150	1.016692
9	.525	13	2.19	29.1	155	.7035854
10	.501	22	1.72	15	188	-3.888769
11	1.194	25	2.09	17.9	170	-1.686378
12	.67	25	1.68	39.7	167	.4405845
13	.349	35	1.81	22.6	213	-1.006046
14	.423	39	2.3	23.6	164	.6047806
15	.501	43	1.75	42.8	170	1.681187
16	.55	63	1.76	10.3	161	-5.145133
17	.795	68	1.98	35.5	210	2.762183

图 6-18　例 6-9 分析结果图（5）

关于因变量预测拟合值的意义已在上节讨论过，此处不再赘述。

7. 回归分析得到的残差序列

在主界面的 Command 文本框中输入命令：

predict e，resid

本命令的含义是获得回归后的残差序列。

输入完后，按回车键，则在“数据编辑器（浏览）”窗口得到如图 6-19 所示的分析结果。

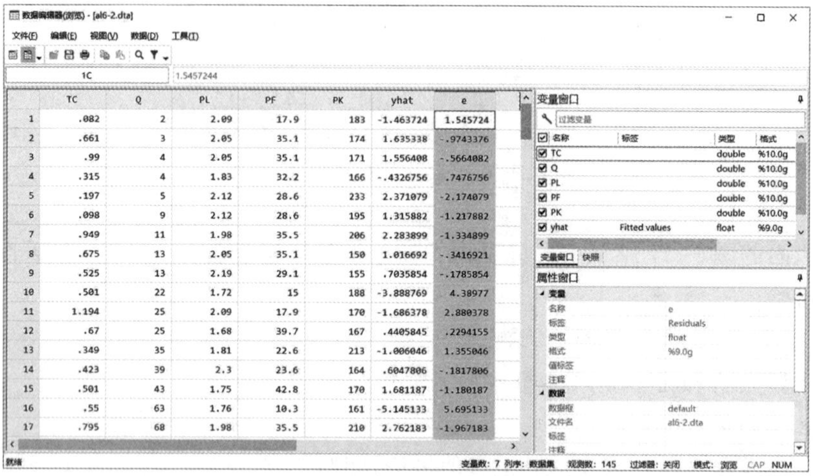

	TC	Q	PL	PF	PK	yhat	e
1	.082	2	2.09	17.9	183	-1.463724	1.545724
2	.661	3	2.05	35.1	174	1.635338	-.9743376
3	.99	4	2.05	35.1	171	1.556408	-.5664082
4	.315	4	1.83	32.2	166	-.4326756	.7476756
5	.197	5	2.12	28.6	233	2.371079	-2.174079
6	.098	9	2.12	28.6	195	1.315882	-1.217882
7	.949	11	1.98	35.5	206	2.283899	-1.334899
8	.675	13	2.05	35.1	150	1.016692	-.3416921
9	.525	13	2.19	29.1	155	.7035854	-.1785854
10	.501	22	1.72	15	188	-3.888769	4.38977
11	1.194	25	2.09	17.9	170	-1.686378	2.880378
12	.67	25	1.68	39.7	167	.4405845	.2294155
13	.349	35	1.81	22.6	213	-1.006046	1.355046
14	.423	39	2.3	23.6	164	.6047806	-.1817806
15	.501	43	1.75	42.8	170	1.681187	-1.180187
16	.55	63	1.76	10.3	161	-5.145133	5.695133
17	.795	68	1.98	35.5	210	2.762183	-1.967183

图 6-19　例 6-9 分析结果图（6）

残差序列是很有用处的，它可以用来检验变量是否存在异方差，也可以用来检验变量间是否存在协整关系等。在后面的章节中我们将进一步说明。

读者应注意在上面的模型中，变量 *PK* 的系数是不显著的，下面把该变量剔除后重新进行回归分析，操作命令如下：

regress TC Q PL PF

输入完后，按回车键，则在“数据编辑器（浏览）”窗口得到如图 6-20 所示的分析结果。

```
      Source |       SS           df       MS      Number of obs   =       145
-------------+----------------------------------   F(3, 141)       =    556.52
       Model |  52028.7981         3  17342.9327   Prob > F        =    0.0000
    Residual |  4394.04007       141  31.1634048   R-squared       =    0.9221
-------------+----------------------------------   Adj R-squared   =    0.9205
       Total |  56422.8381       144  391.825265   Root MSE        =    5.5824

------------------------------------------------------------------------------
          TC | Coefficient  Std. err.      t    P>|t|     [95% conf. interval]
-------------+----------------------------------------------------------------
           Q |   .0064062   .0001627    39.38   0.000     .0060846    .0067277
          PL |   5.097772   2.114594     2.41   0.017     .9173653    9.278179
          PF |   .2216648   .0628256     3.53   0.001     .0974629    .3458667
       _cons |  -16.54434    3.92757    -4.21   0.000    -24.30888   -8.779805
------------------------------------------------------------------------------
```

图 6-20　例 6-9 分析结果图（7）

从上面分析结果可知，模型整体依旧是非常显著的。模型的决定系数以及修正的决定系数变化不大，说明模型的解释能力几乎没有变化。其他变量系数（包括常数项的系数）都非常显著，模型接近完美。可以把回归结果作为最终的回归模型方

程，即

$$TC = 0.006\,406\,2 \times Q + 5.097\,772 \times PL + 0.221\,664\,8 \times PF - 16.544\,34$$

从上面的分析可以看出，美国电力企业的总成本受到产量、工资率和燃料价格的影响。总成本分别随着这些变量的升高而升高、降低而降低。

6.4.2 拓展应用

上面的 Stata 命令比较简单，分析过程及结果已经达到解决实际问题的要求。但 Stata 17.0 的强大之处在于，它同样提供了更加复杂的命令格式以满足用户更加个性化的需求。

1. 在回归方程中不包含常数项

在主界面的 Command 文本框中输入命令：

regress TC Q PL PF, nocon

输入完后，按回车键，得到如图 6-21 所示的分析结果。

Source	SS	df	MS			
Model	75890.8019	3	25296.934	Number of obs	=	145
Residual	4947.00303	142	34.8380495	F(3, 142)	=	726.13
				Prob > F	=	0.0000
				R-squared	=	0.9388
				Adj R-squared	=	0.9375
Total	80837.805	145	557.502103	Root MSE	=	5.9024

TC	Coefficient	Std. err.	t	P>|t|	[95% conf. interval]	
Q	.0064558	.0001715	37.64	0.000	.0061167	.0067949
PL	-2.955539	.9553464	-3.09	0.002	-4.844079	-1.067
PF	.2011095	.0662258	3.04	0.003	.0701937	.3320253

图 6-21 例 6-9 分析结果图（8）

通过观察图 6-21 的结果，可以看出模型整体依旧非常显著，模型的决定系数和修正的决定系数略有上升。

模型的回归方程是：

$$TC = 0.006\,455\,8 \times Q - 2.955\,539 \times PL + 0.201\,109\,5 \times PF$$

值得注意的是：变量 PL 的系数值变成了负值，这说明 PL 的升高反而会带来总成本的降低，显然这是不符合企业实践的，所以该模型是错误的。

2. 限定参与回归的样本范围

例如我们只对例 6-9 中产量高于 100 的样本进行回归分析，那么操作命令可以相应地修改为：

regress TC Q PL PF if Q>=100

输入完后，按回车键，得到如图 6-22 所示的分析结果。

Source	SS	df	MS		Number of obs	=	124
					F(3, 120)	=	450.85
Model	48385.1545	3	16128.3848		Prob > F	=	0.0000
Residual	4292.77683	120	35.7731402		R-squared	=	0.9185
					Adj R-squared	=	0.9165
Total	52677.9313	123	428.275864		Root MSE	=	5.9811

TC	Coefficient	Std. err.	t	P>|t|	[95% conf. interval]	
Q	.0064214	.000183	35.08	0.000	.006059	.0067839
PL	4.94541	2.457119	2.01	0.046	.0804852	9.810335
PF	.2674785	.0774243	3.45	0.001	.1141838	.4207732
_cons	-17.48977	4.418223	-3.96	0.000	-26.23755	-8.741999

图 6-22 例 6-9 分析结果图（9）

关于结果分析与前面类似，这里不再赘述。

3. 自动剔除不显著变量

在前面的分析过程中，我们采取了逐步手动剔除不显著变量的方式得到了最终的回归模型，但是如果变量很多或存在很多不显著的变量时，这个过程就显得非常烦琐。那么有没有一种自动剔除不显著变量，直接得到最终模型的 Stata 操作方法呢？答案是肯定的。Stata 17.0 提供了"sw regress"命令来满足这一需要。这一命令的操作原理是通过不断迭代，使得所有变量系数的显著性最终达到设定的显著性水平。在首次迭代时，所有变量都进入模型参与分析，然后每一步迭代都去掉 P 值最高或显著性最弱的变量。最终使得所有保留下来的变量的概率值都处于保留概率之下。围绕例 6-9，如果设定显著性水平为 0.05，那么操作命令应该为：

sw regress TC Q PL PF PK, pr（0.05）

输入完后，按回车键，得到如图 6-23 所示的分析结果。

```
                        begin with full model
p = 0.2851 >= 0.0500    removing PK
```

Source	SS	df	MS		Number of obs	=	145
					F(3, 141)	=	556.52
Model	52028.7981	3	17342.9327		Prob > F	=	0.0000
Residual	4394.04007	141	31.1634048		R-squared	=	0.9221
					Adj R-squared	=	0.9205
Total	56422.8381	144	391.825265		Root MSE	=	5.5824

TC	Coefficient	Std. err.	t	P>|t|	[95% conf. interval]	
Q	.0064062	.0001627	39.38	0.000	.0060846	.0067277
PL	5.097772	2.114594	2.41	0.017	.9173653	9.278179
PF	.2216648	.0628256	3.53	0.001	.0974629	.3458667
_cons	-16.54434	3.92757	-4.21	0.000	-24.30888	-8.779805

图 6-23 例 6-9 分析结果图（10）

可以看到在图 6-23 中出现的结果与前面逐步手动操作得到的结果完全一致。结果的解读与前面类似，在此不再赘述。

操作练习题

对例题 6-1，6-2，6-3，6-4，6-5，6-6，6-7，6-8，6-9 的 Stata 数据文件，使用 Stata 17.0 软件重新操作一遍。

第 7 章　Stata 因变量受限回归分析

前面我们介绍的回归分析方法都要求因变量或连续或离散。但很多时候因变量观测样本会受到各种各样的限制，只能观测到满足一定条件的样本。例如，在统计工人的劳动时间时，失业工人的劳动时间一定只取 0，不论失业率有多高、失业时间有多长。根据因变量的受限特征，常用的因变量受限回归分析方法有两种：(1) 断尾回归分析；(2) 截取回归分析。下面通过实例来介绍这两种方法的应用。

7.1　断尾回归分析

7.1.1　断尾回归分析的概念

断尾回归分析是针对因变量只有大于一定数值或者小于一定数值才能被观测到的一种回归分析方法。或者说，因变量的取值范围是受到限制的，通过一般的最小二乘回归分析得到的结论是不完美的。举例来说，如果研究某单位员工的薪酬情况，把年薪作为因变量，那么该因变量的取值范围就是大于 0 的，低于 0 的取值是没有意义的。

7.1.2　断尾回归分析的基本应用

例 7-1　表 7-1 给出了某单位 88 名在岗职工的工龄、职称级别、月工作时间以及月工资收入情况。试构建回归分析模型研究该单位职工的月工资收入受工龄、职称级别（1 表示初级，2 表示中级，3 表示高级）、月工作时间变量的影响情况。

表 7-1　某单位在岗职工的工龄、职称级别、月工作时间以及月工资收入情况

编号	月工资收入 ($salary$) /元	月工作时间 ($hour$) /时	工龄 ($year$) /年	职称级别 ($grade$)
1	6 389	110	9	1
2	5 327	108	8	1
3	4 529	88	4	1
4	8 723	135	10	2
5	10 213	164	15	3

(续表)

编号	月工资收入 (salary)/元	月工作时间 (hour)/时	工龄 (year)/年	职称级别 (grade)
6	4 596	86	6	1
…	…	…	…	…
83	8 537	135	11	2
84	8 123	120	10	2
85	7 565	113	9	1
86	10 330	165	16	3
87	7 429	119	9	2
88	7 625	123	9	2

使用 Stata 17.0 打开目录 F:\stata17\zsq\chap07 中的 al7-1.dta 数据文件，命令如下：

use "F:\stata17\zsq\chap07\al7-1.dta", clear
browse

数据如图 7-1 所示。

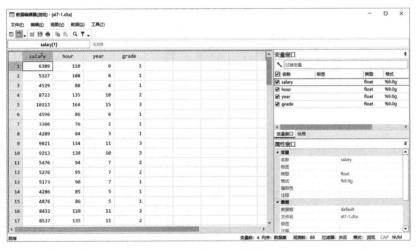

图 7-1　例 7-1 数据

1. 对数据进行展示

在主界面的 Command 文本框中输入命令：

list salary hour year grade

本命令的含义是对四个变量所包含的样本数据进行一一展示，以便观测数据的具体特征，为深入分析做准备。

输入完后，按回车键，得到如图 7-2 所示的分析结果。

	salary	hour	year	grade
1.	6389	110	9	1
2.	5327	108	8	1
3.	4529	88	4	1
4.	8723	135	10	2
5.	10213	164	15	3
6.	4596	86	6	1
7.	3386	76	2	1
8.	4289	84	3	1
9.	9821	134	11	3
10.	9213	130	10	3
11.	5476	94	7	2
12.	5276	95	7	2
13.	5173	90	7	1
14.	4286	85	5	1
15.	4876	86	5	1
16.	8432	120	11	2
17.	8537	135	11	2
18.	8123	120	10	2
19.	7565	113	9	1
20.	10330	165	16	3
21.	7429	119	9	2
22.	7625	123	9	2
23.	6389	110	9	1
24.	5327	108	8	1
25.	4529	88	4	1
26.	8723	135	10	2
27.	10213	164	15	3
28.	4596	86	6	1
29.	3386	76	2	1
30.	4289	84	3	1
31.	9821	134	11	3
32.	9213	130	10	3
33.	5476	94	7	2
34.	5276	95	7	2
35.	5173	90	7	1
36.	4286	85	5	1
37.	4876	86	5	1
38.	8432	120	11	2
39.	8537	135	11	2
40.	8123	120	10	2
41.	7565	113	9	1
42.	10330	165	16	3
43.	7429	119	9	2
44.	7625	123	9	2
45.	6389	110	9	1
46.	5327	108	8	1
47.	4529	88	4	1
48.	8723	135	10	2
49.	10213	164	15	3
50.	4596	86	6	1
51.	3386	76	2	1
52.	4289	84	3	1
53.	9821	134	11	3
54.	9213	130	10	3
55.	5476	94	7	2
56.	5276	95	7	2
57.	5173	90	7	1
58.	4286	85	5	1
59.	4876	86	5	1
60.	8432	120	11	2
61.	8537	135	11	2
62.	8123	120	10	2
63.	7565	113	9	1
64.	10330	165	16	3
65.	7429	119	9	2
66.	7625	123	9	2
67.	6389	110	9	1
68.	5327	108	8	1
69.	4529	88	4	1
70.	8723	135	10	2
71.	10213	164	15	3
72.	4596	86	6	1
73.	3386	76	2	1
74.	4289	84	3	1
75.	9821	134	11	3
76.	9213	130	10	3
77.	5476	94	7	2
78.	5276	95	7	2
79.	5173	90	7	1
80.	4286	85	5	1
81.	4876	86	5	1
82.	8432	120	11	2
83.	8537	135	11	2
84.	8123	120	10	2
85.	7565	113	9	1
86.	10330	165	16	3
87.	7429	119	9	2
88.	7625	123	9	2

图 7-2　例 7-1 分析结果图（1）

通过观察图 7-2 的结果，可以看到数据的总体质量较好，没有极端异常值，变量之间的量纲差距也是可以的，可进入下一步分析。

2. 对数据进行回归分析

在主界面的 Command 文本框中输入命令：

regress salary hour year grade

本命令的含义是以 *salary* 为因变量，以 *hour*、*year*、*grade* 为自变量，进行最小二乘回归分析，研究变量之间的因果影响关系。

输入完后，按回车键，得到如图 7-3 所示的分析结果。

Source	SS	df	MS			
				Number of obs	=	88
				F(3, 84)	=	430.16
Model	371452125	3	123817375	Prob > F	=	0.0000
Residual	24178631.5	84	287840.851	R-squared	=	0.9389
				Adj R-squared	=	0.9367
Total	395630756	87	4547479.96	Root MSE	=	536.51

salary	Coefficient	Std. err.	t	P>|t|	[95% conf. interval]	
hour	51.93677	9.024075	5.76	0.000	33.9914	69.88213
year	120.8774	59.99078	2.01	0.047	1.57913	240.1756
grade	572.1885	135.5076	4.22	0.000	302.7168	841.6602
_cons	-1006.138	491.17	-2.05	0.044	-1982.884	-29.393

图 7-3 例 7-1 分析结果图（2）

通过观察图 7-3 的结果，可以看出共有 88 个样本参与了分析，$F(3,84)=430.16$，P 值（Prob>F=0.0000），说明该模型整体上是非常显著的。模型的决定系数（R-squared）= 0.9389，修正的决定系数（Adj R-squared）= 0.9367，说明模型的解释能力也是非常好的。

变量 *hour* 的系数标准误是 9.024075，t 值为 5.76，P 值为 0.000，系数是非常显著的，95%的置信区间为 [33.9914, 69.88213]。变量 *year* 的系数标准误是 59.99078，t 值为 2.01，P 值为 0.047，系数是比较显著的，95%的置信区间为 [1.57913, 240.1756]。变量 *grade* 的系数标准误是 135.5076，t 值为 4.22，P 值为 0.000，系数是非常显著的，95%的置信区间为 [302.7168, 841.6602]。常数项的系数标准误是 491.17，t 值为-2.05，P 值为 0.044，系数是比较显著的，95%的置信区间为 [-1982.884, -29.393]。

模型的回归方程是：

$salary = 51.93677 \times hour + 120.8774 \times year + 572.1885 \times grade - 1006.138$

从上面的分析可以看出，最小二乘回归模型的整体显著性、系数显著性以及模型的整体解释能力都不错。结论是该单位职工的月工资收入与其月工作时间、工龄、职称级别都呈现出显著的正向关系。

3. 断尾回归分析

在主界面的 Command 文本框中输入命令：

truncreg salary hour year grade, ll (3 000)

本命令的含义是以 *salary* 为因变量，以 *hour*、*year*、*grade* 为自变量，进行断尾回归分析。断尾点设置为 3 000。

输入完后，按回车键，得到如图 7-4 所示的分析结果。

```
(0 obs truncated)

Fitting full model:

Iteration 0:    log likelihood = -675.57114
Iteration 1:    log likelihood = -675.52962
Iteration 2:    log likelihood = -675.52953
Iteration 3:    log likelihood = -675.52953

Truncated regression
Limit: Lower = 3000                         Number of obs  =        88
       Upper = +inf                         Wald chi2(3)   =   1294.11
Log likelihood = -675.52953                 Prob > chi2    =    0.0000
```

salary	Coefficient	Std. err.	z	P>|z|	[95% conf. interval]	
hour	51.17762	8.973677	5.70	0.000	33.58954	68.7657
year	129.2596	60.534	2.14	0.033	10.61518	247.9041
grade	569.4026	133.5357	4.26	0.000	307.6774	831.1278
_cons	-991.5073	484.7357	-2.05	0.041	-1941.572	-41.44282
/sigma	528.295	40.62363	13.00	0.000	448.6741	607.9158

图 7-4 例 7-1 分析结果图（3）

从上面的图 7-4 结果中可以看到，断尾回归分析模型相对于最小二乘回归模型得到了很大程度的改进，模型中各个变量系数的显著性程度均有不同程度的提高，结果解释与图 7-3 的解释类似，在此不再赘述。

4. 对断尾回归的变量系数进行假设检验

在主界面的 Command 文本框中输入命令：

test hour year grade

本命令的含义是对断尾回归分析估计的各个自变量的系数进行假设检验，检验其显著程度。

输入完后，按回车键，得到如图 7-5 所示的分析结果。

```
 ( 1)  [eq1]hour = 0
 ( 2)  [eq1]year = 0
 ( 3)  [eq1]grade = 0

       chi2(  3) = 1294.11
     Prob > chi2 =    0.0000
```

图 7-5 例 7-1 分析结果图（4）

从上面的图 7-5 结果中可以看出，该模型非常显著，拟合效果很好。

5. 对因变量的拟合值进行预测

在主界面的 Command 文本框中输入命令：

predict yhat

本命令的含义是对因变量的拟合值进行预测。

输入完后，按回车键，则在"数据编辑器（浏览）"窗口得到如图 7-6 所示的分析结果。

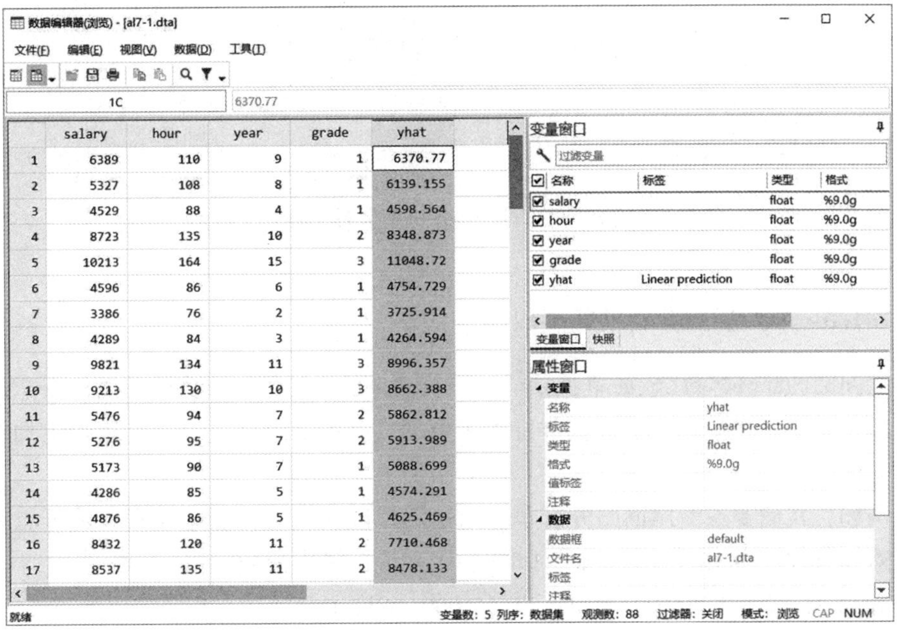

图 7-6　例 7-1 分析结果图（5）

对因变量拟合值的预测是根据自变量的值和回归方程计算出来的，本例中主要用于预测月工资收入。在图 7-6 中，可以看到 *yhat* 的值与 *salary* 的值是比较接近的，所以拟合的回归模型还是不错的。

6. 回归分析得到的残差序列

在主界面的 Command 文本框中输入命令：

predict e，resid

本命令的含义是获得回归后的残差序列。

输入完后，按回车键，则在"数据编辑器（浏览）"窗口得到如图 7-7 所示的分析结果。

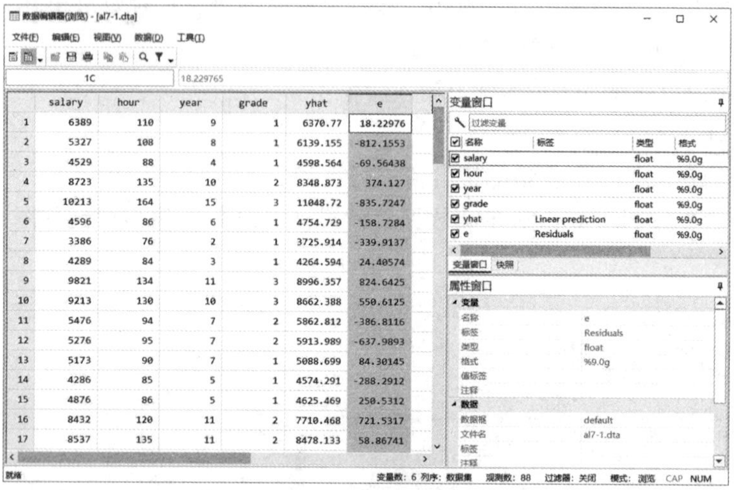

图 7-7 例 7-1 分析结果图 (6)

7.1.3 断尾回归分析的拓展应用

上面的 Stata 命令比较简单，分析过程及结果已经达到解决实际问题的要求。但 Stata17.0 的强大之处在于，它同样提供了更加复杂的命令格式以满足用户更加个性化的需求。

例如，我们要在断尾回归分析中使用稳健标准误，以克服可能存在的异方差对模型整体有效性带来的不利影响，以例 7-1 来说，操作命令为：

truncreg salary hour year grade, ll（3 000）robust

输入完后，按回车键，得到如图 7-8 所示的分析结果。

```
(0 obs truncated)

Fitting full model:

Iteration 0:   log pseudolikelihood = -675.57114
Iteration 1:   log pseudolikelihood = -675.52962
Iteration 2:   log pseudolikelihood = -675.52953
Iteration 3:   log pseudolikelihood = -675.52953

Truncated regression
Limit: Lower = 3000                              Number of obs  =       88
       Upper = +inf                              Wald chi2(3)   =   905.92
Log pseudolikelihood = -675.52953                Prob > chi2    =   0.0000
```

salary	Coefficient	Robust std. err.	z	P>|z|	[95% conf. interval]	
hour	51.17762	7.476664	6.84	0.000	36.52363	65.83161
year	129.2596	48.99108	2.64	0.008	33.23889	225.2804
grade	569.4026	168.8532	3.37	0.001	238.4564	900.3488
_cons	-991.5073	420.8516	-2.36	0.018	-1816.361	-166.6533
/sigma	528.295	32.93317	16.04	0.000	463.7471	592.8428

图 7-8 例 7-1 分析结果图 (7)

通过观察图 7-8 的结果，总体来说，模型的显著性较没有使用稳健标准误进行断尾回归分析时有了进一步的提高，模型更加完美。

7.2 截取回归分析

7.2.1 截取回归分析的概念

截取回归分析是针对当因变量大于一定数值或者小于一定数值时仅能有一种取值的回归分析方法。或者说，因变量的取值范围是受到限制的，当因变量大于一定值时，统统被记录为某一特定值。在这种情况下，通过一般的最小二乘回归分析得到的结论是不完美的。举例来说，如果研究某单位员工的薪酬情况，该单位采取封顶薪酬方式，把年薪作为因变量，那么该因变量的取值范围就存在上限。

下面通过实例来说明。

7.2.2 截取回归分析的基本应用

例 7-2 表 7-2 给出了某单位 78 名在岗职工的工龄、职称级别、月工作时间以及月工资收入情况。试构建回归分析模型研究该单位职工的月工资收入受工龄、职称级别（1 表示初级，2 表示中级，3 表示高级）、月工作时间变量的影响情况。

表 7-2 某单位在岗职工的工龄、职称级别、月工作时间以及月工资收入情况

编号	月工资收入 （salary）/元	月工作时间 （hour）/时	工龄 （year）/年	职称级别 （grade）
1	4 596	86	6	1
2	3 386	76	2	1
3	4 289	84	3	1
4	9 821	134	11	3
5	9 213	130	10	3
6	5 476	94	7	2
…	…	…	…	…
73	5 276	95	7	2
74	5 173	90	7	1
75	4 286	85	5	1

(续表)

编号	月工资收入 (salary) /元	月工作时间 (hour) /时	工龄 (year) /年	职称级别 (grade)
76	4 876	86	5	1
77	8 432	120	11	2
78	8 537	135	11	2

使用 Stata 17.0 打开目录 F:\stata17\zsq\chap07 中的 al7-2.dta 数据文件，命令如下：

use "F:\stata17\zsq\chap07\al7-2.dta", clear

browse

数据如图 7-9 所示。

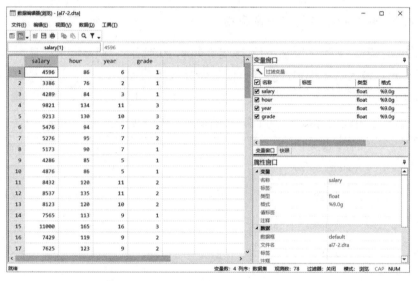

图 7-9 例 7-2 数据

1. 对数据进行展示

在主界面的 Command 文本框中输入命令：

list salary hour year grade

本命令的含义是对四个变量所包含的样本数据进行一一展示，以便观测数据的具体特征，为深入分析做准备。

输入完后，按回车键，得到如图 7-10 所示的分析结果。

	salary	hour	year	grade
1.	4596	86	6	1
2.	3386	76	2	1
3.	4289	84	3	1
4.	9821	134	11	3
5.	9213	130	10	3
6.	5476	94	7	2
7.	5276	95	7	2
8.	5173	90	7	1
9.	4286	85	5	1
10.	4876	86	5	1
11.	8432	120	11	2
12.	8537	135	11	2
13.	8123	120	10	2
14.	7565	113	9	1
15.	11000	165	16	3
16.	7429	119	9	2
17.	7625	123	9	2
18.	6389	110	9	1
19.	5327	108	8	1
20.	4529	88	4	1
21.	8723	135	10	2
22.	11000	164	15	3
23.	4596	86	6	1
24.	3000	76	2	1
25.	3000	84	3	1
26.	9821	134	11	3
27.	9213	130	10	3
28.	5476	94	7	2
29.	5276	95	7	2
30.	5173	90	7	1
31.	4286	85	5	1
32.	4876	86	5	1
33.	8432	120	11	2
34.	8537	135	11	2
35.	8123	120	10	2
36.	7565	113	9	1
37.	11000	165	16	3
38.	7429	119	9	2
39.	7625	123	9	2
40.	6389	110	9	1
41.	5327	108	8	1
42.	3000	88	4	1
43.	8723	135	10	2
44.	11000	164	15	3
45.	4596	86	6	1
46.	3000	76	2	1
47.	4289	84	3	1
48.	9821	134	11	3
49.	9213	130	10	3
50.	5476	94	7	2
51.	5276	95	7	2
52.	5173	90	7	1
53.	4286	85	5	1
54.	4876	86	5	1
55.	8432	120	11	2
56.	8537	135	11	2
57.	8123	120	10	2
58.	7565	113	9	1
59.	11000	165	16	3
60.	7429	119	9	2
61.	7625	123	9	2
62.	6389	110	9	1
63.	5327	108	8	1
64.	4529	88	4	1
65.	8723	135	10	2
66.	11000	164	15	3
67.	4596	86	6	1
68.	3386	76	2	1
69.	4289	84	3	1
70.	11000	159	11	3
71.	9213	130	10	3
72.	5476	94	7	2
73.	5276	95	7	2
74.	5173	90	7	1
75.	4286	85	5	1
76.	4876	86	5	1
77.	8432	120	11	2
78.	8537	135	11	2

图 7-10 例 7-2 分析结果图（1）

通过观察图 7-10 的结果，可以看到数据的总体质量较好，没有极端异常值，变量之间的量纲差距也是可以的，可进入下一步分析。

2. 对数据进行回归分析

在主界面的 Command 文本框中输入命令：

regress salary hour year grade

本命令的含义是以 salary 为因变量，以 hour、year、grade 为自变量，进行最小二乘回归分析，研究变量之间的因果影响关系。

输入完后，按回车键，得到如图 7-11 所示的分析结果。

Source	SS	df	MS			
				Number of obs	=	78
				F(3, 74)	=	575.78
Model	404115911	3	134705304	Prob > F	=	0.0000
Residual	17312650.2	74	233954.732	R-squared	=	0.9589
				Adj R-squared	=	0.9573
Total	421428561	77	5473098.19	Root MSE	=	483.69

salary	Coefficient	Std. err.	t	P>|t|	[95% conf. interval]	
hour	53.02997	7.845277	6.76	0.000	37.39791	68.66203
year	182.4601	52.15133	3.50	0.001	78.54635	286.3739
grade	554.3572	131.2952	4.22	0.000	292.7458	815.9686
_cons	-1582.902	424.996	-3.72	0.000	-2429.725	-736.0785

图 7-11 例 7-2 分析结果图（2）

通过观察图 7-11 的结果，可以看出共有 78 个样本参与了分析，$F(3, 74) = 575.78$，P 值（Prob>F=0.0000），说明该模型整体上是非常显著的。模型的决定系数（R-squared）= 0.958 9，修正的决定系数（Adj R-squared）= 0.957 3，说明模型的解释能力也是非常好的。

变量 hour 的系数标准误是 7.845 277，t 值为 6.76，P 值为 0.000，系数是非常显著的，95%的置信区间为 [37.397 91, 68.662 03]。变量 year 的系数标准误是 52.151 33，t 值为 3.50，P 值为 0.001，系数是比较显著的，95%的置信区间为 [78.546 35, 86.373 9]。变量 grade 的系数标准误是 131.295 2，t 值为 4.22，P 值为 0.000，系数是非常显著的，95%的置信区间为 [292.745 8, 815.968 6]。常数项的系数标准误是 424.996，t 值为-3.72，P 值为 0.000，系数是比较显著的，95%的置信区间为 [-2 429.725, -736.078 5]。

模型的回归方程是：

salary=53.029 97×*hour*+182.460 1×*year*+554.357 2×*grade*-1 582.902

从上面的分析可以看出，最小二乘回归模型的整体显著性、系数显著性以及模型的整体解释能力都不错。结论是该单位工人的月工资收入与月工作时间、工龄、职称级别都呈现出显著的正向关系。

3. 截取回归分析

在主界面的 Command 文本框中输入命令：

tobit salary hour year grade, ul (11000)

本命令的含义是以 *salary* 为因变量，以 *hour*、*year*、*grade* 为自变量，进行截取回归分析。同时设置 11 000 元的工资上限。

输入完后，按回车键，得到如图 7-12 所示的分析结果。

```
Refining starting values:

Grid node 0:   log likelihood = -537.64521

Fitting full model:

Iteration 0:   log likelihood = -537.64521
Iteration 1:   log likelihood =  -534.9246
Iteration 2:   log likelihood = -531.55815
Iteration 3:   log likelihood = -531.46042
Iteration 4:   log likelihood = -531.46024
Iteration 5:   log likelihood = -531.46024

Tobit regression                            Number of obs   =       78
                                            Uncensored      =       71
Limits: Lower =   -inf                      Left-censored   =        0
        Upper = 11,000                      Right-censored  =        7

                                            LR chi2(3)      =   269.28
                                            Prob > chi2     =   0.0000
Log likelihood = -531.46024                 Pseudo R2       =   0.2021
```

salary	Coefficient	Std. err.	t	P>|t|	[95% conf. interval]	
hour	58.72234	7.167196	8.19	0.000	44.44455	73.00012
year	207.5801	47.64475	4.36	0.000	112.6669	302.4933
grade	525.3432	115.7359	4.54	0.000	294.7855	755.9009
_cons	-2272.016	404.3284	-5.62	0.000	-3077.48	-1466.552
var(e.salary)	181348.4	30336.9			129952.8	253070.8

图 7-12 例 7-2 分析结果图（3）

从上面的图 7-12 结果中可以看到，截取回归分析模型相对于最小二乘回归模型得到了很大程度的改进，模型中各个变量系数的显著性程度有不同程度的提高，结果解释与图 7-11 的解释类似，在此不再赘述。

4. 对截取回归的变量系数进行假设检验

在主界面的 Command 文本框中输入命令：

test hour year grade

本命令的含义是对截取回归分析估计的各个自变量的系数进行假设检验，检验其显著程度。

输入完后，按回车键，得到如图 7-13 所示的分析结果。

(1) [salary]hour = 0
(2) [salary]year = 0
(3) [salary]grade = 0

$F(3, 75) = 535.56$
$Prob > F = 0.0000$

图 7-13　例 7-2 分析结果图（4）

从图 7-13 结果中可以看出，该模型非常显著，拟合效果很好。

5. 对因变量的拟合值进行预测

在主界面的 Command 文本框中输入命令：

predict yhat

本命令的含义是对因变量的拟合值进行预测。

输入完后，按回车键，则在"数据编辑器（浏览）"窗口得到如图 7-14 所示的分析结果。

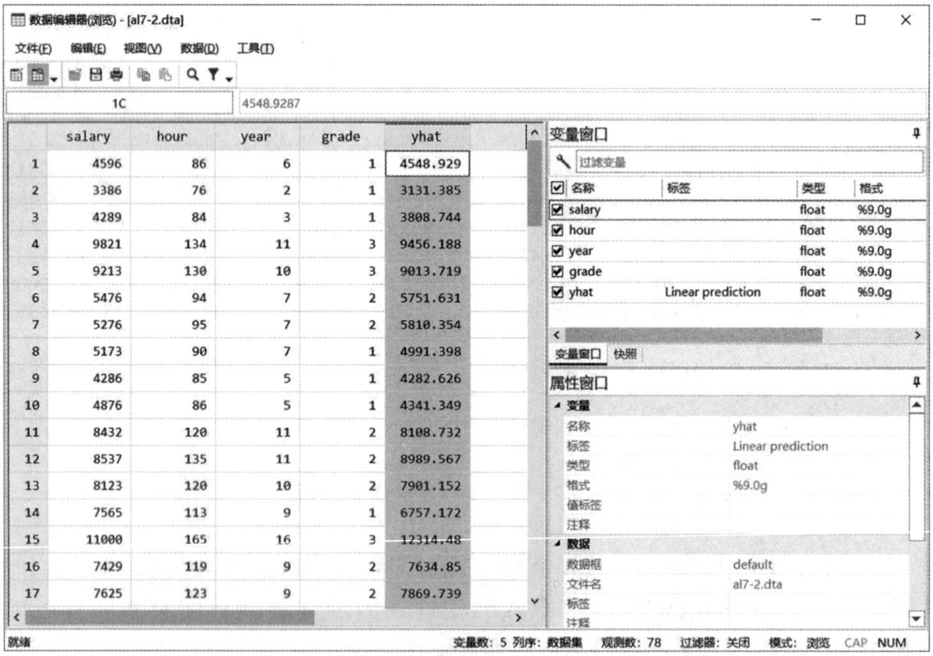

图 7-14　例 7-2 分析结果图（5）

对因变量拟合值的预测是根据自变量的值和回归方程计算出来的，本例中主要用于预测月工资收入。在图 7-14 中，可以看到 yhat 的值与 salary 的值是比较接近的，所以拟合的回归模型还是不错的。

7.2.3 截取回归分析的拓展应用

1. 设置下限进行截取回归分析

与设置上限类似，也可以设置截取回归的下限进行分析，以例 7-2 为例，如果设置保底工资为 3 000 元，而不设置封顶工资，那么操作命令为：

tobit salary hour year grade, ll（3000）

输入完后，按回车键，得到如图 7-15 所示的分析结果。

```
Refining starting values:

Grid node 0:   log likelihood = -568.80689

Fitting full model:

Iteration 0:   log likelihood = -568.80689
Iteration 1:   log likelihood = -568.55564
Iteration 2:   log likelihood = -568.55468
Iteration 3:   log likelihood = -568.55468

Tobit regression                                Number of obs  =      78
                                                Uncensored     =      74
Limits: Lower = 3,000                           Left-censored  =       4
        Upper =  +inf                           Right-censored =       0

                                                LR chi2(3)     =  236.73
                                                Prob > chi2    =  0.0000
Log likelihood = -568.55468                     Pseudo R2      =  0.1723
```

salary	Coefficient	Std. err.	t	P>|t|	[95% conf. interval]	
hour	51.33354	8.021809	6.40	0.000	35.35328	67.31381
year	200.7987	53.76627	3.73	0.000	93.69075	307.9066
grade	552.1327	133.6581	4.13	0.000	285.8722	818.3933
_cons	-1553.493	432.709	-3.59	0.001	-2415.493	-691.492
var(e.salary)	242263.4	40373.68			173823	337651.1

图 7-15　例 7-2 分析结果图（6）

模型的结果解读与前面类似，在此不再赘述。

2. 同时设置上限和下限进行截取回归分析

以例 7-2 为例，如果设置保底工资为 3 000 元，同时设置封顶工资为 11 000 元，那么操作命令为：

tobit salary hour year grade, ll（3 000）ul（11 000）

输入完后，按回车键，得到如图 7-16 所示的分析结果。

```
Refining starting values:

Grid node 0:    log likelihood = -515.67557

Fitting full model:

Iteration 0:    log likelihood = -515.67557
Iteration 1:    log likelihood = -510.34929
Iteration 2:    log likelihood = -508.96622
Iteration 3:    log likelihood = -508.94241
Iteration 4:    log likelihood = -508.94234
Iteration 5:    log likelihood = -508.94234

Tobit regression                              Number of obs     =       78
                                              Uncensored        =       67
Limits: Lower =  3,000                        Left-censored     =        4
        Upper = 11,000                        Right-censored    =        7

                                              LR chi2(3)        =   256.61
                                              Prob > chi2       =   0.0000
Log likelihood = -508.94234                   Pseudo R2         =   0.2013
```

salary	Coefficient	Std. err.	t	P>|t|	[95% conf. interval]	
hour	57.14519	7.517159	7.60	0.000	42.17024	72.12014
year	228.6658	50.69767	4.51	0.000	127.6709	329.6608
grade	520.8632	121.0533	4.30	0.000	279.7127	762.0138
_cons	-2270.666	422.2224	-5.38	0.000	-3111.776	-1429.556
var(e.salary)	198151.1	34538.04			140022.5	280411

图 7-16　例 7-2 分析结果图（7）

模型的结果解读与前面类似，在此不再赘述。

操作练习题

对例题 7-1，7-2 中的 Stata 数据文件，使用 Stata 17.0 软件重新操作一遍。

第 3 篇
Stata 计量经济应用

第 8 章　Stata 异方差计量检验与应用

在第 6 章，我们介绍了最小二乘线性回归分析方法，这种方法可以满足大部分的研究需要。但是这种分析方法的有效性是建立在变量无异方差、无自相关、无多重共线性的基础之上的。实际上，很多数据是不满足这些条件的，那就需要用到异方差、自相关、多重共线性的检验与解决办法，从本章开始的后面三章我们将通过实例来说明。

8.1　回归模型的异方差计量检验基本理论

在标准的线性回归模型中，有一个基本假设：总体同方差，也就是因变量不随自身预测值以及其他自变量的值的变化而变化。然而，在实际问题中，这一假设条件往往不被满足，会出现异方差的情况；如果继续采用标准的线性回归模型，就会使结果产生较大的偏差，所以在进行回归分析时往往需要检验变量是否存在异方差。常用的判断数据是否存在异方差的检验方法有：绘制残差序列图、怀特检验、BP 检验（Breusch-Pagan Test）。解决异方差问题的方法有：使用稳健标准误进行回归、使用加权最小二乘回归分析方法进行回归等。

8.1.1　异方差的概念

以储蓄与收入的关系模型为例。$Y_i = \beta_1 + \beta_2 X_i + \varepsilon_i$，其中 Y_i 是储蓄，X_i 是收入，ε_i 是随机扰动项，如图 8-1 所示。

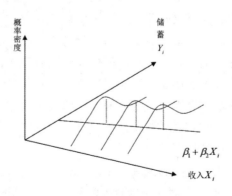

图 8-1　储蓄与收入的关系模型

设线性回归模型为：
$$y_i = \beta_0 + \beta_1 x_{i1} + \beta_2 x_{i2} + \cdots + \beta_p x_{ip} + \varepsilon_i, \ i = 1, 2, \cdots, N$$
假定模型中的随机误差项序列满足：
$\varepsilon_i = N(0, \sigma^2)$，且相互独立，$i = 1, 2, \cdots, N$
即要求各 ε_i 是同方差的。

但在计量模型中经常会出现违背上述同方差假定的情况，即
$\varepsilon_i = N(0, \sigma_i^2)$，且相互独立，$i = 1, 2, \cdots, N$
其中 σ_i^2 不完全相同，此时就称该回归模型具有异方差性，如图 8-2 所示。

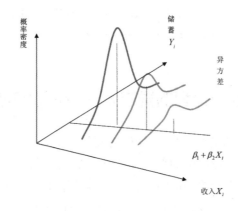

图 8-2 储蓄与收入关系模型的异方差性

以使用横截面资料（指同一时期）研究居民家庭的储蓄模型为例：
$$y_i = \beta_0 + \beta_1 x_i + \varepsilon_i, \ i = 1, 2, \cdots, N$$
其中：y_i 为第 i 个家庭的年储蓄额；x_i 为第 i 个家庭的年可支配收入；ε_i 为除年可支配收入外影响年储蓄额的其他因素，如家庭人口及构成情况、消费观念和偏好、文化背景、过去的收入水平、对将来的收入预期和支出预期、社会的经济景气状况、存款利率、股市状况、社会保险和社会福利状况。

显然在这一模型中，随机误差项 ε_i 序列是无法满足同方差假定的。这是因为对于高收入家庭而言，在满足基本生活支出后，仍有很大剩余，因此在改善生活质量等方面有很大的可选择余地。其中有些家庭倾向于购置高档商品住宅、购买家庭轿车、购买高档家用电器和生活用品，以及出门旅游、打保龄球、听歌剧等文化娱乐活动的消费，也有些家庭热衷于证券投资等。这些高收入家庭的储蓄额占其收入的比例就相对较低，甚至通过贷款超前消费。而另一些高收入家庭则由于工作繁忙，或者由于生活上一贯俭朴等原因，很少涉足高消费领域，他们的储蓄额就必然较高。由此可见，对于收入越高的家庭，家庭储蓄之间的差异也就必然越大，反映在模型中就是 ε_i 的方差越大。而对于低收入家庭，其收入除去必要的生活费开支之外就所剩无几，多为了预防今后的特殊需要而进行储蓄，故储蓄较有规律，差异必

然较小，即 ε_i 的方差较小。

以某一时间截面上不同地区的数据为样本，研究某行业的产出随投入要素的变化关系，建立如下的生产函数模型：

$$y_i = f(K_i, L_i) + \varepsilon_i, \ i = 1, 2, \cdots, N$$

其中：ε_i 包含了除投资 K_i 与劳动力 L_i 以外的其他因素对产出 y_i 的影响，如技术水平、管理水平、创新能力、地理交通条件、市场信息、人才素质以及政府的政策因素等。显然，投资规模 K_i 大的企业，在采用的工艺装备水平、R&D（研究与开发）的投入及管理水平、营销网络等方面都会存在较大的差异。因而其产出也就必然存在较大的差异，随机误差项 ε_i 的方差通常就会随 K_i 的增大而增加，产生异方差性。

在以均值作为各组的样本数据时，如果不同组别的抽样数 n_i（$i = 1, 2, \cdots, N$）不完全相等，则由于样本均值方差的性质可知，数据量越大的组，其均值的方差就越小。设 y_{ij} 为第 i 组中抽取的第 j 个观察值，并设 y_{ij} 是同方差的，即 $D(y_{ij}) = \sigma^2$, $i=1, 2, \cdots, N$, $j=1, 2, \cdots, n$，则：

$$D(\bar{y}_i) = D\left(\frac{1}{n}\sum_{i=1}^{n_i} y_{ij}\right) = \frac{\sigma^2}{n_i}$$

故在以均值作为样本数据时，如果各组所含观察值的数量不相同，也会导致异方差性。

8.1.2 异方差产生的原因

了解了异方差产生的原因，就可以在研究计量经济模型时，有针对性地对样本数据进行检验；一旦发现存在异方差后，就采取有效措施消除模型中的异方差，使模型的参数估计更精确，显著性检验结果更具有说服力，预测和控制分析更有使用价值。

异方差产生的原因主要有以下几项：

（1）由问题的经济背景所产生的异方差。

（2）由于模型中忽略了某些重要的解释变量。

例如，假定实际问题的回归模型应当为：

$$y_i = \beta_0 + \beta_1 x_{i1} + \beta_2 x_{i2} + \beta_3 x_{i3} + \beta_i, \ i = 1, 2, \cdots, N$$

但在建立模型时忽略了对 y 有重要影响的解释变量 x_3，所建模型为：

$$y_i = \beta_0 + \beta_1 x_{i1} + \beta_2 x_{i2} + \varepsilon_i, \ i = 1, 2, \cdots, N$$

则随机误差项 ε_i 中就含有 x_3 的不同取值 x_{i3} 对 y_i 的影响部分，当对应于各样本数据中的 x_3 呈有规律的变化时，随机误差项 ε_i 也就会呈现相应的有规律性的变化，使 ε_i 出现异方差现象。

（3）因模型的函数形式设定不当而产生的异方差。

例如，假定两个变量之间正确的相关关系为指数函数形式，回归模型应设定为：

$$y_i = \beta_0 e^{\beta_1 x_i} \varepsilon_i, \ i = 1, 2, \cdots, N$$

但在建立模型时错误地将其设为线性模型，即

$$y_i = \beta_0 + \beta_1 x_i + \varepsilon_i, \quad i = 1, 2, \cdots, N$$

则用线性回归方程对样本数据进行拟合时将产生系统性偏差，从而导致异方差现象。

（4）经济结构的变化所引起的异方差性。

由于经济结构的变化，经济变量之间的关系在不同时期有较大差异。例如，设经济变量 y_i 和 x_t 在计划经济时期和市场经济时期的关系有所不同，应分别建立两个模型：

$$y_i = \beta_0^{(1)} + \beta_1^{(1)} x_t + \varepsilon_t^{(1)}, \quad 1 \leqslant t \leqslant t_0$$
$$y_i = \beta_0^{(2)} + \beta_1^{(2)} x_t + \varepsilon_t^{(2)}, \quad t_0 \leqslant t \leqslant T$$

即使两个模型中的随机误差项 $\varepsilon_t^{(1)}$ 和 $\varepsilon_t^{(2)}$ 是同方差的，但若将它们统一在一个模型中处理，也会引起异方差现象。

8.1.3 异方差的后果

当存在异方差时，如果仍使用普通最小二乘法（OLS）估计模型中的参数，将会引起以下后果：

（1）参数的 OLS 估计不再具有最小方差性。

由于在异方差条件下，OLS 不再具有最小方差性，因此也就不是参数 β 的良好估计。如果仍使用 OLS 进行参数估计，就将导致估计的误差增大。

（2）显著性检验失效。

在建立回归模型时，我们是在各 $\varepsilon_i \sim N(0, \sigma^2)$，且相互独立的条件下，得到了用以检验回归方程的 F 统计量和检验回归系数的 t 统计量的分布。在存在异方差的情况下，无法拒绝原假设时统计量就不再服从原来的分布，从而使假定的显著性检验方法失效。

（3）预测的精度降低。

由于异方差使 OLS 估计所得到的 $\hat{\beta}_j$（$j=0, 1, 2, \cdots, p$）的方差增大，估计精度降低，因此在使用由 OLS 估计所得回归方程进行预测时，必然降低点预测和区间预测的精度，使预测结果变得不可靠，也就失去了应用价值。基于同样的原因，在控制回归方程中的变量时，也会产生同样的不良后果。

8.1.4 异方差的识别检验

由于异方差产生的上述不良后果，所以在对计量经济模型进行参数估计之前，就应当对是否存在异方差进行检验。若确实存在异方差，就需要采取措施予以消除。异方差的识别与检验主要有以下几类方法：

1. 根据问题的经济背景，分析是否可能存在异方差

如上文举的例子，就是运用经济常识来判断模型中是否存在异方差的。这通常

是判断是否存在异方差的第一个步骤,具体确认还需要进一步借助以下方法。

2. 图示法

通常可以借助以下两种图示法判断是否存在异方差。

(1) 分别对各解释变量 x_j($j=1,2,\cdots,p$),作出(x_j,y_i)的散点图。这一方法可以分析异方差与哪些解释变量有关。如果 y_i 的离散程度基本上不随 x_j 的取值不同而变化,则说明不存在异方差;如果 y_i 的离散程度随 x_j 的取值不同而呈现有规律性的变化,则说明存在异方差。

(2) 分别作出各解释变量 x_j 与残差平方 e_i^2 的散点图。其中 $e_i^2=(y_i-\hat{y}_i)^2$ 称为残差平方项,可将残差平方项 e_i^2 视为 σ_i^2 的估计,具体步骤如下:①用 OLS 对模型进行参数估计,求出回归方程,并计算各残差平方项 $e_i^2=(y_i-\hat{y}_i)^2$;②作(x_j, e_i^2)的散点图。

如果残差平方项的大小基本上不随 x_j 的取值不同而变化,则说明不存在异方差;如果残差平方项的大小随 x_j 的取值不同而呈现有规律性的变化,则可以判定存在异方差。

图示法简单直观,在 Stata 软件中能很方便地根据要求作出各种散点图。但图示法也有其局限性,在多元回归模型中,当 x_j 取不同值时,其他解释变量的取值也会变化,因而显示的异方差性并不一定就是由 x_j 引起的。此外,图示法也难以反映由于两个或多个解释变量的共同作用所产生的异方差。

3. 统计检验方法

检验是否存在异方差最有效的方法是统计检验方法,以下介绍的两种检验方法的基本思想都是相同的。所谓的异方差,是指对不同的样本观察值,ε_i 具有不同的方差 σ_i^2,也即随机误差项 ε_i 与某些解释变量之间存在相关性。由于 σ_i^2 未知,故都采用其点估计残差平方项 e_i^2 近似替代 σ_i^2 进行检验。

(1) 帕克(Park)检验。

罗拉·帕克(Rolla Park)认为,如果存在异方差,则 σ_i^2 应是某个解释变量的函数,因而可以假定:

$$\sigma_i^2 = \sigma^2 x_{ij}^{\beta} e^{V_i}, \ i=1,2,\cdots,N$$

将其线性化后,可得:

$$\ln\sigma_i^2 = \ln\sigma^2 + \beta\ln x_{ij} + V_i, \ i=1,2,\cdots,N$$

由于 σ_i^2 未知,可用其估计值 e_i^2 代替。具体检验步骤如下:①用 OLS 对原模型进行回归,并求得各 e_i^2(统计软件都有返回残差 e_i 的功能);②将 e_i^2 对各解释变量分别进行如下一元回归:$\ln e_i^2 = \ln\sigma^2 + \beta\ln x_{ij} + V_i = \alpha + \beta\ln x_{ij}, \ i=1,2,\cdots,N$;③检验假设 $H_0:\beta=0$。若结果为显著的,则判定存在异方差;如果有多个显著的回归方程,则取临界显著性水平最高的方程反映 σ_i^2 与解释变量之间的相关性,并由此得到 σ_i^2 的具体形式。

帕克检验所采取的函数形式可以是解释变量的任意次幂，因此适用性很广，同时还可得到 σ_i^2 的具体形式：

$$\sigma_i^2 = \sigma^2 f(x_{ij})$$

这对消除异方差是非常有用的。

(2) 怀特（White）检验。

这一方法是由哈尔伯特·怀特（Halbert White）在1980年提出的，其步骤为：①用OLS对原模型进行回归，并求得各 e_i^2；②将 e_i^2 对各解释变量、解释变量的平方项及交叉乘积项进行一元回归，并检验各回归方程的显著性；③若存在显著的回归方程，则认为存在异方差，并取临界显著水平最高的回归方程作为 σ_i^2 与解释变量之间的相关性。

例如，设原模型为：

$$y_i = \beta_0 + \beta_1 x_{i1} + \beta_2 x_{i2} + \beta_3 x_{i3} + \varepsilon_i$$

则将 e_i^2 分别对 x_{i1}、x_{i2}、x_{i3}、x_{i1}^2、x_{i2}^2、x_{i3}^2、$x_{i1}x_{i2}$、$x_{i1}x_{i3}$、$x_{i2}x_{i3}$ 进行一元回归。怀特检验可适用于 σ_i^2 与两个解释变量同时相关的情况。

除了以上介绍的检验方法，还有格里瑟（Gleiser）检验等多种检验异方差的方法，在此不进行一一介绍了。

8.1.5 消除异方差的方法

当使用某种方法确定存在异方差后，就不能简单地采用OLS进行参数估计了，否则将产生严重的后果。

如果是由于模型设定不当而产生异方差，则应根据问题的经济背景和有关经济学理论，重新建立更合理的回归模型，否则即使采用了以下介绍的方法进行处理，从表面上消除了现有样本数据异方差，但由于模型自身存在的缺陷，所得到的回归方程仍不可能正确反映经济变量之间的关系，用它来进行结果预测和变量控制，仍会产生较大的误差。以下介绍的消除异方差的方法，是以设定正确模型为前提的。

1. 模型（数据）变换法

假设原模型存在异方差，为：

$$y_i = \beta_0 + \beta_1 x_{i1} + \beta_2 x_{i2} + \cdots + \beta_p x_{ip} + \varepsilon_i$$

$\varepsilon_i \sim N(0, \sigma_i^2)$，且相互独立，$i=1, 2, \cdots, N$。

如果经由帕克检验或其他方法，已经得到 σ_i^2 随解释变量变化的基本关系：

$$\sigma_i^2 = \sigma^2 f(x_{i1}, x_{i2}, \cdots, x_{ip}) = \sigma^2 z_i$$

其中，$x_i = f(x_{i1}, x_{i2}, \cdots, x_{ip}) > 0$，$\sigma^2$ 为常数。

$$\frac{y_i}{\sqrt{z_i}} = \beta_0 \frac{1}{\sqrt{z_i}} + \beta_1 \frac{x_{i1}}{\sqrt{z_i}} + \beta_2 \frac{x_{i2}}{\sqrt{z_i}} + \cdots + \beta_p \frac{x_{ip}}{\sqrt{z_i}} + \frac{\varepsilon_i}{\sqrt{z_i}}$$

令

$$\begin{cases} y'_i = y_i / \sqrt{z_i}, \ x'_{i0} = 1/\sqrt{z_i} \\ x'_{ij} = x_{ij}/\sqrt{z_i}, \ j=1,2,\cdots,p \\ V_i = \varepsilon_i / \sqrt{z_i} \end{cases}$$

则上式可以表示为：

$$y'_i = \beta_0 x'_{i0} + \beta_1 x'_{i1} + \beta_2 x'_{i2} + \cdots + \beta_p x'_{ip} + V_i, \ i=1,2,\cdots,N$$

此时：

$$D(V_i) = D(\varepsilon_i / \sqrt{Z_i}) = \frac{1}{Z_i} D(\varepsilon_i) = \frac{1}{Z_i} \sigma^2 Z_i = \sigma^2, \ i=1,2,\cdots,N$$

可见，该模型是同方差的，因此可以用 OLS 进行参数估计，得到线性回归方程：

$$\hat{y}'_i = \hat{\beta}_0 x'_0 + \hat{\beta}_1 x'_1 + \hat{\beta}_2 x'_2 + \cdots + \hat{\beta}_p x'_p$$

若上式的回归方程和回归系数显著性检验结果都是显著的，就可以用来进行预测和控制。但要指出的是，在进行预测和控制时，必须将数据进行变换后使用上式的回归方程，得到预测或控制结论后再变换为原来的数值。

2. 加权最小二乘法（WLS）

OLS 的参数估计为：

$$\hat{\boldsymbol{\beta}} = (\boldsymbol{X}^T\boldsymbol{X})^{-1}\boldsymbol{X}^T\boldsymbol{Y}$$

上式中对样本中的所有样本数值数据都是一视同仁的，即都赋予了相同的权数，这在同方差的情况下是合理的。当存在异方差时，σ_i^2 大的样本点，其 y_i 取值的离散程度大，这说明该样本点数据的精度较差；反之 σ_i^2 小的样本点，其数据的精度较高。因此自然会想到在运用最小二乘法估计未知参数时，应当对不同精度的样本点数据区别对待，赋予不同的权数。对 σ_i^2 小的观察值应赋予较大的权数，反之则赋予较小的权数，这样可使精度较高的观察值在最小二乘法中起较大的作用，使估计结果更合理。这种对不同观察值赋予不同权数的最小二乘法，就称为加权最小二乘法。

实际上，前面介绍的模型变换法就是运用了加权最小二乘法。在模型变换法中，对第 i 个样本点数据所赋予的权重为：

$$1/\sqrt{z_i} = 1/\sqrt{\sigma_i^2/\sigma^2} = \sigma/\sigma_i, \ i=1,2,\cdots,N$$

一般地，设原模型为：

$$\boldsymbol{Y} = \boldsymbol{X}\boldsymbol{\beta} + \boldsymbol{\varepsilon}$$

满足 $E(\boldsymbol{\varepsilon}) = 0$，$E(\boldsymbol{\varepsilon}^T\boldsymbol{\varepsilon}) = \sigma^2\boldsymbol{W}$。

$$\boldsymbol{W} = \begin{bmatrix} w_1 & & & \\ & w_2 & & \\ & & \ddots & \\ & & & w_N \end{bmatrix}$$

其中 $w_i>0$ 且不完全相同，即模型存在异方差，设：

$$W = DD^T$$

其中

$$D = \begin{bmatrix} \sqrt{w_1} & & & \\ & \sqrt{w_2} & & \\ & & \ddots & \\ & & & \sqrt{w_N} \end{bmatrix}, \quad D^{-1} = \begin{bmatrix} \frac{1}{\sqrt{w_1}} & & & \\ & \frac{1}{\sqrt{w_2}} & & \\ & & \ddots & \\ & & & \frac{1}{\sqrt{w_N}} \end{bmatrix}$$

用 D^{-1} 左乘 "$y=x\beta+\varepsilon$" 式两边，得：

$$D^{-1}Y = D^{-1}X\beta + D^{-1}\varepsilon$$

令 $Y^* = D^{-1}Y$, $X^* = D^{-1}X$, $\varepsilon^* = D^{-1}\varepsilon$，则上式可改写为：

$$Y^* = X^*\beta + \varepsilon^*$$

由于：

$$E(\varepsilon^*\varepsilon^{*T}) = E(D^{-1}\varepsilon\varepsilon^T(D^{-1})^T) = D^{-1}E(\varepsilon\varepsilon^T)(D^{-1})^T = D^{-1}\sigma^2W(D^{-1})^T$$
$$= \sigma^2 D^{-1}DD^T(D^{-1})^T = \sigma^2 I$$

即说明该模型已是同方差的，可以使用 OLS 进行估计，其参数估计为：

$$\hat{\beta} = (X^{*T}X^*)^{-1}X^{*T}Y^*$$
$$= (X^T(D^{-1})^TD^{-1}X)^{-1}X^T(D^{-1})^TD^{-1}Y$$
$$= (X^TW^{-1}X)^{-1}X^TW^{-1}Y$$

上式为加权最小二乘法估计，其中：

$$W^{-1} = \begin{bmatrix} 1/w_1 & & & \\ & 1/w_2 & & \\ & & \ddots & \\ & & & 1/w_N \end{bmatrix}$$

矩阵 W 可以通过以下途径确定：①若已由帕克检验或其他检验方法得到 σ_i^2 与解释变量之间的关系，则可令：$w_i = f(x_{i1}, x_{i2}, \cdots, x_{ip})$，$i=1, 2, \cdots, N$；②先用 OLS 求得各残差平方项 e_i^2，用 e_i^2 代替 σ_i^2，令 $w_i = e_i^2$，即得：

$$W^{-1} = \begin{bmatrix} e_1^2 & & & \\ & e_2^2 & & \\ & & \ddots & \\ & & & e_N^2 \end{bmatrix}$$

8.2 回归模型的异方差计量检验基本应用

例 8-1 某跨国公司拥有自己的一套职员评价体系,搜集并整理了公司内部 133 名职员的相关数据,如表 8-1 所示。表中的内容包括职员的年薪、工作年限、学历职称、工作能力、敬业精神等数据,试使用职员年薪作为因变量,以工作年限、学历职称、工作能力、敬业精神作为自变量,对这些数据使用最小二乘回归分析方法进行研究,并进行异方差检验,最终建立合适的回归方程模型用于描述变量之间的关系。

表 8-1 某跨国公司的职员相关数据(统一保留六位小数)

编号	年薪($V1$)	工作年限($V2$)	学历职称($V3$)	工作能力($V4$)	敬业精神($V5$)
1	6.855 409	2.397 895	5.288 267	5.872 118	5.327 876
2	6.514 713	2.564 949	5.323 010	5.860 786	5.010 635
3	6.263 398	2.564 949	5.389 072	5.673 323	5.043 425
4	6.216 606	3.091 042	5.147 494	5.010 635	5.236 442
5	7.085 064	3.218 876	5.342 334	5.187 386	5.135 798
6	6.507 278	3.218 876	5.123 964	5.983 936	5.117 994
…	…	…	…	…	…
130	10.414 93	8.972 844	5.081 404	5.181 784	5.181 784
131	11.075 07	9.038 246	5.446 737	5.765 191	5.293 305
132	10.627 12	9.064 389	5.411 646	5.579 730	5.204 007
133	10.778 81	9.081 029	5.442 418	5.814 131	5.247 024

使用 Stata17.0 打开目录 F:\stata17\zsq\chap08 中的 al8-1.dta 数据文件,命令如下:

use "F:\stata17\zsq\chap08\al8-1.dta", clear
browse

数据如图 8-3 所示。

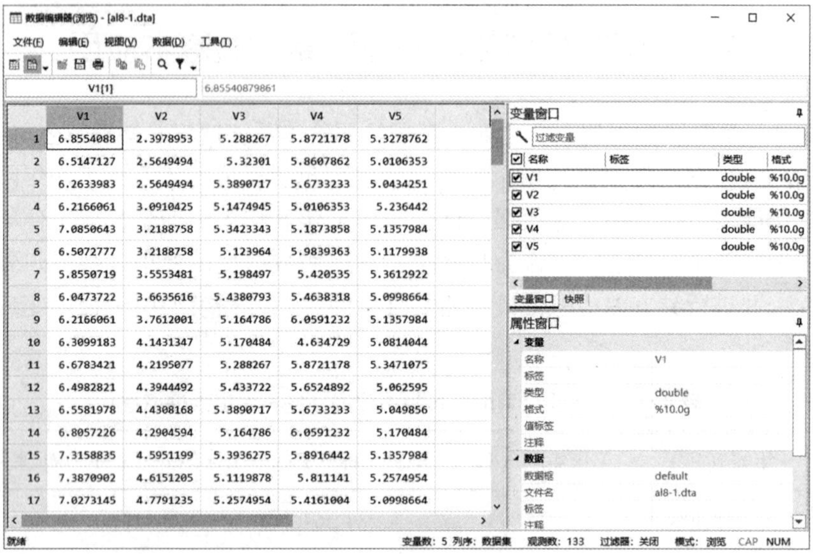

图 8-3　例 8-1 数据

1. 对数据进行描述性分析

在主界面的 Command 文本框中输入命令：

summarize V1 V2 V3 V4 V5, detail

本命令的含义是对数据进行详细的描述性分析。

输入完后，按回车键，得到如图 8-4 所示的分析结果。

通过观察图 8-4 的结果，可以得到很多信息，包括百分位数、4 个最小值、4 个最大值、均值、标准差、偏度、峰度等。

（1）百分位数。可以看出变量 $V1$ 的第 1 个四分位数（25%）是 7.862 882，第 2 个四分位数（50%）是 8.817 89，第 3 个四分位数（75%）是 9.465 37。变量 $V2$ 的第 1 个四分位数（25%）是 5.686 975，第 2 个四分位数（50%）是 7.011 214，第 3 个四分位数（75%）是 7.769 379。变量 $V3$ 的第 1 个四分位数（25%）是 5.170 484，第 2 个四分位数（50%）是 5.298 317，第 3 个四分位数（75%）是 5.389 072。变量 $V4$ 的第 1 个四分位数（25%）是 5.332 719，第 2 个四分位数（50%）是 5.594 711，第 3 个四分位数（75%）是 5.765 191。变量 $V5$ 的第 1 个四分位数（25%）是 5.081 404，第 2 个四分位数（50%）是 5.135 798，第 3 个四分位数（75%）是 5.209 486。

```
                         V1
         Percentiles    Smallest
   1%      6.047372     5.855072
   5%      6.498282     6.047372
  10%      6.855409     6.216606        Obs                 133
  25%      7.862882     6.216606        Sum of wgt.         133

  50%      8.81789                      Mean           8.650843
                        Largest         Std. dev.      1.188828
  75%      9.46537     10.61138
  90%     10.14753     10.62712         Variance       1.413312
  95%     10.41493     10.77881         Skewness         -.3608
  99%     10.77881     11.07507         Kurtosis       2.480934

                         V2
         Percentiles    Smallest
   1%      2.564949     2.397895
   5%      3.555348     2.564949
  10%      4.430817     2.564949        Obs                 133
  25%      5.686975     3.091042        Sum of wgt.         133

  50%      7.011214                     Mean           6.661354
                        Largest         Std. dev.       1.54636
  75%      7.769379     8.972844
  90%      8.468843     9.038246        Variance       2.391229
  95%      8.719154     9.064389        Skewness      -.7397229
  99%      9.064389     9.081029        Kurtosis         3.0171

                         V3
         Percentiles    Smallest
   1%      4.976734     4.976734
   5%      5.036953     4.976734
  10%      5.123964     5.023881        Obs                 133
  25%      5.170484     5.023881        Sum of wgt.         133

  50%      5.298317                     Mean           5.271473
                        Largest         Std. dev.      .1247646
  75%      5.389072     5.446737
  90%      5.438079     5.446737        Variance       .0155662
  95%      5.442418     5.446737        Skewness        -.36194
  99%      5.446737     5.446737        Kurtosis        2.12083

                         V4
         Percentiles    Smallest
   1%      4.634729     4.634729
   5%      4.634729     4.634729
  10%      4.859812     4.634729        Obs                 133
  25%      5.332719     4.634729        Sum of wgt.         133

  50%      5.594711                     Mean           5.499925
                        Largest         Std. dev.      .3685372
  75%      5.765191     5.983936
  90%      5.872118     6.059123        Variance       .1358197
  95%      5.891644     6.059123        Skewness      -1.058213
  99%      6.059123     6.059123        Kurtosis       3.517565

                         V5
         Percentiles    Smallest
   1%      4.962845     4.927254
   5%      5.043425     4.962845
  10%      5.056246     4.969813        Obs                 133
  25%      5.081404     5.010635        Sum of wgt.         133

  50%      5.135798                     Mean             5.1542
                        Largest         Std. dev.      .0964743
  75%      5.209486     5.379897
  90%      5.288267       5.4161        Variance       .0093073
  95%      5.347108       5.4161        Skewness       .7176002
  99%        5.4161      5.42495        Kurtosis         3.3278
```

图 8-4　例 8-1 分析结果图 (1)

（2）4个最小值。变量 V1 最小的 4 个数据值分别是 5.855 072、6.047 372、6.216 606、6.216 606。变量 V2 最小的 4 个数据值分别是 2.397 895、2.564 949、2.564 949、3.091 042。变量 V3 最小的 4 个数据值分别是 4.976 734、4.976 734、5.023 881、5.023 881。变量 V4 最小的 4 个数据值分别是 4.634 729、4.634 729、4.634 729、4.634 729。变量 V5 最小的 4 个数据值分别是 4.927 254、4.962 845、4.969 813、5.010 635。

（3）4个最大值。变量 V1 最大的 4 个数据值分别是 10.611 38、10.627 12、10.778 81、11.075 07。变量 V2 最大的 4 个数据值分别是 8.972 844、9.038 246、9.064 389、9.081 029。变量 V3 最大的 4 个数据值分别是 5.446 737、5.446 737、5.446 737、5.446 737。变量 V4 最大的 4 个数据值分别是 5.983 936、6.059 123、6.059 123、6.059 123。变量 V5 最大的 4 个数据值分别是 5.379 897、5.416 1、5.416 1、5.424 95。

（4）均值和标准差。变量 V1 的均值是 8.650 843，标准差是 1.188 828。变量 V2 的均值是 6.661 354，标准差是 1.546 36。变量 V3 的均值是 5.271 473，标准差是 0.124 764 6。变量 V4 的均值是 5.499 925，标准差是 0.368 537 2。变量 V5 的均值是 5.154 2，标准差是 0.096 474 3。

（5）偏度和峰度。变量 V1 的偏度为 -0.360 8，为负偏度但不大；峰度为 2.480 934，有一个比正态分布略短的尾巴。变量 V2 的偏度为 -0.739 722 9，为负偏度但不大；峰度为 3.017 1，有一个比正态分布略长的尾巴。变量 V3 的偏度为 -0.361 94，为负偏度但不大；峰度为 2.120 83，有一个比正态分布略短的尾巴。变量 V4 的偏度为 -1.058 213，为负偏度但不大；峰度为 3.517 565，有一个比正态分布略长的尾巴。变量 V5 的偏度为 0.717 600 2，为正偏度但不大；峰度为 3.327 8，有一个比正态分布略长的尾巴。

综上所述，数据总体质量较好，没有极端异常值，变量之间的量纲差距、变量的偏度、峰度也是可以接受的，可以进入下一步分析。

2. 对数据进行相关性分析

在主界面的 Command 文本框中输入命令：

correlate V1 V2 V3 V4 V5

本命令的含义是对 V1、V2、V3、V4、V5 变量进行相关性分析。

输入完后，按回车键，得到如图 8-5 所示的分析结果。

```
(obs=133)

         |    V1       V2       V3       V4       V5
---------+-------------------------------------------------
      V1 | 1.0000
      V2 | 0.9612   1.0000
      V3 | 0.1223   0.0541   1.0000
      V4 | -0.0545  -0.1827   0.3382   1.0000
      V5 | -0.0316  -0.0278  -0.2113   0.1265   1.0000
```

图 8-5 例 8-1 分析结果图 (2)

通过观察图 8-5 的结果，可以看到 V1 和各个变量之间的相关系数是可以接受的，这说明可以进行回归分析。

3. 对数据进行回归分析

在主界面的 Command 文本框中输入命令：

regress V1 V2 V3 V4 V5

本命令的含义是对 V1、V2、V3、V4、V5 变量进行简单回归分析。

输入完后，按回车键，得到如图 8-6 所示的分析结果。

```
   Source  |       SS       df       MS         Number of obs   =    133
-----------+----------------------------------   F(4, 128)       = 502.32
    Model  |  175.384425     4   43.8461064     Prob > F        = 0.0000
  Residual |  11.1727506   128    .087287114    R-squared       = 0.9401
-----------+----------------------------------   Adj R-squared   = 0.9382
    Total  |  186.557176   132   1.41331194     Root MSE        = .29544

        V1 | Coefficient  Std. err.      t     P>|t|    [95% conf. interval]
-----------+----------------------------------------------------------------
        V2 |  .7540767   .0170565     44.21   0.000    .7203275    .7878259
        V3 |  .2539988   .2295186      1.11   0.271   -.200143    .7081407
        V4 |  .3787625   .0777495      4.87   0.000    .2249219    .5326032
        V5 | -.1673661   .2793789     -0.60   0.550   -.720165    .3854328
     _cons |  1.068196   1.997587      0.53   0.594   -2.884371   5.020763
```

图 8-6 例 8-1 分析结果图 (3)

通过观察图 8-6 的结果，可以看出共有 133 个样本参与了分析，$F(4, 128) = 502.32$，P 值（Prob>F=0.049 3），说明该模型整体上是非常显著的。模型的决定系数（R-squared）= 0.940 1，修正的决定系数（Adj R-squared）= 0.938 2，说明模型的解释能力非常不错。

模型的回归方程是：

$V1 = 0.754\ 076\ 7 \times V2 + 0.253\ 998\ 8 \times V3 + 0.378\ 760\ 25 \times V4 - 0.167\ 366\ 1 \times V5 + 1.068\ 196$

变量 V2 的系数标准误是 0.017 056 5，t 值为 44.21，P 值为 0.000，系数是非常显著的，95% 的置信区间为 [0.720 327 5，0.787 825 9]。变量 V3 的系数标准误是 0.229 518 6，t 值为 1.11，P 值为 0.271，系数是非常不显著的，95% 的置信区间为 [-0.200 143，0.708 140 7]。变量 V4 的系数标准误是 0.077 749 5，t 值为 4.87，P

值为 0.000，系数是非常显著的，95%的置信区间为 [0.224 921 9, 0.532 603 2]。变量 V5 的系数标准误是 0.279 378 9，t 值为-0.60，P 值为 0.550，系数是非常不显著的，95%的置信区间为 [-0.720 165, 0.385 432 8]。常数项的系数标准误是 1.997 587，t 值为 0.53，P 值为 0.594，系数是非常不显著的，95%的置信区间为 [-2.884 371, 5.020 763]。

从上面的分析可知，职员年薪与工作年限和工作能力之间存在正相关关系。但学历职称和敬业精神对职员年薪的影响显著性很低，且敬业精神与职员年薪是负相关的关系，这可能是因为职员的敬业精神本身就很难衡量。

4. 变量的方差协方差矩阵

在主界面的 Command 文本框中输入命令：

vce

本命令的含义是获得参与回归的各自变量的系数以及常数项的方差协方差矩阵。输入完后，按回车键，得到如图 8-7 所示的分析结果。

```
Covariance matrix of coefficients of regress model

       e(V) |         V2          V3          V4          V5       _cons
         V2 |   .00029092
         V3 |  -.00050418     .0526788
         V4 |   .00028564   -.00699942    .00604498
         V5 |  -.00014612    .01755113   -.00470612    .07805258
      _cons |  -.00009804   -.32630208    .02600384   -.46796219   3.9903534
```

图 8-7 例 8-1 分析结果图（4）

从上面的图 8-7 结果中可以看到，变量的方差协方差矩阵都不是很大。

5. 对变量系数的假设检验

在主界面的 Command 文本框中输入命令：

test V2 V3 V4 V5

本命令的含义是检验 V2、V3、V4、V5 各变量的系数是否显著。

输入完后，按回车键，得到如图 8-8 所示的分析结果。

```
 ( 1)  V2 = 0
 ( 2)  V3 = 0
 ( 3)  V4 = 0
 ( 4)  V5 = 0

       F(  4,   128) =   502.32
            Prob > F =    0.0000
```

图 8-8 例 8-1 分析结果图（5）

从图 8-8 结果中可以看出，模型非常显著，在 5%的显著性水平上通过了检验。

6. 对因变量的拟合值进行预测

在主界面的 Command 文本框中输入命令：

predict yhat

本命令的含义是对因变量的拟合值进行预测。

输入完后，按回车键，则在"数据编辑器（浏览）"窗口得到如图 8-9 所示的分析结果。

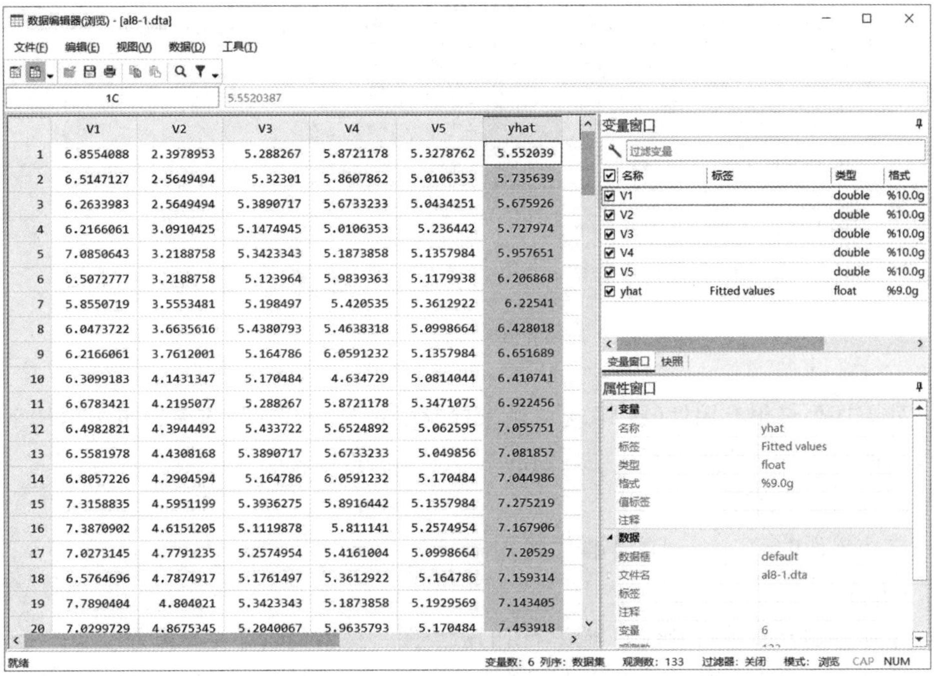

图 8-9　例 8-1 分析结果图（6）

对因变量拟合值的预测是根据自变量的值和得到的回归方程计算出来的，主要用于预测未来。在图 8-7 中，可以看到 yhat 的值与 V1 的值是比较接近的，所以拟合效果较好。

7. 回归分析得到的残差序列

在主界面的 Command 文本框中输入命令：

predict e, resid

本命令的含义是获得回归后的残差序列。

输入完后，按回车键，则在"数据编辑器（浏览）"窗口得到如图 8-10 所示的分析结果。

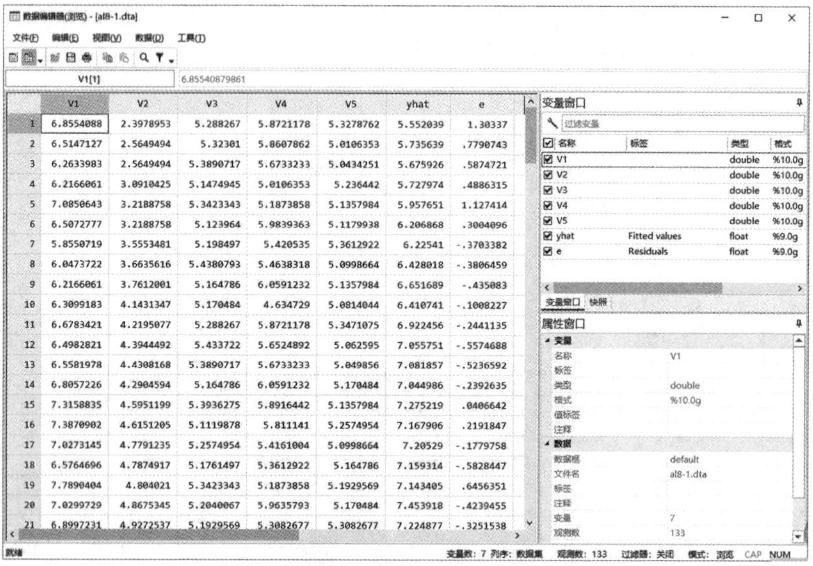

图 8-10 残差序列

残差序列是很有用处的，它可以用来检验变量是否存在异方差，也可以用来检验变量间是否存在协整关系。在后面的章节中我们将做说明。

8. 绘制散点图

在主界面的 Command 文本框中输入命令：

rvfplot

本命令的含义是绘制残差与拟合值的散点图，探索是否存在异方差。

输入完后，按回车键，得到如图 8-11 所示的分析结果。

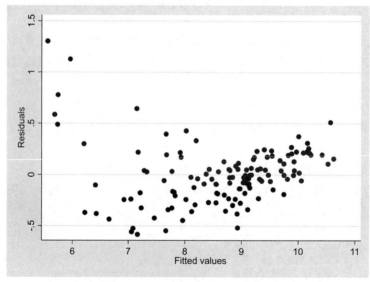

图 8-11 残差与拟合值的散点图

从图 8-11 中可以看出，残差随着拟合值的不同而有所不同，尤其是在拟合值较小时，残差的波动比较剧烈（并不是在 0 附近），所以数据是存在异方差的。

在主界面的 Command 文本框中输入命令：

rvpplot V2

本命令的含义是绘制残差与解释变量 $V2$ 的散点图，探索是否存在异方差。

输入完后，按回车键，得到如图 8-12 所示的分析结果。

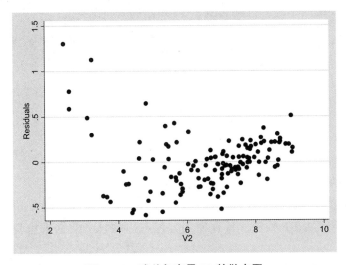

图 8-12 残差与变量 $V2$ 的散点图

从图 8-12 中可以看出，残差随着自变量 $V2$ 的不同而有所不同，尤其是在 $V2$ 较小时，残差的波动比较剧烈（并不是在 0 附近），所以数据是存在异方差的。

9. 怀特检验

在主界面的 Command 文本框中输入命令：

estat imtest, white

本命令的含义为进行怀特检验，旨在检验数据是否存在异方差。

输入完后，按回车键，得到如图 8-13 所示的分析结果。

```
White's test
H0: Homoskedasticity
Ha: Unrestricted heteroskedasticity

    chi2(14) =   72.72
  Prob > chi2 = 0.0000

Cameron & Trivedi's decomposition of IM-test
```

Source	chi2	df	p
Heteroskedasticity	72.72	14	0.0000
Skewness	25.70	4	0.0000
Kurtosis	2.19	1	0.1390
Total	100.61	19	0.0000

图 8-13 怀特检验的检验结果

从图 8-13 中可以看出，怀特检验的原假设为同方差。P 值为 0.000 0，非常显著地拒绝原假设，检验存在异方差。

10. BP 检验

在主界面的 Command 文本框中输入命令：

estat hettest, iid

本命令的含义为进行 BP 检验，旨在检验是否存在异方差。

输入完后，按回车键，得到如图 8-14 所示的分析结果。

```
Breusch-Pagan/Cook-Weisberg test for heteroskedasticity
Assumption: i.i.d. error terms
Variable: Fitted values of V1

H0: Constant variance

    chi2(1) =   33.19
Prob > chi2 = 0.0000
```

图 8-14　BP 检验结果（1）

在主界面的 Command 文本框中输入命令：

estat hettest, rhs iid

本命令的含义为 BP 检验，旨在使用方程右边的解释数据来检验变量是否存在异方差。

输入完后，按回车键，得到如图 8-15 所示的分析结果。

```
Breusch-Pagan/Cook-Weisberg test for heteroskedasticity
Assumption: i.i.d. error terms
Variables: All independent variables

H0: Constant variance

    chi2(4) =   37.48
Prob > chi2 = 0.0000
```

图 8-15　BP 检验结果（2）

在主界面的 Command 文本框中输入命令：

estat hettest V2, rhs iid

本命令的含义为 BP 检验，旨在使用指定的解释数据来检验变量是否存在异方差。

输入完后，按回车键，得到如图 8-16 所示的分析结果。

```
Breusch-Pagan/Cook-Weisberg test for heteroskedasticity
Assumption: i.i.d. error terms
Variables: All independent variables

H0: Constant variance

    chi2(4) =   37.48
Prob > chi2 = 0.0000
```

图 8-16　BP 检验结果（3）

从图 8-14、图 8-15、图 8-16 中可以看出，BP 检验的原假设为同方差。P 值均为 0.000 0，非常显著地拒绝原假设，检验存在异方差。

在主界面的 Command 文本框中输入命令：

reg V1 V2 V3 V4 V5, robust

本命令的含义为采用稳健的标准误对数据进行回归分析，克服数据的异方差对最小二乘回归分析造成的不利影响。

输入完后，按回车键，得到如图 8-17 所示的分析结果。

```
Linear regression                               Number of obs   =        133
                                                F(4, 128)       =     192.80
                                                Prob > F        =     0.0000
                                                R-squared       =     0.9401
                                                Root MSE        =     .29544

             |               Robust
          V1 | Coefficient  std. err.      t    P>|t|     [95% conf. interval]
          V2 |    .7540767   .0310222    24.31   0.000     .692694    .8154594
          V3 |    .2539988   .2284646     1.11   0.268    -.1980574    .706055
          V4 |    .3787625   .0751573     5.04   0.000     .230051    .527474
          V5 |   -.1673661   .3153118    -0.53   0.596    -.7912643   .4565321
       _cons |    1.068196   2.099026     0.51   0.612    -3.085086   5.221478
```

图 8-17　采用稳健的标准误对数据进行回归分析

从图 8-17 中可以看出，$F(4, 128) = 192.80$，P 值（Prob>F = 0.000 0），说明模型整体上依旧是非常显著的。模型的决定系数 R-squared = 0.940 1，模型的解释能力依旧很高。

模型的回归方程没有发生变化，依旧是：

$V1 = 0.754\ 076\ 7 \times V2 + 0.253\ 998\ 8 \times V3 + 0.378\ 762\ 5 \times V4 - 0.167\ 366\ 1 \times V5 + 1.068\ 196$

变量 $V5$ 和常数项的显著性有了一定的提高，这说明使用稳健的标准误进行回归分析使回归模型得到了一定程度的改善。

8.3　回归模型的异方差计量检验拓展应用

上面的 Stata 命令比较简单，分析过程及结果已经达到解决实际问题的要求。但 Stata 17.0 的强大之处在于，它同样提供了更加复杂的命令格式以满足用户更加个性化的需求。

下面介绍使用加权最小二乘回归分析方法解决数据的异方差问题。

在主界面的 Command 文本框中输入命令：

regress V1-V5

本命令的含义是以 $V1$ 为因变量，以 $V2$、$V3$、$V4$、$V5$ 为自变量，对数据进行最小二乘回归分析。

输入完后，按回车键，得到如图 8-18 所示的分析结果。

Source	SS	df	MS			
Model	175.384425	4	43.8461064	Number of obs	=	133
Residual	11.1727506	128	.087287114	F(4, 128)	=	502.32
				Prob > F	=	0.0000
				R-squared	=	0.9401
				Adj R-squared	=	0.9382
Total	186.557176	132	1.41331194	Root MSE	=	.29544

V1	Coefficient	Std. err.	t	P>|t|	[95% conf. interval]	
V2	.7540767	.0170565	44.21	0.000	.7203275	.7878559
V3	.2539988	.2295186	1.11	0.271	-.200143	.7081407
V4	.3787625	.0777495	4.87	0.000	.2249219	.5326032
V5	-.1673661	.2793789	-0.60	0.550	-.720165	.3854328
_cons	1.068196	1.997587	0.53	0.594	-2.884371	5.020763

图 8-18　例 8-1 分析结果图（7）

对本结果的解读已在前面表述，在此不再赘述。

在主界面的 Command 文本框中输入命令：

predict e, resid

本命令的含义旨在估计上步回归分析得到的残差。

输入完后，按回车键，得到如图 8-19 所示的分析结果。

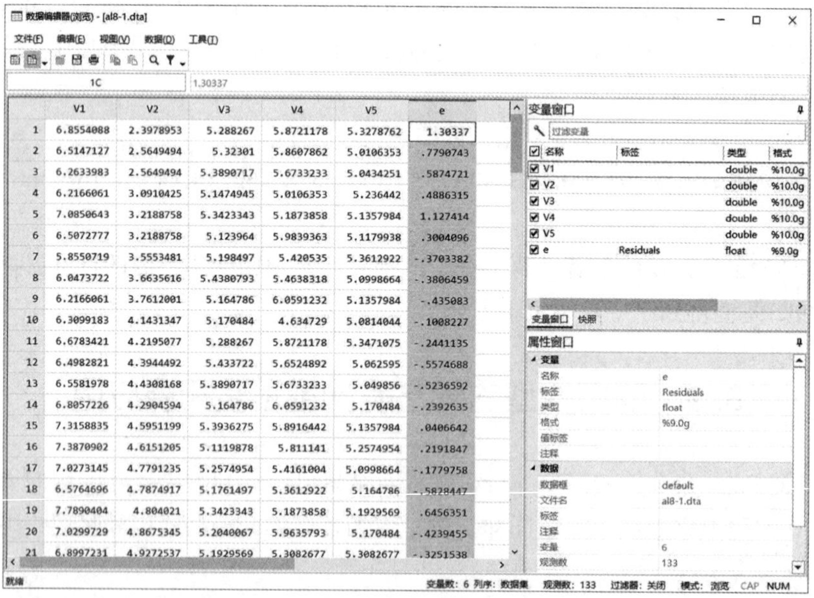

图 8-19　回归分析得到的残差序列

在主界面的 Command 文本框中输入命令：

gen ee = e^2

本命令旨在对残差数据进行平方变换，产生新的变量 ee。

输入完后，按回车键，得到如图 8-20 所示的分析结果。

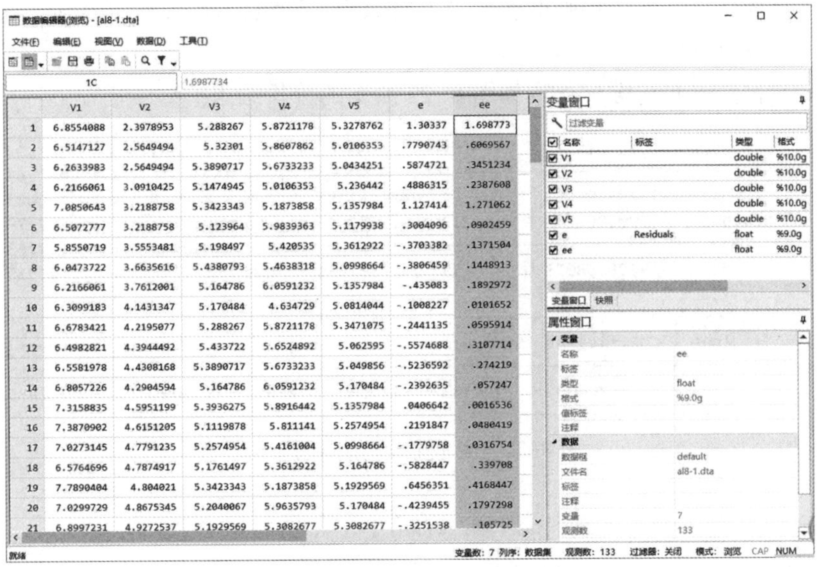

图 8-20　对残差数据进行平方后的结果

在主界面的 Command 文本框中输入命令：

gen lnee = log（ee）

本命令旨在对残差数据进行对数变换，产生新的变量 lnee。

输入完后，按回车键，得到如图 8-21 所示的分析结果。

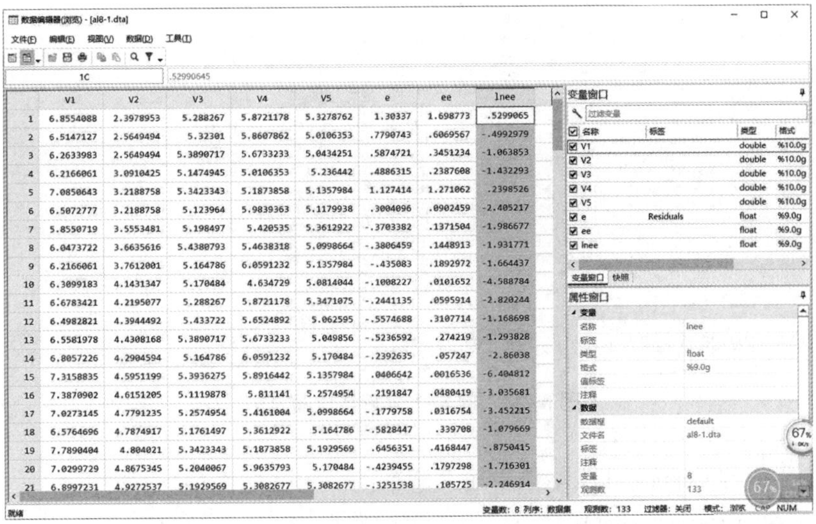

图 8-21　对残差数据进行对数变换后的结果

在主界面的 Command 文本框中输入命令：

reg lnee V2, nocon

本命令旨在对以上步得到的残差平方对数为因变量，以 V2 为自变量，进行不包含常数项的回归分析。

输入完后，按回车键，得到如图 8-22 所示的分析结果。

Source	SS	df	MS			
Model	2486.81453	1	2486.81453	Number of obs	=	133
Residual	709.866195	132	5.3777742	F(1, 132)	=	462.42
				Prob > F	=	0.0000
				R-squared	=	0.7779
				Adj R-squared	=	0.7763
Total	3196.68073	133	24.0351934	Root MSE	=	2.319

lnee	Coefficient	Std. err.	t	P>|t|	[95% conf. interval]	
V2	-.6324403	.0294103	-21.50	0.000	-.6906167	-.5742639

图 8-22 例 8-1 分析结果图（8）

在主界面的 Command 文本框中输入命令：

predict yhat

本命令旨在预测上步进行的最小二乘回归产生的因变量的拟合值。

输入完后，按回车键，在"数据编辑器（浏览）"窗口得到如图 8-23 所示的分析结果。

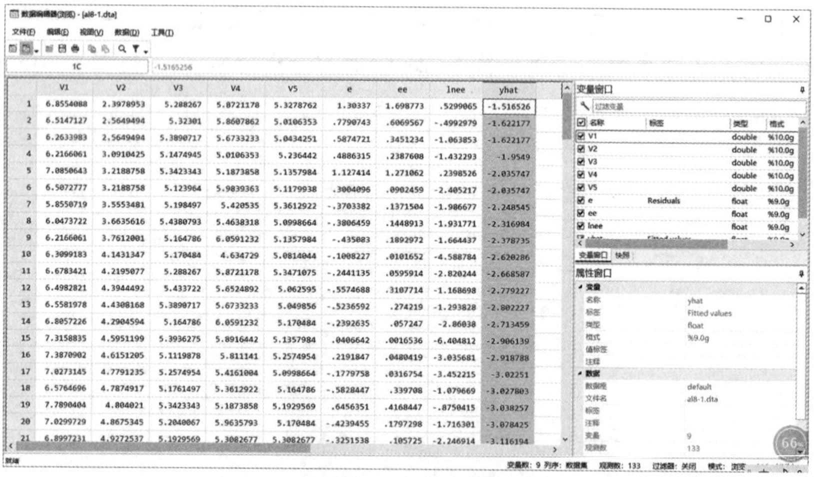

图 8-23 例 8-1 分析结果图（9）

在主界面的 Command 文本框中输入命令：

gen yhathat = exp（yhat）

本命令旨在对因变量的拟合值进行指数变换，产生新的变量 yhathat。

输入完后，按回车键，在"数据编辑器（浏览）"窗口得到如图 8-24 所示的分析结果。

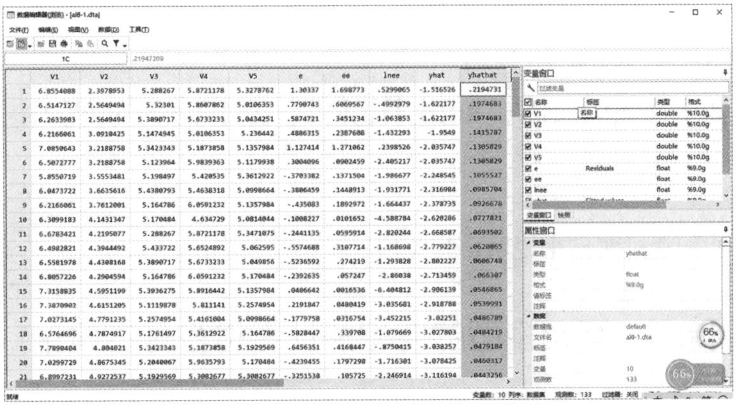

图 8-24 例 8-1 分析结果图（10）

在主界面的 Command 文本框中输入命令：
reg V1 V2 V3 V4 V5 [aw=1/yhathat]

本命令旨在对数据进行以 V1 为因变量，以 V2、V3、V4、V5 为自变量，以 yhathat 的倒数为权重变量的加权最小二乘回归分析。

输入完后，按回车键，得到如图 8-25 所示的分析结果。

```
(sum of wgt is 13,030.3824083504)
```

Source	SS	df	MS		
Model	105.525379	4	26.3813447		
Residual	3.92392721	128	.030655681		
Total	109.449306	132	.829161409		

Number of obs = 133
F(4, 128) = 860.57
Prob > F = 0.0000
R-squared = 0.9641
Adj R-squared = 0.9630
Root MSE = .17509

V1	Coefficient	Std. err.	t	P>|t|	[95% conf. interval]
V2	.8499225	.0150101	56.62	0.000	.8202225 .8796225
V3	.2665036	.1409032	1.89	0.061	-.0122973 .5453046
V4	.4717817	.0502938	9.38	0.000	.3722669 .5712965
V5	-.208165	.1784329	-1.17	0.246	-.5612249 .1448949
_cons	.0144194	1.176804	0.01	0.990	-2.314088 2.342927

图 8-25 加权最小二乘回归分析的结果

从上面的分析结果中看出，模型的 F 值（代表模型的显著程度）、部分变量的 P 值以及 R-squared 值、Adj R-squared 值（代表模型的解释能力）都较普通最小二乘回归分析有了一定程度的优化，这就是克服异方差带来的改善效果。

操作练习题

对例题 8-1 中的 Stata 数据文件，使用 Stata 17.0 软件重新操作一遍。

第 9 章 Stata 自相关计量检验与应用

从本章我们通过实例来说明自相关的计量检验与应用。

9.1 回归模型的自相关计量检验基本理论

如果线性相关模型中的随机误差的各期望之间存在相关关系，这时我们就称随机误差项之间存在自相关性。线性回归模型中随机误差项存在序列相关的原因有很多，常见原因包括经济变量惯性的作用、经济行为的滞后性、一些随机因素的干扰或影响、模型设定的误差、数据处理的误差等。自相关不会影响到最小二乘估计量的线性和无偏性，但会使之失去有效性，使之不再是最优估计量，而且自相关的系数估计量将有相当大的方差，t 检验也不再显著，模型的预测功能将失效，所以在进行回归分析时往往需要检验数据的自相关性。常用的用于判断数据是否存在自相关的检验方法有：绘制残差序列图、LM 检验（Lagrange Multiplier Test）、BP 检验、D-W 检验（Durbin-Watson Test）和回归检验法等，解决自相关的方法有：广义差分法、杜宾两步法等。

9.1.1 自相关的概念

在经典回归模型中，我们假定随机误差项满足 $\varepsilon_i \sim N(0, \sigma^2)$，且相互独立，$i=1, 2, \cdots, N$。

但在实际问题中，若各 ε_i 之间不独立，即

$$\text{cov}(\varepsilon_i, \varepsilon_j) \neq 0, \ i \neq j, \ i, j = 1, 2, \cdots, N$$

则称随机误差项 ε_i 序列之间存在自相关性，也称为序列相关。

在计量经济模型中，自相关现象是普遍存在的。如果模型中存在自相关，则用普通最小二乘法进行参数估计同样会产生不良后果。因此在研究计量经济模型时必须对自相关现象进行有效的识别，并采取适当方法消除模型中的自相关性。

9.1.2 产生自相关的原因

了解自相关产生的原因，有助于我们在研究计量经济模型时，有针对性地对样本数据进行识别和检验，避免自相关对分析结果的不良影响。产生自相关的原因主要有以下几个方面：

1. 经济惯性所导致的自相关

由于许多经济变量的发展变化往往在时间上存在一定的趋势性，使某些经济变量在前后期之间存在明显的相关性，因此在以时间序列数据为样本建立计量经济模型时，就可能存在自相关性。例如：

(1) 在时间序列的消费模型中，由于居民的消费需求与以往的消费水平有很大关系，因此本期的消费量与上期消费量之间会存在正相关。

(2) 在以时间序列数据研究投资规模中，由于大量基本建设投资是需要跨年度实施的，因此本期投资规模不仅与本期的市场需求、利率以及宏观经济景气指数等因素有关，而且与前期的投资规模有关，这就会导致各期投资规模之间的自相关。

(3) 在以时间序列数据研究农业生产函数的计量经济模型中，由于当期许多农产品的价格在很大程度上取决于这些农产品的前期产量，从而该农产品的当期播种面积会受到影响。因此当期农产品产量必然会受到前期农产品产量的负面影响，使某些农产品产量在前后期之间出现负相关。

(4) 在宏观经济领域中，由于社会经济发展过程中不可避免地存在周期性发展趋势，从而使国民生产总值、价格指数、就业率等宏观经济指标也就必然存在周期性的前后期相关性。

经济惯性是使时间序列的计量经济模型产生自相关性的最主要的原因。因此对于这类模型，要特别注意识别是否存在显著的自相关性。自相关的线性回归模型通常表示为：

$$y_t = \beta_0 + \beta_1 x_{t1} + \beta_2 x_{t2} + \cdots + \beta_p x_{tp} + \varepsilon_t$$

$$\text{cov}(\varepsilon_t, \varepsilon_{t-s}) \neq 0,\ t = 1, 2, \cdots, N,\ s = 1, 2, \cdots, t-1$$

2. 由于模型设定不当而产生的自相关

(1) 模型中遗漏了重要的解释变量。

例如，针对实际问题的正确模型应当为：

$$y_t = \beta_0 + \beta_1 x_{t1} + \beta_2 x_{t2} + \varepsilon_t$$

$$\text{cov}(\varepsilon_t, \varepsilon_{t-s}) \neq 0,\ t = 1, 2, \cdots, N,\ s = 1, 2, \cdots, t-1$$

但建立模型时仅考虑了一个解释变量：

$$y_t = \beta_0 + \beta_1 x_{t1} + V_t$$

这样 $V_t = \beta_2 x_{t2} + \varepsilon_t$，使解释变量 X_{t2} 对 Y 产生的影响归入了随机误差项 V_t 中，此时如果 X_{t2} 在不同时期之间的值是高度相关的，就会导致上述模型中的 V_t 出现自相关。例如在时间序列的生产函数模型中，设 X_{t2} 为劳动力要素的投入，则无论是对单个企业还是多个行业或地区，劳动力要素的投入量在相邻年份之间是高度相关的。

(2) 模型的数学形式设定不当。

例如，正确的模型应当为：

$$y_t = \beta_0 + \beta_1 x_t + \beta_2 x_t^2 + \varepsilon_t$$

$$\text{cov}(\varepsilon_t, \varepsilon_{t-s}) \neq 0,\ t = 1, 2, \cdots, N,\ s = 1, 2, \cdots, t-1$$

但建立模型时却将 Y 与 X 之间的相关关系表示为线性模型：
$$y_t = \beta_0 + \beta_1 x_t + V_t$$
则 $V_t = \beta_2 x_t^2 + \varepsilon_t$，含有 x_t^2 项对 y_t 产生的影响，随着 t 的变化，x_t^2 项会引起 V_t 呈现某种系统性的变化趋势，导致该线性回归模型出现自相关现象。

3. 某些重大事件所引起的自相关

在建立计量经济模型时，往往将一些难以量化的环境因素对因变量的影响都归入随机误差项。但当发生重大自然灾害、战争、地区性或全球性的经济金融危机，以及政府的重大经济政策调整时，这些环境因素对因变量的影响通常会在同一方向上延续很长时期。当以时间序列为样本数据的计量经济模型中含有发生重大事件年份中的数据时，就会使随机误差项产生自相关。例如 20 世纪 90 年代末的亚洲金融危机就对亚洲各国经济产生了长期影响。

9.1.3 自相关的后果

与存在异方差的情况类似，当模型中存在自相关性时，若仍使用普通最小二乘法（OLS）进行参数估计，同样会产生不良后果。

(1) 参数的 OLS 估计不再具有最小方差性，从而不再是参数 β 的有效估计，使估计的精度大大降低。

(2) 显著性检验方法失效。这是由于第 1 章给出的对回归方程和回归系数的显著性检验的统计量分布时，是以 $\varepsilon_i \sim N(0, \sigma^2)$，且相互独立为依据的。当模型存在自相关性时，各 ε_i 之间不再独立，因而原来统计量的分布就不再成立。

(3) 预测和控制的精度降低。由于 OLS 估计不再具有最小方差性，使参数估计的误差增大，就必然导致预测和控制的精度降低，失去应用价值。

9.1.4 自相关的识别和检验

对时间序列的计量经济模型，应特别注意模型是否存在自相关性。识别和检验自相关性主要有以下方法：

1. 图示法

由于 ε_t 是不可观察的随机误差，与检验异方差类似，可以利用残差序列 e_t 来分析 ε_t 之间是否存在自相关性，方法如下：

(1) 用 OLS 对原模型进行回归，求出残差 e_t（$t=1, 2, \cdots, N$）；

(2) 作关于 (e_{t-1}, e_t)，$t = 2, 3, \cdots, N$ 或 (t, e_t)，$t = 1, 2, \cdots, N$ 的散点图。

在 (e_{t-1}, e_t) 的散点图中，如果 (e_{t-1}, e_t) 的大部分点分别落在一、三象限，就说明 e_t 与 e_{t-1} 之间存在正相关性；若大部分点分别落在二、四象限，则说明 e_t 与 e_{t-1} 之间存在负相关性；若各点比较均匀地散布于 4 个象限，则说明不存在自相关性。

在 (t, e_t) 的散点图中，如果 e_t 随时间 t 呈某种周期性的变化趋势，则说明存在正相关性；若呈现锯齿形的震荡变化规律，则说明存在负相关性。

2. D-W 检验

D-W 检验是最常用的自相关检验方法。

(1) D-W 检验的基本原理。

D-W 检验适用于检验随机误差项之间是否存在一阶自相关性的情况。所谓一阶自相关性，是指 ε_t 序列之间有如下相关关系：

$$\varepsilon_t = \rho \varepsilon_{t-1} + V_t, \quad t = 2, 3, \cdots, N$$

其中，$|\rho| \leq 1$ 为自相关系数，它反映了 ε_t 与 ε_{t-1} 之间的线性相关程度：$\rho > 0$ 为正相关；$\rho < 0$ 为负相关；$\rho = 0$ 为无自相关。V_t 是满足经典假设条件的随机误差项，即 $V_t \sim N(0, \sigma_V^2)$，且相互独立；而且 $\text{cov}(\varepsilon_{t-1}, V_t) = 0$。要检验是否存在一阶自相关性，也即要检验假设：

$$H_0: \rho = 0, \quad H_1: \rho \neq 0$$

杜宾和瓦特森构造了检验一阶自相关的 DW 统计量：

$$DW = \frac{\sum_{t=2}^{N}(e_t - e_{t-1})^2}{\sum_{t=1}^{N} e_t^2}$$

为什么上式能检验 ε_t 的一阶自相关性呢？从直观上分析，如果存在一阶正自相关性，则相邻两个样本点的 $(e_t - e_{t-1})^2$ 就较小，从而 DW 值也就较小；若存在一阶负相关性，则 $(e_t - e_{t-1})^2$ 就较大，DW 值也就越大；若无自相关，则 e_t 与 e_{t-1} 之间就呈随机关系，DW 值就会是一个较为适中的值。可以证明：

$$DW \approx 2(1 - \hat{\rho})$$

其中

$$\hat{\rho} = \frac{\sum_{t=2}^{N} e_t e_{t-1}}{\sum_{t=1}^{N} e_t^2}$$

①若存在一阶完全正自相关性，即 $\hat{\rho} \approx 1$，则 $DW \approx 0$；

②若存在一阶完全负自相关性，即 $\hat{\rho} \approx -1$，则 $DW \approx 4$；

③若不存在自相关性，即 $\hat{\rho} \approx 0$，则 $DW \approx 2$。

以上分析说明，DW 值越接近 2，ε_t 序列的自相关性就越小；DW 值越接近 0，ε_t 序列就越呈现正相关；DW 值越接近 4，ε_t 序列就越呈现负相关。杜宾和瓦特森根据不同的样本量 N 和自变量的个数 P，在给定的不同显著性水平 α 下，建立了 DW 统计量的下临界值 d_L 和上临界值 d_U 的 DW 统计量临界值表。

检验方法如下：

①$DW<d_L$，则在显著性水平 α 下判定存在正自相关性；
②$DW>4-d_L$，则在显著性水平 α 下判定存在负自相关性；
③$d_U<DW<4-d_U$，则在显著性水平 α 下判定不存在自相关性；
④$d_L<DW<d_U$ 或 $4-d_U<DW<4-d_L$，则在显著性水平 α 下不能判定是否存在自相关性。

（2）D-W 检验的局限性。

D-W 检验具有计算简单的优点，因而是最常用的自相关检验方法，但在应用时存在一定的局限性。这主要是由于 DW 统计量的精确分布未知，杜宾和瓦特森是用某种 β 分布加以近似的，因此运用时需要满足一定的条件。具体来看，局限性有以下几点：

①只适用于一阶自相关性检验，不适合存在高阶自相关性的情况。
②存在两个不能判定的区域。当样本量 N 较小时，这两个区域就较大；反之这两个区域就较小。例如当 $P=1$，$N=15$，$\alpha=0.05$ 时，$d_L=1.08$，$d_U=1.36$；而当 $N=50$ 时，$d_L=1.50$，$d_U=1.59$；故当 DW 落在不能判定的区域时，如能增加样本量，通常就可以得到解决。
③当模型中含有滞后自变量时，D-W 检验失效。例如 $y_t=\beta_0+\beta_1 x_t+\beta_2 y_{t-1}+\varepsilon_t$。
④需要比较大的样本量（$N\geqslant 15$）。

在 Stata 软件的线性回归方程功能中，提供了求 DW 统计量值的可选项。

3. LM 检验

与 D-W 检验不同，LM 检验对包含 ARMA 误差项的模型残差序列进行高阶自相关性检验，并允许存在因变量的滞后项。检验假设为：

H_0：残差序列不存在小于等于 p 阶的自相关性；
H_1：存在 ARMA（r，q）形式的误差项。

其中，$p=\max\{r, q\}$。

设 X_t 是 t 时刻观察的自向量，u_t 是随机扰动项（称为非条件残差），ε_t 为改进的随机随机扰动项，Z_{t-1} 是前期已知变量向量。那么对 $y_t=X'_t\beta+u_t$，$u_t=Z'_{t-1}\gamma+\varepsilon_t$ 中的非条件残差建立辅助回归方程：

$$u_t = Z'_{t-1}\gamma + \alpha_1 u_{t-1} + \cdots + \alpha_p u_{t-p} + v_t$$

利用上式的决定系数 R^2 可构造 LM 检验统计量：

$$LM = nR^2$$

其中 n 是计算辅助回归时的样本数据数。在原假设下，LM 统计量有渐进的卡方分布。对于给定的显著性水平 α 和自由度 p，如果 $LM>\chi^2_\alpha(P)$，则拒绝 H_0，认为序列存在自相关性，反之亦然。

4. 回归检验法

由于自相关性就是指模型中的随机误差项之间存在某种相关关系，而回归分析就是用来研究变量之间相关关系的方法，因此可以用回归分析方法来检验随机误差项之间是否存在自相关性。虽然 ε_t 是不可观察的，但可以用残差序列 e_t 来近似代替。回归检验法的步骤如下：

（1）用 OLS 对原模型进行参数估计，并求出各 e_t。

（2）根据经验或通过对残差序列的分析，采用相应的回归模型对自相关的形式进行拟合，常用的模型有：

$$e_t = \rho e_{t-1} + V_t$$
$$e_t = \rho e_{t-1}^2 + V_t$$
$$e_t = \rho_1 e_{t-1} + \rho_2 e_{t-2} + V_t$$

以上第一个模型就是一阶线性自回归模型，第二个模型是一阶非线性回归模型，第三个模型是二阶线性自回归模型。

（3）对所有自回归方程及其回归系数进行显著性检验。若存在具有显著性的回归形式，则可以认为存在自相关性；当存在多个形式的回归均有显著性时，则取最优的拟合形式（临界显著性水平最高者）作为自相关的形式。若各个回归形式都不显著，则可以判定原模型不存在自相关性。

由上可知，回归检验方法比 D-W 检验方法的适用性要广，它适用于各种自相关的情况，但计算量要大些。

9.1.5 自相关的处理方法

如果是由于模型设定不当而产生的自相关，则应根据问题的经济背景和有关经济理论知识，重新建立更为合理的计量经济模型。以下介绍的消除模型自相关性的方法，是以模型设定正确为前提的。

如前所述，如果模型的随机误差项间存在自相关性，就不能直接使用 OLS 进行参数估计，否则将产生不良后果。此时必须采用适当方法消除模型中的自相关性。

1. 广义差分法

设原模型存在一阶自相关性：

$$y_t = \beta_0 + \beta_1 x_t + \varepsilon_t, \ t = 1, 2, \cdots, N$$

其中，$\varepsilon_t = \rho \varepsilon_{t-1} + V_t$，$V_t \sim N(0, \sigma_V^2)$ 且相互独立。

相关系数 ρ 为已知（可通过估计得到，或由回归检验法得到），上式两边同时乘以 ρ 可得：

$$\rho y_{t-1} = \rho \beta_0 + \rho \beta_1 x_{t-1} + \rho \varepsilon_{t-1}$$

两式相减，得：

$$y_t - \rho y_{t-1} = \beta_0(1-\rho) + \beta_1(x_t - \rho x_{t-1}) + \varepsilon_t - \rho \varepsilon_{t-1}$$
$$= \beta_0(1-\rho) + \beta_1(x_t - \rho x_{t-1}) + V_t, \ t = 2, 3, \cdots, N$$

作如下广义差分变换，令

$$\begin{cases} y_t^* = y_t - \rho y_{t-1} \\ x_t^* = x_t - \rho x_{t-1} \end{cases} t = 2, 3, \cdots, N$$

可得:

$$y_t^* = \beta_0(1-\rho) + \beta_1 x_t^* + V_t$$

其中，$V_t \sim N(0, \sigma_V^2)$ 且相互独立，$t=2, 3, \cdots, N$。

上式就称为广义差分模型。由于模型中的随机误差项 V_t 满足经典假设条件，不存在自相关性，因此可以用 OLS 进行参数估计。上述通过对原模型进行广义差分变换后再进行参数估计的方法，就称为广义差分法。

由于上式中的 t 是从 2 开始的，故经过广义差分变换后将损失一个观察值，为了不减少自由度，可对 y_1 和 x_1 作如下变换，令

$$\begin{cases} y_1^* = \sqrt{1-\rho^2}\, y_1 \\ x_1^* = \sqrt{1-\rho^2}\, x_1 \end{cases}$$

可得:

$$y_t^* = \beta_0(1-\rho) + \beta_1 x_t^* + V_t, \quad t = 1, 2, \cdots, N$$

以上是以一元线性回归模型为例来讨论的。对于多元线性回归模型，处理方法是完全相同的。

2. 杜宾两步法

广义差分法要求 ρ 是已知的，但实际应用中 ρ 往往是未知的。杜宾两步法的基本思想是先求出 ρ 的估计值 $\hat{\rho}$，然后再用广义差分法求解，其步骤如下：

（1）模型为：

$$y_t = \beta_0(1-\rho) + \rho y_{t-1} + \beta_1 x_t - \beta_1 \rho x_{t-1} + V_t$$

令 $b_0 = \beta_0(1-\rho)$，$b_1 = \beta_1$，$b_2 = -\beta_1\rho$，则上式可改写为：

$$y_t = b_0 + \rho y_{t-1} + b_1 x_t + b_2 x_{t-1} + V_t, \quad t = 2, 3, \cdots, N$$

用 OLS 对上式进行参数估计，求得 ρ 的估计值 $\hat{\rho}$。

（2）用 $\hat{\rho}$ 代替 ρ，对原模型作广义差分变换，令

$$\begin{cases} y_t^* = y_t - \hat{\rho} y_{t-1}, \quad t = 2, 3, \cdots, N \\ x_t^* = x_t - \hat{\rho} x_{t-1}, \quad t = 2, 3, \cdots, N \\ y_1^* = \sqrt{1-\hat{\rho}^2}\, y_1, \quad x_1^* = \sqrt{1-\hat{\rho}^2}\, x_1 \end{cases}$$

得到广义差分模型：

$$y_t^* = b_0 + \beta_1 x_t^* + V_t, \quad t = 1, 2, \cdots, N$$

用 OLS 求得上式的参数估计值 $\hat{b}_0$ 和 $\hat{\beta}_1$，再由 $\hat{\beta} = \hat{b}/(1-\hat{\rho})$ 求得 $\hat{\beta}_0$。

杜宾两步法的优点是还能应用于高阶自相关的场合，例如：

$$\varepsilon_t = \rho_1 \varepsilon_{t-1} + \rho_2 \varepsilon_{t-2} + V_t$$

与前类似，可以先求得 $\hat{\rho}_1$ 和 $\hat{\rho}_2$，然后再用广义差分法求得原模型的参数估计。

由 $DW \approx 2(1-\hat{\rho})$，还可以得到：
$$\hat{\rho} \approx 1 - DW/2$$
它也可替代杜宾两步法中的第一步作为 ρ 的估计，并应用于广义差分模型。

3. 科克兰内—奥克特（Cochrance-Orcutt）法

以上介绍的各种求 $\hat{\rho}$ 的方法精度较低，有可能无法完全消除广义差分模型中的自相关性。科克兰内和奥克特提出的方法实际上是一种迭代的广义差分方法，它能有效地消除自相关性，其步骤如下：

（1）用 OLS 对原模型进行参数估计，求得残差序列 $e_t^{(1)}$，$t = 1, 2, \cdots, N$。

（2）对残差的一阶自回归模型：
$$e_t^{(1)} = \rho e^{(1)}(t-1) + V_t, \ t = 2, 3, \cdots, N$$
用 OLS 进行参数估计，得到 ρ 的初次估计值 $\hat{\rho}^{(1)}$。

（3）用 $\hat{\rho}^{(1)}$ 对原模型进行广义差分模型变换，得广义差分模型：
$$y_t^* = b_0 + \beta_1 x_t^* + \varepsilon_t^*$$
其中 $b_0 = \beta_0(1-\hat{\rho}^{(1)})$。

（4）用 OLS 对上式进行参数估计，得到 $\hat{\beta}_0^{(1)}$，$\hat{\beta}_1^{(1)}$，$\hat{y}_t^{(1)}$；并计算残差序列 $e_t^{(2)}$，$e_t^{(2)} = y_t - \hat{y}_t^{(1)}$，$t = 1, 2, \cdots, N$。

（5）利用 $e_t^{(2)}$ 序列对上式进行自相关检验，若无自相关，则迭代结束，已得原模型的一致最小方差无偏估计 $\hat{\beta}_0^{(1)}$，$\hat{\beta}_1^{(1)}$。若仍存在自相关性，则进行第二次迭代，返回步骤（2），用 $e_t^{(2)}$ 代替 $e_t^{(1)}$，求得 ρ 的第二次估计值 $\hat{\rho}^{(2)}$，再利用 $\hat{\rho}^{(2)}$ 对原模型进行广义差分变换，并进而用 OLS 求得 $\hat{\beta}_0^{(2)}$，$\hat{\beta}_1^{(2)}$，并计算残差序列 $e_t^{(3)}$ 后再次进行自相关性检验，如仍存在自相关性，则再重复上述迭代过程，直至消除自相关性为止。

通常情况下，只需进行两次迭代即可消除模型的自相关性，故科克兰内—奥克特法又称为两步迭代法。该方法能有效地消除自相关性，提高模型参数估计的精度。

9.2 回归模型的异方差计量检验基本应用

例 9-1 表 9-1 给出了某企业经营利润和经营资产的有关数据，试将经营利润作为因变量，将经营资产作为自变量，对这些数据使用 OLS 分析方法进行研究，并进行自相关性检验，最终建立合适的回归方程模型用于描述变量之间的关系。

表 9-1　某企业经营利润和经营资产的有关数据　　　单位：万元

月数（month）	经营利润（profit）	经营资产（asset）
1	22.89	283.9
2	23.15	286.9

(续表)　　单位:万元

月数（month）	经营利润（profit）	经营资产（asset）
3	24.12	291.5
4	25.19	303.33
5	27.02	314.49
6	25.52	310.25
…	…	…
45	66.32	456.05
46	63.12	470.3
47	59.89	472.69
48	58.49	512.9
49	67.79	550.96

使用 Stata 17.0 打开目录 F:\stata17\zsq\chap09 中的 al9-1.dta 数据文件，命令如下：

use "F:\stata17\zsq\chap09\al9-1.dta", clear
browse

数据如图 9-1 所示。

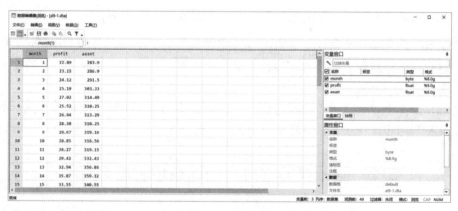

图 9-1　例 9-1 数据

1. 对数据进行描述性分析

在主界面的 Command 文本框中输入命令：

summarize month profit asset, detail

本命令的含义是对数据进行详细的描述性分析。

输入完后，按回车键，得到如图 9-2 所示的分析结果。

```
                          month

          Percentiles    Smallest
    1%         1             1
    5%         3             2
   10%         5             3        Obs                     49
   25%        13             4        Sum of wgt.             49

   50%        25                      Mean                    25
                         Largest      Std. dev.         14.28869
   75%        37            46
   90%        45            47        Variance          204.1667
   95%        47            48        Skewness                 0
   99%        49            49        Kurtosis             1.799

                          profit

          Percentiles    Smallest
    1%       22.89        22.89
    5%       24.12        23.15
   10%       25.52        24.12       Obs                     49
   25%       28.85        25.19       Sum of wgt.             49

   50%       34.74                    Mean              39.50796
                         Largest      Std. dev.         13.07854
   75%       48.46        63.12
   90%       59.89        64.97       Variance          171.0482
   95%       64.97        66.32       Skewness           .6806106
   99%       67.79        67.79       Kurtosis          2.213728

                          asset

          Percentiles    Smallest
    1%      283.9         283.9
    5%      291.5         286.9
   10%      310.25        291.5       Obs                     49
   25%      332.43        303.33      Sum of wgt.             49

   50%      391.99                    Mean              385.0224
                         Largest      Std. dev.         60.03378
   75%      424.15        470.3
   90%      456.05        472.69      Variance          3604.055
   95%      472.69        512.9       Skewness           .3029836
   99%      550.96        550.96      Kurtosis           2.83925
```

.

图 9-2 例 9-1 分析结果图（1）

通过观察图 9-2 的结果，可以得到很多信息，包括百分位数、4 个最小值、4 个最大值、均值、标准差、偏度、峰度等。

（1）百分位数。可以看出变量 month 的第 1 个四分位数（25%）是 13，第 2 个四分位数（50%）是 25 第 3 个四分位数（75%）是 37。变量 profit 的第 1 个四分位数（25%）是 28.85，第 2 个四分位数（50%）是 34.74，第 3 个四分位数（75%）是 48.46。变量 asset 的第 1 个四分位数（25%）是 332.43，第 2 个四分位数

（50%）是 391.99，第 3 个四分位数（75%）是 424.15。

（2）4 个最小值。变量 month 最小的 4 个数据值分别是 1、2、3、4。变量 profit 最小的 4 个数据值分别是 22.89、23.15、24.12、25.19。变量 asset 最小的 4 个数据值分别是 283.9、286.9、291.5、303.33。

（3）4 个最大值。变量 month 最大的 4 个数据值分别是 46、47、48、49。变量 profit 最大的 4 个数据值分别是 63.12、64.97、66.32、67.79。变量 asset 最大的 4 个数据值分别是 470.3、472.69、512.9、550.96。

（4）均值和标准差。变量 month 的均值是 25，标准差是 14.288 69。变量 profit 的均值是 39.507 96，标准差是 13.078 54。变量 asset 的均值是 385.022 4，标准差是 60.033 78。

（5）偏度和峰度。变量 month 的偏度为 0，为无偏度；峰度为 1.799，有一个比正态分布略短的尾巴。变量 profit 的偏度为 0.680 610 6，为正偏度但不大；峰度为 2.213 728，有一个比正态分布略短的尾巴。变量 asset 的偏度为 0.302 983 6，为正偏度但不大；峰度为 2.839 25，有一个比正态分布略短的尾巴。

综上所述，数据总体质量较好，没有极端异常值，变量之间的量纲差距、变量的偏度、峰度也是可以接受的，可以进入下一步分析。

2. 对数据进行相关分析

在主界面的 Command 文本框中输入命令：

correlate month profit asset

本命令的含义是对变量 month、profit、asset 进行相关性分析。

输入完后，按回车键，得到如图 9-3 所示的分析结果。

```
(obs=49)

             |    month   profit    asset
      -------+---------------------------
       month |   1.0000
      profit |   0.9377   1.0000
       asset |   0.9557   0.8917   1.0000
```

图 9-3 例 9-1 分析结果图（2）

通过观察图 9-3 的结果，可以看到变量 profit 和 asset 之间的相关系数是可以接受的，这说明可以进行回归分析。

3. 对数据进行回归分析

在主界面的 Command 文本框中输入命令：

regress profit asset

本命令的含义是对变量 profit、asset 进行简单回归分析。

输入完后，按回车键，得到如图 9-4 所示的分析结果。

Source	SS	df	MS		Number of obs	=	49
					F(1, 47)	=	182.40
Model	6528.14552	1	6528.14552		Prob > F	=	0.0000
Residual	1682.16623	47	35.7907709		R-squared	=	0.7951
					Adj R-squared	=	0.7908
Total	8210.31175	48	171.048161		Root MSE	=	5.9825

profit	Coefficient	Std. err.	t	P>|t|	[95% conf. interval]	
asset	.1942579	.0143837	13.51	0.000	.1653217	.223194
_cons	-35.28568	5.603588	-6.30	0.000	-46.55864	-24.01271

图 9-4 例 9-1 分析结果图（3）

通过观察图 9-4 的结果，可以看出共有 49 个样本参与了分析，$F(1, 47) = 182.0$，P 值（Prob>F=0.000 0），说明该模型整体上是非常显著的。模型的决定系数（R-squared）= 0.795 1，修正的决定系数（Adj R-squared）= 0.790 8，说明模型的解释能力不错。

模型的回归方程是：

$$profit = 0.194\ 257\ 9 \times asset - 35.285\ 68$$

变量 $asset$ 的系数标准误是 0.014 383 7，t 值为 13.51，P 值为 0.000，系数是非常显著的，95%的置信区间为 [0.165 321 7, 0.223 194]。常数项的系数标准误是 5.603 588，t 值为-6.30，P 值为 0.000，系数是非常显著的，95%的置信区间为 [-46.558 64, -24.012 71]。

从上面的分析可见，该企业的经营利润与经营资产之间呈正相关。

4. 变量的方差协方差矩阵

在主界面的 Command 文本框中输入命令：

vce

本命令的含义是获得参与回归的各自变量的系数以及常数项的方差协方差矩阵。输入完后，按回车键，得到如图 9-5 所示的分析结果。

Covariance matrix of coefficients of regress model

e(V)	asset	_cons
asset	.00020689	
_cons	-.07965709	31.400193

图 9-5 例 9-1 分析结果图（4）

从上面的图 9-5 结果中可以看到，变量的方差协方差矩阵都不是很大。

5. 对变量系数的假设检验

在主界面的 Command 文本框中输入命令：

test asset

本命令的含义是检验变量 *asset* 的系数是否显著。

输入完后，按回车键，得到如图 9-6 所示的分析结果。

(1) asset = 0

F(1,   47) = 182.40
        Prob > F =   0.0000

图 9-6 例 9-1 分析结果图（5）

从图 9-6 中可以看出，模型非常显著，在 5%的显著性水平上通过了检验。

6. 对因变量的拟合值进行预测

在主界面的 Command 文本框中输入命令：

predict yhat

本命令的含义是对因变量的拟合值进行预测。

输入完后，按回车键，则在"数据编辑器（浏览）"窗口得到如图 9-7 所示的分析结果。

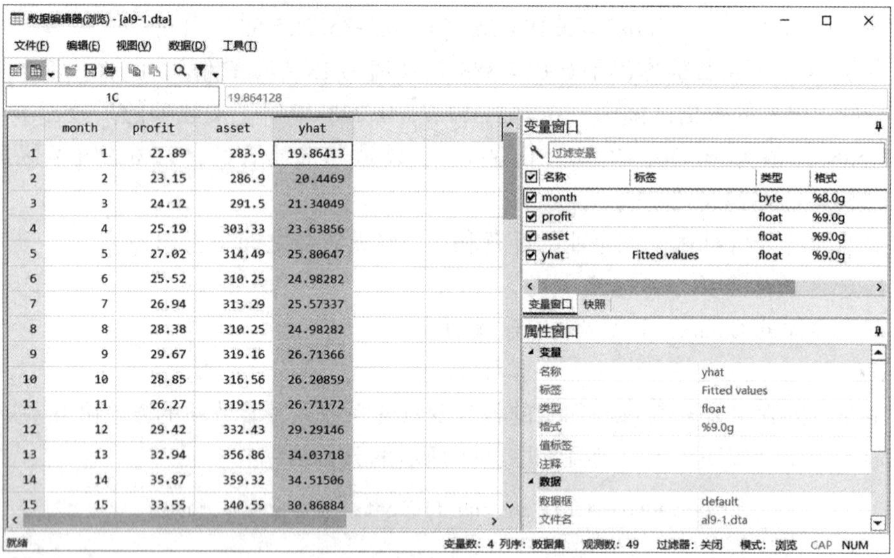

图 9-7 例 9-1 分析结果图（6）

对因变量拟合值的预测是根据自变量的值和得到的回归方程计算出来的，主要用于预测未来。在图 9-7 中，可以看到 *yhat* 的值与 *profit* 的值是比较接近的，所以拟合效果较好。

7. 回归分析得到的残差序列

在主界面的 Command 文本框中输入命令：

predict e, resid

本命令的含义是获得回归后的残差序列。

输入完后，按回车键，则在"数据编辑器（浏览）"窗口得到如图 9-8 所示的分析结果。

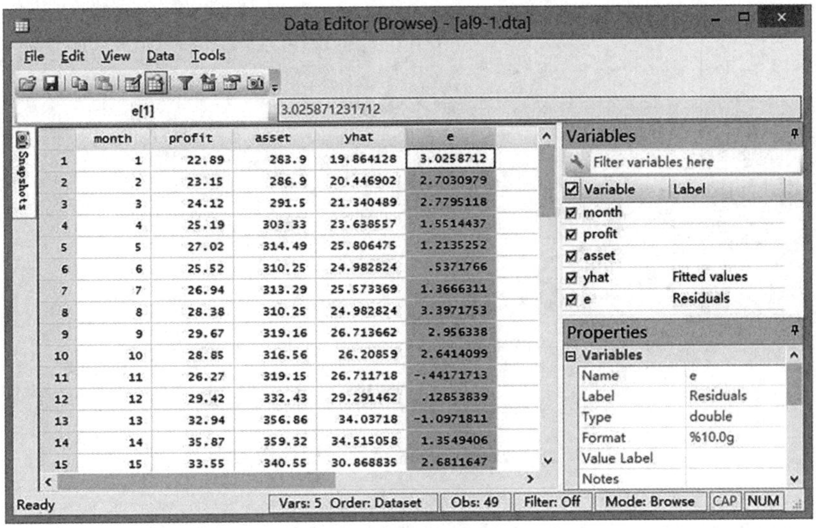

图 9-8 残差序列结果

残差序列的意义已经在前面介绍，在此不再赘述。

8. 以 month 为周期的时间序列结果

在主界面的 Command 文本框中输入命令：

tsset month

本命令的含义是把 month 定义为周期性时间序列。

输入完后，按回车键，得到如图 9-9 所示的分析结果。

```
Time variable: month, 1 to 49
        Delta: 1 unit
```

图 9-9 时间序列结果

关于时间序列分析，将在后面章节介绍。

9. 绘制散点图

在主界面的 Command 文本框中输入命令：

scatter e l. e

本命令的含义是绘制残差与残差滞后一期的散点图，探索是否存在一阶自相关性。

输入完后，按回车键，得到如图 9-10 所示的分析结果。

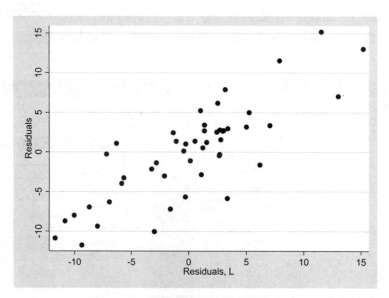

图 9-10 残差与残差滞后一期的散点图

从图 9-10 中可以看出，残差与残差滞后一期有一种正向联动的变化关系，所以存在自相关性。

10. 残差序列的自相关图

在主界面的 Command 文本框中输入命令：

ac e

本命令的含义为绘制残差序列的自相关图，旨在探索自相关阶数。

输入完后，按回车键，得到如图 9-11 所示的分析结果。

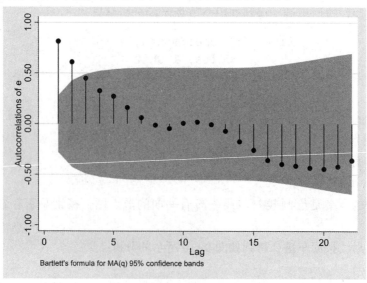

图 9-11 残差序列的自相关图

从图 9-11 中可以看出，横轴表示滞后阶数，阴影部分表示 95%的自相关置信区间，在阴影部分之外表示自相关系数显著不为 0，可见数据是存在一阶自相关性的。

11. 偏自相关图

在主界面的 Command 文本框中输入命令：

pac e

本命令的含义旨在绘制残差的偏自相关图，旨在探索自相关阶数。

输入完后，按回车键，得到如图 9-12 所示的分析结果。

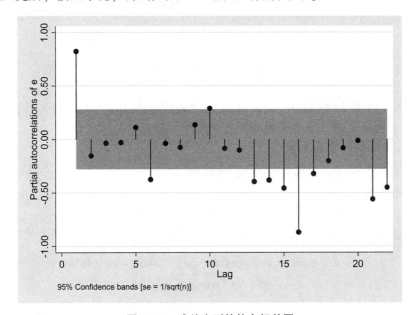

图 9-12　残差序列的偏自相关图

从图 9-12 中可以看出，横轴表示滞后阶数，阴影部分表示 95%的自相关置信区间，在阴影部分之外表示自相关系数显著不为 0，可见数据是存在一阶自相关性的。

12. LM 检验结果

在主界面的 Command 文本框中输入命令：

estat bgodfrey

本命令的含义为 LM 检验，旨在检验残差的自相关性。

输入完后，按回车键，得到如图 9-13 所示的分析结果。

Breusch-Godfrey LM test for autocorrelation

lags(p)	chi2	df	Prob > chi2
1	33.069	1	0.0000

H0: no serial correlation

图 9-13　LM 检验结果

LM 检验的原假设为数据没有自相关性，从图 9-13 中可以看出，P 值为 0.000 0，非常显著地拒绝了无自相关的原假设，检验存在自相关性。

13. BP 检验结果

在主界面的 Command 文本框中输入命令：

wntestq e

本命令的含义为 BP 检验，旨在检验残差的自相关性。

输入完后，按回车键，得到如图 9-14 所示的分析结果。

```
Portmanteau test for white noise

Portmanteau (Q) statistic =     181.4096
Prob > chi2(22)           =       0.0000
```

图 9-14　BP 检验结果

从图 9-14 中可以看出，BP 检验的原假设为数据没有自相关性，P 值为 0.000 0，非常显著地拒绝了无自相关的原假设，检验存在自相关性。

14. D-W 检验的检验结果

在主界面的 Command 文本框中输入命令：

estat dwatson

本命令的含义为 D-W 检验，旨在检验残差的自相关性。

输入完后，按回车键，得到如图 9-15 所示的分析结果。

```
Durbin-Watson d-statistic(  2,    49) =  .3545385
```

图 9-15　DW 检验结果

从图 9-15 中可以看出，D-W 检验的原假设为数据没有自相关，DW 值为 0.354 385，远远小于无自相关时的 2，所以认为存在自相关性。

在主界面的 Command 文本框中输入命令：

di 49^0.25

本命令的含义为计算样本数的 1/4 次幂。

输入完后，按回车键，得到如图 9-16 所示的分析结果。

```
. di 49^0.25
2.6457513
```

图 9-16　计算样本数的 1/4 次幂

从图 9-16 中可以看出，本例中样本数为 49，49 的 0.25 次方 2.645 751 3，所以确定的滞后阶数是 3。

在主界面的 Command 文本框中输入命令：

newey profit asset, lag (3)

本命令的含义为采用自相关稳健的标准误对数据进行回归分析，克服数据的自相关性对 OLS 分析造成的不利影响。

输入完后，按回车键，得到如图 9-17 所示的分析结果。

```
Regression with Newey-West standard errors      Number of obs  =        49
Maximum lag = 3                                 F(  1,     47) =    107.43
                                                Prob > F       =    0.0000

                           Newey-West
      profit | Coefficient  std. err.      t    P>|t|     [95% conf. interval]
       asset |   .1942579   .0187418    10.36   0.000     .1565543    .2319615
       _cons | -35.28568    6.344974    -5.56   0.000    -48.05012   -22.52123
```

图 9-17 滞后 3 阶的回归结果

从图 9-17 中可以看出，模型的显著性、自变量与常数项系数的显著性以及模型的解释能力依旧很高。

9.3 回归模型的自相关计量检验拓展应用

上面的 Stata 命令比较简单，分析过程及结果已经达到解决实际问题的要求。但 Stata 17.0 的强大之处在于，它同样提供了更加复杂的命令格式以满足用户更加个性化的需求。

下面介绍使用广义最小二乘回归分析方法解决数据的自相关问题。

在主界面的 Command 文本框中输入命令：

prais profit asset, corc

本命令旨在运用两步迭代法对数据进行以 *profit* 为因变量、以 *asset* 为自变量的广义最小二乘回归分析。

输入完后，按回车键，得到如图 9-18 所示的分析结果。

```
Cochrane-Orcutt AR(1) regression with iterated estimates

      Source |       SS           df       MS      Number of obs   =        48
-------------+----------------------------------   F(1, 46)        =      3.94
       Model |  38.9070104         1  38.9070104   Prob > F        =    0.0531
    Residual |  453.948232        46  9.86843982   R-squared       =    0.0789
-------------+----------------------------------   Adj R-squared   =    0.0589
       Total |  492.855242        47  10.4862817   Root MSE        =    3.1414

      profit | Coefficient  Std. err.      t    P>|t|     [95% conf. interval]
       asset |   .069753    .0351296    1.99   0.053    -.0009592    .1404652
       _cons |  29.04086   23.83048     1.22   0.229   -18.9274     77.00912
         rho |   .9672991

Durbin-Watson statistic (original)    = 0.354538
Durbin-Watson statistic (transformed) = 1.927109
```

图 9-18 两步迭代回归分析结果

对本结果的解读与前类似，在此不再赘述。要注意的是 DW 值从 0.354 538 升至 1.927 109，非常接近于没有自相关性的值 2，可以经过两步迭代变换后，模型消除了自相关性，但是模型的显著程度和解释能力都有所下降，这也是必须付出的代价。

在主界面的 Command 文本框中输入命令：

prais profit asset, nolog

本命令旨在运用普莱斯—温斯登（Prais-Winsten）迭代法对数据进行以 profit 为因变量，以 asset 为自变量的广义最小二乘回归分析。

输入完后，按回车键，得到如图 9-19 所示的分析结果。

```
Prais-Winsten AR(1) regression with iterated estimates

      Source |       SS           df       MS      Number of obs   =        49
-------------+----------------------------------   F(1, 47)        =      7.55
       Model |  75.5863133         1   75.5863133  Prob > F        =    0.0085
    Residual |  470.661312        47   10.0140705  R-squared       =    0.1384
-------------+----------------------------------   Adj R-squared   =    0.1200
       Total |  546.247626        48   11.3801589  Root MSE        =    3.1645

------------------------------------------------------------------------------
      profit | Coefficient  Std. err.      t    P>|t|     [95% conf. interval]
-------------+----------------------------------------------------------------
       asset |   .1046879   .029304     3.57   0.001     .045736    .1636399
       _cons |   .0516432   12.70555    0.00   0.997   -25.50864    25.61192
-------------+----------------------------------------------------------------
         rho |   .9291977
------------------------------------------------------------------------------
Durbin-Watson statistic (original)    = 0.354538
Durbin-Watson statistic (transformed) = 1.861233
```

图 9-19 普莱斯—温斯登迭代回归分析结果

对本结果的解读与前类似，在此不再赘述。要注意的是 DW 值从 0.354 538 升至 1.861 233，非常接近于没有自相关性的值 2，所以经过普莱斯—温斯登迭代变换后，模型消除了自相关性，但是模型的显著程度和解释能力都有所下降，这也是必须付出的代价。

操作练习题

对例题 9-1 的 Stata 数据文件，使用 Stata 17.0 软件重新操作一遍。

第10章 Stata 多重共线性计量检验与应用

本章通过实例来说明多重共线性计量检验。

10.1 回归模型的多重共线性计量检验基本理论

10.1.1 多重共线性的概念

所谓多重共线性,是指线性回归模型中的若干解释变量或全部解释变量的样本观测值之间具有某种线性关系。

多重共线性包括严重的多重共线性(完全)和近似的多重共线性(不完全)。在进行回归分析时,如果某一自变量可以被其他自变量通过线性组合得到,那么数据就存在严重的多重共线性问题。近似的多重共线性是指某自变量能够被其他的自变量较多地解释,或者说自变量之间存在很大程度的信息重叠。在数据存在多重共线性的情况下,最小二乘回归分析得到的系数值仍然是最优的无偏估计,但可能不够准确,且显著性很弱。解决多重共线性的办法通常有两种:一种是剔除不显著的变量;另一种是提取相关性较弱的几个主因子进行回归分析。

对多元线性回归模型:

$$y_i = \beta_0 + \beta_1 x_{i1} + \beta_2 x_{i2} + \cdots + \beta_p x_{ip} + \varepsilon_i, \ i = 1, 2, \cdots, N$$

即

$$Y = X\beta + \varepsilon$$

其参数 β 的最小二乘法估计为:

$$\hat{\beta} = (X^T X)^{-1} X^T Y$$

上式要求自变量的观察值矩阵

$$X = \begin{pmatrix} 1 & x_{11} & x_{12} & \cdots & x_{1p} \\ 1 & x_{21} & x_{22} & \cdots & x_{2p} \\ \vdots & \vdots & \vdots & \ddots & \vdots \\ 1 & x_{N1} & x_{N2} & \cdots & x_{Np} \end{pmatrix}, \ 其中 N \geq p+1$$

必须是满秩的,即要求:

$$\mathrm{rank}(X) = p+1$$

也即要求 X 的 $p+1$ 个列向量是线性无关的。

1. 完全多重共线性

若 rank $(X) < p+1$,即 p 个自变量的观察值数据之间存在线性关系,就称为完全多重共线性。此时,rank $(X^T X) < p+1$, $X^T X$ 是奇异矩阵,不存在逆矩阵 $(X^T X)^{-1}$,也就是无法求得 β 的最小二乘估计 $\hat{\beta}$。完全多重共线性的情况在实际样本中是极为罕见的,因此不是本节讨论的重点。

2. 不完全多重共线性

在经济计量模型中,比较常见的是各自变量之间存在近似的线性关系,即存在一组不全为 0 的常数 λ_j, $j=0, 1, 2, \cdots, p$, 使

$$\lambda_0 + \lambda_1 x_{i1} + \lambda_2 x_{i2} + \cdots + \lambda_p x_{ip} \approx 0, \quad i = 1, 2, \cdots, N$$

这种情况就称为不完全多重共线性,这是本节讨论的重点。

10.1.2 多重共线性的后果

当存在完全多重共线性时,是无法进行参数估计的,自然也就无法得到回归方程,但除非在建模时错误地将两个本质上完全相同的经济指标(如价格不变条件下的销售量和销售额)同时引入模型,否则是不大可能出现完全多重共线性的。故以下仅讨论不完全多重共线性问题。当样本中的自变量之间存在较高的线性相关时,就会产生以下严重后果:

(1)参数 β 虽然是可估计的,但是它们的方差随各 x_j 间的线性相关程度的提高而迅速增大,估计精度会大大降低。

(2)参数 β 的估计值 $\hat{\beta}$ 对样本数据非常敏感,所用的样本数据稍有变化,就可能引起 $\hat{\beta}$ 值的变化,回归方程处于不稳定状态,也就失去了应用的价值。

(3)当自变量间存在较高程度的线性相关性时,必然导致回归系数不显著,因而必须从模型中剔除某个或若干个变量。由于计量模型中的数据都是被动取得的,人们无法通过不同的试验条件加以控制,被剔除的变量很可能是某个较重要的变量,由此会引发模型设定错误。

(4)由于参数估计量的方差增大,使模型预测和控制的精度大大降低,失去应用价值。

10.1.3 产生多重共线性的原因

多重共线性是计量模型中普遍存在的问题,其产生的原因主要有以下几个方面。

1. 各经济变量之间存在相关性

在经济领域中,许多经济变量之间普遍存在相关性,当同时以某些高度相关的经济变量作为模型的自变量时,就会产生多重共线性问题。

例如,在研究企业生产函数模型时,资本投入和劳动力投入是两个自变量。通常来说,在相同时期的同一行业中,规模大的企业其资本和劳动力的投入都会较多,反之亦然,因此资本投入和劳动力投入就可能是高度线性相关的。特别是当样

本数据所取自地区的经济发展水平大致相当时，这种情况就更为明显，由此可能产生严重的多重共线性。

又如，在研究农业生产函数时，建立了如下模型：

$$Y = \beta_0 + \beta_1 X_1 + \beta_2 X_2 + \beta_3 X_3 + \beta_4 X_4 + \varepsilon$$

式中：Y 表示产量；X_1 表示种植面积；X_2 表示肥料用量；X_3 表示劳动力投入；X_4 表示水利投入。通常种植面积和肥料用料、劳动力投入之间存在较高的线性相关性。

2. 某些经济变量存在相同的变动趋势

在时间序列的计量模型中，作为自变量的多个经济变量往往会存在同步增长或同步下降的趋势。例如，在经济繁荣时，各种基本的经济变量（如收入、消费、储蓄、投资、物价、就业、对外贸易等）都会呈现同步增长趋势；而在经济衰退期则又会几乎一致地放慢增长速度，于是这些变量在时间序列的样本数据中就会存在近似的变动趋势。当模型中含有多个有相同变化趋势的自变量时，就会产生多重共线性。

3. 模型中引入了滞后自变量

在不少计量模型中，都需要引入滞后自变量。例如，居民本期的消费不仅与本期的收入有关，而且和以前各期的收入也有很大关系；又如经济的发展速度不仅与本期的投资有关，而且和前期的投资也有很大关系。而同一经济变量前后期的数据之间往往是高度相关的，这也会使模型产生多重共线性问题。

10.1.4 多重共线性的识别和检验

对样本数据是否存在显著的多重共线性，通常可采用以下方法进行识别和检验。

1. 比较膨胀因子的大小

设 R_j^2 为 x_j 对其余 $p-1$ 个自变量的复决定系数，$\text{VIF}_j = \dfrac{1}{1-R_j^2}$ 为 x_j 对应的方差膨胀因子。由 R_j^2 的意义可知，VIF_j 越大，变量的多重共线性就越严重。当 $\text{VIF}_j \geq 10$ 时，就认为存在严重的多重共线性。

2. 使用简单相关系数进行判别

当模型中仅含有两个自变量 X_1 和 X_2 时，可计算它们的简单相关系数，记为 r_{12}。

$$r_{12} = \frac{\sum (x_{i1} - \bar{x})(x_{i2} - \bar{x}_2)}{\sqrt{\sum (x_{i1} - \bar{x}_1)^2} \sqrt{\sum (x_{i2} - \bar{x}_2)^2}}$$

其中 N 为样本量，$\bar{x}_1$、$\bar{x}_2$ 分别为 X_1 和 X_2 的样本均值。简单相关系数 $|r|$ 反映了两个变量之间的线性相关程度。$|r|$ 越接近 1，说明两个变量之间的线性相关程度越

高，因此可以用来判别是否存在多重共线性。但这一方法有很大的局限性，原因如下：

（1）很难根据 r 的大小来判定两个变量之间的线性相关程度到底有多高。因为它还和样本量 N 有关。不难验证，当 $N=2$ 时，总有 $|r|=1$，但这并不能说明两个变量是完全线性相关的。

（2）当模型中有多个自变量时，即使所有两两自变量之间的简单相关系数 $|r|$ 都不大，也不能说明自变量之间不存在多重共线性。这是因为多重共线性并不仅表现为自变量两两间的线性相关性，还包括多个自变量之间的线性相关性。

3. 回归检验法

我们知道，线性回归模型是用来描述变量之间的线性相关关系的，因此可以通过分别以某一自变量 X_k 对其他自变量进行线性回归，来检验自变量之间是否存在多重共线性，也即可以建立如下 p 个 $p-1$ 元的线性回归模型：

$$X_k = b_{0k} + \sum_{j \neq k} b_{ik} X_j + \varepsilon_k, \ K = 1, 2, \cdots, p$$

并分别对这 p 个回归模型进行逐步回归，若存在显著的回归方程，则说明存在多重共线性。如果有多个显著的回归方程，则取临界显著性水平最高的回归方程，该回归方程就反映了自变量之间线性相关的具体形式。如果所有回归方程都不显著，则说明不存在多重共线性。

由此可见，如果存在多重共线性，回归检验法还可以确定究竟是哪些变量引起了多重共线性，这对消除多重共线性的影响是非常有用的。

4. 通过对原模型回归系数的检验来判定

其实，最简单的方法是通过对原模型回归系数的检验结果来判定是否存在多重共线性。如果回归方程的检验结果是高度显著的，但检验各回归系数的 t 统计量的值都偏小，且存在不显著的变量，当剔除了某个或若干个不显著变量后其他回归系数的 t 统计量的值有很大的提高，就可以判定存在多重共线性。这是由于当某些自变量之间高度线性相关时，其中某个自变量就可以由其他自变量近似线性表示。剔除该变量后，该变量在回归中的作用就转移到与它线性相关的其他自变量上，因此会引起其他解释变量的显著性水平明显提高。但如果在剔除不显著的变量后对其余自变量回归系数的 t 统计量并无明显影响，则并不能说明原模型中存在多重共线性问题。此时说明被剔除的自变量与因变量之间并无线性关系。

如果经所有回归系数的检验结果都是显著的，则可以判定不存在多重共线性问题。

10.1.5　消除多重共线性的方法

通常可以采用以下方法消除多重共线性问题。

1. 剔除引起多重共线性的自变量

由前述判定是否存在多重共线性的第三种方法可知，当存在多重共线性时，最简单的方法就是从模型中剔除不显著的变量，也可以采用逐步回归方法直接得到无多重共线性的回归方程。但采用此方法时应注意结合有关经济理论知识和实际经济背景慎重进行。因为有时产生多重共线性的原因是样本数据的来源存在一定问题，而在许多计量经济模型中，人们往往只能被动地获得已有的数据。如果处理不当，就有可能从模型中剔除了对因变量有重要影响的经济变量，从而会引起更为严重的模型设定错误。故应注意从模型中剔除的应当是相对次要的经济变量。

2. 利用自变量之间存在的某种关系

有时候，根据经济理论、统计资料或经验，我们已经掌握了自变量之间的某种关系，这些关系如能在模型中加以利用就有可能消除多重共线性的影响。

例如，对生产函数模型：

$$Y = AK^\alpha L^\beta e^\varepsilon$$

式中：Y——产量；K——资本；L——劳动力。

将其线性化后为：

$$\ln Y = \ln A + \alpha \ln K + \beta \ln L + \varepsilon$$

前面已经分析过，通常资本和劳动力之间是高度线性相关的，因此 $\ln K$ 和 $\ln L$ 也会存在线性相关性，因此模型就可能存在多重共线性。为解决这一问题，可利用经济学中关于规模报酬不变的假定，即

$$\alpha + \beta = 1$$

代入得到：

$$\ln Y = \ln A + \alpha \ln K + (1 - \alpha) \ln L + \varepsilon$$

经过整理后，可得到：

$$\ln \frac{Y}{L} = \ln A + \alpha \ln \frac{K}{L} + \varepsilon$$

令 $Y^* = \ln \frac{Y}{L}$，$X^* = \ln \frac{K}{L}$，$\alpha_0 = \ln A$，则可以得到无多重共线性的一元线性回归模型：

$$Y^* = \alpha_0 + \alpha X^* + \varepsilon$$

显然，以上变换后并没有丢失 K 和 L 的信息。利用 OLS 估计出 $\hat{\alpha}_0$ 和 $\hat{\alpha}$ 后，可由 $\hat{\beta} = 1 - \hat{\alpha}$ 得到原模型的 $\hat{\beta}$。

3. 改变模型的形式

当回归方程主要是用于预测和控制，而并不侧重于分析每一自变量对因变量的影响程度时，可通过适当改变模型的分析方式，以消除多重共线性。

例如，设某商品的需求模型为：

$$Y = \beta_0 + \beta_1 X_1 + \alpha_1 Z_1 + \alpha_2 Z_2 + \varepsilon$$

式中：Y——需求量；X_1——居民家庭收入水平；Z_1——该商品价格；Z_2——替代商品价格。

在 Z_1 和 Z_2 具有大约相同变化比例的条件下，该需求模型就可能存在多重共线性。但实际应用中人们显然更重视两种商品的价格比，因此可令

$$X_2 = Z_1/Z_2$$

从而可将上述需求模型改变为：

$$Y = \beta_0 + \beta_1 X_1 + \beta_2 X_2 + \varepsilon$$

这就避免了原来模型中的多重共线性。

又如，设有如下消费模型：

$$y_t = \beta_0 + \beta_1 x_t + \beta_2 x_{t-1} + \varepsilon_t$$

式中：y_t——t 期的消费支出；x_t——t 期的收入；x_{t-1}——$t-1$ 期的收入。

显然前期收入和后期收入之间是高度相关的，因此该消费模型存在多重共线性。但是如果我们主要关心的不是前期收入对本期消费支出的影响，而是关心收入的变化对消费支出的影响，则可令 $\Delta x_t = x_t - x_{t-1}$，原模型就变为如下形式：

$$y_t = b_0 + b_1 x_t + b_2 \Delta x_t + \varepsilon_t$$

通常情况下，x_t 与 Δx_t 之间的相关程度要远低于 x_t 和 x_{t-1} 之间的相关程度。因此该模型基本上可消除多重共线性问题。此外，上述两个模型的参数之间还有如下关系：

$$\beta_1 = b_1 + b_2, \beta_2 = -b_2, \beta_0 = b_0$$

再如，设时间序列的计量经济模型为：

$$y_t = \beta_0 + \beta_1 x_{t1} + \beta_2 x_{t2} + \varepsilon_t$$

设 X_1 和 X_2 是高度线性相关的，由上式有：

$$y_{t-1} = \beta_0 + \beta_1 x_{t-1,1} + \beta_2 x_{t-1,2} + \varepsilon_{t-1}$$

两式相减，得：

$$y_t - y_{t-1} = \beta_1(x_{t1} - x_{t-1,1}) + \beta_2(x_{t2} - x_{t-1,2}) + \varepsilon_t - \varepsilon_{t-1}$$

作如下差分变换，令

$$\begin{cases} y_t^* = y_t - y_{t-1} \\ x_{t1}^* = x_{t1} - x_{t-1,1} \\ x_{t2}^* = x_{t2} - x_{t-1,2} \\ V_t = \varepsilon_t - \varepsilon_{t-1} \end{cases}$$

则可得原模型的差分模型：

$$y_t^* = \beta_1 x_{t1}^* + \beta_2 x_{t2}^* + V_t, \quad t = 1, 2, \cdots, N$$

通常，经差分变换后数据的相关程度较低，有可能消除多重共线性。但需要指出的是，经过上述变换后，上式中的随机误差序列 V_t 可能会产生自相关性。然而，当 ε_t 本身是一阶高度正相关时，即

$$\varepsilon_t = \rho \varepsilon_{t-1} + V_t$$

且 $\rho \approx 1$，则

$$\varepsilon_t - \varepsilon_{t-1} \approx V_t$$

反而比较好地消除了自相关性。

4. 增加样本量

我们在前面的分析中已经指出，计量模型中存在的共线性有可能是因为样本数据有限，如果能增加样本量，就有可能降低甚至消除多重共线性。数理统计理论告诉我们，样本量越大，参数估计的方差就越小，而多重共线性的不良后果都是因参数估计的方差增大所致。因此，增加样本量是解决多重共线性问题的最佳途径。但由于计量模型中的许多数据的来源受到很大限制，因此要增加样本量是有一定难度的。

10.2 回归模型的多重共线性计量检验基本应用

例 10-1 表 10-1 给出了我国 1996—2003 年国民经济主要指标的统计数据。试将国内生产总值作为因变量，以货物周转量、原煤量、发电量、原油量作为自变量，对这些数据使用 OLS 分析方法进行研究，并进行多重共线性检验，最终建立合适的回归方程模型用于描述变量之间的关系。

表 10-1 我国 1996—2003 年国民经济主要指标的统计数据

年份 (V_1)	国内生产总值 (V_2)/亿元	货物周转量 (V_3)/亿吨公里	原煤量 (V_4)/亿吨	发电量 (V_5)/亿千瓦时	原油量 (V_6)/万吨
1996	67 884.6	36 590	14.0	10 813	15 733
1997	74 462.6	38 385	13.7	11 356	16 074
1998	78 345.0	38 089	12.5	11 670	16 100
1999	82 067.0	40 568	10.5	12 393	16 000
2000	89 442.0	44 321	10.0	13 556	16 300
2001	97 315.0	47 710	11.6	14 808	16 396
2002	105 172.0	50 686	13.8	16 540	16 700
2003	117 251.9	53 859	16.7	19 106	16 960

使用 Stata 17.0 打开目录 F:\stata17\zsq\chap10 中的 al10-1.dta 数据文件，命令如下：

use "F:\stata17\zsq\chap10\al10-1.dta", clear
browse

数据如图 10-1 所示。

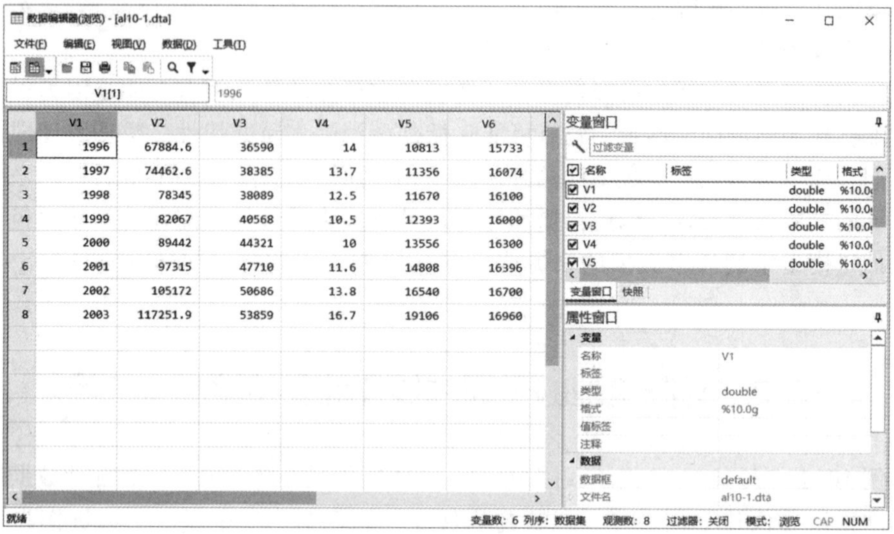

	V1	V2	V3	V4	V5	V6
1	1996	67884.6	36590	14	10813	15733
2	1997	74462.6	38385	13.7	11356	16074
3	1998	78345	38089	12.5	11670	16100
4	1999	82067	40568	10.5	12393	16000
5	2000	89442	44321	10	13556	16300
6	2001	97315	47710	11.6	14808	16396
7	2002	105172	50686	13.8	16540	16700
8	2003	117251.9	53859	16.7	19106	16960

图 10-1 例 10-1 数据

1. 对数据进行描述性分析

在主界面的 Command 文本框中输入命令：

summarize V1 V2 V3 V4 V5 V6，detail

本命令的含义是对数据进行详细的描述性分析。

输入完后，按回车键，得到如图 10-2 所示的分析结果。

```
                             V1
-------------------------------------------------------------
      Percentiles      Smallest
 1%         1996           1996
 5%         1996           1997
10%         1996           1998       Obs                   8
25%       1997.5           1999       Sum of wgt.           8

50%       1999.5                      Mean             1999.5
                        Largest       Std. dev.       2.44949
75%       2001.5           2000
90%         2003           2001       Variance              6
95%         2003           2002       Skewness              0
99%         2003           2003       Kurtosis       1.761905

                             V2
-------------------------------------------------------------
      Percentiles      Smallest
 1%      67884.6        67884.6
 5%      67884.6        74462.6
10%      67884.6          78345       Obs                   8
25%      76403.8          82067       Sum of wgt.           8
```

图 10-2 例 10-1 分析结果图（1）

	Percentiles	Smallest		
50%	85754.5		Mean	88992.51
		Largest	Std. dev.	16681.17
75%	101243.5	89442		
90%	117251.9	97315	Variance	2.78e+08
95%	117251.9	105172	Skewness	.4398428
99%	117251.9	117251.9	Kurtosis	2.043855

V3

	Percentiles	Smallest		
1%	36590	36590		
5%	36590	38089		
10%	36590	38385	Obs	8
25%	38237	40568	Sum of wgt.	8
50%	42444.5		Mean	43776
		Largest	Std. dev.	6420.092
75%	49198	44321		
90%	53859	47710	Variance	4.12e+07
95%	53859	50686	Skewness	.3874834
99%	53859	53859	Kurtosis	1.683573

V4

	Percentiles	Smallest		
1%	10	10		
5%	10	10.5		
10%	10	11.6	Obs	8
25%	11.05	12.5	Sum of wgt.	8
50%	13.1		Mean	12.85
		Largest	Std. dev.	2.174528
75%	13.9	13.7		
90%	16.7	13.8	Variance	4.728571
95%	16.7	14	Skewness	.325807
99%	16.7	16.7	Kurtosis	2.349168

V5

	Percentiles	Smallest		
1%	10813	10813		
5%	10813	11356		
10%	10813	11670	Obs	8
25%	11513	12393	Sum of wgt.	8

图 10-2 例 10-1 分析结果图（1）续 1

```
  50%     12974.5                   Mean          13780.25
                        Largest     Std. dev.     2882.102
  75%     15674        13556
  90%     19106        14808        Variance      8306510
  95%     19106        16540        Skewness      .7700467
  99%     19106        19106        Kurtosis      2.364367

                           V6
         Percentiles    Smallest
   1%     15733        15733
   5%     15733        16000
  10%     15733        16074        Obs                  8
  25%     16037        16100        Sum of wgt.          8

  50%     16200                     Mean          16282.88
                        Largest     Std. dev.     397.3187
  75%     16548        16300
  90%     16960        16396        Variance      157862.1
  95%     16960        16700        Skewness      .4391698
  99%     16960        16960        Kurtosis      2.237363
```

.

图 10-2 例 10-1 分析结果图（1）续 2

通过观察图 10-2，可以看出数据总体质量较好，没有极端异常值，变量之间的量纲差距、变量的偏度和峰度也是可以接受的，可以进入下一步分析。

2. 对数据进行相关分析

在主界面的 Command 文本框中输入命令：

correlate V1 V2 V3 V4 V5 V6

本命令的含义是对变量 $V1$、$V2$、$V3$、$V4$、$V5$、$V6$ 进行相关性分析。

输入完后，按回车键，得到如图 10-3 所示的分析结果。

```
(obs=8)

            V1       V2       V3       V4       V5       V6
     V1 | 1.0000
     V2 | 0.9849   1.0000
     V3 | 0.9766   0.9905   1.0000
     V4 | 0.2172   0.3775   0.3643   1.0000
     V5 | 0.9566   0.9911   0.9846   0.4788   1.0000
     V6 | 0.9473   0.9782   0.9627   0.4517   0.9713   1.0000
```

图 10-3 例 10-1 分析结果图（2）

通过观察图 10-3 的结果，可以看到变量之间的相关系数非常大，这说明变量之间存在很高程度的信息重叠，模型很有可能存在多重共线性问题。

3. 对数据进行回归分析

在主界面的 Command 文本框中输入命令：

regress V2 V3 V4 V5 V6

本命令的含义是对 V2、V3、V4、V5、V6 变量进行回归分析。

输入完后，按回车键，得到如图 10-4 所示的分析结果。

```
      Source |       SS           df       MS      Number of obs   =         8
-------------+----------------------------------   F(4, 3)         =    348.28
       Model |  1.9436e+09         4   485910915   Prob > F        =    0.0002
    Residual |  4185548.75         3  1395182.92   R-squared       =    0.9979
-------------+----------------------------------   Adj R-squared   =    0.9950
       Total |  1.9478e+09         7   278261315   Root MSE        =    1181.2

          V2 | Coefficient  Std. err.      t    P>|t|     [95% conf. interval]
-------------+----------------------------------------------------------------
          V3 |    .0040429   .5633146     0.01   0.995    -1.788676    1.796761
          V4 |   -931.3118   327.7201    -2.84   0.066    -1974.263    111.6399
          V5 |    4.686809   1.391856     3.37   0.043     .2573033    9.116316
          V6 |    10.28367   4.790103     2.15   0.121    -4.960572    25.52792
       _cons |   -131250.3   68579.04    -1.91   0.152    -349499.4    86998.81
```

图 10-4　例 10-1 分析结果图（3）

通过观察图 10-4，可以看出共有 8 个样本参与了分析，$F(4, 3)=348.28$，P 值（Prob>F = 0.000 2），说明该模型整体上非常显著。模型的决定系数（R-squared）= 0.997 9，修正的决定系数（Adj R-squared）= 0.995 0，说明模型的解释能力非常不错。

模型的回归方程是：

$V2 = 0.004\ 042\ 9 \times V3 - 931.311\ 8 \times V4 + 4.686\ 809 \times V5 + 10.283\ 67 \times V6 - 131\ 250.3$

变量 V3 的系数标准误是 0.563 314 6，t 值为 0.01，P 值为 0.995，系数是非常不显著的，95% 的置信区间为 [-1.788 676, 1.796 761]。变量 V4 的系数标准误 327.720 1，t 值为 -2.84，P 值为 0.066，系数是不显著的，95% 的置信区间为 [-1 974.263, 111.639 9]。变量 V5 的系数标准误是 1.391 856，t 值为 3.37，P 值为 0.043，系数是显著的，95% 的置信区间为 [0.257 303 3, 9.116 316]。变量 V6 的系数标准误是 4.790 103，t 值为 2.15，P 值为 0.121，系数是不显著的，95% 的置信区间为 [-4.960 572, 25.527 92]。常数项的系数标准误是 68 579.04，t 值为 -1.91，P 值为 0.152，系数是不显著的，95% 的置信区间为 [-349 499.4, 86 998.81]。

从上面的分析可以看出，国内生产总值与货物周转量、原煤量、发电量、原油量变量进行回归得到的模型中部分变量的系数非常不显著，而且原煤量的系数是负值，这显然是不符合现实情况的，造成这些现象的根源就在于模型存在严重的多重共线性问题。

4. 对数据进行多重共线性检验

在主界面的 Command 文本框中输入命令：

estat vif

本命令旨在对模型进行多重共线性检验。

输入完后，按回车键，得到如图 10-5 所示的分析结果。

Variable	VIF	1/VIF
V5	80.74	0.012386
V3	65.62	0.015239
V6	18.17	0.055026
V4	2.55	0.392461
Mean VIF	41.77	

图 10-5 例 10-1 分析结果图（4）

从图 10-5 中可以看出，Mean VIF 的值为 41.77，远远大于合理值 10，所以模型存在较高程度的多重共线性，其中 V5 的方差膨胀因子最高，为 80.74，所以需要将 V5 剔除后重新进行回归。

在主界面的 Command 文本框中输入命令：

regress V2 V3 V4 V6

输入完后，按回车键，得到如图 10-6 所示的分析结果。

Source	SS	df	MS			Number of obs	=	8
						F(3, 4)	=	128.49
Model	1.9278e+09	3	642607998			Prob > F	=	0.0002
Residual	20005214.2	4	5001303.55			R-squared	=	0.9897
						Adj R-squared	=	0.9820
Total	1.9478e+09	7	278261315			Root MSE	=	2236.4

V2	Coefficient	Std. err.	t	P>|t|	[95% conf. interval]	
V3	1.671362	.5085665	3.29	0.030	.2593548	3.083369
V4	-182.1422	455.5875	-0.40	0.710	-1447.056	1082.771
V6	15.5194	8.578151	1.81	0.145	-8.297364	39.33617
_cons	-234533	116132.3	-2.02	0.114	-556967.8	87901.88

图 10-6 例 10-1 分析结果图（5）

通过观察图 10-6 的结果，可以看出共有 8 个样本参与了分析，$F(4, 3) = 128.49$，P 值（Prob>F=0.000 2），说明该模型整体上是非常显著的。模型的决定系数（R-squared）＝ 0.989 7，修正的决定系数（Adj R-squared）＝ 0.982 0，说明模型的解释能力非常不错。

模型的回归方程是：

$V2 = 1.671\ 362 \times V3 - 182.142\ 2 \times V4 + 15.519\ 4 \times V6 - 234\ 533$

变量 V3 的系数标准误是 0.508 566 5，t 值为 3.29，P 值为 0.030，系数是显著

的,95%的置信区间为 [0.259 354 8, 3.083 369]。变量 V4 的系数标准误 455.587 5, t 值为 -0.40, P 值为 0.710, 系数是不显著的, 95%的置信区间为 [-1 447.056, 1 082.771]。变量 V6 的系数标准误是 8.578 151, t 值为 1.81, P 值为 0.145, 系数是不显著的, 95%的置信区间为 [-8.297 364, 39.336 17]。常数项的系数标准误是 116 132.3, t 值为 -2.02, P 值为 0.114, 系数是不显著的, 95%的置信区间为 [-556 967.8, 87 901.88]。

从上面的分析可以看出,国内生产总值与货物周转量、原煤量、原油量变量进行回归得到的模型中部分变量的系数非常不显著,而且原煤量的系数是负值,这显然是不符合现实情况的,造成这些现象的根源就在于模型还是存在较严重的多重共线性问题。

在主界面的 Command 文本框中输入命令:

estat vif

本命令旨在对模型进行多重共线性检验。

输入完后,按回车键,可以得到如图 10-7 所示的分析结果。

Variable	VIF	1/VIF
V6	16.26	0.061506
V3	14.92	0.067020
V4	1.37	0.727967
Mean VIF	10.85	

图 10-7 例 10-1 分析结果图 (6)

从图 10-7 结果中可以看出, Mean VIF 的值为 10.85, 大于合理值 10, 所以模型存在一定程度的多重共线性,其中 V6 的方差膨胀因子最高,为 16.26, 所以需要将 V6 剔除后重新进行回归。

在主界面的 Command 文本框中输入命令:

regress V2 V3 V4

输入完后,按回车键,得到如图 10-8 所示的分析结果。

Source	SS	df	MS		
Model	1.9115e+09	2	955727052		
Residual	36375104.5	5	7275020.9		
Total	1.9478e+09	7	278261315		

Number of obs	=	8
F(2, 5)	=	131.37
Prob > F	=	0.0000
R-squared	=	0.9813
Adj R-squared	=	0.9739
Root MSE	=	2697.2

V2	Coefficient	Std. err.	t	P>|t|	[95% conf. interval]	
V3	2.555185	.1705049	14.99	0.000	2.116889	2.993482
V4	148.2452	503.3999	0.29	0.780	-1145.785	1442.276
_cons	-24768.24	7955.57	-3.11	0.026	-45218.68	-4317.793

图 10-8 例 10-1 分析结果图 (7)

本结果的详细解读，前面多有提及，在此不再赘述。

在主界面的 Command 文本框中输入命令：

estat vif

本命令旨在对模型进行多重共线性检验。

输入完后，按回车键，可以得到如图 10-9 所示的分析结果。

Variable	VIF	1/VIF
V3	1.15	0.867321
V4	1.15	0.867321
Mean VIF	1.15	

图 10-9　例 10-1 分析结果图（8）

从图 10-9 中可以看出，Mean VIF 的值为 1.15，小于合理值 10，所以模型不存在多重共线性。由图 10-8 中可见 V4 的系数不显著，所以将其剔除，重新进行回归。

regress V2 V3

输入完后，按回车键，得到如图 10-10 所示的分析结果。

Source	SS	df	MS		
Model	1.9108e+09	1	1.9108e+09	Number of obs =	8
Residual	37006017.3	6	6167669.55	F(1, 6) =	309.81
				Prob > F =	0.0000
				R-squared =	0.9810
				Adj R-squared =	0.9778
Total	1.9478e+09	7	278261315	Root MSE =	2483.5

V2	Coefficient	Std. err.	t	P>|t|	[95% conf. interval]
V3	2.573475	.1462077	17.60	0.000	2.215718　2.931232
_cons	-23663.93	6460.335	-3.66	0.011	-39471.81　-7856.063

图 10-10　例 10-1 分析结果图（9）

通过观察图 10-10 的结果，可以看出共有 8 个样本参与了分析，$F(1, 6) = 309.81$，P 值（Prob>F=0.000 0），说明该模型整体上是非常显著的。模型的决定系数（R-squared）= 0.981 0，修正的决定系数（Adj R-squared）= 0.977 8，说明模型的解释能力非常不错。

模型的回归方程是：

$$V2 = 2.573\ 475 \times V3 - 23\ 663.93$$

变量 $V3$ 的系数标准误是 0.146 207 7，t 值为 17.60，P 值为 0.000，系数是非常显著的，95% 的置信区间为 [2.215 718，2.931 232]。常数项的系数标准误是 6 460.335，t 值为 -3.66，P 值为 0.011，系数是显著的，95% 的置信区间为 [-39 471.81，-7 856.063]。

从图 10-10 中可以看出，模型的整体显著性、变量和常数项的系数显著性都达到了近乎完美的状态。最终的结论是：在参与分析的变量中，货物周转量能够最大限度地解释国内生产总值，货物周转量越大，国内生产总值也越大。

10.3 回归模型的多重共线性计量检验的拓展应用

上面的 Stata 命令比较简单，分析过程及结果已经达到解决实际问题的要求。但 Stata17.0 的强大之处在于，它同样提供了更加复杂的命令格式以满足用户更加个性化的需求。

下面使用因子分析方法来解决模型的多重共线性问题。

以例 10-1 为例，在主界面的 Command 文本框中输入命令：

factor V3 V4 V5 V6，pcf

本命令的含义是对变量 $V3$、$V4$、$V5$、$V6$ 提取公因子。

输入完后，按回车键，得到如图 10-11 所示的分析结果。

```
(obs=8)

Factor analysis/correlation                Number of obs    =         8
    Method: principal-component factors    Retained factors =         1
    Rotation: (unrotated)                  Number of params =         4

    --------------------------------------------------------------------
        Factor  |   Eigenvalue   Difference    Proportion   Cumulative
    ------------+-------------------------------------------------------
       Factor1  |     3.20006      2.44539        0.8000       0.8000
       Factor2  |     0.75467      0.71659        0.1887       0.9887
       Factor3  |     0.03808      0.03089        0.0095       0.9982
       Factor4  |     0.00718            .        0.0018       1.0000
    --------------------------------------------------------------------
    LR test: independent vs. saturated:  chi2(6)  =   42.71 Prob>chi2 = 0.0000

Factor loadings (pattern matrix) and unique variances

    -------------------------------------
     Variable  |   Factor1    Uniqueness
    -----------+-------------------------
          V3   |   0.9660        0.0668
          V4   |   0.5760        0.6682
          V5   |   0.9894        0.0211
          V6   |   0.9778        0.0439
    -------------------------------------
```

图 10-11 例 10-1 分析结果图（10）

在主界面的 Command 文本框中输入命令：

predict f1

本命令的含义旨在产生已提取的公因子变量 $f1$。

输入完后，按回车键，得到如图 10-12 所示的分析结果。

```
(option regression assumed; regression scoring)

Scoring coefficients (method = regression)

    Variable |   Factor1
    ---------+---------
          V3 |  0.30188
          V4 |  0.18001
          V5 |  0.30919
          V6 |  0.30556
```

图 10-12　例 10-1 分析结果图（11）

通过观察图 10-12 的结果，可以得到如下表达式：

$$f1 = 0.30188 \times V3 + 0.18001 \times V4 + 0.30919 \times V5 + 0.30556 \times V6$$

在"数据编辑器（浏览）"窗口得到如图 10-13 所示的分析结果。

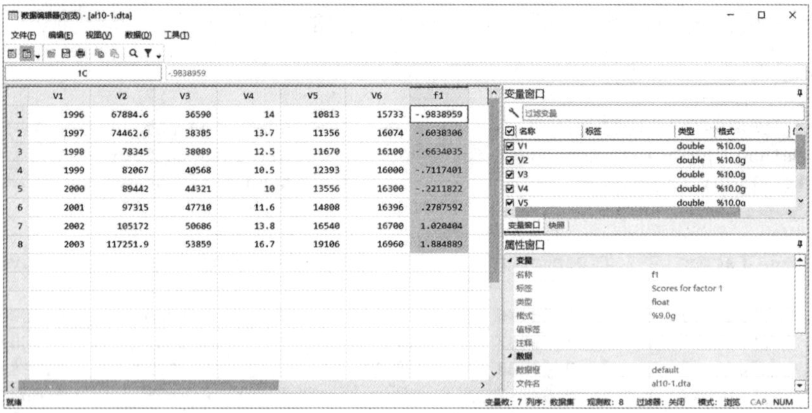

图 10-13　例 10-1 分析结果图（12）

在主界面的 Command 文本框中输入命令：

reg V2 f1

本命令的含义旨在以 $V2$ 为因变量，以 $f1$ 为自变量进行回归分析。

输入完后，按回车键，得到如图 10-14 所示的分析结果。

```
      Source |       SS           df       MS      Number of obs   =         8
-------------+----------------------------------   F(1, 6)         =    103.71
       Model |  1.8413e+09         1  1.8413e+09   Prob > F        =    0.0001
    Residual |   106524045         6   17754007.5  R-squared       =    0.9453
-------------+----------------------------------   Adj R-squared   =    0.9362
       Total |  1.9478e+09         7   278261315   Root MSE        =    4213.6

------------------------------------------------------------------------------
          V2 | Coefficient  Std. err.      t    P>|t|     [95% conf. interval]
-------------+----------------------------------------------------------------
          f1 |    16218.62   1592.572    10.18   0.000     12321.73    20115.5
       _cons |    88992.51   1489.715    59.74   0.000     85347.31   92637.71
------------------------------------------------------------------------------
```

图 10-14　例 10-1 分析结果图（13）

由图 10-14 可以看出，模型的整体显著性、变量和常数项的系数显著性都达到了近乎完美的状态。

在主界面的 Command 文本框中输入命令：

vif

本命令旨在对模型进行多重共线性检验。

输入完后，按回车键，得到如图 10-15 所示的分析结果。

Variable	VIF	1/VIF
f1	1.00	1.000000
Mean VIF	1.00	

图 10-15 例 10-1 分析结果图（14）

从图 10-15 中可以看出，Mean VIF 的值为 1，远远小于合理值 10，所以模型的多重共线性得到了很大程度的改善。

操作练习题

对例题 10-1 中的 Stata 数据文件，使用 Stata 17.0 软件重新操作一遍。

第 11 章 Stata 时间序列分析

11.1 时间序列分析的基本理论

时间序列分析是一种动态数据处理的统计方法。该方法基于随机过程理论和数理统计学方法，研究随机数据序列所遵从的统计规律，以此来解决实际问题。时间序列是随时间而变化、具有动态性和随机性特征的数字序列。在现实生活中，许多统计资料都是按照时间进行观测记录的，因此时间序列分析在实际分析中具有广泛的应用。

时间序列分析模型不同于一般的计量模型，其不以经济理论为依据，而是依据变量自身的变化规律，利用外推机制描述时间序列的变化。时间序列模型在处理的过程中必须明确考虑时间序列的非平稳性。

本章在介绍时间序列分析的基本理论的基础上，对 Stata 17.0 中提供的时间序列分析功能进行一系列的实例分析。

11.1.1 平稳、协整、因果检验的基本概念

如果一个随机过程的均值和方差在时间过程上都是常数，并且在任何两个时期的协方差值仅依赖于该两个时期间的距离或滞后，而不依赖于计算这个协方差的实际时间，就称它为平稳的。强调平稳性是因为将一个随机游走变量（即非平稳数据）对另一个随机游走变量进行回归可能导致荒谬的结果，传统的显著性检验将告知我们变量之间的关系是不存在的。这种情况就称为"伪回归"（Spurious Regression）。

有时虽然两个变量都是随机游走的，但它们的某个线性组合却可能是平稳的，在这种情况下，我们称这两个变量是协整的。

因果检验用于确定一个变量的变化是否为另一个变量变化的原因。

11.1.2 单位根检验

1. 单位根过程

如果一个时间序列的均值或自协方差函数随时间而改变，那么这个序列就是非平稳时间序列。

随机过程 $\{y, t=1, 2, \cdots\}$，若 $y_t = \rho y_{t-1} + \varepsilon_t$，其中：$\rho = 1$，$\varepsilon_t$ 为一稳定过

程,且 $E(\varepsilon_t) = 0$, $\text{Cov}(\varepsilon_t, \varepsilon_{t-s}) = \mu_t < \infty$,这里 $s = 0, 1, 2, \cdots$,则称该过程为单位根过程。特别地,若 $y_t = y_{t-1} + \varepsilon_t$,其中:$\varepsilon_t$ 独立同分布,且 $E(\varepsilon_t) = 0$,$D(\varepsilon_t) = \sigma^2 < \infty$,则称该过程为随机游动过程。它是单位根过程的一个特例。

若单位根过程经过一阶差分成为平稳过程,即

$$y_t - t_{t-1} = (1 - B)y_t = \varepsilon_t$$

其中,B 为一步滞后算子,则时间序列 y_t 称为一阶单整序列,记作 $I(1)$。一般地,如果非平稳时间序列 x_t 经过 d 阶差分成为平稳过程,则时间序列 y_t 称为 d 阶单整序列,记作 $I(d)$。其中,d 表示单整阶数,是时间序列包含的单位根个数。

2. 单位根的 DF 检验与 ADF 检验

可以用时间序列的自相关性分析图判断时间序列的平稳性,但这种方法比较粗略,单位根检验是检验时间序列平稳性的常用方法。

(1) DF 检验。

考虑一个 AR(1) 过程:

$$y_t = \rho y_{t-1} + \varepsilon_t$$

其中,ε_t 是白噪声。若参数 $|\rho| < 1$,则时间序列 y_t 是平稳的。而当 $|\rho| > 1$ 时,时间序列是爆炸性的,没有实际意义。所以只需检验 $|\rho| < 1$ 的情况。

实际检验时,上式可以写成:

$$\nabla y_t = \gamma y_{t-1} + \varepsilon_t$$

其中,$\gamma = \rho - 1$。检验假设为:

$$H_0: \gamma = 0 \qquad H_1: \gamma < 0$$

在时间序列存在单位根的零假设下,对参数 γ 估计值进行显著性检验的统计量不服从常规的 t 分布,迪基(Dickey)和福勒(Fuller)于 1979 年给出了用于检验的模拟值,故该检验称为 DF 检验。在 Stata 中给出的是由麦金农(MacKinnon)改进的单位根检验的临界值。

根据时间序列 y_t 的性质不同,DF 检验还允许时间序列 y_t 有如下两种形式:
① 包含常数项,即

$$\nabla y_t = c + \gamma y_{t-1} + \varepsilon_t$$

② 包含常数项和线性时间趋势项,即

$$\nabla y_t = c + \delta t + \gamma y_{t-1} + \varepsilon_t$$

一般地,如果时间序列 y_t 在 0 均值上下波动,则应该选择不包含常数项和线性时间趋势项的检验方程;如果时间序列 y_t 具有非 0 均值,但没有时间趋势,可选择包含常数项的模型作为检验方程;如果时间序列随时间变化有上升或下降趋势,应选择包含常数项和线性时间趋势项的模型作为检验方程。

(2) ADF 检验。

在 DF 检验中,常常因为时间序列存在高阶滞后相关性而破坏了随机扰动项 ε_t 是白噪声的假设,ADF 检验对此做了改进。它假定时间序列 y_t 服从 AR(p) 过程。

检验方程为:

$$\nabla y_t = \gamma y_{t-1} + \xi_1 \nabla y_{t-1} + \xi_2 \nabla y_{t-2} + \cdots + \xi_{p-1} \nabla y_{t-p+1} + \varepsilon_t$$

ADF 检验假设与 DF 检验相同。在实际操作中,上式中的参数 p 视具体情况而定,一般选择能保证 ε_t 是白噪声的最小的 p 值。可知,DF 检验是 ADF 检验的一个特例。

与 DF 检验一样,ADF 检验也可以有仅包含常数项和同时含有常数项和线性时间趋势项两种形式,只需在上式右边加上 c 或 c 与 δt。

3. 单位根的 PP 检验

针对时间序列可能存在高阶相关性的情况,菲利普斯(Pillips)和皮尔森(Person)与 1988 年提出了一种检验方法,称为 PP 检验,检验方程是:

$$\nabla y_t = \alpha + \gamma y_{t-1} + \varepsilon_t$$

该检验对方程中的系数 γ 的显著性检验 t 统计量进行了修正,检验原假设与 ADF 检验相同:时间序列存在单位根,即 $\gamma = 0$。Stata 采用 Newey-West 异方差和自相关一致估计,检验统计量为:

$$t_{pp} = \frac{\gamma_0^{1/2} t_\gamma}{\omega} - \frac{(\omega^2 - \gamma^2) T s_\gamma}{2\omega\hat{\sigma}}$$

其中:$\omega = \gamma_0 + 2\sum_{j=1}^{q}\left(1 - \frac{j}{q+1}\right)\gamma_j$;$\gamma_j = \frac{1}{T}\sum_{t=j+1}^{T}\tilde{\varepsilon}_t\tilde{\varepsilon}_{t-j}$;$t_\gamma$,$s_\gamma$ 是系数 γ 的统计量和标准误;$\hat{\sigma}$ 是检验方程的估计标准误;T 是时期总数;q 是截尾期。针对时间序列的不同性质,PP 检验也有仅含常数项、同时含常数项和线性时间趋势项以及不含常数项和线性时间趋势项三种检验类型。

11.1.3 协整检验

对于有些时间序列,虽然它们自身非平稳,但其线性组合却平稳。这个线性组合反映了变量之间长期稳定的比例关系,称为协整关系,本小节介绍协整的定义与协整检验有关方法及其应用。

1. 协整的定义

如果时间序列 y_{1t},y_{2t},$\cdots$,y_{nt} 都是 d 阶单整,即 $I(d)$,存在一个向量 $\alpha = (\alpha_1, \cdots, \alpha_n)$,使得 $\alpha y'_t \sim I(d-b)$,这里 $y_t = (y_{1t}, y_{2t}, \cdots, y_{nt})$,$d \geqslant b \geqslant 0$,则称时间序列 y_{1t},y_{2t},$\cdots$,y_{nt} 是 (d, b) 阶协整,记为 $y_t \sim CI(d, b)$,α 为协整向量。

下面讨论两个序列之间的协整关系,多变量的协整可在多方程模型中讨论。可以证明,两个时间序列 x_t,y_t,只有在它们是同阶单整即 $I(d)$ 时,才可能存在协整关系(这一点对多变量协整并不适用)。

2. 协整检验

为检验两变量 (x_t, y_t) 是否协整,恩格尔(Engle)和格兰杰(Granger)于 1987 年提出了两步检验法,称为 EG 检验。若时间序列 x_t,y_t 都是 d 阶单整的,用

一个变量对另一个变量回归，即

$$y_t = \alpha + \beta x_t + \varepsilon_t$$

用 $\hat{\alpha}$，$\hat{\beta}$ 表示回归系数的估计值，则模型残差估计值为：

$$\hat{\varepsilon} = y_t - \hat{\alpha} - \hat{\beta} x_t$$

若 $\hat{\varepsilon} \sim I(0)$，则 x_t，y_t 具有协整关系，且 $(1, -\hat{\beta})$ 为协整向量，上式为协整回归方程。

11.1.4 误差修正模型

误差修正模型（Error Correction Model，ECM）基本形式是由大卫德森（Davidson）、亨得利（Hendry）、斯尔巴（Srba）和叶欧（Yeo）于1978年提出的，也称为DHSY模型。对DHSY模型：

$$y_t = \beta_0 + \beta_1 x_t + \beta_2 y_{t-1} + \beta_3 x_{t-1} + \varepsilon_t$$

移项整理可得：

$$\nabla y_t = \beta_0 + \beta_1 \nabla x_t + (\beta_2 - 1)\left(y - \frac{\beta_1 + \beta_3}{1 - \beta_2} x\right)_{t-1} + \varepsilon_t$$

上式即为误差修正模型，$y - \frac{\beta_1 + \beta_3}{1 - \beta_2} x$ 是误差修正项，记为 ECM。

上式解释了因变量 y_t 的短期波动 ∇y_t 是如何被决定的。一方面，它受到自变量短期波动 ∇x_t 的影响；另一方面，它取决于 ECM。如果变量 x_t、y_t 存在长期的均衡关系，即有 $\bar{y} = a\bar{x}$，ECM 可以改写成：

$$\bar{y} = \frac{\beta_1 + \beta_3}{1 - \beta_2} \bar{x}$$

可见，ECM 反映了变量在短期波动中偏离它们长期均衡关系的程度，称为均衡误差，模型可简记为：

$$\nabla y_t = \beta_0 + \beta_1 \nabla x_t + \lambda \text{ECM}_{t-1} + \varepsilon_t$$

一般地，$|\beta_2| < 1$，所以 $\lambda = \beta_2 - 1 < 0$。因此，当 $y_{t-1} > \frac{\beta_1 + \beta_3}{1 - \beta_2} x_{t-1}$，$\text{ECM}_{t-1}$ 为正，则 λECM_{t-1} 为负，使 ∇y_t 减少，反之亦然。这体现了均衡误差对 y_t 的控制。

11.2 时间序列分析的基本应用

在进行时间序列分析前，我们往往需要对数据进行预处理。首先要分析的是该数据是否适合用时间序列分析，这往往需要我们提前对数据进行简单回归，然后再进行时间序列分析的基本操作，包括定义时间序列、绘制时间序列趋势图等。对于一个带有日期变量的数据文件，Stata 17.0 并不会自动识别并判断该数据是否是时间序列数据，尤其是数据含有多个日期变量的情形，所以要选取恰当的日期变量，然后定义时间序列。而绘制时间序列趋势图的重要性是不言而喻的,通过该步操作,我们可以看出数据的变化特征,为后续更加精确地判断或者选择合适的模型做好准备。

例 11-1 农村家庭联产承包责任制的推行和城市化进程的加快使得我国大批劳动力从农村中解放出来,向当地乡镇企业和城市转移。农村劳动力的大批转移有效改善了我国劳动力的整体利用状况,提高了人力资源的市场配置效率,对农村经济乃至整个国民经济的发展都起到了非常大的推动作用。那么影响农村人口转移的因素有哪些呢?某课题组对该问题进行了实证研究。该课题组选择的具有代表性的变量和数据如表 11-1 所示。试使用 Stata 17.0 进行简要分析。

表 11-1 农村人口城乡转移规模年度数据及相关变量数据

年份	城乡人口净转移 (m)/万人	城镇失业规模 (S)/万人	城乡收入差距 (g)	制度因素 (t)
1978		530.0	1.57	1
1979	1 101.69	567.6	1.53	2
1980	484.28	541.5	1.5	3
1981	814.63	439.5	1.24	4
1982	1 055.05	349.4	0.98	5
1983	571.68	271.4	0.82	6
…	…	…	…	…
2002	1 814.92	770.0	2.11	25
2003	1 821.55	800.0	2.23	26
2004	1 779.12	827.0	2.21	27
2005	1 785.18	839.0	2.22	28

使用 Stata 17.0 打开目录 F:\stata17\zsq\chap11 中的 al11-1.dta 数据文件,命令如下:

use "F:\stata17\zsq\chap11\al11-1.dta", clear
browse

数据如图 11-1 所示。

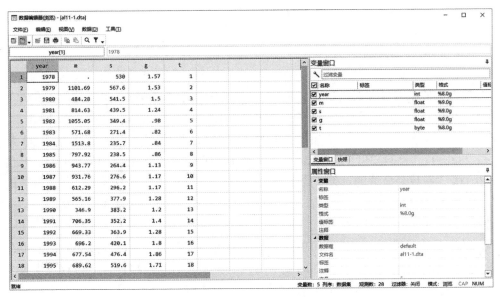

图 11-1　例 11-1 数据

1. 对数据进行回归分析

在主界面的 Command 文本框中输入命令：

regress m s g t

本命令的含义是不考虑数据的时间序列性质，直接以城乡人口净转移为因变量，以城镇失业规模、城乡收入差距、制度因素为自变量，对数据进行多重线性回归。

输入完后，按回车键，得到如图 11-2 所示的分析结果。

Source	SS	df	MS		
Model	5572311.68	3	1857437.23	Number of obs =	27
Residual	2441241.24	23	106140.923	F(3, 23) =	17.50
				Prob > F =	0.0000
				R-squared =	0.6954
				Adj R-squared =	0.6556
Total	8013552.92	26	308213.574	Root MSE =	325.79

m	Coefficient	Std. err.	t	P>|t|	[95% conf. interval]	
s	3.498603	.8786972	3.98	0.001	1.680879	5.316327
g	-1408.282	422.5061	-3.33	0.003	-2282.303	-534.2617
t	47.3141	13.75179	3.44	0.002	18.86635	75.76185
_cons	850.7036	272.2616	3.12	0.005	287.4877	1413.92

图 11-2　例 11-1 分析结果图（1）

通过观察图 11-2 的结果，可以看出共有 27 个样本参与了分析，$F(3, 23) = 17.50$，P 值（Prob>F=0.000 0），说明该模型整体上是非常显著的。模型的决定系数（R-squared）= 0.695 4，修正的决定系数（Adj R-squared）= 0.655 6，说明模型的解释能力较好。

模型的回归方程是：

$$m = 3.498\ 603 \times s - 1408.282 \times g + 47.314\ 1 \times t + 850.703\ 6$$

变量 s 的系数标准误是 0.878 697 2，t 值为 3.98，P 值为 0.001，系数是非常显著的，95%的置信区间为 [1.680 879, 5.316 327]。变量 g 的系数标准误 422.506 1，t 值为 -3.33，P 值为 0.003，系数是显著的，95%的置信区间为 [-2 282.303, -534.261 7]。变量 t 的系数标准误是 13.751 79，t 值为 3.44，P 值为 0.002，系数是显著的，95%的置信区间为 [18.866 35, 75.761 85]。常数项的系数标准误是 272.261 6，t 值为 3.12，P 值为 0.005，系数是显著的，95%的置信区间为 [287.487 7, 1 413.92]。

从上面的分析可以看出，简单的回归模型在一定程度上是可以接受的，但也存在提升改进的空间。本模型得到的基本结论是城乡人口净转移（m）随着城乡收入差距（g）的扩大而扩大；城镇失业规模（s）对农村人口转移具有阻碍作用；城乡人口净转移（m）随着制度因素（t）的取值增加而扩大。

2. 对数据进行时间序列定义

在主界面的 Command 文本框中输入命令：

tsset year

本命令旨在对把年份作为日期变量对数据进行时间序列定义。

输入完后，按回车键，得到如图 11-3 所示的分析结果。

```
Time variable: year, 1978 to 2005
         Delta: 1 unit
```

图 11-3　例 11-1 分析结果图（2）

从图 11-3 中可以看出，时间变量是年份（$year$），区间范围是 1978—2005，间距为 1 年。

3. 绘制变量城乡人口净转移随时间的变动趋势图

在主界面的 Command 文本框中输入命令：

twoway (line m year)

本命令的含义是绘制时间序列趋势图来描述变量城乡人口净转移随时间的变动趋势。

输入完后，按回车键，得到如图 11-4 所示的分析结果。

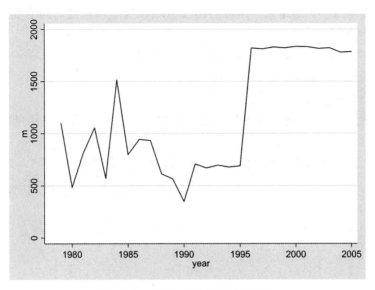

图 11-4　例 11-1 分析结果图（3）

通过观察图 11-4 的结果，可以看出述变量城乡人口净转移随时间没有明显、稳定的长期变化方向。

4. 绘制变量城镇失业规模随时间的变动趋势图

在主界面的 Command 文本框中输入命令：

twoway（line s year）

本命令的含义是绘制时间序列趋势图来描述变量城镇失业规模随时间的变动趋势。

输入完后，按回车键，得到如图 11-5 所示的分析结果。

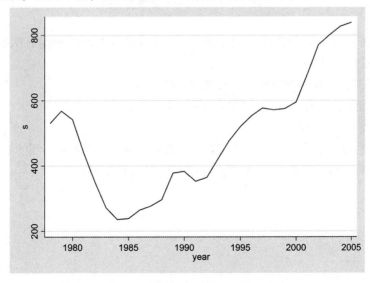

图 11-5　例 11-1 分析结果图（4）

通过观察图 11-5 的结果，可以看出变量城镇失业规模随时间有明显、稳定的向上增长的趋势。

5. 绘制变量城乡收入差距随时间的变动趋势图

在主界面的 Command 文本框中输入命令：

twoway（line g year）

本命令的含义是绘制时间序列趋势图来描述变量城乡收入差距随时间的变动趋势。

输入完后，按回车键，得到如图 11-6 所示的分析结果。

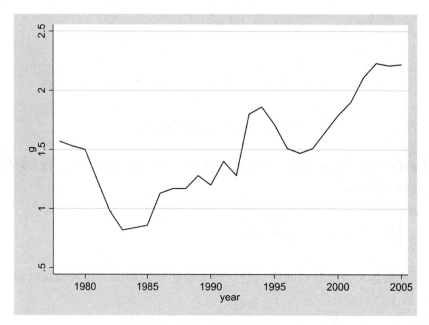

图 11-6　例 11-1 分析结果图（5）

通过观察图 11-6 的结果，可以看出变量城乡收入差距随时间有明显、稳定的向上增长的趋势。

6. 绘制变量制度因素随时间的变动趋势图

在主界面的 Command 文本框中输入命令：

twoway（line t year）

本命令的含义是绘制时间序列趋势图来描述变量制度因素随时间的变动趋势。

输入完后，按回车键，得到如图 11-7 所示的分析结果。

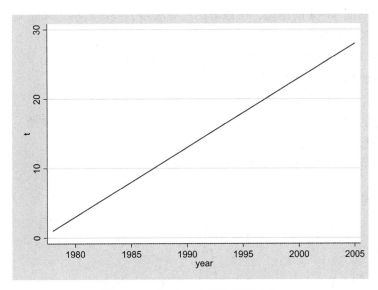

图 11-7　例 11-1 分析结果图（6）

通过观察图 11-7 的结果，可以看出变量制度因素随时间有明显、稳定的向上增长趋势。

7. 绘制变量城乡人口净转移的一阶差分随时间的变动趋势图

在主界面的 Command 文本框中输入命令：

twoway（line d. m year）

本命令的含义是绘制时间序列趋势图来描述变量城乡人口净转移的一阶差分随时间的变动趋势。

输入完后，按回车键，得到如图 11-8 所示的分析结果。

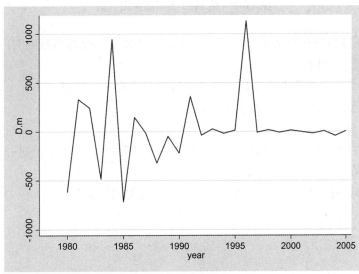

图 11-8　例 11-1 分析结果图（7）

通过观察图 11-8 的结果，可以看出变量城乡人口净转移的增量随时间没有明显、稳定的长期变化方向。

8. 绘制变量城镇失业规模的一阶差分随时间的变动趋势图

在主界面的 Command 文本框中输入命令：

twoway（line d. s year）

本命令的含义是绘制时间序列趋势图来描述变量城镇失业规模的一阶差分随时间的变动趋势。

输入完后，按回车键，得到如图 11-9 所示的分析结果。

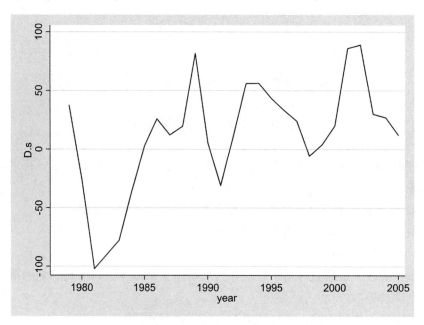

图 11-9　例 11-1 分析结果图（8）

通过观察图 11-9 的结果，可以看出变量城镇失业规模的增量随时间没有明显、稳定的长期变化方向。

9. 绘制变量城乡收入差距的一阶差分随时间的变动趋势图

在主界面的 Command 文本框中输入命令：

twoway（line d. g year）

本命令的含义是绘制时间序列趋势图来描述变量城乡收入差距的一阶差分随时间的变动趋势。

输入完后，按回车键，得到如图 11-10 所示的分析结果。

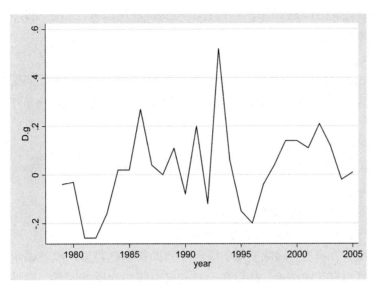

图 11-10　例 11-1 分析结果图（9）

通过观察图 11-10 的结果，可以看出变量城乡收入差距的增量随时间没有明显、稳定的向上增长的趋势。

10. 描述变量制度因素的一阶差分随时间的变动趋势图

在主界面的 Command 文本框中输入命令：

twoway（line d. t year）

本命令的含义是绘制时间序列趋势图来描述变量制度因素的一阶差分随时间的变动趋势。

输入完后，按回车键，得到如图 11-11 所示的分析结果。

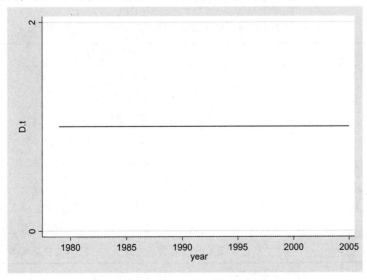

图 11-11　例 11-1 分析结果图（10）

通过观察图 11-11 的结果，可以看出述变量制度因素的增量随时间没有明显、稳定的向上增长趋势。

11. 拓展应用

上面的 Stata 命令比较简单，分析过程及结果已经达到解决实际问题的要求。但 Stata 17.0 的强大之处在于，它同样提供了更加复杂的命令格式以满足用户更加个性化的需求。

（1）清除数据的时间序列格式。

以例 10-1 为例，在主界面的 Command 文本框中输入命令：

tsset, clear

本命令的含义是把数据恢复为普通的数据。

（2）关于时间序列数据处理的一般说明。

一般情况下，我们要清除变量的时间序列的长期趋势后，或者说变量平稳后才能进行回归得出有效的结论，所以在绘制变量时间序列图的时候，如果该变量存在长期趋势图，那么就应该进行一阶差分后再进行查看。所谓变量的一阶差分是指对变量的原始数据进行处理，用后面的数据减去前面的数据得出的一个新的时间序列。如果变量的一阶差分还是存在长期趋势，那么就应该进行二阶差分后再进行查看，以此类推，直到数据平稳。所谓二阶差分，就是以一阶差分得到的时间序列数据作为原始数据，通过后项减去前项处理后得到的新的时间序列。一般情况下，如果数据的低阶差分是平稳的，那么高阶差分也是平稳的。

（3）关于时间序列运算的有关说明。

在例 11-1 中，使用了 d.m、d.s、d.g、d.t 符号分别用来表示变量 m、s、g、t 的一阶差分。其实还有很多其他简便的运算可供用户使用。常用的 Stata 命令符号与对应的时间序列运算含义如表 11-2 所示。

表 11-2 常用的 Stata 命令符号与对应的时间序列运算的含义

Stata 命令符号	时间序列运算的含义
L.	变量的滞后一期（Y_{t-1}）
L2.	变量的滞后二期（Y_{t-2}）
L(1/3).	变量的滞后一期到滞后三期（Y_{t-1}、Y_{t-2}、Y_{t-3}）
F.	变量的向前一期（Y_{t+1}）
F2.	变量的向前二期（Y_{t+2}）
D.	变量的一阶差分（$Y_t - Y_{t-1}$）
D2.	变量的二阶差分（$Y_t - Y_{t-1}$）-（$Y_{t-1} - Y_{t-2}$）
S.	变量的季节差分（$Y_t - Y_{t-1}$），与 D. 定义同
S2.	变量的二期季节差分（$Y_t - Y_{t-2}$），注意与 D. 不同

11.3 单位根检验

对于一个时间序列数据而言,数据的平稳性对于模型的构建是非常重要的。如果时间序列数据是不平稳的,就可能会导致自回归系数的估计值向左偏向于 0,使传统的 t 检验失效,也有可能会使得两个相互独立的变量出现假相关关系或者回归关系,造成模型结果的失真。在时间序列数据不平稳的情况下,目前公认的能够有效解决假相关或伪回归问题、构造出合理模型的方法有两种:一种是先对变量进行差分直到数据平稳,再把得到的数据进行回归;另一种就是进行协整检验并构建合理模型。那么如何判断数据是否平稳呢?上节中提到的绘制时间序列图的方法可以作为初步推测或者辅助检验的一种方式。但一种更精确的检验方式是:如果数据没有单位根,我们就认为它是平稳的,这时就需要用到本节介绍的单位根检验。

例 11-2 沿用上节的数据,试通过单位根检验的方式来判断城乡人口净转移、城镇失业规模、城乡收入差距、制度因素变量是否平稳。

单位根检验的方式有很多种,这里我们介绍常用的两种方式:ADF 检验和 PP 检验。在上一节中,我们通过绘制时间序列趋势图发现城乡人口净转移、城乡人口净转移的一阶差分、城镇失业规模的一阶差分、城乡收入差距的一阶差分和制度因素的一阶差分是没有时间趋势的,而城镇失业规模、城乡收入差距和制度因素是有时间趋势的。

1. ADF 检验

在主界面的 Command 文本框中输入命令:

dfuller m, notrend

本命令的含义是使用 ADF 检验方法,对变量 m 进行单位根检验,不包含时间趋势。

输入完后,按回车键,得到如图 11-12 所示的分析结果。

```
Dickey-Fuller test for unit root          Number of obs   =     26
Variable: m                               Number of lags  =      0

H0: Random walk without drift, d = 0

                                    Dickey-Fuller
                      Test      ------- critical value -------
                   statistic       1%          5%         10%

        Z(t)        -1.617       -3.743      -2.997      -2.629

MacKinnon approximate p-value for Z(t) = 0.4745.
```

图 11-12 例 11-2 分析结果图 (1)

通过观察图 11-12 的结果,可以看出 ADF 检验的原假设是数据有单位根,P 值 [MacKinnon approximate p-value for Z(t)] =0.474 5,无法拒绝原假设,这一点也

可以通过观察 $Z(t)$ 值得到。实际 $Z(t)$ 值为 -1.617，在 1% 的置信水平 (-3.743)、5% 的置信水平 (-2.997)、10% 的置信水平 (-2.629) 都无法拒绝原假设，所以城乡人口净转移这一变量数据是存在单位根的，需要对其进行一阶差分后再继续进行检验。

在主界面的 Command 文本框中输入命令：

dfuller s, trend

本命令的含义是使用 ADF 检验方法，对变量 s 进行单位根检验，包含时间趋势。

输入完后，按回车键，得到如图 11-13 所示的分析结果。

```
Dickey-Fuller test for unit root          Number of obs   =    27
Variable: s                               Number of lags  =     0

H0: Random walk with or without drift

                                 Dickey-Fuller
                    Test      ─── critical value ───
                  statistic     1%        5%       10%
        ─────────────────────────────────────────────
        Z(t)       -1.821     -4.362    -3.592    -3.235

MacKinnon approximate p-value for Z(t) = 0.6948.
```

图 11-13　例 11-2 分析结果图（2）

通过观察图 11-13 的结果，可以看出 ADF 检验的原假设是数据有单位根，P 值 [MacKinnon approximate p-value for Z(t)] = 0.694 8，无法拒绝原假设，这一点也可以通过观察 $Z(t)$ 值得到。实际 $Z(t)$ 值为 -1.821，在 1% 的置信水平 (-4.362)、5% 的置信水平 (-3.592)、10% 的置信水平 (-3.235) 都无法拒绝原假设，所以城乡失业规模这一变量数据是存在单位根的，需要对其进行一阶差分后再继续进行检验。

在主界面的 Command 文本框中输入命令：

dfuller g, trend

本命令的含义是使用 ADF 检验方法，对变量 g 进行单位根检验，包含时间趋势。

输入完后，按回车键，得到如图 11-14 所示的分析结果。

```
Dickey-Fuller test for unit root          Number of obs   =    27
Variable: g                               Number of lags  =     0

H0: Random walk with or without drift

                                 Dickey-Fuller
                    Test      ─── critical value ───
                  statistic     1%        5%       10%
        ─────────────────────────────────────────────
        Z(t)       -2.435     -4.362    -3.592    -3.235

MacKinnon approximate p-value for Z(t) = 0.3612.
```

图 11-14　例 11-2 分析结果图（3）

通过观察图 11-14 的结果，可以看出 ADF 检验的原假设是数据有单位根，P 值 [MacKinnon approximate p-value for Z（t）] ＝0.361 2，无法拒绝原假设，这一点也可以通过观察 $Z(t)$ 值得到。实际 $Z(t)$ 值为 -2.435，在 1% 的置信水平 (-4.362)、5% 的置信水平 (-3.592)、10% 的置信水平 (-3.235) 都无法拒绝原假设，所以城乡收入差距这一变量数据是存在单位根的，需要对其进行一阶差分后再继续进行检验。

在主界面的 Command 文本框中输入命令：

dfuller d.m, notrend

本命令的含义是使用 ADF 检验方法，对变量 $d.m$ 进行单位根检验，不包含时间趋势。

输入完后，按回车键，得到如图 11-15 所示的分析结果。

```
Dickey-Fuller test for unit root        Number of obs  =  25
Variable: D.m                           Number of lags =   0

H0: Random walk without drift, d = 0

                             Dickey-Fuller
                    Test  ——— critical value ———
                statistic      1%        5%       10%

     Z(t)         -8.085     -3.750    -3.000    -2.630

MacKinnon approximate p-value for Z(t) = 0.0000.
```

图 11-15　例 11-2 分析结果图（4）

通过观察图 11-15 的结果，可以看出 ADF 检验的原假设是数据有单位根，P 值 [MacKinnon approximate p-value for Z（t）] ＝0.000 0，拒绝了有单位根的原假设，这一点也可以通过观察 $Z(t)$ 值得到。实际 $Z(t)$ 值为 -8.085，在 1% 的置信水平 (-3.750)、5% 的置信水平 (-3.000)、10% 的置信水平 (-2.630) 都应拒绝原假设，所以城乡人口净转移这一变量的一阶差分数据是不存在单位根的。

在主界面的 Command 文本框中输入命令：

dfuller d.s, notrend

本命令的含义是使用 ADF 检验方法，对变量 $d.s$ 进行单位根检验，不包含时间趋势。

输入完后，按回车键，得到如图 11-16 所示的分析结果。

```
. dfuller d.s,notrend

Dickey-Fuller test for unit root        Number of obs  =  26
Variable: D.s                           Number of lags =   0

H0: Random walk without drift, d = 0

                             Dickey-Fuller
                    Test  ——— critical value ———
                statistic      1%        5%       10%

     Z(t)         -2.174     -3.743    -2.997    -2.629

MacKinnon approximate p-value for Z(t) = 0.2158.
```

图 11-16　例 11-2 分析结果图（5）

通过观察图 11-16 的结果，可以看出 ADF 检验的原假设是数据有单位根，P 值 [MacKinnon approximate p-value for Z（t）] =0.215 8，无法拒绝原假设，这一点也可以通过观察 $Z（t）$ 值得到。实际 $Z（t）$ 值为 -2.174，在 1% 的置信水平（-3.743）、5% 的置信水平（-2.997）、10% 的置信水平（-2.629）都无法拒绝原假设，所以城镇失业规模这一变量的一阶差分数据是存在单位根的，需要对城镇失业规模作二阶差分后再继续进行检验。

在主界面的 Command 文本框中输入命令：

dfuller d. g, notrend

本命令的含义是使用 ADF 检验方法，对变量 $d.g$ 进行单位根检验，不包含时间趋势。

输入完后，按回车键，得到如图 11-17 所示的分析结果。

```
Dickey-Fuller test for unit root        Number of obs   =  26
Variable: D.g                           Number of lags  =   0

H0: Random walk without drift, d = 0

                              Dickey-Fuller
                Test          critical value
              statistic    1%        5%       10%

   Z(t)        -4.016    -3.743    -2.997    -2.629

MacKinnon approximate p-value for Z(t) = 0.0013.
```

图 11-17　例 11-2 分析结果图（6）

通过观察图 11-17 的结果，可以看出 ADF 检验的原假设是数据有单位根，P 值 [MacKinnon approximate p-value for Z（t）] = 0.001 3，拒绝了有单位根的原假设，这一点也可以通过观察 $Z（t）$ 值得到。实际 $Z（t）$ 值为 -4.016，在 1% 的置信水平（-3.743）、5% 的置信水平（-2.997）、10% 的置信水平（-2.629）都应拒绝原假设，所以城乡收入差距这一变量的一阶差分数据是不存在单位根的。

在主界面的 Command 文本框中输入命令：

dfuller d2. s, notrend

本命令的含义是使用 ADF 检验方法，对变量 $d2.s$ 进行单位根检验，不包含时间趋势。

输入完后，按回车键，得到如图 11-18 所示的分析结果。

```
Dickey-Fuller test for unit root        Number of obs   =  25
Variable: D2.s                          Number of lags  =   0

H0: Random walk without drift, d = 0

                              Dickey-Fuller
                Test          critical value
              statistic    1%        5%       10%

   Z(t)        -4.192    -3.750    -3.000    -2.630

MacKinnon approximate p-value for Z(t) = 0.0007.
```

图 11-18　例 11-2 分析结果图（7）

通过观察图 11-18 的结果，可以看出 ADF 检验的原假设是数据有单位根，P 值 [MacKinnon approximate p-value for Z(t)] = 0.000 7，拒绝了有单位根的原假设，这一点也可以通过观察 Z(t) 值得到。实际 Z(t) 值为 -4.192，在 1% 的置信水平（-3.750）、5% 的置信水平（-3.000）、10% 的置信水平（-2.630）都应拒绝原假设，所以城乡收入差距这一变量的二阶差分数据是不存在单位根的。

2. PP 检验

在主界面的 Command 文本框中输入命令：

pperron m, notrend

本命令的含义是使用 PP 检验方法，对变量 m 进行单位根检验，不包含时间趋势。

输入完后，按回车键，得到如图 11-19 所示的分析结果。

```
Phillips-Perron test for unit root       Number of obs   =   26
Variable: m                              Newey-West lags =    2

H0: Random walk without drift, d = 0

                                    Dickey-Fuller
                      Test        ——— critical value ———
                   statistic       1%        5%       10%

        Z(rho)      -4.460      -17.268   -12.532   -10.220
        Z(t)        -1.409       -3.743    -2.997    -2.629

MacKinnon approximate p-value for Z(t) = 0.5779.
```

图 11-19 例 11-2 分析结果图（8）

通过观察图 11-19 的结果，可以看出 PP 检验的原假设是数据有单位根的，P 值 [MacKinnon approximate p-value for Z(t)] = 0.577 9，无法拒绝原假设，这一点也可以通过观察 Z(t) 值和 Z(rho) 值得到。实际 Z(t) 值为 -1.409，在 1% 的置信水平（-3.743）、5% 的置信水平（-2.997）、10% 的置信水平（-2.629）都无法拒绝原假设，所以城乡人口净转移这一变量数据是存在单位根的，需要对其进行一阶差分再继续进行检验。

在主界面的 Command 文本框中输入命令：

pperron s, trend

本命令的含义是使用 PP 检验方法，对变量 s 进行单位根检验，包含时间趋势。

输入完后，按回车键，得到如图 11-20 所示的分析结果。

```
Phillips-Perron test for unit root       Number of obs   =   27
Variable: s                              Newey-West lags =    2

H0: Random walk with or without drift

                                    Dickey-Fuller
                      Test        ——— critical value ———
                   statistic       1%        5%       10%

        Z(rho)      -3.426      -22.756   -18.052   -15.696
        Z(t)        -1.800       -4.362    -3.592    -3.235

MacKinnon approximate p-value for Z(t) = 0.7048.
```

图 11-20 例 11-2 分析结果图（9）

通过观察图 11-20 的结果，可以看出 PP 检验的原假设是数据有单位根，P 值 [MacKinnon approximate p-value for Z（t）] =0.704 8，无法拒绝原假设，这一点也可以通过观察 $Z（t）$ 值和 $Z（rho）$ 值得到。实际 $Z（t）$ 值为-1.800，在 1%的置信水平（-4.362）、5%的置信水平（-3.592）、10%的置信水平（-3.235）都无法拒绝原假设，所以城乡失业规模这一变量数据是存在单位根的，需要对其进行一阶差分后再继续进行检验。

在主界面的 Command 文本框中输入命令：

pperron g, trend

本命令的含义是使用 PP 检验方法，对变量 g 进行单位根检验，包含时间趋势。

输入完后，按回车键，得到如图 11-21 所示的分析结果。

```
Phillips-Perron test for unit root         Number of obs   =    27
Variable: g                                Newey-West lags =     2

H0: Random walk with or without drift

                                    Dickey-Fuller
                       Test     ─── critical value ───
                    statistic       1%          5%         10%

       Z(rho)         -7.547     -22.756     -18.052     -15.696
       Z(t)           -2.459      -4.362      -3.592      -3.235

MacKinnon approximate p-value for Z(t) = 0.3489.
```

图 11-21　例 11-2 分析结果图（10）

通过观察图 11-21 的结果，可以看出 PP 检验的原假设是数据有单位根，P 值 [MacKinnon approximate p-value for Z（t）] =0.348 9，无法拒绝原假设，这一点也可以通过观察 $Z（t）$ 值和 $Z（rho）$ 值得到。实际 $Z（t）$ 值为-2.459，在 1%的置信水平（-4.362）、5%的置信水平（-3.592）、10%的置信水平（-3.235）都无法拒绝原假设，所以城乡收入差距这一变量数据是存在单位根的，需要对其进行一阶差分后再继续进行检验。

在主界面的 Command 文本框中输入命令：

pperron d.m, notrend

本命令的含义是使用 PP 检验方法，对变量 d.m 进行单位根检验，不包含时间趋势。

输入完后，按回车键，得到如图 11-22 所示的分析结果。

```
Phillips-Perron test for unit root         Number of obs   =    25
Variable: D.m                              Newey-West lags =     2

H0: Random walk without drift, d = 0

                                    Dickey-Fuller
                       Test     ─── critical value ───
                    statistic       1%          5%         10%

       Z(rho)        -35.522     -17.200     -12.500     -10.200
       Z(t)           -8.079      -3.750      -3.000      -2.630

MacKinnon approximate p-value for Z(t) = 0.0000.
```

图 11-22　例 11-2 分析结果图（11）

通过观察图 11-22 的结果，可以看出 PP 检验的原假设是数据有单位根，P 值 [MacKinnon approximate p-value for Z（t）] = 0.000 0，拒绝了有单位根的原假设，这一点也可以通过观察 Z（t）值和 Z（rho）值得到。实际 Z（t）值为 -8.079，在 1% 的置信水平（-3.750）、5% 的置信水平（-3.000）、10% 的置信水平（-2.630）都应拒绝原假设，所以城乡人口净转移这一变量的一阶差分数据是不存在单位根的。

在主界面的 Command 文本框中输入命令：

pperron d. s, notrend

本命令的含义是使用 PP 检验方法，对变量 d.s 进行单位根检验，不包含时间趋势。输入完后，按回车键，得到如图 11-23 所示的分析结果。

```
Phillips-Perron test for unit root      Number of obs   =   26
Variable: D.s                           Newey-West lags =    2

H0: Random walk without drift, d = 0

                                    Dickey-Fuller
                     Test         ───  critical value  ───
                  statistic        1%          5%         10%

Z(rho)            -10.379       -17.268     -12.532     -10.220
Z(t)               -2.386        -3.743      -2.997      -2.629

MacKinnon approximate p-value for Z(t) = 0.1457.
```

图 11-23　例 11-2 分析结果图（12）

通过观察图 11-23 的结果，可以看出 PP 检验的原假设是数据有单位根，P 值 [MacKinnon approximate p-value for Z（t）] = 0.145 7，无法拒绝原假设，这一点也可以通过观察 Z（t）值和 Z（rho）值得到。实际 Z（t）值为 -2.386，在 1% 的置信水平（-3.743）、5% 的置信水平（-2.997）、10% 的置信水平（-2.629）都无法拒绝原假设，所以城镇失业规模这一变量的一阶差分数据是存在单位根的，需要对城镇失业规模进行二阶差分后再继续进行检验。

在主界面的 Command 文本框中输入命令：

pperron d. g, notrend

本命令的含义是使用 PP 检验方法，对变量 d.g 进行单位根检验，不包含时间趋势。输入完后，按回车键，得到如图 11-24 所示的分析结果。

```
Phillips-Perron test for unit root      Number of obs   =   26
Variable: D.g                           Newey-West lags =    2

H0: Random walk without drift, d = 0

                                    Dickey-Fuller
                     Test         ───  critical value  ───
                  statistic        1%          5%         10%

Z(rho)            -21.701       -17.268     -12.532     -10.220
Z(t)               -4.051        -3.743      -2.997      -2.629

MacKinnon approximate p-value for Z(t) = 0.0012.
```

图 11-24　例 11-2 分析结果图（13）

通过观察图 11-24 的结果，可以看出 PP 检验的原假设是数据有单位根，P 值 [MacKinnon approximate p-value for Z（t）] = 0.001 2，拒绝了有单位根的原假设，这一点也可以通过观察 Z（t）值和 Z（rho）值得到。实际 Z（t）值为 -4.051，在 1%的置信水平（-3.743）、5%的置信水平（-2.997）、10%的置信水平（-2.629）都应拒绝原假设，所以城乡收入差距这一变量的一阶差分数据是不存在单位根的。

在主界面的 Command 文本框中输入命令：

pperron d2.s, notrend

本命令的含义是使用 PP 检验方法，对变量 d2.s 进行单位根检验，不包含时间趋势。

输入完后，按回车键，得到如图 11-25 所示的分析结果。

```
Phillips-Perron test for unit root          Number of obs    =  25
Variable: D2.s                              Newey-West lags  =   2

H0: Random walk without drift, d = 0

                                  Dickey-Fuller
                    Test         critical value
                statistic      1%       5%      10%

    Z(rho)       -17.168    -17.200  -12.500  -10.200
    Z(t)          -4.176     -3.750   -3.000   -2.630

MacKinnon approximate p-value for Z(t) = 0.0007.
```

图 11-25　例 11-2 分析结果图（14）

通过观察图 11-25 的结果，可以看出 PP 检验的原假设是数据有单位根，P 值 [MacKinnon approximate p-value for Z（t）] = 0.000 7，拒绝了有单位根的原假设，这一点也可以通过观察 Z（t）值和 Z（rho）值得到。实际 Z（t）值为 -4.176，在 1%的置信水平（-3.750）、5%的置信水平（-3.000）、10%的置信水平（-2.630）都应拒绝原假设，所以城镇失业规模这一变量的二阶差分数据是不存在单位根的。

通过上面的分析可以看出，本例中 ADF 检验结果和 PP 检验结果是完全一致的，所以，通过比较可以有把握地认为城乡人口净转移、城乡收入差距两个变量是一阶单整的，而城镇失业规模变量是二阶单整的。

3. 拓展应用

上面的 Stata 命令比较简单，分析过程及结果已经达到解决实际问题的要求。但 Stata 17.0 的强大之处在于，它同样提供了更加复杂的命令格式以满足用户更加个性化的需求。

按照前面所介绍的方法，可以对变量进行相应阶数的差分，然后进行回归，即可避免出现伪回归的情况。

构建如下所示的方程：

$$d.m = a \times d.g + b \times d2.s + c \times t + u$$

其中 a、b、c 为系数，u 为误差扰动项。

在主界面的 Command 文本框中输入命令：

regress d.m d2.s d.g t

本命令的含义以 $d.m$ 为因变量，以 $d2.s$、$d.g$、t 为自变量，对数据进行普通最小二乘回归分析。

输入完后，按回车键，得到如图 11-26 所示的回归分析结果。

Source	SS	df	MS		Number of obs	=	26
					F(3, 22)	=	0.26
Model	127232.42	3	42410.8068		Prob > F	=	0.8551
Residual	3621825.92	22	164628.451		R-squared	=	0.0339
					Adj R-squared	=	-0.0978
Total	3749058.34	25	149962.334		Root MSE	=	405.74

D.m	Coefficient	Std. err.	t	P>|t|	[95% conf. interval]	
s						
D2.	.8166687	2.190912	0.37	0.713	-3.727005	5.360342
g						
D1.	-374.9964	525.5279	-0.71	0.483	-1464.875	714.8818
t	7.656357	11.1856	0.68	0.501	-15.54116	30.85387
_cons	-81.62952	187.2142	-0.44	0.667	-469.888	306.6289

图 11-26 例 11-2 分析结果图 (15)

图 11-26 的结果与本章开始在数据无处理状态下进行的"伪回归"的结果是不同的。可以看出共有 26 个样本参与了分析，这是因为进行差分会减少观测样本。$F(3, 22) = 0.26$，P 值（Prob>F = 0.855 1），说明模型整体上是不显著的，本章开始得出的结果其实是一种真正的"伪回归"。模型的决定系数为 0.033 9，模型修正的决定系数为-0.097 8，说明模型几乎没有什么解释能力。

模型的回归方程是：

$$d.m = 0.816\,668\,7 \times d2.s - 374.996\,4 \times d.g + 7.656\,357 \times t - 81.629\,52$$

变量 $d2.s$ 的系数标准误是 2.190 912，t 值为 0.37，P 值为 0.713，系数是非常不显著的，95% 的置信区间为 [-3.727 005, 5.360 342]。变量 $d.g$ 的系数标准误 525.527 9，t 值为-0.71，P 值为 0.483，系数也是非常不显著的，95% 的置信区间为 [-1 464.875, 714.881 8]。变量 t 的系数标准误是 11.185 6，t 值为 0.68，P 值 0.501，系数也是非常不显著的，95% 的置信区间为 [-15.541 16, 30.853 87]。常数项的系数标准误是 187.214 2，t 值为-0.44，P 值为 0.667，系数也是非常不显著的，95% 的置信区间为 [-469.888, 306.628 9]。

从上面的分析可以看出，本模型得到的基本结论是城乡人口净转移 (m) 随着城乡收入差距 (g) 的扩大而扩大；城镇失业规模 (s) 对城乡人口转移具有阻碍作用；城乡人口净转移 (m) 随着制度因素 (t) 的扩大而扩大。

11.4 协整检验

在上一节中,对于一个时间序列数据而言,数据的平稳性对于模型的构建是非常重要的。在时间序列数据不平稳的情况下,构建出合理模型的另一种方法是进行协整检验并构建合理模型。协整的思想就是把存在一阶单整的变量放在一起进行分析,通过将这些变量进行线性组合,从而消除它们的随机趋势,得到其长期联动趋势。目前公认的协整检验的有效方法有两种:一种是 EG-ADF 检验;另一种是迹检验。一般认为,迹检验的效果要好于 EG-ADF 检验,但 EG-ADF 检验作为经典的检验方法应用范围更广。下面通过实例来说明其应用。

例 11-3 沿用上节的数据,试通过 EG-ADF 检验、迹检验两种方式来判断相关变量包括城乡人口净转移、城镇失业规模、城乡收入差距、制度因素是否存在长期协整关系。

前面通过绘制时间序列趋势图发现城乡人口净转移、城乡人口净转移的一阶差分、城镇失业规模的一阶差分、城乡收入差距的一阶差分和制度因素的一阶差分是没有时间趋势的,而城镇失业规模、城乡收入差距和制度因素是有时间趋势的。通过单位根检验发现城乡人口净转移、城乡收入差距两个变量是一阶单整的,而城镇失业规模变量是二阶单整的。这些结论将会在后续的章节中被用到。

1. EG-ADF 检验

在主界面的 Command 文本框中输入命令:

regress m d. s g

本命令的含义是把城乡人口净转移作为因变量,把城镇失业规模的一阶差分、城乡收入差距作为自变量,用普通最小二乘估计法进行估计。

输入完后,按回车键,得到如图 11-27 所示的分析结果。

Source	SS	df	MS			
Model	2433652.47	2	1216826.24			
Residual	5579900.45	24	232495.852			
Total	8013552.92	26	308213.574			

Number of obs = 27
F(2, 24) = 5.23
Prob > F = 0.0130
R-squared = 0.3037
Adj R-squared = 0.2457
Root MSE = 482.18

m	Coefficient	Std. err.	t	P>|t|	[95% conf. interval]	
s						
D1.	-1.229304	2.374201	-0.52	0.609	-6.129415	3.670806
g	793.4284	271.4427	2.92	0.007	233.1982	1353.659
_cons	-12.01591	401.9297	-0.03	0.976	-841.5581	817.5263

图 11-27 例 11-3 分析结果图 (1)

通过观察图 11-27 的结果,可以看出共有 27 个样本参与了分析。$F(2, 24) = 5.23$,P 值(Prob>F = 0.013 0),说明模型整体上是比较显著的。模型的决定系数=0.303 7，模型修正的决定系数=0.245 7，说明模型解释能力非常一般。

模型的回归方程是：

$$d.m = -1.229\ 304 \times d.s + 793.428\ 4 \times g - 12.015\ 91$$

变量 $d.s$ 的系数标准误是 2.374 201，t 值为 -0.52，P 值为 0.609，系数是非常不显著的，95% 的置信区间为 [-6.129 415, 3.670 806]。变量 g 的系数标准误 271.442 7，t 值为 2.92，P 值为 0.007，系数是非常显著的，95% 的置信区间为 [233.198 2, 353.659]。常数项的系数标准误是 401.929 7，t 值为 -0.03，P 值为 0.976，系数是非常不显著的，95% 的置信区间为 [-841.558 1, 817.526 3]。

在主界面的 Command 文本框中输入命令：

predict e, resid

本命令的含义是得到上步回归产生的残差序列。

输入完后，按回车键，在"数据编辑器（浏览）"窗口得到如图 11-28 所示的分析结果。

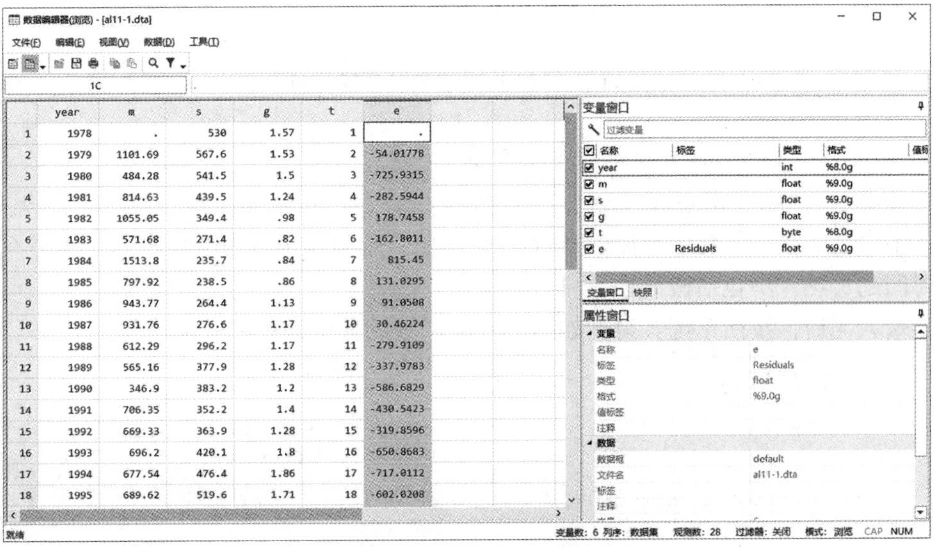

图 11-28 例 11-3 分析结果图（2）

在主界面的 Command 文本框中输入命令：

twoway (line e year)

本命令的含义是绘制残差序列的时间趋势图。

输入完后，按回车键，得到如图 11-29 所示的分析结果。

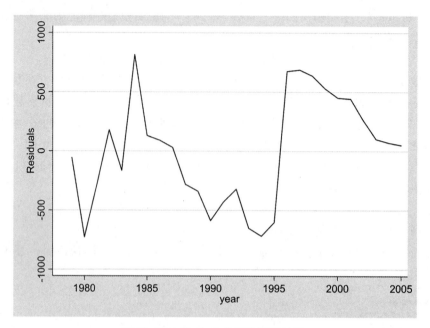

图 11-29 例 11-3 分析结果图 (3)

在主界面的 Command 文本框中输入命令：

dfuller e, notrend nocon lags (1) regress

本命令的含义是对残差序列进行 ADF 检验，观测其是否为平稳序列，其中不包括时间趋势项，不包括常数项，滞后一期。

输入完后，按回车键，得到如图 11-30 所示的分析结果。

```
Augmented Dickey-Fuller test for unit root

Variable: e                                  Number of obs  = 25
                                             Number of lags = 1

H0: Random walk without drift, a = 0, d = 0

                        Dickey-Fuller
              Test      critical value
              statistic    1%        5%        10%

Z(t)          -2.273    -2.660    -1.950    -1.600

Regression table

    D.e  | Coefficient  Std. err.    t     P>|t|    [95% conf. interval]
    e    |
    L1.  |  -.3933092   .1730557   -2.27    0.033   -.7513023   -.0353162
    LD.  |  -.0295201   .1938465   -0.15    0.880   -.4305222    .371482
```

图 11-30 例 11-3 分析结果图 (4)

通过观察图 11-30 的结果，可以看出 ADF 检验的原假设是数据有单位根，实际 $Z(t)$ 值为 -2.273，在 1% 的置信水平（-2.660）、5% 的置信水平（-2.997）、10% 的置信水平（-2.629）都应拒绝存在单位根的原假设，因此残差序列是不存在单位根的，或者说残差序列是平稳的。

综上所述，城乡人口净转移、城镇失业规模、城乡收入差距 3 个变量存在协整关系。根据上面的分析结果可以构建出相应的模型来描述这种协整关系。关于这一点将在本节的拓展应用中进行说明。

2. 迹检验

迹检验的过程是：首先要根据信息准则确定变量的滞后阶数，即模型中变量的个数。学者们认为只有适当变量的个数才是合理的，如果变量太少，就会遗漏很多信息，导致模型不足以解释因变量；如果变量太多，就会导致信息重叠，同样导致模型失真。目前国际上公认的比较合理的信息准则有很多种，一般研究者在选取滞后阶数时要适当加入自己的判断。在确定滞后阶数后，我们要确定协整秩，协整秩代表协整关系的个数。变量之间往往会存在多个长期均衡关系，所以协整秩并不必然等于 1。在确定协整秩后，我们就可以构建相应的模型，并写出协整方程。

在主界面的 Command 文本框中输入命令：

varsoc m d.s g

本命令的含义是根据信息准则确定变量的滞后阶数。

输入完后，按回车键，得到如图 11-31 所示的分析结果。

```
Lag-order selection criteria

Sample: 1983 thru 2005                          Number of obs = 23

| Lag | LL       | LR      | df | p     | FPE      | AIC      | HQIC     | SBIC     |
|-----|----------|---------|----|-------|----------|----------|----------|----------|
| 0   | -298.833 |         |    |       | 5.0e+07  | 26.2463  | 26.2836  | 26.3944  |
| 1   | -263.187 | 71.291  | 9  | 0.000 | 5.0e+06* | 23.9293  | 24.0783  | 24.5218* |
| 2   | -255.196 | 15.982  | 9  | 0.067 | 5.7e+06  | 24.0171  | 24.2778  | 25.0538  |
| 3   | -245.8   | 18.793  | 9  | 0.027 | 6.3e+06  | 23.9826  | 24.3551  | 25.4637  |
| 4   | -231.844 | 27.912* | 9  | 0.001 | 5.3e+06  | 23.5516* | 24.0359* | 25.477   |

* optimal lag
Endogenous: m d.s g
 Exogenous: _cons
```

图 11-31　例 11-3 分析结果图（5）

通过观察图 11-31 的结果，可以看出共有 23 个样本参与了分析，同时给出了信息准则确定的变量滞后阶数分析结果，最左列的 lag 表示的是滞后阶数，LL、LR 两列表示的是统计量，df 表示的是自由度，P 值表示的是对应滞后阶数下模型的显著性，FPE、AIC、HQIC、SBIC 代表四种信息准则，均为值越小越好，越小越应该选用，这一点也可以从观察"*"来验证，带"*"的说明在本信息准则下的最优滞后阶数。最下面两行文字说明的是模型中的内生变量和外生变量，本例中，内生变

量包括 m、d、g，外生变量包括常数项。

综上所述，可以看出选取滞后阶数为 1 阶或 4 阶比较合适，为了使模型中的变量更多一些，更有说明力，我们选择滞后阶数为 4 阶。

在主界面的 Command 文本框中输入命令：

vecrank m d. s g, lags (4)

本命令的含义是确定协整秩。

输入完后，按回车键，得到如图 11-32 所示的分析结果。

```
Johansen tests for cointegration
Trend: Constant                         Number of obs =   23
Sample: 1983 thru 2005                  Number of lags =   4
                                                     Critical
Maximum                                      Trace    value
   rank  Params        LL   Eigenvalue  statistic      5%
      0      30  -252.19968         .    40.7116    29.68
      1      35  -239.13121   0.67902    14.5747*   15.41
      2      38  -231.98625   0.46275     0.2848     3.76
      3      39  -231.84387   0.01230
* selected rank
```

图 11-32　例 11-3 分析结果图（6）

通过观察图 11-32 的结果，可以看出共有 23 个样本参与了分析，同时根据前面确定的滞后阶数确定协整秩的结果。分析本结果最直接的方式就是找到带"*"的迹统计量，本例中该值为 14.574 7，对应的协整秩为 1，这说明本例中城乡人口净转移、城镇失业规模、城乡收入差距 3 个变量间存在一个协整关系。

3. 拓展应用

按照前面讲述的解决方法，可以对变量进行相应阶数的差分，然后进行回归，即可避免伪回归的情况。

（1）利用 EG-ADF 检验方法构建出协整模型。

假定 m 为因变量（实际操作中需要进行格兰杰因果关系检验，将在下节说明），则构建如下所示的模型：

$$d. m = a \times d. g + b \times d2. s + c \times ECM_{t-1} + u$$

其中 a、b、c 为系数，ECM 为误差修正项，u 为误差扰动项。

ECM 为误差修正模型，可表示为：

$$m = a \times g + b \times d. s + ECM_t$$

其中 a、b 为系数。实质上 ECM 为该模型的误差扰动项，或者说是以 m 为因变量、以 g 和 d.s 为自变量进行最小二乘估计回归后的残差。

在上面的 EG-ADF 检验部分，得到的 ECM 模型为：

$$m = -1.229\,304 \times d. s + 793.428\,4 \times g - 12.015\,91$$

该模型反映的是变量的长期均衡关系。

主界面的 Command 文本框中输入命令：

regress d. m d2. s d. g l. e

本命令的含义是以把 $d.m$ 作为因变量,把 $d2.s$、$d.g$、$l.e$ 作为自变量,用普通最小二乘法进行估计。

输入完后,按回车键,得到如图 11-33 所示的分析结果。

Source	SS	df	MS		Number of obs	=	26
					F(3, 22)	=	1.67
Model	695996.067	3	231998.689		Prob > F	=	0.2021
Residual	3053062.28	22	138775.558		R-squared	=	0.1856
					Adj R-squared	=	0.0746
Total	3749058.34	25	149962.334		Root MSE	=	372.53

D.m	Coefficient	Std. err.	t	P>|t|	[95% conf. interval]	
s						
D2.	1.297896	2.025272	0.64	0.528	-2.90226	5.498052
g						
D1.	-26.2911	471.0633	-0.06	0.956	-1003.217	950.6345
e						
L1.	-.3580287	.1659561	-2.16	0.042	-.7022007	-.0138567
_cons	27.56783	74.25575	0.37	0.714	-126.4292	181.5648

图 11-33 例 11-3 分析结果图(7)

通过观察图 11-33 的结果,可以看出共有 26 个样本参与了分析,$F(3, 22)=1.67$,P 值(Prob>F=0.2021),说明该模型整体上是不显著的。模型的决定系数(R-squared)= 0.1856,修正的决定系数(Adj R-squared)= 0.0746,说明模型的解释能力很弱。

模型的回归方程是:

$d.m=1.297896×d2.s-26.2911×d.g-0.3580287×l.e+27.56783$

变量 $d2.s$ 的系数标准误是 2.025272,t 值为 0.64,P 值为 0.528,系数是非常不显著的,95%的置信区间为 [-2.90226, 5.498052]。变量 $d.g$ 的系数标准误是 471.0633,t 值为-0.06,P 值为 0.956,系数是非常不显著的,95%的置信区间为 [-1003.217, 950.6345]。变量 $l.e$ 的系数标准误是 0.1659561,t 值为-2.16,P 值为 0.042,系数是比较显著的,95%的置信区间为 [-0.7022007, -0.0138567]。常数项的系数标准误是 74.25575,t 值为 0.37,P 值为 0.714,系数是非常不显著的,95%的置信区间为 [-126.4292, 181.5648]。

(2) 利用迹检验方法构建协整模型。

从上面的分析中可以看出,变量间的短期关系是非常不显著的,即几乎没有什么关系,但是变量的长期均衡关系却很显著。下面利用另一种更加精确的迹检验方法构建出的协整模型来详细研究变量之间的这种长期均衡关系。

在主界面的 Command 文本框中输入命令:

vec d. m d2. s d. g, lags (4) rank (1)

输入完后，按回车键，得到如图 11-34 到 11-38 所示的分析结果。

```
Vector error-correction model

Sample:  1983 - 2005                              No. of obs    =         23
                                                  AIC           =    23.8375
Log likelihood = -239.1312                        HQIC          =   24.27206
Det(Sigma_ml)  =    215429                        SBIC          =   25.56542

Equation        Parms      RMSE      R-sq        chi2       P>chi2

D_m               11      317.064    0.6252     20.01941     0.0451
D2_s              11       26.0643   0.7158     30.22438     0.0015
D_g               11        .169976  0.4442      9.590791    0.5675

Vector error-correction model

Sample: 1983 thru 2005                            Number of obs =         23
                                                  AIC           =    23.8375
Log likelihood = -239.1312                        HQIC          =   24.27206
Det(Sigma_ml)  =    215429                        SBIC          =   25.56542

Equation        Parms      RMSE      R-sq        chi2       P>chi2

D_m               11      317.064    0.6252     20.01941     0.0451
D2_s              11       26.0643   0.7158     30.22438     0.0015
D_g               11        .169976  0.4442      9.590791    0.5675
```

图 11-34　例 11-3 分析结果图（8）

图 11-34 说明的是分别把城乡人口净转移的一阶差分、城镇失业规模的二阶差分、城乡收入差距的一阶差分作为因变量时的模型综述，通过观察图 11-34 可以知道城乡人口净转移、城镇失业规模、城乡收入差距 3 个变量之间的协整关系可以通过 3 个方程来说明。值得强调的是，协整关系表示的仅仅是变量之间的某种长期联动关系，跟因果关系无关，如果要探究变量之间的因果关系，换言之，就是确定让谁来作因变量的问题，就需要用到格兰杰因果关系检验，这种检验方法将在下一节介绍。

本例中（实际上所有的协整关系都是一样的），3 个方程的样本情况（Sample：1983—2005，No. of obs = 23）、信息准则情况（AIC = 23.837 5，HQIC = 24.272 06，SBIC = 25.565 42）等都是相同的。当把城乡人口净转移的一阶差分作为因变量时，模型的决定系数为 0.625 2，卡方值为 20.019 41，P 值为 0.045 1；当把城镇失业规模的二阶差分作为因变量时，模型的决定系数为 0.715 8，卡方值为 30.224 38，P 值为 0.001 5；当把城乡收入差距的一阶差分作为因变量时，模型的决定系数为 0.444 2，卡方值为 9.590 791，P 值为 0.567 5。

图 11-35 展示的是把城乡人口净转移的一阶差分作为因变量时的模型具体情况。本分析结果的解释与一般的回归分析的解释类似，前面有介绍，在此不再赘述。

	Coefficient	Std. err.	z	P>|z|	[95% conf. interval]	
D_m						
_ce1						
L1.	.0055647	.0522526	0.11	0.915	-.0968486	.107978
m						
LD.	-.4071214	.2589529	-1.57	0.116	-.9146598	.1004169
L2D.	.1040884	.2985183	0.35	0.727	-.4809968	.6891736
L3D.	.3743418	.2320138	1.61	0.107	-.0803968	.8290804
s						
LD2.	-2.040869	2.395867	-0.85	0.394	-6.736682	2.654943
L2D2.	3.086168	2.368167	1.30	0.193	-1.555354	7.727691
L3D2.	-1.221802	2.495776	-0.49	0.624	-6.113433	3.66983
g						
LD.	-1030.141	553.9042	-1.86	0.063	-2115.774	55.49085
L2D.	-158.3343	679.8208	-0.23	0.816	-1490.758	1174.09
L3D.	1118.583	681.4178	1.64	0.101	-216.9715	2454.137
_cons	58.07797	99.26686	0.59	0.559	-136.4815	252.6374

图 11-35 例 11-3 分析结果图（9）

图 11-36 展示的是把城镇失业规模的二阶差分作为因变量时的模型具体情况。本分析结果的解释与一般的回归分析的解释类似，前面有介绍，在此不再赘述。

	Coefficient	Std. err.	z	P>|z|	[95% conf. interval]	
D2_s						
_ce1						
L1.	.0197186	.0042954	4.59	0.000	.0112997	.0281374
m						
LD.	.0306339	.0212872	1.44	0.150	-.0110883	.0723561
L2D.	.0523903	.0245397	2.13	0.033	.0042933	.1004872
L3D.	.0390845	.0190727	2.05	0.040	.0017027	.0764663
s						
LD2.	.3573081	.1969523	1.81	0.070	-.0287113	.7433275
L2D2.	.0424359	.1946753	0.22	0.827	-.3391206	.4239924
L3D2.	-.1436708	.2051654	-0.70	0.484	-.5457876	.2584459
g						
LD.	82.94072	45.53371	1.82	0.069	-6.303715	172.1852
L2D.	192.2813	55.88469	3.44	0.001	82.74937	301.8133
L3D.	155.86	56.01598	2.78	0.005	46.07073	265.6493
_cons	-16.38996	8.160235	-2.01	0.045	-32.38373	-.3961917

图 11-36 例 11-3 分析结果图（10）

图 11-37 展示的是把城乡收入差距的一阶差分作为因变量时的模型具体情况。本分析结果的解释与一般的回归分析的解释类似，前面有介绍，在此不再赘述。

D_g						
_ce1						
L1.	6.43e-06	.000028	0.23	0.818	-.0000485	.0000613
m						
LD.	-.000017	.0001388	-0.12	0.902	-.0002891	.0002551
L2D.	.0001119	.00016	0.70	0.484	-.0002017	.0004256
L3D.	.0000631	.0001244	0.51	0.612	-.0001807	.0003068
s						
LD2.	.0003646	.0012844	0.28	0.776	-.0021528	.002882
L2D2.	.0004478	.0012696	0.35	0.724	-.0020405	.0029361
L3D2.	-.0017889	.001338	-1.34	0.181	-.0044112	.0008335
g						
LD.	.1450003	.2969451	0.49	0.625	-.4370013	.727002
L2D.	.3762944	.3644483	1.03	0.302	-.3380111	1.0906
L3D.	-.037681	.3653045	-0.10	0.918	-.7536646	.6783026
_cons	.0299252	.0532164	0.56	0.574	-.0743771	.1342275

图 11-37 例 11-3 分析结果图（10）

图 11-38 展示的是本例 3 个变量间的协整方程。协整方程模型总体上是非常显著的，卡方值为 30.784 62，P 值为 0.000 0。

Cointegrating equations

Equation	Parms	chi2	P>chi2
_ce1	2	30.78462	0.0000

Identification: beta is exactly identified

Johansen normalization restriction imposed

beta	Coefficient	Std. err.	z	P>|z|	[95% conf. interval]	
_ce1						
m	1	.	.	.	.	.
s						
D1.	-55.4957	13.60093	-4.08	0.000	-82.15303	-28.83837
g	-2005.838	1215.746	-1.65	0.099	-4388.657	376.981
_cons	2708.056	.	.	.	.	.

图 11-38 例 11-3 分析结果图（11）

协整方程的具体形式为：

$$m - 55.495\ 7d.s - 2\ 005.838g + 2\ 708.056 = 0$$

如果把 m 作为因变量，对上面的等式进行变形，结果是：
$$m = 55.4957d.s + 2005.838g - 2708.056$$
可以发现 m 与 $d.s$、g 都呈正向变动。从长期来看，城乡人口净转移、城镇失业规模、城乡收入差距 3 个变量都呈正向变动。这个结论与对变量进行相应阶数差分后进行回归分析所得到的结论不同，这是很好理解的，因为如果城乡人口净转移越多，城镇失业规模就有可能越大。而城镇失业规模越大，很有可能也意味着城镇创造的就业机会越多，从而城乡人口净转移就越多。

11.5 格兰杰因果关系检验

在前面我们提到，协整关系表示的仅仅是变量之间的某种长期联动关系，跟因果关系是毫无关联的，如果要探究变量之间的因果关系，就需要用到格兰杰因果关系检验。格兰杰因果关系检验的基本思想是：如果变量 A 是变量 B 的因，同时变量 B 不是变量 A 的因，那么变量 A 的滞后值就可以帮助预测变量 B 的未来值，同时变量 B 的滞后值无法帮助预测变量 A 的未来值。这种思想反映到操作层面就是如果变量 A 是变量 B 的因，那么以变量 A 为因变量、以变量 A 的滞后值以及变量 B 的滞后值作为自变量进行最小二乘回归，变量 B 的滞后值的系数是显著的。

另外，需要强调三点：一是格兰杰因果关系并非真正意义的因果关系，它表明的仅仅是数据上的一种动态相关关系，如果要准确界定变量的因果关系，需要相应的实践检验作为支撑；二是参与格兰杰因果关系检验的变量要求是同阶单整的；三是存在协整关系的变量之间至少有一种格兰杰因果关系。

例 11-4 沿用上节的数据，试通过格兰杰因果关系检验来判断相关变量包括城乡人口净转移、城镇失业规模、城乡收入差距、制度因素之间的格兰杰因果关系。

在前面两节中，通过单位根检验发现城乡人口净转移、城乡收入差距两个变量是一阶单整的，而城镇失业规模变量是二阶单整的，所以在进行格兰杰因果关系检验时选择的变量包括城乡人口净转移、城乡收入差距以及城镇失业规模的一阶差分。

1. 格兰杰因果关系检验过程

在主界面的 Command 文本框中输入命令：

regress m l.m ld.s

本命令的含义是把 m 作为因变量，把 $l.m$、$ld.s$ 作为自变量，用普通最小二乘估计法进行估计。

输入完后，按回车键，得到如图 11-39 所示的分析结果。

Source	SS	df	MS		Number of obs	=	26
					F(2, 23)	=	15.75
Model	4629469.26	2	2314734.63		Prob > F	=	0.0000
Residual	3380523.97	23	146979.303		R-squared	=	0.5780
					Adj R-squared	=	0.5413
Total	8009993.23	25	320399.729		Root MSE	=	383.38

m	Coefficient	Std. err.	t	P>|t|	[95% conf. interval]	
m						
L1.	.781863	.1432483	5.46	0.000	.4855314	1.078195
s						
LD.	-.0846817	1.601568	-0.05	0.958	-3.397777	3.228413
_cons	275.103	176.1746	1.56	0.132	-89.34196	639.5479

图 11-39 例 11-4 分析结果图（1）

通过观察图 11-39 的结果，可以看出共有 26 个样本参与了分析。$F(2, 23) = 15.75$，P 值（Prob>F=0.000 0），说明模型整体上是非常显著的。模型的决定系数为 0.578 0，模型修正的决定系数为 0.541 3，说明模型解释能力一般。

模型的回归方程是：

$$m = 0.781\,863 \times l.m - 0.084\,681\,7 \times ld.s - 275.103$$

变量 $l.m$ 的系数标准误是 0.143 248 3，t 值为 5.46，P 值为 0.000，系数是非常显著的，95%的置信区间为 [0.485 531 4, 1.078 195]。变量 $ld.s$ 的系数标准误是 1.601 568，t 值为-0.05，P 值为 0.958，系数是非常不显著的，95%的置信区间为 [-3.397 777, 3.228 413]。常数项的系数标准误是 275.103，t 值为 1.56，P 值为 0.132，系数是不显著的，95%的置信区间为 [-89.341 96, 639.547 9]。

在主界面的 Command 文本框中输入命令：

test ld.s=0

本命令的含义是检验 $ld.s$ 系数的显著性。

输入完后，按回车键，得到如图 11-40 所示的分析结果。

```
( 1)  LD.s = 0

       F(  1,    23) =     0.00
            Prob > F =    0.9583
```

图 11-40 例 11-4 分析结果图（2）

图 11-40 展示的是城镇失业规模是否是城乡人口净转移的格兰杰因的检验结果。通过观察图 11-40 的结果，可以看出 $F(1, 23) = 0.00$，P 值（Prob>F=0.958 3），说明 $ld.s$ 系数是非常不显著的。所以可以比较有把握地得出结论，城乡人口净转移不是城镇失业规模的格兰杰因。

在主界面的 Command 文本框中输入命令：

regress d. s ld. s l. m

本命令的含义是把 $d.s$ 作为因变量，把 $ld.s$、$l.m$ 作为自变量，用普通最小二乘估计法进行估计。

输入完后，按回车键，得到如图 11-41 所示的分析结果。

Source	SS	df	MS			
Model	28844.9958	2	14422.4979	Number of obs	=	26
Residual	31308.4809	23	1361.2383	F(2, 23)	=	10.60
				Prob > F	=	0.0005
				R-squared	=	0.4795
				Adj R-squared	=	0.4343
Total	60153.4767	25	2406.13907	Root MSE	=	36.895

D.s	Coefficient	Std. err.	t	P>|t|	[95% conf. interval]	
s						
LD.	.6456263	.154129	4.19	0.000	.3267863	.9644663
m						
L1.	.0115627	.0137857	0.84	0.410	-.0169552	.0400806
_cons	-10.07413	16.95439	-0.59	0.558	-45.14697	24.99871

图 11-41 例 11-4 分析结果图（3）

分析结果的解释与上面的解释类似，在此不再赘述。

在主界面的 Command 文本框中输入命令：

test l. m = 0

本命令的含义是检验 $l.m$ 系数的显著性。

输入完后，按回车键，得到如图 11-42 所示的分析结果。

(1) L.m = 0

F(1,   23) =   0.70
    Prob > F =   0.4102

图 11-42 例 11-4 分析结果图（4）

图 11-42 展示的是城镇失业规模是否是城乡人口净转移的格兰杰因的检验结果。通过观察图 11-42 的结果，可以看出模型的 $F(1, 23) = 0.70$，P 值（Prob>F = 0.410 2），说明 $l.m$ 系数是不显著的。所以可以比较有把握地得出结论，城镇失业规模不是城乡人口净转移的格兰杰因。

在主界面的 Command 文本框中输入命令：

regress m l. m l. g

本命令的含义是把 m 作为因变量，把 $l.m$、$l.g$ 作为自变量，用普通最小二乘估计法进行估计。

输入完后，按回车键，得到如图 11-43 所示的分析结果。

Source	SS	df	MS			
Model	4855190.69	2	2427595.35	Number of obs	=	26
Residual	3154802.54	23	137165.328	F(2, 23)	=	17.70
				Prob > F	=	0.0000
				R-squared	=	0.6061
				Adj R-squared	=	0.5719
Total	8009993.23	25	320399.729	Root MSE	=	370.36

m	Coefficient	Std. err.	t	P>|t|	[95% conf. interval]	
m						
L1.	.6777926	.156107	4.34	0.000	.3548607	1.000725
g						
L1.	272.6828	212.3726	1.28	0.212	-166.6435	712.009
_cons	-7.728937	278.3084	-0.03	0.978	-583.4537	567.9958

图 11-43　例 11-4 分析结果图（5）

分析结果的解释与上面的解释类似，在此不再赘述。

在主界面的 Command 文本框中输入命令：

test l. g = 0

本命令的含义是检验 l. g 系数的显著性。

输入完后，按回车键，得到如图 11-44 所示的分析结果。

(1) L.g = 0

　　F(1,　　23) = 　　1.65
　　　　Prob > F = 　　0.2119

图 11-44　例 11-4 分析结果图（6）

图 11-44 展示的是城乡人口净转移是否是城乡收入差距的格兰杰因的检验结果。通过观察图 11-44 的结果，可以看出 $F(1, 23) = 1.65$，P 值（Prob>F = 0.211 9），说明 l. m 系数是不显著的。所以可以比较有把握地得出结论，城乡人口净转移不是城乡收入差距的格兰杰因。

在主界面的 Command 文本框中输入命令：

regress g l. g l. m

本命令的含义是把 g 作为因变量，把 l. g、l. m 作为自变量，用普通最小二乘估计法进行估计。

输入完后，按回车键，得到如图 11-45 所示的分析结果。

Source	SS	df	MS
Model	3.95900219	2	1.97950109
Residual	.696013202	23	.030261444
Total	4.65501539	25	.186200615

Number of obs = 26
F(2, 23) = 65.41
Prob > F = 0.0000
R-squared = 0.8505
Adj R-squared = 0.8375
Root MSE = .17396

g	Coefficient	Std. err.	t	P>|t|	[95% conf. interval]
g L1.	.9152055	.0997519	9.17	0.000	.708853 1.121558
m L1.	.0000876	.0000733	1.19	0.244	-.0000641 .0002393
_cons	.0514088	.1307221	0.39	0.698	-.2190104 .321828

图 11-45　例 11-4 分析结果图（7）

分析结果的解释与上面的解释类似，在此不再赘述。

在主界面的 Command 文本框中输入命令：

test l. m = 0

本命令的含义是检验 $l.m$ 系数的显著性。

输入完后，按回车键，得到如图 11-46 所示的分析结果。

(1) L.m = 0

F(1, 23) = 1.43
Prob > F = 0.2443

图 11-46　例 11-4 分析结果图（8）

图 11-46 展示的是城乡收入差距是否是城乡人口净转移的格兰杰因的检验结果。通过观察图 11-46 的结果，可以看出 $F(1, 23) = 1.43$，P 值（Prob>F = 0.244 3），说明 $l.m$ 系数是不显著的。所以可以比较有把握地得出结论，城乡收入差距规模不是城乡人口净转移的格兰杰因。

在主界面的 Command 文本框中输入命令：

regress g l. g ld. s

本命令的含义是把 g 作为因变量，把 $l.g$、$ld.s$ 作为自变量，用普通最小二乘法进行估计。

输入完后，按回车键，得到如图 11-47 所示的分析结果。

Source	SS	df	MS		Number of obs	=	26
					F(2, 23)	=	74.99
Model	4.03608946	2	2.01804473		Prob > F	=	0.0000
Residual	.618925925	23	.026909823		R-squared	=	0.8670
					Adj R-squared	=	0.8555
Total	4.65501539	25	.186200615		Root MSE	=	.16404

g	Coefficient	Std. err.	t	P>|t|	[95% conf. interval]	
g						
L1.	.8465603	.1014616	8.34	0.000	.6366711	1.05645
s						
LD.	.001763	.0008338	2.11	0.046	.0000381	.0034879
_cons	.2315428	.1468955	1.58	0.129	-.0723336	.5354193

图 11-47　例 11-4 分析结果图（9）

分析结果的解释与上面的解释类似，在此不再赘述。

在主界面的 Command 文本框中输入命令：

test ld. s = 0

本命令的含义是检验 ld. s 系数的显著性。

输入完后，按回车键，得到如图 11-48 所示的分析结果。

```
( 1)  LD.s = 0

       F(  1,    23) =    4.47
            Prob > F =    0.0455
```

图 11-48　例 11-4 分析结果图（10）

图 11-48 展示的是城乡收入差距是否是城镇失业规模的格兰杰因的检验结果。通过观察图 11-48 的结果，可以看出 $F(1, 23) = 4.47$，P 值（Prob > F = 0.045 5），说明 ld. s 系数是比较显著的。所以可以比较有把握地得出结论，城乡收入差距是城镇失业规模的格兰杰因。

在主界面的 Command 文本框中输入命令：

regress d. s ld. s l. g

本命令的含义是把 d. s 作为因变量，把 ld. s、l. g 作为自变量，用普通最小二乘估计法进行估计。

输入完后，按回车键，得到如图 11-49 所示的分析结果。

```
    Source |       SS           df       MS      Number of obs   =        26
-----------+----------------------------------   F(2, 23)        =     10.04
     Model | 28037.0225          2  14018.5112   Prob > F        =    0.0007
  Residual | 32116.4543         23  1396.36758   R-squared       =    0.4661
-----------+----------------------------------   Adj R-squared   =    0.4197
     Total | 60153.4767         25  2406.13907   Root MSE        =    37.368

         D.s | Coefficient  Std. err.      t    P>|t|     [95% conf. interval]
           s |
         LD. |   .714422   .1899441     3.76   0.001     .3214927    1.107351
           g |
         L1. |  -7.56637   23.11245    -0.33   0.746    -55.37812    40.24538
       _cons |  13.37976   33.46208     0.40   0.693    -55.84183    82.60135
```

图 11-49 例 11-4 分析结果图（11）

分析结果的解释与上面的解释类似，在此不再赘述。

在主界面的 Command 文本框中输入命令：

test l. g = 0

本命令的含义是检验 $l.g$ 系数的显著性。

输入完后，按回车键，得到如图 11-50 所示的分析结果。

```
( 1)  L.g = 0

       F(  1,    23) =    0.11
            Prob > F =    0.7463
```

图 11-50 例 11-4 分析结果图（12）

图 11-50 展示的是城镇失业规模是否是城乡收入差距的格兰杰因的检验结果。通过观察图 11-50 的结果，可以看出 $F(1, 23) = 0.11$，P 值（Prob > F = 0.746 3），说明 $l.g$ 系数是不显著的。所以可以比较有把握地得出结论，城镇失业规模不是城乡收入差距的格兰杰因。

综上所述，只有城乡收入差距是城镇失业规模的格兰杰因，其他变量之间均不存在格兰杰因果关系。当然，格兰杰因果关系并不是真正的变量因果关系，变量实质的因果关系依靠有关理论或者实践经验的判断。格兰杰因果关系反映的仅仅是一种预测的效果，起到一种辅助的作用，所以，本例的格兰杰因果检验虽然没有得到预想的结果，但并不意味着模型的失败。读者可以尝试增加其他更加有效的变量继续深入研究。

2. 拓展应用

在前面的格兰杰因果关系检验的过程中，读者可能会注意到我们使用的被假设为格兰杰因的自变量的滞后期均为 1 期。事实上可以多试几期，具体多少可以根据研究的实际需要来加入自己的判断。例如在检验城镇失业规模是否是城乡收入差距的格兰杰因的时候，可以把滞后期扩展为 5 期。在主界面的 Command 文本框中输入如下命令：

regress d. s ld. s l. g l2. g l3. g l4. g l5. g

本命令旨在以 $d.s$ 为因变量、以 $ld.s$、$l.g$、$l2.g$、$l3.g$、$l4.g$、$l5.g$ 为自变量进行回归分析。

test l. g = 0

本命令旨在检验变量 $l.g$ 系数的显著性。

test l2. g = 0

本命令旨在检验变量 $l2.g$ 系数的显著性。

test l3. g = 0

本命令旨在检验变量 $l3.g$ 系数的显著性。

test l4. g = 0

本命令旨在检验变量 $l4.g$ 系数的显著性。

test l5. g = 0

本命令旨在检验变量 $l5.g$ 系数的显著性。

可以得到如图 11-51 所示的结果。

Source	SS	df	MS			
Model	17451.8741	6	2908.64569	Number of obs	=	23
Residual	15909.2876	16	994.330472	F(6, 16)	=	2.93
				Prob > F	=	0.0402
				R-squared	=	0.5231
				Adj R-squared	=	0.3443
Total	33361.1617	22	1516.41644	Root MSE	=	31.533

D.s	Coefficient	Std. err.	t	P>|t|	[95% conf. interval]	
s						
LD.	.3735399	.2580485	1.45	0.167	-.1734985	.9205782
g						
L1.	29.72947	52.48465	0.57	0.579	-81.53302	140.992
L2.	23.24441	63.76133	0.36	0.720	-111.9236	158.4124
L3.	-21.91515	58.52375	-0.37	0.713	-145.98	102.1497
L4.	-62.81455	62.25527	-1.01	0.328	-194.7898	69.16072
L5.	26.73216	49.88799	0.54	0.599	-79.02566	132.49
_cons	18.56089	32.80009	0.57	0.579	-50.9722	88.09398

图 11-51 例 11-4 分析结果图（13）

通过观察图 11-51 的分析结果，可以看出 $l.g$、$l2.g$、$l3.g$、$l4.g$、$l5.g$ 的系数都是非常不显著的，具体体现在其 t 值、P 值上，关于这一结果的解释在前面多有提及，在此不再赘述。所以可以有把握地得出结论，城镇失业规模不是城乡收入差距的格兰杰因。其他变量之间的检验类似，读者可以尝试去分析。

操作练习题

对例 11-1 中的 Stata 数据文件，使用 Stata 17.0 软件重新操作一遍。

第12章 Stata 面板数据分析

12.1 面板数据分析的基本理论

面板数据又称为平行数据，指的是对某变量在一定时间段内持续跟踪观测的结果。面板数据兼具横截面数据和时间序列数据的特点，它既有横截面维度（在同一时间段内有多个观测样本），又有时间序列维度（同一样本在多个时间段内被观测到）。面板数据的样本数据量相对较多，不仅可以有效解决遗漏变量的问题，还可以提供更多样本动态行为的信息，具有横截面数据和时间序列数据无可比拟的优势。根据横截面维度和时间序列维度相对长度的大小，面板数据被区分为长面板数据和短面板数据。

一般的面板数据分析模型形式如下：

$$y_{it} = \alpha_i + X'_{it}\beta + \varepsilon_{it} \quad i=1,\cdots,N;\ t=1,\cdots,T$$

其中：X'_{it} 为外生变量向量；β 为待估参数；ε_{it} 为随机扰动项，且相互独立，均值为 0，方差相等。

假定参数满足时间一致性，即参数值不随时间的变化而变化，但参数受到截面单元不同的影响；或者参数受到时间的影响，不随截面单元的变化而变化，则一般的面板数据可通过如下两种形式的模型来估计：

1. 固定效应模型

$$y_{it} = X'_{it}\beta + \alpha_i + \varepsilon_{it}$$

一般处理方法是组内去心法，处理方法如下：

$$y_{it} = \alpha_i + X'_{it}\beta + \varepsilon_{it}$$

$$\bar{y}_i = \alpha_i + \bar{X}'_i\beta + \bar{\varepsilon}_i$$

$$\bar{y}_i = (1/T_i)\sum_{t=1}^{T_i} y_{it}$$

$$\bar{\bar{y}} = \bar{\alpha} + \bar{\bar{X}}'\beta + \bar{\bar{\varepsilon}}$$

$$\bar{\alpha} = (1/N)\sum_{i=1}^{N}\alpha_i$$

由 (1) - (2) + (3) 得到：

$$y_{it} - \bar{y}_i + \bar{\bar{y}} = \bar{\alpha} + (X'_{it} - \bar{X}'_i + \bar{\bar{X}}')\beta + (\varepsilon_{it} - \bar{\varepsilon}_i + \bar{\bar{\varepsilon}})$$

$$\widetilde{y}_{it} = \bar{\alpha} + \widetilde{X}'_{it}\beta + \widetilde{\varepsilon}_{it}$$

这就是一般的线性回归分析模型,采用普通最小二乘法即可求出 $\hat{\beta}_{FE}$。

估计方法一般是采用普通最小二乘法与虚拟变量相结合的方法,Stata 实现的命令是:

xtreg y x, fe

2. 随机效应模型

$$y_{it} = X'_{it}\beta + \alpha_i + \varepsilon_{it}$$

估计方法一般是采用广义最小二乘法方法,Stata 实现的命令是:

xtreg y x, re

下面我们通过实例来说明两种面板数据分析方法的应用。

12.2 短面板数据分析的基本应用

短面板数据是面板数据中的一种,其主要特征是横截面维度比较大而时间维度相对较小,或者说,同一时期内被观测的个体数量较多而被观测的期间较少。短面板数据分析方法包括直接最小二乘回归分析、固定效应回归分析、随机效应回归分析、组间估计量回归分析等。下面以实例来说明。

例 12-1 A 公司是一家销售饮料的连锁公司,经营范围遍布全国 20 个省区市,各省区市连锁店 2008—2012 年的相关销售数据包括销售收入、费用和利润,如表 12-1 所示。试用多种短面板数据回归分析方法深入研究销售收入和费用对利润的影响关系。

表 12-1　A 公司连锁店销售收入、费用和利润等数据 (2008—2012)　单位:万元

年份 (year)	销售收入 (sale)	费用 (cost)	利润 (profit)	地区 (diqu)
2008	256.000 0	13.280 39	12.476 52	北京
2009	289.000 0	12.882 84	12.182 60	北京
2010	321.000 0	12.865 66	12.267 54	北京
2011	135.000 0	13.166 00	12.256 72	北京
2012	89.000 0	13.012 77	12.216 07	北京
2008	159.000 0	11.008 74	9.236 01	天津
…	…	…	…	…
2012	226.047 5	10.776 87	10.396 66	甘肃
2008	229.265 7	11.414 21	10.478 13	青海
2009	228.922 5	11.107 96	10.198 02	青海
2010	229.231 3	11.366 74	10.472 49	青海

（续表） 单位：万元

年份（year）	销售收入（sale）	费用（cost）	利润（profit）	地区（diqu）
2011	229.040 6	11.137 50	10.224 85	青海
2012	229.151 7	11.241 12	10.307 62	青海

使用 Stata 17.0 打开目录 F：\stata17\zsq\chap12 中的 al12-1.dta 数据文件，命令如下：

use "F：\stata17\zsq\chap12\al12-1.dta"，clear

browse

数据如图 12-1 所示。

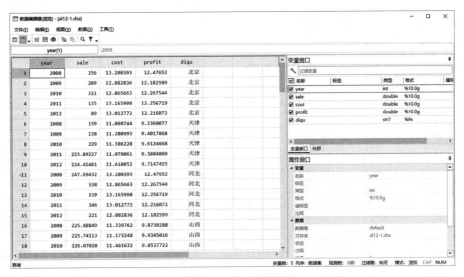

图 12-1 例 12-1 数据

1. 对数据进行展示

在主界面的 Command 文本框中输入命令：

list year sale cost profit

本命令的含义是对 4 个变量所包含的样本数据进行一一展示，以便直观地观测出数据的具体特征，为深入分析做准备。

输入完后，按回车键，得到如图 12-2 所示的分析结果。

通过观察图 12-2 的结果，可以看到数据的总体质量是好的，没有极端异常值，变量之间的量纲差距也是可以的，可进入下一步分析。

2. 将字符串变量转化为数值型变量

在主界面的 Command 文本框中输入命令：

encode diqu，gen（region）

	year	sale	cost	profit		year	sale	cost	profit
1.	2008	256	13.280393	12.47652	51.	2008	224.40393	11.386228	9.6124668
2.	2009	289	12.882836	12.182599	52.	2009	224.20337	11.280993	9.4017868
3.	2010	321	12.865663	12.267544	53.	2010	223.89227	11.079061	9.3884869
4.	2011	135	13.165998	12.256719	54.	2011	224.41461	11.610052	9.7147455
5.	2012	89	13.012772	12.216072	55.	2012	223.52508	11.008744	9.2360077
6.	2008	159	11.008744	9.2360077	56.	2008	226.23071	10.915089	10.517321
7.	2009	138	11.280993	9.4017868	57.	2009	226.13336	10.807706	10.435879
8.	2010	229	11.386228	9.6124668	58.	2010	226.40838	11.140411	10.55451
9.	2011	223.89227	11.079061	9.3884869	59.	2011	226.31144	11.0021	10.463103
10.	2012	224.41461	11.610052	9.7147455	60.	2012	226.04748	10.776871	10.396658
11.	2008	247.69432	13.280393	12.47652	61.	2008	230.43948	11.655293	10.571317
12.	2009	338	12.865663	12.267544	62.	2009	230.25258	11.351583	10.388072
13.	2010	339	13.165998	12.256719	63.	2010	230.17447	11.308358	10.528891
14.	2011	346	13.012772	12.216072	64.	2011	230.42346	11.594505	10.567206
15.	2012	221	12.882836	12.182599	65.	2012	230.37785	11.485555	10.590365
16.	2008	225.88849	11.339762	9.8730288	66.	2008	224.37303	10.778956	10.344319
17.	2009	225.74113	11.173248	9.9345016	67.	2009	224.72352	11.107961	10.178844
18.	2010	226.07028	11.461632	9.8537722	68.	2010	224.72889	11.18164	10.322856
19.	2011	225.98486	11.427367	9.8797073	69.	2011	224.58775	10.968199	10.138955
20.	2012	225.47035	11.128733	9.8642273	70.	2012	224.47606	10.837618	10.16969
21.	2008	223.66404	10.862838	10.063052	71.	2008	231.00997	11.699405	9.9149218
22.	2009	223.3596	10.757903	9.7201653	72.	2009	231.61122	11.896145	10.158905
23.	2010	189	11.322975	9.7863922	73.	2010	231.44986	11.821879	10.157743
24.	2011	194	11.320554	9.8042192	74.	2011	231.23303	11.738466	10.010547
25.	2012	191	11.19272	9.8994799	75.	2012	231.71592	12.092344	10.287389
26.	2008	229.834	11.60368	10.15619	76.	2008	229.68746	11.511925	10.05277
27.	2009	229.50911	11.481435	10.180362	77.	2009	229.50911	11.481435	10.180362
28.	2010	229.68746	11.511925	10.05277	78.	2010	229.95393	11.860055	10.357108
29.	2011	229.95393	11.860055	10.357108	79.	2011	229.94916	11.735269	10.286366
30.	2012	229.94916	11.735269	10.286366	80.	2012	229.834	11.60368	10.15619
31.	2008	195	11.322975	9.7863922	81.	2008	201	11.173248	9.9345016
32.	2009	190	10.757903	9.7201653	82.	2009	198	11.339762	9.8730288
33.	2010	196	11.19272	9.8994799	83.	2010	199	11.461632	9.8537722
34.	2011	191	11.320554	9.8042192	84.	2011	201	11.128733	9.8642273
35.	2012	223.66404	10.862838	10.063052	85.	2012	201	11.427367	9.8797073
36.	2008	230.25258	11.351583	10.388072	86.	2008	198	11.699405	9.9149218
37.	2009	230.43948	11.655293	10.571317	87.	2009	231.61122	11.896145	10.158905
38.	2010	230.17447	11.308358	10.528891	88.	2010	231.71592	12.092344	10.287389
39.	2011	230.37785	11.485555	10.590365	89.	2011	231.44986	11.821879	10.157743
40.	2012	230.42346	11.594505	10.567206	90.	2012	231.23303	11.738466	10.010547
41.	2008	224.47606	10.837618	10.16969	91.	2008	226.40838	11.140411	10.55451
42.	2009	224.58775	10.968199	10.138955	92.	2009	226.31144	11.0021	10.463103
43.	2010	224.72889	11.18164	10.322856	93.	2010	226.23071	10.915089	10.517321
44.	2011	224.37303	10.778956	10.344319	94.	2011	226.13336	10.807706	10.435879
45.	2012	224.72352	11.107961	10.178844	95.	2012	226.04748	10.776871	10.396658
46.	2008	228.92246	11.107961	10.198021	96.	2008	229.26567	11.414209	10.478132
47.	2009	229.23132	11.366743	10.472487	97.	2009	228.92246	11.107961	10.198021
48.	2010	229.26567	11.414209	10.478132	98.	2010	229.23132	11.366743	10.472487
49.	2011	229.15167	11.241117	10.307618	99.	2011	229.04058	11.137505	10.224846
50.	2012	229.04058	11.137505	10.224846	100.	2012	229.15167	11.241117	10.307618

图 12-2 例 12-1 分析结果图（1）

面板数据要求其中的个体变量取值必须为整数,而且不允许有重复,所以需要对各个观测样本进行有序编号,本命令的含义是将 *diqu* 这一字符串变量转化为数值型变量,以便进行下一步操作。

输入完后,按回车键,得到如图 12-3 所示的分析结果。

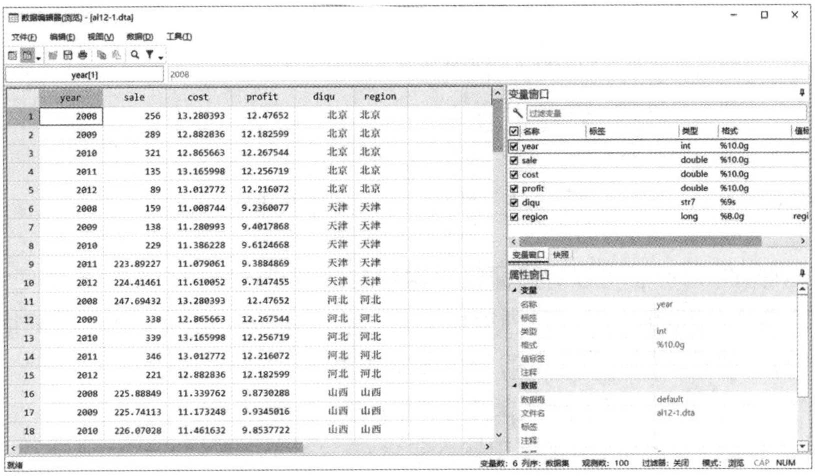

图 12-3 例 12-1 分析结果图(2)

通过观察图 12-3 的结果,可以看出 *region* 变量的相关数据。

3. 对面板数据进行定义

在主界面的 Command 文本框中输入命令:

xtset region year

本命令的含义是对面板数据进行定义,其中横截面维度变量为上步生成的 *region*,时间序列变量为 *year*。

输入完后,按回车键,得到如图 12-4 所示的分析结果。

```
Panel variable: region (strongly balanced)
 Time variable: year, 2008 to 2012
         Delta: 1 unit
```

图 12-4 例 12-1 分析结果图(3)

通过观察图 12-4,可以看出这是一个平衡的面板数据。

4. 观测面板数据特征

在主界面的 Command 文本框中输入命令:

xtdes

本命令的含义是观测面板数据结构,考察面板数据特征,为后续分析做准备。

输入完后,按回车键,得到如图 12-5 所示的分析结果。

```
  region:  1, 2, ..., 20                                                    n  =        20
    year:  2008, 2009, ..., 2012                                            T  =         5
           Delta(year) = 1 unit
           Span(year)  = 5 periods
           (region*year uniquely identifies each observation)

Distribution of T_i:    min      5%      25%      50%      75%      95%     max
                          5       5        5        5        5        5       5

         Freq.  Percent    Cum.   Pattern
           20    100.00   100.00  11111
           20    100.00           XXXXX
```

图 12-5 例 12-1 分析结果图（4）

通过观察图 12-5，可以看出面板数据结构的结果，其中横截面维度变量 *region* 从 1 到 20 共 20 个取值，时间序列维度变量 *year* 从 2008 到 2012 共 5 个取值，属于短面板数据，而且观测在时间上的分布也非常均匀。

5. 面板数据组内、组间以及整体的统计指标

在主界面的 Command 文本框中输入命令：

xtsum

本命令的含义是显示面板数据组内、组间以及整体的统计指标。

输入完后，按回车键，得到如图 12-6 所示的分析结果。

```
Variable           Mean     Std. dev.       Min        Max      Observations

year    overall    2010     1.421338       2008       2012      N =     100
        between               0             2010       2010      n =      20
        within              1.421338       2008       2012      T =       5

sale    overall   225.0378  32.75807        89         346      N =     100
        between            20.83152       194.8614   298.3389   n =      20
        within             25.62562       96.03781   328.0378   T =       5

cost    overall   11.48361  .6108847       10.7579    13.28039  N =     100
        between            .6012933       10.92844   13.04153   n =      20
        within             .1619716       11.15011   11.82065   T =       5

profit  overall   10.33686  .7258455       9.236008   12.47652  N =     100
        between            .7329161       9.470699   12.27989   n =      20
        within             .1067208       10.10217   10.5809    T =       5

diqu    overall      .         .             .          .       N =       0
        between                .             .          .       n =       0
        within                 .             .          .       T =       .

region  overall    10.5     5.795331        1          20       N =     100
        between            5.91608          1          20       n =      20
        within               0             10.5       10.5      T =       5
```

图 12-6 例 12-1 分析结果图（5）

在短面板数据中，同一时间段内的不同观测样本构成一个组。从图 12-6 可以

看出，变量 year 的组间标准差是 0，因为不同组的这一变量取值完全相同，同时变量 region 的组内标准差也是 0，因为分布在同一组的数据属于同一个地区。

6. 显示各个变量数据的组内、组间以及整体的分布频率

在主界面的 Command 文本框中输入命令：

xttab sale

本命令的含义是显示变量 sale 组内、组间以及整体的分布频率。

输入完后，按回车键，得到如图 12-7 所示的分析结果。

sale	Overall Freq.	Overall Percent	Between Freq.	Between Percent	Within Percent
89	1	1.00	1	5.00	20.00
135	1	1.00	1	5.00	20.00
138	1	1.00	1	5.00	20.00
159	1	1.00	1	5.00	20.00
189	1	1.00	1	5.00	20.00
190	1	1.00	1	5.00	20.00
191	2	2.00	2	10.00	20.00
194	1	1.00	1	5.00	20.00
195	1	1.00	1	5.00	20.00
196	1	1.00	1	5.00	20.00
198	2	2.00	2	10.00	20.00
199	1	1.00	1	5.00	20.00
201	3	3.00	1	5.00	60.00
221	1	1.00	1	5.00	20.00
223.3596	1	1.00	1	5.00	20.00
223.5251	1	1.00	1	5.00	20.00
223.664	2	2.00	2	10.00	20.00
223.8923	2	2.00	2	10.00	20.00
224.2034	1	1.00	1	5.00	20.00
224.373	2	2.00	2	10.00	20.00
224.4039	1	1.00	1	5.00	20.00
224.4146	2	2.00	2	10.00	20.00
224.4761	2	2.00	2	10.00	20.00
224.5877	2	2.00	2	10.00	20.00
224.7235	2	2.00	2	10.00	20.00
224.7289	2	2.00	2	10.00	20.00
225.4703	1	1.00	1	5.00	20.00
225.7411	1	1.00	1	5.00	20.00
225.8885	1	1.00	1	5.00	20.00
225.9849	1	1.00	1	5.00	20.00
226.0475	2	2.00	2	10.00	20.00
226.0703	1	1.00	1	5.00	20.00
226.1334	2	2.00	2	10.00	20.00
226.2307	2	2.00	2	10.00	20.00
226.3114	2	2.00	2	10.00	20.00
226.4084	2	2.00	2	10.00	20.00

图 12-7 例 12-1 分析结果图（6）

228.9225	2	2.00	2	10.00	20.00
229	1	1.00	1	5.00	20.00
229.0406	2	2.00	2	10.00	20.00
229.1517	2	2.00	2	10.00	20.00
229.2313	2	2.00	2	10.00	20.00
229.2657	2	2.00	2	10.00	20.00
229.5091	2	2.00	2	10.00	20.00
229.6875	2	2.00	2	10.00	20.00
229.834	2	2.00	2	10.00	20.00
229.9492	2	2.00	2	10.00	20.00
229.9539	2	2.00	2	10.00	20.00
230.1745	2	2.00	2	10.00	20.00
230.2526	2	2.00	2	10.00	20.00
230.3779	2	2.00	2	10.00	20.00
230.4235	2	2.00	2	10.00	20.00
230.4395	2	2.00	2	10.00	20.00
231.01	1	1.00	1	5.00	20.00
231.233	2	2.00	2	10.00	20.00
231.4499	2	2.00	2	10.00	20.00
231.6112	2	2.00	2	10.00	20.00
231.7159	2	2.00	2	10.00	20.00
247.6943	1	1.00	1	5.00	20.00
256	1	1.00	1	5.00	20.00
289	1	1.00	1	5.00	20.00
321	1	1.00	1	5.00	20.00
338	1	1.00	1	5.00	20.00
339	1	1.00	1	5.00	20.00
346	1	1.00	1	5.00	20.00
Total	100	100.00	98	490.00	20.41
		(n = 20)			

图 12-7 例 12-1 分析结果图（6）（续）

通过观察图 12-7，可以看出变量 sale 的组内、组间以及整体的分布频率的结果。

在主界面的 Command 文本框中输入命令：

xttab cost

本命令的含义是显示变量 cost 组内、组间以及整体的分布频率。

输入完后，按回车键，得到如图 12-8 所示的分析结果。

通过观察图 12-8，可以看出变量 cost 的组内、组间以及整体的分布频率的结果。

在主界面的 Command 文本框中输入命令：

xttab profit

本命令的含义是显示变量 profit 组内、组间以及整体的分布频率。

cost	Overall Freq.	Percent	Between Freq.	Percent	Within Percent
10.7579	2	2.00	2	10.00	20.00
10.77687	2	2.00	2	10.00	20.00
10.77896	2	2.00	2	10.00	20.00
10.80771	2	2.00	2	10.00	20.00
10.83762	2	2.00	2	10.00	20.00
10.86284	2	2.00	2	10.00	20.00
10.91509	2	2.00	2	10.00	20.00
10.9682	2	2.00	2	10.00	20.00
11.0021	2	2.00	2	10.00	20.00
11.00874	2	2.00	2	10.00	20.00
11.07906	2	2.00	2	10.00	20.00
11.10796	4	4.00	4	20.00	20.00
11.12873	2	2.00	2	10.00	20.00
11.1375	2	2.00	2	10.00	20.00
11.14041	2	2.00	2	10.00	20.00
11.17325	2	2.00	2	10.00	20.00
11.18164	2	2.00	2	10.00	20.00
11.19272	2	2.00	2	10.00	20.00
11.24112	2	2.00	2	10.00	20.00
11.28099	2	2.00	2	10.00	20.00
11.30836	2	2.00	2	10.00	20.00
11.32055	2	2.00	2	10.00	20.00
11.32298	2	2.00	2	10.00	20.00
11.33976	2	2.00	2	10.00	20.00
11.35158	2	2.00	2	10.00	20.00
11.36674	2	2.00	2	10.00	20.00
11.38623	2	2.00	2	10.00	20.00
11.41421	2	2.00	2	10.00	20.00
11.42737	2	2.00	2	10.00	20.00
11.46163	2	2.00	2	10.00	20.00
11.48143	2	2.00	2	10.00	20.00
11.48555	2	2.00	2	10.00	20.00
11.51192	2	2.00	2	10.00	20.00
11.59451	2	2.00	2	10.00	20.00
11.60368	2	2.00	2	10.00	20.00
11.61005	2	2.00	2	10.00	20.00
11.65529	2	2.00	2	10.00	20.00
11.6994	2	2.00	2	10.00	20.00
11.73527	2	2.00	2	10.00	20.00
11.73847	2	2.00	2	10.00	20.00
11.82188	2	2.00	2	10.00	20.00
11.86005	2	2.00	2	10.00	20.00
11.89614	2	2.00	2	10.00	20.00
12.09234	2	2.00	2	10.00	20.00
12.86566	2	2.00	2	10.00	20.00
12.88284	2	2.00	2	10.00	20.00
13.01277	2	2.00	2	10.00	20.00
13.166	2	2.00	2	10.00	20.00
13.28039	2	2.00	2	10.00	20.00
Total	100	100.00	100	500.00	20.00
			(n = 20)		

图 12-8 例 12-1 分析结果图（7）

输入完后，按回车键，得到如图 12-9 所示的分析结果。

profit	Overall Freq.	Percent	Between Freq.	Percent	Within Percent
9.236008	2	2.00	2	10.00	20.00
9.388487	2	2.00	2	10.00	20.00
9.401787	2	2.00	2	10.00	20.00
9.612467	2	2.00	2	10.00	20.00
9.714746	2	2.00	2	10.00	20.00
9.720165	2	2.00	2	10.00	20.00
9.786392	2	2.00	2	10.00	20.00
9.804219	2	2.00	2	10.00	20.00
9.853772	2	2.00	2	10.00	20.00
9.864227	2	2.00	2	10.00	20.00
9.873029	2	2.00	2	10.00	20.00
9.879707	2	2.00	2	10.00	20.00
9.89948	2	2.00	2	10.00	20.00
9.914922	2	2.00	2	10.00	20.00
9.934502	2	2.00	2	10.00	20.00
10.01055	2	2.00	2	10.00	20.00
10.05277	2	2.00	2	10.00	20.00
10.06305	2	2.00	2	10.00	20.00
10.13896	2	2.00	2	10.00	20.00
10.15619	2	2.00	2	10.00	20.00
10.15774	2	2.00	2	10.00	20.00
10.15891	2	2.00	2	10.00	20.00
10.16969	2	2.00	2	10.00	20.00
10.17884	2	2.00	2	10.00	20.00
10.18036	2	2.00	2	10.00	20.00
10.19802	2	2.00	2	10.00	20.00
10.22485	2	2.00	2	10.00	20.00
10.28637	2	2.00	2	10.00	20.00
10.28739	2	2.00	2	10.00	20.00
10.30762	2	2.00	2	10.00	20.00
10.32286	2	2.00	2	10.00	20.00
10.34432	2	2.00	2	10.00	20.00
10.35711	2	2.00	2	10.00	20.00
10.38807	2	2.00	2	10.00	20.00
10.39666	2	2.00	2	10.00	20.00
10.43588	2	2.00	2	10.00	20.00
10.4631	2	2.00	2	10.00	20.00
10.47249	2	2.00	2	10.00	20.00
10.47813	2	2.00	2	10.00	20.00
10.51732	2	2.00	2	10.00	20.00
10.52889	2	2.00	2	10.00	20.00
10.55451	2	2.00	2	10.00	20.00
10.56721	2	2.00	2	10.00	20.00
10.57132	2	2.00	2	10.00	20.00
10.59037	2	2.00	2	10.00	20.00
12.1826	2	2.00	2	10.00	20.00
12.21607	2	2.00	2	10.00	20.00
12.25672	2	2.00	2	10.00	20.00
12.26754	2	2.00	2	10.00	20.00
12.47652	2	2.00	2	10.00	20.00
Total	100	100.00	100	500.00	20.00

(n = 20)

图 12-9　例 12-1 分析结果图（8）

通过观察图 12-9，可以看出变量 *profit* 的组内、组间以及整体的分布频率的结果。

7. 显示各个变量的时间序列图

在主界面的 Command 文本框中输入命令：

xtline sale

本命令的含义是对各个地区（*region*）显示变量 *sale* 的时间序列图。

输入完后，按回车键，得到如图 12-10 所示的分析结果。

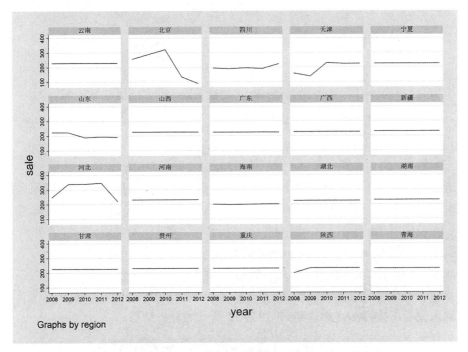

图 12-10　例 12-1 分析结果图（9）

通过观察图 12-10，可以看出不同地区变量 *sale* 的时间序列图。不同地区的销售收入的时间趋势是不一致的，有的地区变化非常平稳，而有的地区先升后降或先降后升。

在主界面的 Command 文本框中输入命令：

xtline cost

本命令的含义是对各个地区（*region*）显示变量 *cost* 的时间序列图。

输入完后，按回车键，得到如图 12-11 所示的分析结果。

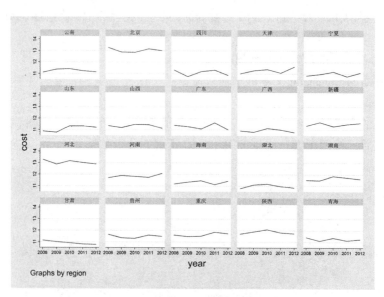

图 12-11　例 12-1 分析结果图（10）

通过观察图 12-11，可以看出不同地区变量 cost 的时间序列图。不同地区的费用的时间趋势是不一致的，有的地区变化非常平稳，而有的地区先升后降或先降后升。

在主界面的 Command 文本框中输入命令：

xtline profit

本命令的含义是对各个地区（region）显示变量 profit 的时间序列图。

输入完后，按回车键，得到如图 12-12 所示的分析结果。

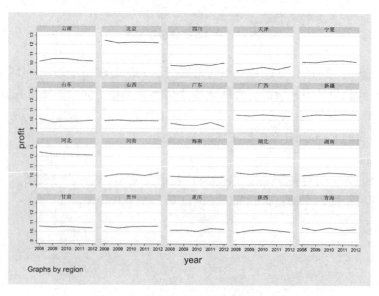

图 12-12　例 12-1 分析结果图（11）

通过观察图12-12，可以看出不同地区变量 *profit* 的时间序列图。不同地区的利润的时间趋势是不一致的，有的地区变化非常平稳，而有的地区先升后降或先降后升。

8. 对数据进行回归分析

在主界面的 Command 文本框中输入命令：

regress profit sale cost

本命令的含义是以 *profit* 为因变量，以 *sale*、*cost* 为自变量，进行最小二乘回归分析。

输入完后，按回车键，得到如图12-13所示的分析结果。

Source	SS	df	MS		Number of obs	=	100
					F(2, 97)	=	89.51
Model	33.828923	2	16.9144615		Prob > F	=	0.0000
Residual	18.3293904	97	.188962787		R-squared	=	0.6486
					Adj R-squared	=	0.6413
Total	52.1583134	99	.526851651		Root MSE	=	.4347

profit	Coefficient	Std. err.	t	P>|t|	[95% conf. interval]	
sale	.0041186	.0014083	2.92	0.004	.0013235	.0069138
cost	.862813	.0755204	11.42	0.000	.7129259	1.0127
_cons	-.4981994	.823319	-0.61	0.547	-2.13226	1.135861

图12-13 例12-1分析结果图（12）

通过观察图12-13的结果，可以看出共有100个样本参与了分析，$F(2, 97) = 89.51$，P 值（Prob>F=0.0000），说明该模型整体上是非常显著的。模型的决定系数（R-squared）= 0.6486，修正的决定系数（Adj R-squared）= 0.6413，说明模型的解释能力也是可以的。

变量 sale 的系数标准误是 0.0014083，t 值为 2.92，P 值为 0.004，系数是非常显著的，95% 的置信区间为 [0.0013235, 0.0069138]。变量 cost 的系数标准误是 0.0755204，t 值为 11.42，P 值为 0.000，系数是非常显著的，95% 的置信区间为 [0.7129259, 1.0127]。常数项的系数标准误是 0.823319，t 值为 -0.61，P 值为 0.547，系数是不显著的，95% 的置信区间为 [-2.13226, 1.135861]。

模型的回归方程是：

$$profit = 0.0041186 \times sale + 0.862813 \times cost - 0.4981994$$

从上面的分析可以看出，最小二乘线性模型的整体显著性、系数显著性以及模型的整体解释能力都不错。得到的结论是该公司利润随销售收入和费用的增加而增加。

9. 聚类稳健标准误的回归分析

在主界面的 Command 文本框中输入命令：

regress profit sale cost, vce (cluster region)

本命令的含义是以 profit 为因变量，以 sale、cost 为自变量，并使用以 region 为聚类变量的聚类稳健标准误，进行最小二乘回归分析。

输入完后，按回车键，得到如图 12-14 所示的分析结果。

```
Linear regression                               Number of obs     =        100
                                                F(2, 19)          =      61.30
                                                Prob > F          =     0.0000
                                                R-squared         =     0.6486
                                                Root MSE          =      .4347

                        (Std. err. adjusted for 20 clusters in region)
------------------------------------------------------------------------------
             |               Robust
      profit | Coefficient  std. err.      t    P>|t|     [95% conf. interval]
-------------+----------------------------------------------------------------
        sale |    .0041186   .0027939     1.47   0.157    -.0017291    .0099664
        cost |    .862813    .2199263     3.92   0.001     .402502    1.323124
       _cons |   -.4981994   1.986387    -0.25   0.805    -4.655755    3.659356
------------------------------------------------------------------------------
```

图 12-14　例 12-1 分析结果图（13）

通过观察图 12-14 的结果，可以看出共有 100 个样本参与了分析，$F(2, 19) = 61.30$，P 值（Prob>F=0.000 0），说明该模型整体上是非常显著的。模型的决定系数（R-squared）= 0.648 6，说明模型的解释能力也是可以的。

变量 sale 的系数标准误是 0.002 793 9，t 值为 1.47，P 值为 0.157，系数是非常显著的，95%的置信区间为 [-0.001 729 1, 0.009 966 4]。变量 cost 的系数标准误是 0.219 926 3，t 值为 3.92，P 值为 0.001，系数是非常显著的，95%的置信区间为 [0.402 502, 1.323 124]。常数项的系数稳健标准误是 1.986 387，t 值为 -0.25，P 值为 0.805，系数是不显著的，95%的置信区间为 [-4.655 755, 3.659 356]。

模型的回归方程是：

$$profit = 0.004\ 118\ 6 \times sale + 0.862\ 813 \times cost - 0.498\ 199\ 4$$

从上面的分析可以看出，最小二乘线性模型的整体显著性、系数显著性以及模型的整体解释能力都不错。得到的结论是该公司利润随销售收入和费用的增加而增加。

可以看出，使用以 region 为聚类变量的聚类稳健标准误进行最小二乘回归分析的结果与普通最小二乘回归分析得到的结果类似，之后变量 sale 的系数显著性有所下降。

10. 聚类稳健标准误的固定效应回归分析

在主界面的 Command 文本框中输入命令：

xtreg profit sale cost, fe vce (cluster region)

本命令的含义是以 profit 为因变量，以 sale、cost 为自变量，并使用以 region 为聚类变量的聚类稳健标准误，进行固定效应回归分析。

输入完后，按回车键，得到如图 12-15 所示的分析结果。

```
Fixed-effects (within) regression              Number of obs    =        100
Group variable: region                         Number of groups =         20

R-squared:                                     Obs per group:
     Within  = 0.3637                                        min =          5
     Between = 0.6619                                        avg =        5.0
     Overall = 0.6397                                        max =          5

                                               F(2,19)          =      10.92
corr(u_i, Xb) = 0.6171                         Prob > F         =     0.0007

                              (Std. err. adjusted for 20 clusters in region)
------------------------------------------------------------------------------
                     Robust
      profit | Coefficient  std. err.      t    P>|t|     [95% conf. interval]
-------------+----------------------------------------------------------------
        sale |   .0008134    .000416     1.96   0.065    -.0000573    .001684
        cost |   .3855897   .0985735     3.91   0.001     .179273    .5919063
       _cons |   5.725855   1.122047     5.10   0.000    3.377383    8.074326
-------------+----------------------------------------------------------------
     sigma_u |  .55435378
     sigma_e |  .09590366
         rho |  .97094045   (fraction of variance due to u_i)
------------------------------------------------------------------------------
```

图 12-15 例 12-1 分析结果图（14）

通过观察图 12-15 的结果，可以看出共有 100 个（20 组，每组 5 个）样本参与了固定效应回归分析，$F(2, 19) = 10.92$，P 值（Prob>F=0.000 7），说明该模型整体上是非常显著的。模型组内的 R^2 是 0.363 7，说明单位内解释的变化比例是 36.37%。模型组间的 R^2 是 0.661 9，说明单位间解释的变化比例是 66.19%。模型总体的 R^2 是 0.639 7，说明总的解释的变化比例是 63.97%，模型的解释能力是可以的。观察模型中各个变量的系数显著性 P 值，发现也都是比较显著的。观察图 12-15 的最后一行 rho=0.970 940 45，说明复合扰动项的方差主要来自个体效应而不是时间效应的变动，这一点在后面的分析中也可以得到验证。

11. 固定效应回归分析

在主界面的 Command 文本框中输入命令：

xtreg profit sale cost, fe

本命令的含义是以 profit 为因变量，以 sale、cost 为自变量，进行固定效应回归分析。

输入完后，按回车键，得到如图 12-16 所示的分析结果。

```
Fixed-effects (within) regression              Number of obs    =       100
Group variable: region                         Number of groups =        20

R-squared:                                     Obs per group:
     Within  = 0.3637                                     min =         5
     Between = 0.6619                                     avg =       5.0
     Overall = 0.6397                                     max =         5

                                               F(2,78)          =     22.30
corr(u_i, Xb) = 0.6171                         Prob > F         =    0.0000

------------------------------------------------------------------------------
      profit | Coefficient  Std. err.      t    P>|t|     [95% conf. interval]
-------------+----------------------------------------------------------------
        sale |   .0008134   .0003772     2.16   0.034     .0000625    .0015643
        cost |   .3855897   .0596713     6.46   0.000     .2667932    .5043862
       _cons |   5.725855    .696736     8.22   0.000      4.33876    7.112949
-------------+----------------------------------------------------------------
     sigma_u |  .55435378
     sigma_e |  .09590366
         rho |  .97094045   (fraction of variance due to u_i)
------------------------------------------------------------------------------
F test that all u_i=0: F(19, 78) = 100.78                   Prob > F = 0.0000
```

图 12-16　例 12-1 分析结果图（15）

通过观察图 12-16 的结果，可以看出共有 100 个（20 组，每组 5 个）样本参与了固定效应回归分析，$F(2, 78) = 22.30$，P 值（Prob>F = 0.000 0），说明该模型整体上是非常显著的。模型组内的 R^2 是 0.363 7，说明单位内解释的变化比例是 36.37%。模型组间的 R^2 是 0.661 9，说明单位间解释的变化比例是 66.19%。模型总体的 R^2 是 0.639 7，说明总的解释的变化比例是 63.97%，模型的解释能力是可以的。观察模型中各个变量系数显著性的 P 值，发现也都是比较显著的。

可见本结果相对于使用以 region 为聚类变量的聚类稳健标准误进行固定效应分析的结果在变量的系数显著性上有所提高。此外，在图 12-16 最后一行，可以看到 "F test that all u_i=0：F（19,78）=100.78　Prob>F=0.000 0" 显著地拒绝了所有各个样本没有自己的截距项的原假设，所以我们可以初步认为每个个体拥有与众不同的截距项，也就是说固定效应模型是在一定程度上优于普通最小二乘回归模型的，这一点也在后面的深入分析中得到了验证。

12. 存储固定效应估计结果

在主界面的 Command 文本框中输入命令：

estimates store fe

本命令的含义是存储固定效应估计结果。

输入完后，按回车键，在"数据编辑器（浏览）"窗口可以得到变量 _est_fe 的相关数据，如图 12-17 所示。

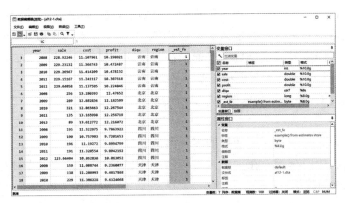

图 12-17 例 12-1 分析结果图（16）

13. 固定效应与普通回归分析的比较

在主界面的 Command 文本框中输入命令：

xi：xtreg profit sale cost i. region，vce（cluster region）

本命令的含义是通过构建最小二乘虚拟变量模型来分析固定效应模型是否优于最小二乘回归分析。

输入完后，按回车键，可以得到如图 12-18 所示的分析结果。

```
i.region         _Iregion_1-20     (naturally coded; _Iregion_1 omitted)

Random-effects GLS regression              Number of obs     =        100
Group variable: region                     Number of groups  =         20

R-squared:                                 Obs per group:
     Within  = 0.3637                                    min =          5
     Between = 1.0000                                    avg =        5.0
     Overall = 0.9862                                    max =          5

                                           Wald chi2(2)      =          .
corr(u_i, X) = 0 (assumed)                 Prob > chi2       =          .

                         (Std. err. adjusted for 20 clusters in region)
-----------------------------------------------------------------------
                    Robust
      profit | Coefficient  std. err.      z    P>|z|   [95% conf. interval]
-----------------------------------------------------------------------
        sale |  .0008134   .0004639     1.75   0.080   -.0000958    .0017226
        cost |  .3855897   .1099256     3.51   0.000    .1701395    .6010398
  _Iregion_2 |  1.263272   .197374      6.40   0.000    .8764264    1.650118
  _Iregion_3 | -.3946587   .0209334   -18.85   0.000   -.4356874    -.35363
  _Iregion_4 | -.8451772   .0163465   -51.70   0.000   -.8772158   -.8131387
  _Iregion_5 |  .0058462   .0303906     0.19   0.847   -.0537182    .0654106
  _Iregion_6 | -.3987841   .0197637   -20.18   0.000   -.4375203   -.3600479
  _Iregion_7 | -.4727944   .0061979   -76.28   0.000    -.484942   -.4606468
  _Iregion_8 | -.8689496   .0033949  -255.96   0.000   -.8756035   -.8622957
  _Iregion_9 |  .2649731   .035561      7.45   0.000    .1952747    .3346714
 _Iregion_10 |  .1049937   .0247176     4.25   0.000    .0565481    .1534392
 _Iregion_11 |  1.197926   .1944415     6.16   0.000    .8168276    1.579024
 _Iregion_12 | -.4620417   .0653839    -7.07   0.000   -.5901918   -.3338915
 _Iregion_13 | -.4517839   .0154586   -29.23   0.000   -.4820822   -.4214855
 _Iregion_14 |  .0058462   .0303906     0.19   0.847   -.0537182    .0654106
 _Iregion_15 |  -.278641   .0422734    -6.59   0.000   -.3614952   -.1957867
 _Iregion_16 |  .2649731   .035561      7.45   0.000    .1952747    .3346714
 _Iregion_17 |  .1049937   .0247176     4.25   0.000    .0565481    .1534392
 _Iregion_18 |  -.278641   .0422734    -6.59   0.000   -.3614952   -.1957867
 _Iregion_19 | -.4566717   .0658556    -6.93   0.000   -.5857462   -.3275972
 _Iregion_20 | -9.47e-15   9.55e-15    -0.99   0.322   -2.82e-14    9.26e-15
       _cons |  5.810621   1.225942     4.74   0.000    3.407819    8.213422
-----------------------------------------------------------------------
     sigma_u |         0
     sigma_e | .09590366
         rho |         0   (fraction of variance due to u_i)
```

图 12-18 例 12-1 分析结果图（17）

从图 12-18 可以看出，大多数个体虚拟变量的显著性 P 值都是小于 0.05 的，所以我们可以非常有把握地认为可以拒绝"所有个体的虚拟变量皆为 0"的原假设，也就是说固定效应模型优于普通最小二乘回归模型。

14. 创建年度变量的多个虚拟变量

在主界面的 Command 文本框中输入命令：

tab year, gen (year)

本命令的含义是创建年度变量的多个虚拟变量。

输入完后，按回车键，在"数据编辑器（浏览）"窗口可以得到如图 12-19 所示 year1—year5 的数据。

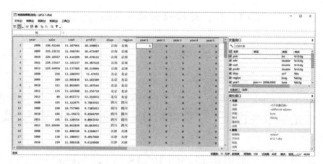

图 12-19 例 12-1 分析结果图（18）

15. 构建双向固定效应模型

在主界面的 Command 文本框中输入命令：

xtreg profit sale cost year2-year5, fe vce (cluster region)

本命令的含义是构建双向固定效应模型，检验模型中是否包含时间效应项。

输入完后，按回车键，可以得到如图 12-20 所示的结果。

```
Fixed-effects (within) regression               Number of obs     =        100
Group variable: region                          Number of groups  =         20

R-squared:                                      Obs per group:
     Within  = 0.3714                                         min =          5
     Between = 0.6628                                         avg =        5.0
     Overall = 0.6397                                         max =          5

                                                F(6,19)           =       6.27
corr(u_i, Xb) = 0.6203                          Prob > F          =     0.0009

                            (Std. err. adjusted for 20 clusters in region)
------------------------------------------------------------------------------
             |               Robust
      profit | Coefficient  std. err.      t    P>|t|     [95% conf. interval]
-------------+----------------------------------------------------------------
        sale |    .000841   .0004133     2.04   0.056    -.000024     .001706
        cost |   .3796737   .1023562     3.71   0.001     .1654398    .5939076
       year2 |  -.0227204   .0365359    -0.62   0.541    -.099191     .0537502
       year3 |  -.0020958   .0370119    -0.06   0.955    -.0795625    .075371
       year4 |   -.013553    .035162    -0.39   0.704    -.0871479    .0600418
       year5 |   .0018696   .0390425     0.05   0.962    -.0798473    .0835864
       _cons |   5.794876   1.163568     4.98   0.000     3.3595      8.230251
-------------+----------------------------------------------------------------
     sigma_u |  .55623368
     sigma_e |  .09786431
         rho |  .96997422   (fraction of variance due to u_i)
------------------------------------------------------------------------------
```

图 12-20 双向固定效应模型分析结果图

从图 12-20 中可以看出，全部 *year* 虚拟变量的显著性 *P* 值都是大于 0.05 的，所以我们可以初步认为模型中不包含时间效应。值得说明的是，在构建双向固定效应模型时并没有把 *year*1 列进去，这是因为 *year*1 被视为基期，也就是模型中的常数项。

16. 检验双向固定效应模型是否纳入时间效应

在主界面的 Command 文本框中输入命令：

test year2 year3 year4 year5

本命令的含义是在上步回归的基础上，通过测试各虚拟变量的系数联合显著性来检验是否应该在模型中纳入时间效应。

输入完后，按回车键，可以得到如图 12-21 所示的结果。

```
. test year2 year3 year4 year5

 ( 1)  year2 = 0
 ( 2)  year3 = 0
 ( 3)  year4 = 0
 ( 4)  year5 = 0

       F(  4,    19) =     0.30
            Prob > F =   0.8774
```

图 12-21　例 12-1 分析结果图（19）

从图 12-21 中可以看出，各个变量的系数联合显著性是非常差的，所以我们进一步验证了该模型中没有包含时间效应的结论。

17. 稳健标准误的随机效应模型

在主界面的 Command 文本框中输入命令：

xtreg profit sale cost, re vce (cluster region)

本命令的含义是以 *profit* 为因变量，以 *sale*、*cost* 为自变量，并使用以 *region* 为聚类变量的聚类稳健标准误，进行随机效应回归分析。

输入完后，按回车键，可以得到如图 12-22 所示的结果。

```
Random-effects GLS regression              Number of obs     =        100
Group variable: region                     Number of groups  =         20

R-squared:                                 Obs per group:
     Within  = 0.3637                                    min =          5
     Between = 0.6615                                    avg =        5.0
     Overall = 0.6394                                    max =          5

                                           Wald chi2(2)      =      57.98
corr(u_i, X) = 0 (assumed)                 Prob > chi2       =     0.0000

                        (Std. err. adjusted for 20 clusters in region)
-----------------------------------------------------------------------
                    Robust
    profit | Coefficient  std. err.    z    P>|z|   [95% conf. interval]
      sale |   .000941    .0004111   2.29   0.022   .0001354    .0017467
      cost |  .4552322    .1038988   4.38   0.000   .2515942    .6588701
     _cons |  4.897379    1.115396   4.39   0.000   2.711243    7.083515
   sigma_u |  .42131364
   sigma_e |  .09590366
       rho |  .95073713   (fraction of variance due to u_i)
```

图 12-22　随机效应模型分析结果图

从图 12-22 中可以看出，随机效应回归分析的结果与固定效应回归分析的结果大同小异，只是部分变量的显著性水平得到了进一步的提高。

18. 检验双向固定效应模型是否优于普通最小二乘回归

在主界面的 Command 文本框中输入命令：

xttest0

本命令的含义是在上步回归的基础上进行假设检验，来判断随机效应模型是否优于普通最小二乘回归。

输入完后，按回车键，可以得到如图 12-23 所示的结果。

```
Breusch and Pagan Lagrangian multiplier test for random effects

    profit[region,t] = Xb + u[region] + e[region,t]

    Estimated results:
                 |       Var     SD = sqrt(Var)
         profit  |   .5268517       .7258455
              e  |   .0091975       .0959037
              u  |   .1775052       .4213136

    Test: Var(u) = 0
                         chibar2(01) =   150.97
                         Prob > chibar2 =  0.0000
```

图 12-23　例 12-1 分析结果图（20）

从图 12-23 中可以看出，假设检验非常显著地拒绝了"不存在个体随机效应"的原假设，也就是说，随机效应模型是在一定程度上优于普通最小二乘回归分析模型的。

19. 最大似然估计法的随机效应回归分析模型

在主界面的 Command 文本框中输入命令：

xtreg profit sale cost, mle

本命令的含义是以 *profit* 为因变量，以 *sale*、*cost* 为自变量，并使用最大似然估计法，进行随机效应回归分析。

输入完后，按回车键，可以得到如图 12-24 所示的结果。

```
Fitting constant-only model:
Iteration 0:   log likelihood =  16.621076
Iteration 1:   log likelihood =  19.164147
Iteration 2:   log likelihood =  19.218339
Iteration 3:   log likelihood =  19.218613

Fitting full model:
Iteration 0:   log likelihood =   7.9773037
Iteration 1:   log likelihood =  19.164908
Iteration 2:   log likelihood =  38.281199
Iteration 3:   log likelihood =  42.70826
Iteration 4:   log likelihood =  43.214387
Iteration 5:   log likelihood =  43.225571
Iteration 6:   log likelihood =  43.225578

Random-effects ML regression                    Number of obs     =    100
Group variable: region                          Number of groups  =     20
```

图 12-24　最大似然估计法的随机效应回归分析结果图

```
Random effects u_i ~ Gaussian                    Obs per group:
                                                      min =          5
                                                      avg =        5.0
                                                      max =          5

                                                 LR chi2(2)     =   48.01
Log likelihood = 43.225578                       Prob > chi2    =  0.0000

      profit │ Coefficient  Std. err.      z     P>|z|    [95% conf. interval]
─────────────┼────────────────────────────────────────────────────────────────
        sale │  .0008985    .000374      2.40   0.016    .0001655    .0016315
        cost │  .4326386    .0588545     7.35   0.000    .317286     .5479913
       _cons │  5.166409    .6975167     7.41   0.000    3.799301    6.533516
─────────────┼────────────────────────────────────────────────────────────────
     /sigma_u│  .5208324    .0855846                     .3774212    .7187365
     /sigma_e│  .095091     .007579                      .0813385    .1111686
         rho │  .9677417    .0115572                     .9376186    .9846948

LR test of sigma_u=0: chibar2(01) = 200.57             Prob >= chibar2 = 0.000
```

图 12-24 最大似然估计法的随机效应回归分析结果图（续）

从图 12-24 中可以看出，使用最大似然估计法的随机效应回归分析的结果与使用以 region 为聚类变量的聚类稳健标准误的随机效应回归分析的结果大同小异，只是部分变量的显著性水平得到了进一步的提高。

20. 组间估计量回归分析

在主界面的 Command 文本框中输入命令：

xtreg profit sale cost, be

本命令的含义是以 profit 为因变量，以 sale、cost 为自变量，并使用组间估计量，进行组间估计量回归分析。

输入完后，按回车键，可以得到如图 12-25 所示的结果。

```
Between regression (regression on group means)   Number of obs    =       100
Group variable: region                            Number of groups =        20

R-squared:                                        Obs per group:
     Within  = 0.1532                                  min =          5
     Between = 0.7013                                  avg =        5.0
     Overall = 0.5968                                  max =          5

                                                  F(2,17)        =     19.95
sd(u_i + avg(e_i.)) = .4234911                    Prob > F       =    0.0000

      profit │ Coefficient  Std. err.      t     P>|t|    [95% conf. interval]
─────────────┼────────────────────────────────────────────────────────────────
        sale │  .0104226    .0056309     1.85   0.082   -.0014576    .0223028
        cost │  .7736021    .1950808     3.97   0.001    .3620176    1.185187
       _cons │ -.8923599    1.857947    -0.48   0.637   -4.812285    3.027565
```

图 12-25 组间估计量回归分析结果图

从图 12-25 中可以看出，使用组间估计量进行回归分析的结果，如模型的解释能力以及变量系数的显著性，较固定效应回归和随机效应回归都有所降低。

21. 拓展应用——固定效应模型和随机效应模型的选择（豪斯曼检验）

上面的 Stata 命令比较简单，分析过程及结果已经达到解决实际问题的要求。但 Stata 17.0 的强大之处在于，它同样提供了更加复杂的命令格式以满足用户更加个性化的需求。

在前面的分析中，我们使用各种分析方法对本节涉及的实例进行了详细分析。大家可能面对这么多的分析方法时会觉得眼花缭乱，那么我们如何选择合适的分析方法构建模型呢？答案是具体问题具体分析，但是我们也有统计方法和统计经验作为决策参考。例如在例 12-1 中，已经验证了固定效应模型和随机效应模型都要好于普通最小二乘回归模型。而对于组间估计量模型来说，它通常用于数据质量不好的时候，而且会损失较多的信息，所以很多时候我们仅仅将其作为一种对照的估计方法，那么剩下的问题就是选择固定效应模型还是随机效应模型的问题。

在主界面的 Command 文本框中输入命令：

xtreg profit sale cost, re

本命令的含义是以 *profit* 为因变量，以 *sale*、*cost* 为自变量，进行随机效应回归分析。

输入完后，按回车键，可以得到如图 12-26 所示的结果。

```
Random-effects GLS regression              Number of obs    =       100
Group variable: region                     Number of groups =        20

R-squared:                                 Obs per group:
     Within  = 0.3637                               min =         5
     Between = 0.6615                               avg =       5.0
     Overall = 0.6394                               max =         5

                                           Wald chi2(2)     =     62.84
corr(u_i, X) = 0 (assumed)                 Prob > chi2      =    0.0000

------------------------------------------------------------------------
     profit | Coefficient  Std. err.      z    P>|z|   [95% conf. interval]
------------+-----------------------------------------------------------
       sale |   .000941    .0003979     2.37   0.018    .0001612   .0017209
       cost |  .4552322    .0592611     7.68   0.000    .3390826   .5713817
      _cons | 4.897379    .6983754     7.01   0.000    3.528588   6.266169
------------+-----------------------------------------------------------
    sigma_u | .42131364
    sigma_e | .09590366
        rho | .95073713   (fraction of variance due to u_i)
------------------------------------------------------------------------
```

图 12-26 随机效应回归分析结果图

对该回归分析结果的详细解读我们在前面已多次介绍，在此不再赘述。

在主界面的 Command 文本框中输入命令：

estimates store re

本命令的含义是存储随机效应估计结果。

输入完后，按回车键，在"数据编辑器（浏览）"窗口可以得到变量 *_est_re* 的相关数据，如图 12-27 所示。

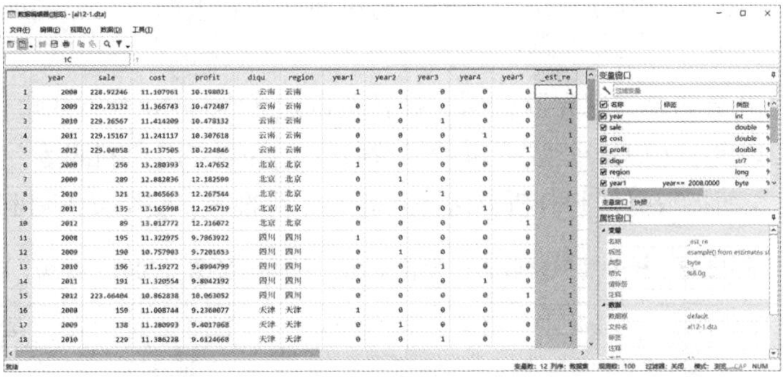

图 12-27　储存随机效应估计结果图

在主界面的 Command 文本框中输入命令：

hausman fe re，constant sigmamore

本命令的含义是进行豪斯曼检验，并据此判断应该选择固定效应模型还是随机效应模型。

输入完后，按回车键，可以得到如图 12-28 所示的分析结果。

```
               ---- Coefficients ----
                 (b)          (B)           (b-B)         sqrt(diag(V_b-V_B))
                 fe           re            Difference    Std. err.

       sale      .0008134     .000941       -.0001277     .000038
       cost      .3855897     .4552322      -.0696425     .0220623
       _cons     5.725855     4.897379      .8284759      .2396264

                    b = Consistent under H0 and Ha; obtained from xtreg.
        B = Inconsistent under Ha, efficient under H0; obtained from xtreg.

Test of H0: Difference in coefficients not systematic

    chi2(3) = (b-B)'[(V_b-V_B)^(-1)](b-B)
            = 12.40
Prob > chi2 = 0.0061
(V_b-V_B is not positive definite)
```

图 12-28　豪斯曼检验结果图

从图 12-28 中可以看出，豪斯曼检验的原假设是使用随机效应模型，显著性 P 值（Prob>chi2=0.0061）远低于 5%，所以我们拒绝原假设，认为使用固定效应模型是更为合理的。

综上所述，我们应构建固定效应模型来描述变量之间的回归关系。

12.3　长面板数据分析的基本应用

长面板数据也是面板数据中的一种，其主要特征是时间维度相对较大而横截面维度比较小，或者说，同一时期内被观测的期间较多而被观测的个体数量较少。长面板数据分析相对而言更加关注设定扰动项相关的具体方式，一般使用可行广义最小二乘方法进行估计。这又分两种情形：一种是仅解决组内自相关的可行广义最二乘估计;另一种是同时处理组内自相关与组间同期相关的可行广义最小二乘估计。下面以实例来说明。

例 12-2 B 公司是一家保险公司,经营范围遍布全国 10 个省区市,各省区市分公司 2001—2010 年的相关经营数据包括保费收入、赔偿支出和利润等,如表 12-2 所示。试用多种长面板数据回归分析方法深入研究保费收入、赔偿支出对利润的影响。

表 12-2 B 公司保费收入、赔偿支出、利润等数据(2001—2010) 单位:万元

年份($year$)	保费收入($income$)	赔偿支出($cost$)	利润($profit$)	地区($shengshi$)
2001	259.587	58.56	26.211	北京
2002	261.083	52.23	21.039	北京
2003	259.296	44.81	20.201	北京
2004	257.546	39.35	19.536	北京
2005	255.723	38.68	21.268	北京
2006	29.865	9.50	1.903	北京
…	…	…	…	…
2005	23.154	6.04	1.026	浙江
2006	30.892	6.89	3.835	浙江
2007	30.594	6.00	3.500	浙江
2008	30.348	5.50	3.695	浙江
2009	30.054	4.94	3.406	浙江
2010	29.797	4.79	3.275	浙江

使用 Stata 17.0 打开目录 F:\stata17\zsq\chap12 中的 al12-2.dta 数据文件,命令如下:

use "F:\stata17\zsq\chap12\al12-2.dta", clear
browse

数据如图 12-29 所示。

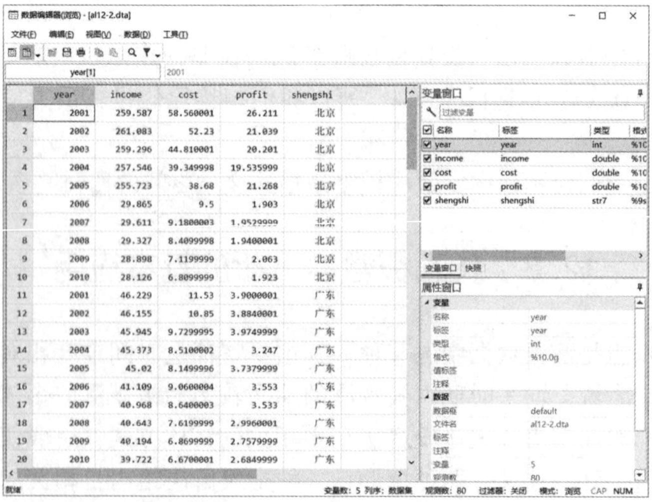

图 12-29 例 12-2 数据

1. 对数据进行展示

在主界面的 Command 文本框中输入命令：

list year income cost profit

本命令的含义是对 4 个变量所包含的样本数据进行一一展示，以便直观地观测出数据的具体特征，为深入分析做准备。

输入完后，按回车键，得到如图 12-30 所示的分析结果。

	year	income	cost	profit		year	income	cost	profit
1.	2001	259.587	58.56	26.211					
2.	2002	261.083	52.23	21.039	41.	2001	25.308	11.02	1.656
3.	2003	259.296	44.81	20.201	42.	2002	25.281	8.81	1.495
4.	2004	257.546	39.35	19.536	43.	2003	24.779	7.93	1.211
5.	2005	255.723	38.68	21.268	44.	2004	24.02	6.48	1.195
					45.	2005	23.154	6.04	1.026
6.	2006	29.865	9.5	1.903					
7.	2007	29.611	9.18	1.953	46.	2006	30.892	6.89	3.835
8.	2008	29.327	8.41	1.94	47.	2007	30.594	6	3.5
9.	2009	28.898	7.12	2.063	48.	2008	30.348	5.5	3.695
10.	2010	28.126	6.81	1.923	49.	2009	30.054	4.94	3.406
					50.	2010	29.797	4.79	3.275
11.	2001	46.229	11.53	3.9					
12.	2002	46.155	10.85	3.884	51.	2001	259.587	58.56	26.211
13.	2003	45.945	9.73	3.975	52.	2002	261.083	52.23	21.039
14.	2004	45.373	8.51	3.247	53.	2003	259.296	44.81	20.201
15.	2005	45.02	8.15	3.738	54.	2004	257.546	39.35	19.536
					55.	2005	255.723	38.68	21.268
16.	2006	41.109	9.06	3.553					
17.	2007	40.968	8.64	3.533	56.	2006	29.865	9.5	1.903
18.	2008	40.643	7.62	2.996	57.	2007	29.611	9.18	1.953
19.	2009	40.194	6.87	2.758	58.	2008	29.327	8.41	1.94
20.	2010	39.722	6.67	2.685	59.	2009	28.898	7.12	2.063
					60.	2010	28.126	6.81	1.923
21.	2001	44.038	14.15	3.148					
22.	2002	44.017	12.49	2.933	61.	2001	24.495	8.27	1.779
23.	2003	43.513	10.95	2.575	62.	2002	24.408	8.25	1.811
24.	2004	42.88	9.99	2.322	63.	2003	24.083	7.26	1.992
25.	2005	42.122	9.69	2.638	64.	2004	23.478	5.22	2.346
					65.	2005	22.774	4.7	1.665
26.	2006	52.523	17.85	2.936					
27.	2007	51.976	14.67	2.582	66.	2006	26.116	7.18	3.042
28.	2008	51.144	13.62	2.579	67.	2007	26.102	6.67	2.634
29.	2009	50.047	12.53	2.226	68.	2008	25.75	5.8	2.531
30.	2010	48.943	12.05	2.023	69.	2009	25.464	5.09	2.61
					70.	2010	25.203	4.8	3.108
31.	2001	24.495	8.27	1.779					
32.	2002	24.408	8.25	1.811	71.	2001	25.308	11.02	1.656
33.	2003	24.083	7.26	1.992	72.	2002	25.281	8.81	1.495
34.	2004	23.478	5.22	2.346	73.	2003	24.779	7.93	1.211
35.	2005	22.774	4.7	1.665	74.	2004	24.02	6.48	1.195
					75.	2005	23.154	6.04	1.026
36.	2006	26.116	7.18	3.042					
37.	2007	26.102	6.67	2.634	76.	2006	30.892	6.89	3.835
38.	2008	25.75	5.8	2.531	77.	2007	30.594	6	3.5
39.	2009	25.464	5.09	2.61	78.	2008	30.348	5.5	3.695
40.	2010	25.203	4.8	3.108	79.	2009	30.054	4.94	3.406
					80.	2010	29.797	4.79	3.275

图 12-30 例 12-2 分析结果图（1）

	year	income	cost	profit		year	income	cost	profit
1.	2001	259.587	58.560001	26.211	41.	2001	25.308	11.02	1.656
2.	2002	261.083	52.23	21.039	42.	2002	25.281	8.8100004	1.495
3.	2003	259.296	44.810001	20.201	43.	2003	24.779	7.9299998	1.211
4.	2004	257.546	39.349998	19.535999	44.	2004	24.02	6.48	1.1950001
5.	2005	255.723	38.68	21.268	45.	2005	23.154	6.04	1.026
6.	2006	29.865	9.5	1.903	46.	2006	30.892	6.8899999	3.835
7.	2007	29.611	9.1800003	1.9529999	47.	2007	30.594	6	3.5
8.	2008	29.327	8.4099998	1.9400001	48.	2008	30.348	5.5	3.6949999
9.	2009	28.898	7.1199999	2.063	49.	2009	30.054	4.9400001	3.4059999
10.	2010	28.126	6.8099999	1.923	50.	2010	29.797	4.79	3.2750001
11.	2001	46.229	11.53	3.9000001	51.	2001	259.587	58.560001	26.211
12.	2002	46.155	10.85	3.8840001	52.	2002	261.083	52.23	21.039
13.	2003	45.945	9.7299995	3.9749999	53.	2003	259.296	44.810001	20.201
14.	2004	45.373	8.5100002	3.247	54.	2004	257.546	39.349998	19.535999
15.	2005	45.02	8.1499996	3.7379999	55.	2005	255.723	38.68	21.268
16.	2006	41.109	9.0600004	3.553	56.	2006	29.865	9.5	1.903
17.	2007	40.968	8.6400003	3.533	57.	2007	29.611	9.1800003	1.9529999
18.	2008	40.643	7.6199999	2.9960001	58.	2008	29.327	8.4099998	1.9400001
19.	2009	40.194	6.8699999	2.7579999	59.	2009	28.898	7.1199999	2.063
20.	2010	39.722	6.6700001	2.6849999	60.	2010	28.126	6.8099999	1.923
21.	2001	44.038	14.15	3.148	61.	2001	24.495	8.2700005	1.779
22.	2002	44.017	12.49	2.9330001	62.	2002	24.408	8.25	1.811
23.	2003	43.513	10.95	2.575	63.	2003	24.083	7.2600002	1.992
24.	2004	42.88	9.9899998	2.322	64.	2004	23.478	5.2199998	2.346
25.	2005	42.122	9.6899996	2.638	65.	2005	22.774	4.6999998	1.665
26.	2006	52.523	17.85	2.9360001	66.	2006	26.116	7.1799998	3.0420001
27.	2007	51.976	14.67	2.582	67.	2007	26.102	6.6700001	2.6340001
28.	2008	51.144	13.62	2.579	68.	2008	25.75	5.8000002	2.5309999
29.	2009	50.047	12.53	2.2260001	69.	2009	25.464	5.0900002	2.6099999
30.	2010	48.943	12.05	2.023	70.	2010	25.203	4.8000002	3.108
31.	2001	24.495	8.2700005	1.779	71.	2001	25.308	11.02	1.656
32.	2002	24.408	8.25	1.811	72.	2002	25.281	8.8100004	1.495
33.	2003	24.083	7.2600002	1.992	73.	2003	24.779	7.9299998	1.211
34.	2004	23.478	5.2199998	2.346	74.	2004	24.02	6.48	1.1950001
35.	2005	22.774	4.6999998	1.665	75.	2005	23.154	6.04	1.026
36.	2006	26.116	7.1799998	3.0420001	76.	2006	30.892	6.8899999	3.835
37.	2007	26.102	6.6700001	2.6340001	77.	2007	30.594	6	3.5
38.	2008	25.75	5.8000002	2.5309999	78.	2008	30.348	5.5	3.6949999
39.	2009	25.464	5.0900002	2.6099999	79.	2009	30.054	4.9400001	3.4059999
40.	2010	25.203	4.8000002	3.108	80.	2010	29.797	4.79	3.2750001

图 12-30　例 12-2 分析结果图（1）（续）

通过观察图 12-30 的结果，可以看到数据的总体质量是好的，没有极端异常值，变量之间的量纲差距也是可以的，可进入下一步分析。

2. 将字符串变量转化为数值型变量

在主界面的 Command 文本框中输入命令：

encode shengshi, gen（region）

面板数据要求其中的个体变量取值必须为整数，而且不允许有重复，所以需要对各个观测样本进行有序编号，本命令的含义是将 shengshi 这一字符串变量转化为数值型变量，以便进行下一步操作。

输入完后，按回车键，在"数据编辑器（浏览）"窗口可以得到如图 12-31 所示的分析结果。

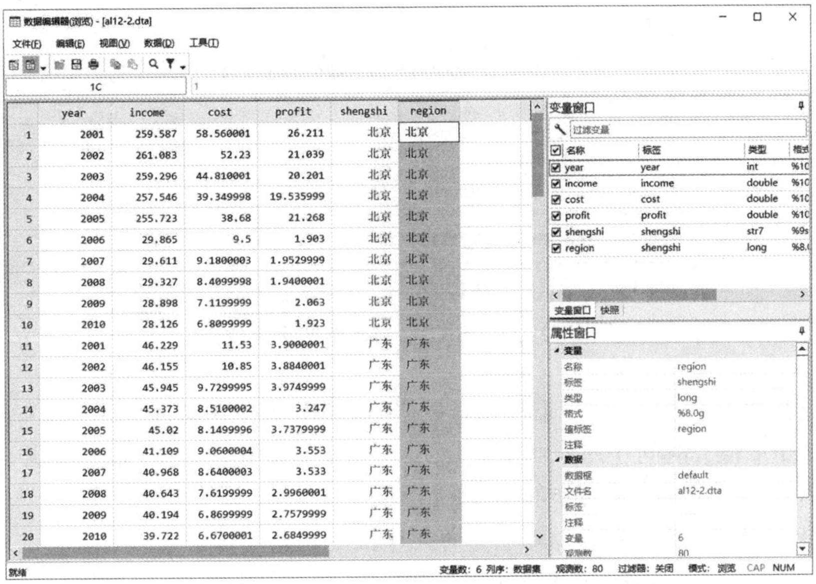

图 12-31　例 12-2 分析结果图（2）

通过观察图 12-31 的结果，可以看出 region 变量的相关数据。

3. 对面板数据进行定义

在主界面的 Command 文本框中输入命令：

xtset region year

本命令的含义是对面板数据进行定义，其中横截面维度变量为上步生成的 region，时间序列变量为 year。

输入完后，按回车键，得到如图 12-32 所示的分析结果。

```
Panel variable: region (strongly balanced)
 Time variable: year, 2001 to 2010
         Delta: 1 unit
```

图 12-32　例 12-2 分析结果图（3）

通过观察图 12-32，可以看出这是一个平衡的面板数据。

4. 观测面板数据特征

在主界面的 Command 文本框中输入命令：

xtdes

本命令的含义是观测面板数据结构，考察面板数据特征，为后续分析做准备。

输入完后，按回车键，得到如图 12-33 所示的分析结果。

```
    region:  1, 2, ..., 8                                              n =          8
      year:  2001, 2002, ..., 2010                                     T =         10
             Delta(year) = 1 unit
             Span(year)  = 10 periods
             (region*year uniquely identifies each observation)

    Distribution of T_i:   min      5%     25%     50%     75%     95%     max
                            10      10      10      10      10      10      10

         Freq.   Percent    Cum. |  Pattern
         ────────────────────────┼──────────────
            8    100.00   100.00 |  1111111111
         ────────────────────────┼──────────────
            8    100.00          |  XXXXXXXXXX
```

图 12-33 例 12-2 分析结果图（4）

通过观察图 12-33，可以看出面板数据的结构，其中横截面维度变量 *region* 从 1 到 8 共 8 个取值，时间序列维度变量 *year* 从 2001 到 2010 共 10 个取值，属于长面板数据，而且观测在时间上的分布也非常均匀。

5. 面板数据组内、组间以及整体的统计指标

在主界面的 Command 文本框中输入命令：

xtsum

本命令的含义是显示面板数据组内、组间以及整体的统计指标。

输入完后，按回车键，得到如图 12-34 所示的分析结果。

```
Variable         |      Mean   Std. dev.        Min        Max |    Observations
─────────────────┼───────────────────────────────────────────────┼────────────────
year     overall |    2005.5   2.890403       2001       2010 | N =      80
         between |                    0     2005.5     2005.5 | n =       8
         within  |             2.890403       2001       2010 | T =      10

income   overall |  60.31106   75.89957     22.774    261.083 | N =      80
         between |             52.28008    24.7873   143.9062 | n =       8
         within  |             57.78336  -55.46914   177.4879 | T =      10

cost     overall |   12.8525   13.41096        4.7      58.56 | N =      80
         between |              9.26838      6.324     27.465 | n =       8
         within  |             10.18515    -7.8025    43.9475 | T =      10

profit   overall |  4.899112   6.471817      1.026     26.211 | N =      80
         between |              4.27608     2.3518    11.8037 | n =       8
         within  |             5.067804  -5.001587   19.30641 | T =      10

shengshi overall |         .          .          .          . | N =       0
         between |                    .          .          . | n =       0
         within  |                    .          .          . | T =       .

region   overall |       4.5   2.305744          1          8 | N =      80
         between |              2.44949          1          8 | n =       8
         within  |                    0        4.5        4.5 | T =      10
```

图 12-34 例 12-2 分析结果图（5）

Variable		Mean	Std. Dev.	Min	Max	Observations	
year	overall	2005.5	2.890403	2001	2010	N =	80
	between		0	2005.5	2005.5	n =	8
	within		2.890403	2001	2010	T =	10
income	overall	60.31106	75.89957	22.774	261.083	N =	80
	between		52.28008	24.7873	143.9062	n =	8
	within		57.78336	-55.46914	177.4879	T =	10
cost	overall	12.8525	13.41096	4.7	58.56	N =	80
	between		9.26838	6.324	27.465	n =	8
	within		10.18515	-7.8025	43.9475	T =	10
profit	overall	4.899112	6.471817	1.026	26.211	N =	80
	between		4.27608	2.3518	11.8037	n =	8
	within		5.067804	-5.001587	19.30641	T =	10
shengshi	overall	.	.	.	.	N =	0
	between		.	.	.	n =	0
	within		.	.	.	T =	.
region	overall	4.5	2.305744	1	8	N =	80
	between		2.44949	1	8	n =	8
	within		0	4.5	4.5	T =	10

图 12-34 例 12-2 分析结果图（5）（续）

在长面板数据中，同一时间段内的不同观测样本构成一个组。从图 12-34 中可以看出，变量 year 的组间标准差是 0，因为不同组的这一变量取值完全相同；变量 region 的组内标准差也是 0，因为分布在同一组的数据属于同一个地区。

6. 显示各个变量数据的组内、组间以及整体的分布频率

在主界面的 Command 文本框中输入命令：

xttab income

本命令的含义是显示变量 income 组内、组间以及整体的分布频率。

输入完后，按回车键，得到如图 12-35 所示的分析结果。

通过观察图 12-35，可以看出变量 income 的组内、组间以及整体的分布频率。

在主界面的 Command 文本框中输入命令：

xttab cost

本命令的含义是显示变量 cost 组内、组间以及整体的分布频率。

输入完后，按回车键，得到如图 12-36 所示的分析结果。

通过观察图 12-36，可以看出变量 cost 的组内、组间以及整体的分布频率。

在主界面的 Command 文本框中输入命令：

xttab profit

income	Overall Freq.	Overall Percent	Between Freq.	Between Percent	Within Percent
22.774	2	2.50	2	25.00	10.00
23.154	2	2.50	2	25.00	10.00
23.478	2	2.50	2	25.00	10.00
24.02	2	2.50	2	25.00	10.00
24.083	2	2.50	2	25.00	10.00
24.408	2	2.50	2	25.00	10.00
24.495	2	2.50	2	25.00	10.00
24.779	2	2.50	2	25.00	10.00
25.203	2	2.50	2	25.00	10.00
25.281	2	2.50	2	25.00	10.00
25.308	2	2.50	2	25.00	10.00
25.464	2	2.50	2	25.00	10.00
25.75	2	2.50	2	25.00	10.00
26.102	2	2.50	2	25.00	10.00
26.116	2	2.50	2	25.00	10.00
28.126	2	2.50	2	25.00	10.00
28.898	2	2.50	2	25.00	10.00
29.327	2	2.50	2	25.00	10.00
29.611	2	2.50	2	25.00	10.00
29.797	2	2.50	2	25.00	10.00
29.865	2	2.50	2	25.00	10.00
30.054	2	2.50	2	25.00	10.00
30.348	2	2.50	2	25.00	10.00
30.594	2	2.50	2	25.00	10.00
30.892	2	2.50	2	25.00	10.00
39.722	1	1.25	1	12.50	10.00
40.194	1	1.25	1	12.50	10.00
40.643	1	1.25	1	12.50	10.00
40.968	1	1.25	1	12.50	10.00
41.109	1	1.25	1	12.50	10.00
42.122	1	1.25	1	12.50	10.00
42.88	1	1.25	1	12.50	10.00
43.513	1	1.25	1	12.50	10.00
44.017	1	1.25	1	12.50	10.00
44.038	1	1.25	1	12.50	10.00
45.02	1	1.25	1	12.50	10.00
45.373	1	1.25	1	12.50	10.00
45.945	1	1.25	1	12.50	10.00
46.155	1	1.25	1	12.50	10.00
46.229	1	1.25	1	12.50	10.00
48.943	1	1.25	1	12.50	10.00
50.047	1	1.25	1	12.50	10.00
51.144	1	1.25	1	12.50	10.00
51.976	1	1.25	1	12.50	10.00
52.523	1	1.25	1	12.50	10.00
255.723	2	2.50	2	25.00	10.00
257.546	2	2.50	2	25.00	10.00
259.296	2	2.50	2	25.00	10.00
259.587	2	2.50	2	25.00	10.00
261.083	2	2.50	2	25.00	10.00
Total	80	100.00	80	1000.00	10.00

(n = 8)

图 12-35 例 12-2 分析结果图 (6)

cost	Overall Freq.	Percent	Between Freq.	Percent	Within Percent
4.7	2	2.50	2	25.00	10.00
4.79	2	2.50	2	25.00	10.00
4.8	2	2.50	2	25.00	10.00
4.94	2	2.50	2	25.00	10.00
5.09	2	2.50	2	25.00	10.00
5.22	2	2.50	2	25.00	10.00
5.5	2	2.50	2	25.00	10.00
5.8	2	2.50	2	25.00	10.00
6	2	2.50	2	25.00	10.00
6.04	2	2.50	2	25.00	10.00
6.48	2	2.50	2	25.00	10.00
6.67	3	3.75	3	37.50	10.00
6.81	2	2.50	2	25.00	10.00
6.87	1	1.25	1	12.50	10.00
6.89	2	2.50	2	25.00	10.00
7.12	2	2.50	2	25.00	10.00
7.18	2	2.50	2	25.00	10.00
7.26	2	2.50	2	25.00	10.00
7.62	1	1.25	1	12.50	10.00
7.93	2	2.50	2	25.00	10.00
8.15	1	1.25	1	12.50	10.00
8.25	2	2.50	2	25.00	10.00
8.27	2	2.50	2	25.00	10.00
8.41	2	2.50	2	25.00	10.00
8.51	1	1.25	1	12.50	10.00
8.64	1	1.25	1	12.50	10.00
8.81	2	2.50	2	25.00	10.00
9.06	1	1.25	1	12.50	10.00
9.18	2	2.50	2	25.00	10.00
9.5	2	2.50	2	25.00	10.00
9.69	1	1.25	1	12.50	10.00
9.73	1	1.25	1	12.50	10.00
9.99	1	1.25	1	12.50	10.00
10.85	1	1.25	1	12.50	10.00
10.95	1	1.25	1	12.50	10.00
11.02	2	2.50	2	25.00	10.00
11.53	1	1.25	1	12.50	10.00
12.05	1	1.25	1	12.50	10.00
12.49	1	1.25	1	12.50	10.00
12.53	1	1.25	1	12.50	10.00
13.62	1	1.25	1	12.50	10.00
14.15	1	1.25	1	12.50	10.00
14.67	1	1.25	1	12.50	10.00
17.85	1	1.25	1	12.50	10.00
38.68	2	2.50	2	25.00	10.00
39.35	2	2.50	2	25.00	10.00
44.81	2	2.50	2	25.00	10.00
52.23	2	2.50	2	25.00	10.00
58.56	2	2.50	2	25.00	10.00
Total	80	100.00	80	1000.00	10.00
			(n = 8)		

图 12-36　例 12-2 分析结果图（7）

本命令的含义是显示变量 *profit* 组内、组间以及整体的分布频率。输入完后，按回车键，得到如图 12-37 所示的分析结果。

profit	Overall Freq.	Overall Percent	Between Freq.	Between Percent	Within Percent
1.026	2	2.50	2	25.00	10.00
1.195	2	2.50	2	25.00	10.00
1.211	2	2.50	2	25.00	10.00
1.495	2	2.50	2	25.00	10.00
1.656	2	2.50	2	25.00	10.00
1.665	2	2.50	2	25.00	10.00
1.779	2	2.50	2	25.00	10.00
1.811	2	2.50	2	25.00	10.00
1.903	2	2.50	2	25.00	10.00
1.923	2	2.50	2	25.00	10.00
1.94	2	2.50	2	25.00	10.00
1.953	2	2.50	2	25.00	10.00
1.992	2	2.50	2	25.00	10.00
2.023	1	1.25	1	12.50	10.00
2.063	2	2.50	2	25.00	10.00
2.226	1	1.25	1	12.50	10.00
2.322	1	1.25	1	12.50	10.00
2.346	2	2.50	2	25.00	10.00
2.531	2	2.50	2	25.00	10.00
2.575	1	1.25	1	12.50	10.00
2.579	1	1.25	1	12.50	10.00
2.582	1	1.25	1	12.50	10.00
2.61	2	2.50	2	25.00	10.00
2.634	2	2.50	2	25.00	10.00
2.638	1	1.25	1	12.50	10.00
2.685	1	1.25	1	12.50	10.00
2.758	1	1.25	1	12.50	10.00
2.933	1	1.25	1	12.50	10.00
2.936	1	1.25	1	12.50	10.00
2.996	1	1.25	1	12.50	10.00
3.042	2	2.50	2	25.00	10.00
3.108	2	2.50	2	25.00	10.00
3.148	1	1.25	1	12.50	10.00
3.247	1	1.25	1	12.50	10.00
3.275	2	2.50	2	25.00	10.00
3.406	2	2.50	2	25.00	10.00
3.5	2	2.50	2	25.00	10.00
3.533	1	1.25	1	12.50	10.00
3.553	1	1.25	1	12.50	10.00
3.695	2	2.50	2	25.00	10.00
3.738	1	1.25	1	12.50	10.00
3.835	2	2.50	2	25.00	10.00
3.884	1	1.25	1	12.50	10.00
3.9	1	1.25	1	12.50	10.00
3.975	1	1.25	1	12.50	10.00
19.536	2	2.50	2	25.00	10.00
20.201	2	2.50	2	25.00	10.00
21.039	2	2.50	2	25.00	10.00
21.268	2	2.50	2	25.00	10.00
26.211	2	2.50	2	25.00	10.00
Total	80	100.00	80	1000.00	10.00
			(n = 8)		

图 12-37　例 12-2 分析结果图（8）

通过观察图 12-37，可以看出变量 *profit* 的组内、组间以及整体的分布频率的结果。

7. 显示各个变量的时间序列图

在主界面的 Command 文本框中输入命令：

xtline income

本命令的含义是对各个地区（*shengshi*）显示变量 *income* 的时间序列图。

输入完后，按回车键，得到如图 12-38 所示的分析结果。

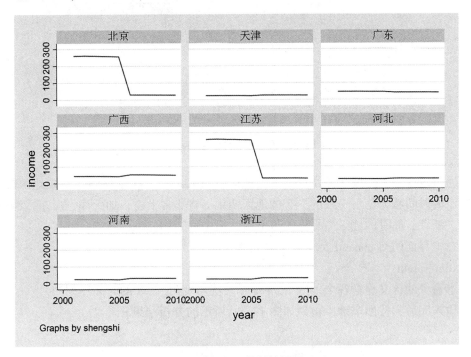

图 12-38 例 12-2 分析结果图（9）

通过观察图 12-38，可以看出不同地区变量 *income* 的时间序列图。不同地区的保费收入的时间趋势是不一致的，有的地区变化一直非常平稳，如天津、广东、广西、河北、河南、浙江，而有的地区先平稳、再下降、后平稳，如北京、江苏。

在主界面的 Command 文本框中输入命令：

xtline cost

本命令的含义是对各个地区（*shengshi*）显示变量 *cost* 的时间序列图。

输入完后，按回车键，得到如图 12-39 所示的分析结果。

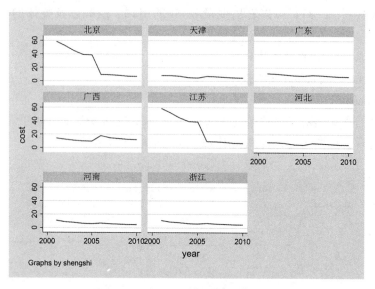

图 12-39　例 12-2 分析结果图（10）

通过观察图 12-39，可以看出不同地区变量 cost 的时间序列图。不同地区的赔偿支出的时间趋势是不一致的，有的地区变化一直非常平稳，如天津、广东、河南、河北、浙江；而有的地区先平稳、再下降、后平稳，如北京、江苏。

在主界面的 Command 文本框中输入命令：

xtline profit

本命令的含义是对各个地区（shengshi）显示变量 profit 的时间序列图。

输入完后，按回车键，得到如图 12-40 所示的分析结果。

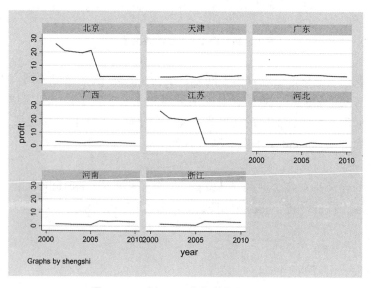

图 12-40　例 12-2 分析结果图（11）

通过观察图 12-40，可以看出不同地区变量 *profit* 的时间序列图。不同地区的利润的时间趋势是不一致的，有的地区变化一直非常平稳，如天津、广东、广西、河北、河南、浙江；而有的地区先平稳、再下降、后平稳，如北京、江苏。

8. 创建省区市变量的多个虚拟变量

在主界面的 Command 文本框中输入命令：

tab region, gen (region)

本命令的含义是创建省区市变量的多个虚拟变量。

输入完后，按回车键，在"数据编辑器（浏览）"窗口可以得到如图 12-41 所示 *region*1—*region*8 的数据。

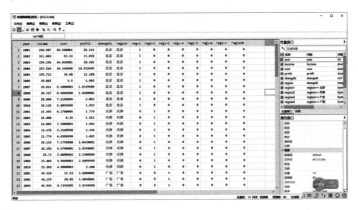

图 12-41 例 12-2 分析结果图 (12)

9. 对数据进行回归分析

在主界面的 Command 文本框中输入命令：

regress profit income cost region2-region8 year, vce (cluster region)

本命令的含义是以 *profit* 为因变量，以 *income*、*cost* 以及各个地区虚拟变量为自变量，并使用以 *region* 为聚类变量的聚类稳健标准误，进行最小二乘回归分析。

输入完后，按回车键，得到如图 12-42 所示的分析结果。

```
Linear regression                               Number of obs   =         80
                                                F(2, 7)         =          .
                                                Prob > F        =          .
                                                R-squared       =     0.9845
                                                Root MSE        =     .86123

                          (Std. err. adjusted for 8 clusters in region)
                             Robust
     profit | Coefficient  std. err.      t    P>|t|     [95% conf. interval]
     income |   .0533635   .0096339     5.54   0.001     .030583    .076144
       cost |   .2152267   .0666928     3.23   0.015     .0575234   .37293
    region2 |    1.45481   .3547113     4.10   0.005     .6160509   2.293569
    region3 |   1.025832   .3450825     2.97   0.021     .2098411   1.841822
    region4 |  -.8861502   .1849455    -4.79   0.002    -1.323477  -.4488235
    region5 |  -8.59e-15   7.36e-14    -0.12   0.910    -1.83e-13   1.65e-13
    region6 |    1.45481   .3547113     4.10   0.005     .6160509   2.293569
    region7 |   1.280719   .3443042     3.72   0.007     .4665685   2.094869
    region8 |   1.280719   .3443042     3.72   0.007     .4665685   2.094869
       year |   .1668369   .1098037     1.52   0.172    -.0928075   .4264813
      _cons |  -336.3782   220.7297    -1.52   0.171    -858.321    185.5646
```

图 12-42 例 12-2 分析结果图 (13)

通过观察图 12-42 的结果，可以看出共有 80 个样本参与了分析，模型的决定系数（R-squared）= 0.984 5，说明模型的解释能力非常好。

从上面的分析可以看出，最小二乘线性模型的整体显著性、大多数系数的显著性以及模型的整体解释能力都很不错。得到的结论是该保险公司的利润随保费收入和赔偿支出的增加而增加。

10. 存储最小二乘回归分析的估计结果

在主界面的 Command 文本框中输入命令：

estimates store ols

本命令的含义是存储最小二乘回归分析的估计结果。

输入完后，按回车键，在"数据编辑器（浏览）"窗口可以得到变量 _est_ols 的相关数据，如图 12-43 所示。

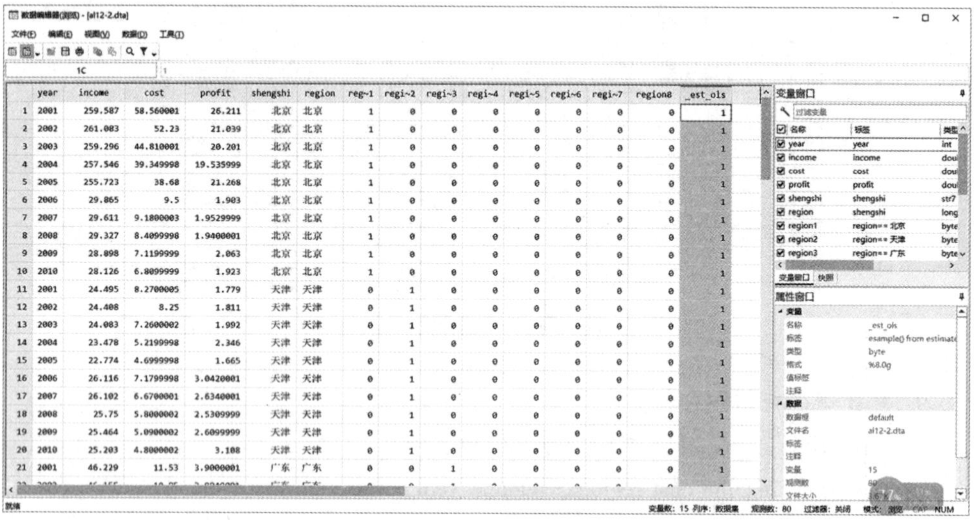

图 12-43　例 12-2 分析结果图（14）

11. 自回归系数相同的广义最小二乘回归分析

在主界面的 Command 文本框中输入命令：

xtpcse profit income cost region2-region8 year, corr（ar1）

本命令的含义是仅考虑存在组内自相关，并且各组的自回归系数相同的情况下，以 profit 为因变量，以 income、cost 以及各地区虚拟变量 region2—region8 为自变量，进行广义最小二乘回归分析。

输入完后，按回车键，得到如图 12-44 所示的分析结果。

```
Prais-Winsten regression, correlated panels corrected standard errors (PCSEs)

Group variable:    region                    Number of obs     =         80
Time variable:     year                      Number of groups  =          8
Panels:            correlated (balanced)     Obs per group:
Autocorrelation:   common AR(1)                           min  =         10
                                                          avg  =         10
                                                          max  =         10
Estimated covariances      =         36     R-squared         =     0.9794
Estimated autocorrelations =          1     Wald chi2(7)      =    1031.38
Estimated coefficients     =         11     Prob > chi2       =     0.0000
```

profit	Coefficient	Panel-corrected std. err.	z	P>|z|	[95% conf. interval]	
income	.0513848	.0114491	4.49	0.000	.0289448	.0738247
cost	.2369246	.0685292	3.46	0.001	.1026099	.3712394
region2	1.610996	.6838901	2.36	0.018	.2705958	2.951396
region3	1.148906	.6534121	1.76	0.079	-.1317581	2.42957
region4	-.8322166	.695395	-1.20	0.231	-2.195166	.5307325
region5	2.82e-12	.	.	.	.	.
region6	1.610996	.6838901	2.36	0.018	.2705958	2.951396
region7	1.413287	.7366856	1.92	0.055	-.0305905	2.857164
region8	1.413287	.7366856	1.92	0.055	-.0305905	2.857164
year	.1793389	.0370433	4.84	0.000	.1067353	.2519424
_cons	-361.6927	74.62795	-4.85	0.000	-507.9608	-215.4246
rho	.265627					

图 12-44　例 12-2 分析结果图（15）

通过观察图 12-44 的结果，可以看出在仅考虑存在组内自相关，并且各组的自回归系数相同的情况下，进行广义最小二乘回归分析与普通最小二乘回归分析的结果有一些差别。

12. 存储自回归系数相同的广义最小二乘回归分析的估计结果

在主界面的 Command 文本框中输入命令：

estimates store ar1

本命令的含义是存储广义最小二乘回归分析的估计结果。

输入完后，按回车键，在"数据编辑器（浏览）"窗口可以得到变量 _est_ols 的相关数据，如图 12-45 所示。

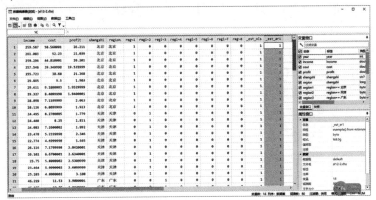

图 12-45　例 12-2 分析结果图（16）

13. 自回归系数不同的可行广义最小二乘回归分析

在主界面的 Command 文本框中输入命令：

xtpcse profit income cost region2-region8 year, corr (psar1)

本命令的含义是仅考虑存在组内自相关，并且各组的自回归系数不同的情况下，以 *profit* 为因变量，以 *income*、*cost* 以及各地区虚拟变量 *region*2—*region*8 为自变量，进行可行广义最小二乘回归分析。

输入完后，按回车键，得到如图 12-46 所示的分析结果。

```
Prais-Winsten regression, correlated panels corrected standard errors (PCSEs)

Group variable:   region                      Number of obs    =       80
Time variable:    year                        Number of groups =        8
Panels:           correlated (balanced)       Obs per group:
Autocorrelation:  panel-specific AR(1)                   min =       10
                                                         avg =       10
                                                         max =       10
Estimated covariances      =       36         R-squared        =   0.9925
Estimated autocorrelations =        8         Wald chi2(7)     =  2660.97
Estimated coefficients     =       11         Prob > chi2      =   0.0000

                       Panel-corrected
      profit |  Coefficient  std. err.      z    P>|z|     [95% conf. interval]
      income |    .0499286   .0088864     5.62   0.000     .0325115    .0673457
        cost |    .2353169    .053092     4.43   0.000     .1312585    .3393753
     region2 |    1.504788   .4177599     3.60   0.000     .685994    2.323583
     region3 |    .9777836   .5988821     1.63   0.103    -.1960038   2.151571
     region4 |   -.9068021   .7989255    -1.14   0.256    -2.472667    .6590631
     region5 |   -2.35e-12          .        .       .            .           .
     region6 |    1.504788   .4177599     3.60   0.000     .685994    2.323583
     region7 |    1.276868   .6133663     2.08   0.037     .0746926   2.479044
     region8 |    1.276868   .6133663     2.08   0.037     .0746926   2.479044
        year |    .1973701   .0359409     5.49   0.000     .1269273    .2678129
       _cons |   -397.7056   72.26995    -5.50   0.000    -539.3521   -256.0591

  rhos = -.1981808 -.1559056  .8593703  .7428073 -.1981808 ... -.1559056
```

图 12-46 例 12-2 分析结果图 (17)

通过观察图 12-46 的结果，可以看出在仅考虑存在组内自相关，并且各组的自回归系数不同的情况下进行可行广义最小二乘回归分析的结果与前面各种回归分析的结果是有一些区别的。

14. 存储自回归系数不同的广义最小二乘回归分析的估计结果

在主界面的 Command 文本框中输入命令：

estimates store psar1

本命令的含义是存储自回归系数不同的广义最小二乘回归分析的估计结果。

输入完后，按回车键，在"数据编辑器（浏览）"窗口可以得到变量 *_est_psar*1 的相关数据，如图 12-47 所示。

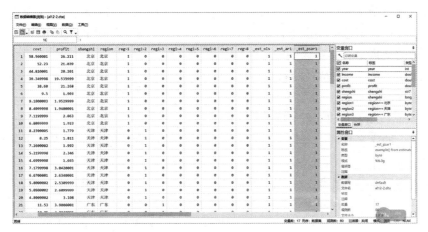

图 12-47 例 12-2 分析结果图（18）

15. 不考虑自相关仅考虑异方差的可行广义最小二乘回归分析

在主界面的 Command 文本框中输入命令：

xtpcse profit income cost region2-region8 year, hetonly

本命令的含义是不考虑存在组内自相关，仅考虑不同个体扰动项存在异方差的情况下，以 profit 为因变量，以 income、cost 以及各地区虚拟变量 region2—region8 为自变量，进行可行广义最小二乘回归分析。

输入完后，按回车键，得到如图 12-48 所示的分析结果。

```
Linear regression, heteroskedastic panels corrected standard errors

Group variable:   region                    Number of obs      =        80
Time variable:    year                      Number of groups   =         8
Panels:           heteroskedastic (balanced) Obs per group:
Autocorrelation:  no autocorrelation                      min =        10
                                                          avg =        10
                                                          max =        10
Estimated covariances      =        8       R-squared          =    0.9845
Estimated autocorrelations =        0       Wald chi2(10)      =   3241.67
Estimated coefficients     =       11       Prob > chi2        =    0.0000
```

		Het-corrected				
profit	Coefficient	std. err.	z	P>|z|	[95% conf. interval]	
income	.0533635	.0073228	7.29	0.000	.0390111	.0677159
cost	.2152267	.0444006	4.85	0.000	.1282031	.3022503
region2	1.45481	.4465286	3.26	0.001	.5796298	2.32999
region3	1.025832	.4483788	2.29	0.022	.1470253	1.904638
region4	-.8861502	.5174744	-1.71	0.087	-1.900381	.1280809
region5	-8.59e-15	.4762843	-0.00	1.000	-.9335001	.9335001
region6	1.45481	.4465286	3.26	0.001	.5796298	2.32999
region7	1.280719	.5055611	2.53	0.011	.289837	2.2716
region8	1.280719	.5055611	2.53	0.011	.289837	2.2716
year	.1668369	.038223	4.36	0.000	.0919212	.2417526
_cons	-336.3782	76.85813	-4.38	0.000	-487.0174	-185.7391

图 12-48 例 12-2 分析结果图（19）

通过观察图 12-48 的结果，可以看出在不考虑存在组内自相关，仅考虑不同个体扰动项存在异方差的情况下，进行可行广义最小二乘回归分析的结果与前面各种回归分析的结果是有一些区别的。

16. 展示不同方法估计结果的比较

在主界面的 Command 文本框中输入命令：

estimates tab ols ar1 psar1 hetonly, b se

本命令的含义是展示将以上各种方法的系数估计值及标准误列表放在一起进行比较的结果。

输入完后，按回车键，可以得到如图 12-49 所示的分析结果。

Variable	ols	ar1	psar1	hetonly
income	.05336351	.05138476	.04992861	.05336351
	.00963388	.01144915	.00888643	.0073228
cost	.2152267	.23692465	.23531693	.2152267
	.06669277	.06852918	.05309199	.04440063
region2	1.4548098	1.6109958	1.5047883	1.4548098
	.35471127	.68389013	.41775991	.44652861
region3	1.0258316	1.148906	.97778357	1.0258316
	.34508253	.65341206	.59888209	.44837881
region4	-.88615016	-.83221655	-.90680209	-.88615016
	.1849455	.69539496	.79892547	.51747435
region5	-8.585e-15	2.824e-12	-2.351e-12	-8.585e-15
	7.358e-14	.	.	.47628431
region6	1.4548098	1.6109958	1.5047883	1.4548098
	.35471127	.68389013	.41775991	.44652861
region7	1.2807187	1.4132868	1.2768684	1.2807187
	.34430425	.7366856	.61336628	.50556113
region8	1.2807187	1.4132868	1.2768684	1.2807187
	.34430425	.7366856	.61336628	.50556113
year	.16683689	.17933885	.19737013	.16683689
	.10980365	.03704331	.03594086	.03822298
_cons	-336.37823	-361.69267	-397.7056	-336.37823
	220.7297	74.627951	72.269954	76.858126

Legend: b/se

图 12-49 例 12-2 分析结果图（20）

通过观察图 12-49 的结果，可以看出 hetonly 方法的系数估计值和 ols 方法的系数估计值是完全一样的，但标准误不一样。其他方法之间都存在一定的差别。

17. 自回归系数相同，方差独立且不同的可行广义最小二乘回归分析

在主界面的 Command 文本框中输入命令：

xtgls profit income cost region2-region8 year, panels (cor) cor (ar1)

本命令的含义是在各组的自回归系数相同、不同个体的扰动项相互独立且有不同的方差的情况下，以 *profit* 为因变量，以 *income*、*cost* 以及各地区虚拟变量 *re-*

gion2—region8 为自变量，进行可行广义最小二乘回归分析

输入完后，按回车键，得到如图 12-50 所示的分析结果。

```
Cross-sectional time-series FGLS regression

Coefficients:  generalized least squares
Panels:        heteroskedastic with cross-sectional correlation
Correlation:   common AR(1) coefficient for all panels  (0.2656)

Estimated covariances      =      36         Number of obs     =         80
Estimated autocorrelations =       1         Number of groups  =          8
Estimated coefficients     =       8         Time periods      =         10
                                             Wald chi2(8)      =    5749.71
                                             Prob > chi2       =     0.0000
```

profit	Coefficient	Std. err.	z	P>|z|	[95% conf. interval]	
income	.050533	.0059673	8.47	0.000	.0388372	.0622288
cost	.2372836	.0283261	8.38	0.000	.1817655	.2928017
region2	-325.9946	36.75819	-8.87	0.000	-398.0393	-253.9498
region3	-326.4419	36.75196	-8.88	0.000	-398.4744	-254.4094
region4	-328.4211	36.82033	-8.92	0.000	-400.5876	-256.2546
region5	-327.5118	36.82939	-8.89	0.000	-399.6961	-255.3275
region6	0	(omitted)				
region7	-326.1902	36.76253	-8.87	0.000	-398.2435	-254.137
region8	0	(omitted)				
year	.1623514	.0183037	8.87	0.000	.1264768	.198226
_cons	0	(omitted)				

图 12-50　例 12-2 分析结果图（21）

通过观察图 12-50 的结果，可以看出在各组的自回归系数相同、不同个体的扰动项相互独立且有不同的方差的情况下，进行可行广义最小二乘回归分析的结果与前面各种回归分析的结果是有一些区别的。

18. 自回归系数不同，方差独立且不同的可行广义最小二乘回归分析

在主界面的 Command 文本框中输入命令：

xtgls profit income cost region2-region8 year, panels（cor）cor（psar1）

本命令的含义是在各组的自回归系数不同，且不同个体的扰动项相互独立且有不同的方差的情况下，以 profit 为因变量，以 income、cost 以及各地区虚拟变量 region2—region8 为自变量，进行可行广义最小二乘回归分析。

输入完后，按回车键，得到如图 12-51 所示的分析结果。

```
Cross-sectional time-series FGLS regression

Coefficients:  generalized least squares
Panels:        heteroskedastic with cross-sectional correlation
Correlation:   panel-specific AR(1)

Estimated covariances      =     36         Number of obs     =         80
Estimated autocorrelations =      8         Number of groups  =          8
Estimated coefficients     =      8         Time periods      =         10
                                            Wald chi2(7)      =    3284.03
                                            Prob > chi2       =     0.0000
```

profit	Coefficient	Std. err.	z	P>|z|	[95% conf. interval]	
income	.0492578	.0053563	9.20	0.000	.0387597	.059756
cost	.228906	.0282683	8.10	0.000	.1735012	.2843109
region2	1.271816	.3701225	3.44	0.001	.5463895	1.997243
region3	.4136513	.5289239	0.78	0.434	-.6230204	1.450323
region4	-1.329603	.764136	-1.74	0.082	-2.827282	.1680757
region5	0	(omitted)				
region6	0	(omitted)				
region7	0	(omitted)				
region8	1.10665	.5664429	1.95	0.051	-.0035578	2.216858
year	.1706838	.0196683	8.68	0.000	.1321346	.209233
_cons	-343.9026	39.43683	-8.72	0.000	-421.1974	-266.6079

图 12-51　例 12-2 分析结果图 (22)

通过观察图 12-51 的结果，可以看出在各组的自回归系数不同、不同个体的扰动项相互独立且有不同的方差的情况下，进行可行广义最小二乘回归分析的结果与前面各种回归分析的结果是有一些区别的。

19. 拓展应用

上面的 Stata 命令比较简单，分析过程及结果已经达到解决实际问题的要求。但 Stata 17.0 的强大之处在于，它同样提供了更加复杂的命令格式以满足用户更加个性化的需求。

前面介绍的各种面板数据回归分析方法，最多允许每个个体拥有自己的截距项，但没有允许每个个体拥有自己的回归方程斜率，那么 Stata 17.0 能否实现后者呢？以例 12-2 为例，操作命令为：

xtrc profit income cost, betas

本命令不仅允许每个个体拥有自己的截距项，还允许每个个体拥有自己的回归方程斜率，旨在进行随机系数模型回归分析。

输入完后，按回车键，得到如图 12-52 所示的分析结果。

```
Random-coefficients regression              Number of obs     =     80
Group variable: region                      Number of groups  =      8

Time variable: year                         Obs per group:
                                                          min =     10
                                                          avg =   10.0
                                                          max =     10

                                            Wald chi2(2)      =  51.09
                                            Prob > chi2       = 0.0000

------------------------------------------------------------------------
      profit | Coefficient  Std. err.     z    P>|z|   [95% conf. interval]
-------------+----------------------------------------------------------
      income |   .1931546   .0718222    2.69   0.007    .0523857    .3339235
        cost |   .0588612   .0666521    0.88   0.377   -.0717746    .1894969
       _cons |  -3.104323   1.557598   -1.99   0.046   -6.157159   -.0514874
------------------------------------------------------------------------

Test of parameter constancy: chi2(21) = 891.48        Prob > chi2 = 0.0000

Group-specific coefficients
------------------------------------------------------------------------
             | Coefficient  Std. err.     z    P>|z|   [95% conf. interval]
-------------+----------------------------------------------------------
Group 1      |

      income |   .0455572   .0059147    7.70   0.000    .0339646    .0571498
        cost |   .2303642   .0476863    4.83   0.000    .1369008    .3238277
       _cons |  -.9026935   .5092535   -1.77   0.076   -1.900812    .095425

Group 2      |

      income |   .3827678   .0602186    6.36   0.000    .2647415    .5007941
        cost |  -.1505261   .0578134   -2.60   0.009   -.2638383   -.0372139
       _cons |  -6.185409   1.167776   -5.30   0.000   -8.474208   -3.896611

Group 3      |

      income |   .0504041    .014856    3.39   0.001    .0212869    .0795213
        cost |   .1922436   .0281024    6.84   0.000    .1371639    .2473234
       _cons |  -.4299306    .853226   -0.50   0.614   -2.102223   1.242362

Group 4      |

      income |  -.0890295   .0062266  -14.30   0.000   -.1012335   -.0768256
        cost |   .1874995   .0262255    7.15   0.000    .1360985    .2389005
       _cons |   4.387642   .4231777   10.37   0.000    3.558229    5.217055

Group 5      |

      income |   .0455572   .0059147    7.70   0.000    .0339646    .0571498
        cost |   .2303642   .0476863    4.83   0.000    .1369008    .3238277
       _cons |  -.9026935   .5092535   -1.77   0.076   -1.900812    .095425

Group 6      |

      income |   .3827678   .0602186    6.36   0.000    .2647415    .5007941
        cost |  -.1505261   .0578134   -2.60   0.009   -.2638383   -.0372139
       _cons |  -6.185409   1.167776   -5.30   0.000   -8.474208   -3.896611

Group 7      |

      income |   .3636063   .0149761   24.28   0.000    .3342537    .3929588
        cost |   -.034265   .0209232   -1.64   0.101   -.0752737    .0067437
       _cons |  -7.308046    .417541  -17.50   0.000   -8.126412   -6.489681

Group 8      |

      income |   .3636063   .0149761   24.28   0.000    .3342537    .3929588
        cost |   -.034265   .0209232   -1.64   0.101   -.0752737    .0067437
       _cons |  -7.308046    .417541  -17.50   0.000   -8.126412   -6.489681
------------------------------------------------------------------------
```

图 12-52 例 12-2 分析结果图（23）

通过观察图 12-52 的结果，可以看出模型中对参数一致性检验的显著性 P 值为 0.000 0，显著地拒绝了每个个体都具有相同系数的原假设，因而变系数模型设置是非常合理的。

根据上面的结果，我们可以写出模型整体的回归方程和每个个体的回归方程。结果的详细解释与普通最小二乘回归分析类似，在此不再赘述。

操作练习题

对例题 12-1，12-2 中的 Stata 数据文件，使用 Stata 17.0 软件重新操作一遍。

第 13 章 GARCH 模型的 Stata 应用

13.1 GARCH 模型的含义

给资产收益波动率建模的统计方法和计量模型统称为条件异方差模型。资产收益波动率是收益率的条件方差，而异方差是在条件方差的基础上考虑随机扰动项的特征。例如，某只股票收益率的波动受到昨天、前天的波动率的影响，同时也受到某个随机扰动项的影响，而这个扰动项也受到昨天、前天的波动率的影响，也就是说扰动项也会随时间变化，不是恒定的。我们称随机扰动项随时间变化的情况为异方差。

波动率是期权交易中的重要参数。以股票为例，虽然股票波动率不能被直接观测，这是因为一个交易日只有一个观测值，而我们不能从收益率中观测出这只股票的日波动率。但是，我们可以在股票收益率中观测到波动率聚集（Volatility Clustering）的特征。

高频金融时间序列通常存在尖峰、厚尾、波动聚集、自相关等特征。资产收益率是典型的时间序列，收益波动率也是时间序列。对于波动率这类时间序列来说，通常具有这些特征：

(1) 波动率在时间上通常是连续的，较少发生跳跃；
(2) 波动率聚集，波动率在一段时间内高、在另一段时间内低；
(3) 波动率平稳，不会随时间无限发散。

上述这些特征中，波动率聚集要求波动率的模型有更为严苛的假设条件，不能再假设干扰项的方差为常数，必须采用非线性模型，本章要介绍的广义自回归条件异方差（Generalized Auto-regressive Conditional Heteroskedasticity，GARCH）模型就可以满足这一要求。

广义自回归条件异方差由蒂姆·波勒斯列夫（Tim Bollerslev）于 1986 年提出。GARCH 建立在自回归条件异方差（Auto-regressive Conditional Heteroskedasticity，ARCH）的基础上。ARCH 模型认为，金融时间序列的波动（方差）呈现出随时间变动的趋势，在以方差随时间变动为特征的条件异质性基础上，在一定区间内，随机误差项取决于过去已经实现的随机误差，且一个大（小）的随机误差后面跟着一个大（小）的随机误差变动。GARCH 模型进一步认为，在一定时期内，误差项的方差不仅取决于误差项过去的方差，而且受到过去误差项本身的影响。

GARCH 模型是经典的波动率模型。通过观察实际数据，我们发现了回归残差的平方具有聚集现象，残差的平方隐含着序列自相关。考虑到时间序列的分布特征，GARCH 族的内容相当丰富，包括求和 GARCH（IGARCH）、门槛 GARCH（TGARCH，又称 GJR-GARCH）、指数 GARCH（Exponential GARCH）、幂 GARCH（Power GARCH）、非对称 GARCH（Asymmetric Component GARCH）等。

当我们需要估算资产的波动率情况（风险）时，就需要建立 GARCH 模型估计该序列的方差。标准的 GARCH 模型包括两个方程：①均值方程，它是简单的线性回归式，如式（13.1）；②方差方程，即针对波动率的估计等式，如式（13.2）。已知资产收益率序列 y_t，一个简单的 GARCH（1，1）-ARMA（1，1）大致形式为：

均值方程：ARMA（1，1）

$$y_t = m + a \times y_{t-1} + b \times \varepsilon_{t-1} + \varepsilon_t \tag{13.1}$$

方差方程：GARCH（1，1）

$$\sigma_t^2 = \omega + \alpha \times \varepsilon_{t-1}^2 + \beta \times \sigma_{t-1}^2 + \zeta_t \tag{13.2}$$

ε_t 是均值方程中的扰动项，也叫误差项、残差项；σ_t^2 是条件方差，也就是我们结合收益率序列的误差项产生的方差，由于是依靠误差项本身和它过去的情况，因此被称作条件方差。ε_{t-1}^2 为 ARCH 项，需要估计的系数是 α；σ_{t-1}^2 为 GARCH 项，需要估计的系数是 β。一般来说，$0 < \alpha, \beta < 1, \alpha + \beta > 1$。一般来说，拟合良好的方差方程的系数满足：$\alpha + \beta \approx 1$。

需要注意的是：均值方程是简单的线性回归，适用于各种时间序列，如 AR、ARMA、ARFIMA 等，目的是产生预测误差 ε_t。方差方程不是回归式，因为 σ_t 是被生产出来的，它不是真实世界的数据，方差方程就是用来生产方差的。所以，传统的 OLS 无法处理，需要用最大似然估计法迭代推算出来。

更为一般的 GARCH（p, q）模型形式如下：

均值方程：

$$y_t = m + \varepsilon_t \tag{13.3}$$

方差方程：

$$\sigma_t^2 = \omega + \sum_{i=1}^{p} \alpha_i \varepsilon_{t-i}^2 + \sum_{j=1}^{q} \beta_i \sigma_{t-j}^2 + \zeta_t \tag{13.4}$$

GARCH（p, q）是最传统和标准的模型，式（13.3）主要用于去掉原始序列里的线性趋势，得到误差项 ε_t。广义一点的 GARCH（p, q）还可以在方差方程中加入其他外生变量，也可以在均值方程中加入方差方程中产生的方差。方差方程具有多种形式，以估计各种因素影响波动率的程度。还可以针对收益率的分布，设定不同的参数以拟合具有不同统计特征的序列。除此之外，也有针对均值方程设定的 GARCH-M、Realized-GARCH 等各类模型。

13.2 ARCH 效应检验

在进行 GARCH 建模之前,我们需要进行模型识别。即确认时间序列(如资产收益率)存在 ARCH 效应。所谓的 ARCH 效应,是指条件异方差序列存在序列相关性。一般需要先针对收益率序列建立 ARCH 模型来检验 ARCH 效应。ARCH 模型要求:①资产收益率的残差项 ε_t 是序列不相关的,且不是完全独立的;② ε_t 的不独立性可以用包含自身过去值的二次函数来表示。

一个典型的 ARCH(m)模型设定有:

$$y_t = m + \varepsilon_t \tag{13.5}$$

$$\varepsilon_t = \delta_t \tau_t, \quad \tau_t \sim i.i.d(0, 1) \tag{13.6}$$

$$\sigma_t^2 = \omega + \sum_{i=1}^{m} \alpha_i \varepsilon_{t-i}^2 + \zeta_t \tag{13.7}$$

其中:$\omega > 0$,$\alpha_i \geq 0$,系数 α_i 需要满足一些正则性条件以保证 ε_t 的无条件方差是有限的。实际中通常假设 τ_t 服从标准正态分布,即假设 $\{\tau_t\}$ 是具有零均值和单位方差的独立同分布的随机白噪声序列。复杂一点的,也可以假定 τ_t 服从标准 t 分布,还可以假设 τ_t 服从广义误差分布。

在 ARCH 效应检验中,我们不对均值方程式(13.5)设定过多要求,既可以用 ARMA 模型,也可以只有一个截距项,还可以放入其他外生变量。均值方程最重要的作用是获得残差项 ε_t。请注意式(13.7)和式(13.2)、式(13.4)的不同,式(13.7)只有残差项,不包括条件方差的历史值。这是 ARCH 模型与 GARCH 模型的区别。

建立 GARCH 模型之前,需要对收益率序列进行 ARCH 效应检验,如果存在 ARCH 效应,才有必要建立 GARCH 模型,进行后续的波动率分析。ARCH 效应检验的基本思想是,检验残差项 ε_t 的条件方差 ε_t^2 是否是恒定的。

$$\varepsilon_t^2 = \omega + \sum_{i=1}^{m} \alpha_i \varepsilon_{t-i}^2 + \zeta_t \tag{13.8}$$

如果条件方差 ε_t^2 是恒定的,那么式(13.8)的估计系数都为 0,即 $\alpha_1 = \cdots = \alpha_m = 0$。如果存在 $\alpha_i > 0$,那么条件方差 ε_t^2 就不是恒定的,存在某种程度的序列相关性,这说明收益率序列中存在 ARCH 效应。那么,对 ARCH 效应的检验就变为:

H_0:$\alpha_1 = \cdots = \alpha_m = 0$;

H_1:$\alpha_i > 0$ 至少对某一个 i 成立。

这个检验就等价于 F 统计量检验,统计量为 TR^2,样本量为 T,R^2 由式(13.8)回归得到。统计量 TR^2 渐进服从自由度为 m 的 χ^2 分布。如果 F 检验的统计量大于 $\chi^2(\alpha)$ 或 F 的 P 值小于 α,则拒绝原假设 H_0,说明收益率数据中存在 ARCH 效应。

同样地，ARCH 效应检验还可以用 Ljung-Box 统计量。收益率序列没有 ARCH 效应也等价于 ε_t^2 没有相关性，可以用 Ljung-Box 统计量的 $\{Q(m)\}$ 应用于序列 $\{\varepsilon_t^2\}$。

总的来说，ARCH 效应的检验大致分为以下四个步骤：
(1) 建立收益率序列的均值方程；
(2) 获得估计后的均值方程中的残差；
(3) 检验残差项的平方（条件方差）是否存在序列自相关性；
(4) 如果存在序列自相关性，说明存在 ARCH 效应；反之则不存在。

需要说明的是，在步骤（1）中，虽然我们对均值方程不作严苛要求，但是理想做法还是应该根据收益率序列的相关性、偏自相关性、平稳性等特征，确保建立的均值方程可以消除收益率序列的线性趋势。在步骤（3）中，检验残差项的序列自相关性有多种方法，比较常用的有 Ljung-Box 统计量 $\{Q(m)\}$ 和 F 统计量检验。

当我们通过步骤（3）确定了收益率序列存在显著的 ARCH 效应，那我们就需要建立 GARCH 模型的均值方程、方差方程进行联合估计，并根据参数检验、信息准则等进行调整和优化。

13.3 GARCH 模型的 Stata 应用

根据前文的介绍，GARCH 模型主要是针对平稳序列的波动率进行建模。Stata 17.0 针对时间序列的波动率模型提供了丰富的工具。在 GARCH 模型建模之前，为了保证建模对象是平稳的时间序列，需要进行一系列处理和效应检验。本部分的 GARCH 建模的 Stata 应用以上海证券综合指数（以下简称上证综指）这一股票指数为例。

例 13-1 股票指数的基本统计分析：从数据库里下载上证综指的日度指数，存在 Excel2010 中，为 xlsx 格式，命名为 closingprice。区间为 2010 年 7 月 1 日—2020 年 7 月 30 日，共有 2 450 个观测值，数据存于文件夹 F:\stata17\zsq\chap13，价格指数的基本情况如表 13-1 所示。

表 13-1 上证综指价格

日期 (Date)	开盘价 (Open)	最高价 (High)	最低价 (Low)	收盘价 (Close)	成交量 (Volume)
2010/7/1	2 393.948	2 410.769	2 371.778	2 373.792	50 000
2010/7/2	2 371.323	2 386.400	2 319.739	2 382.901	68 400
2010/7/5	2 358.757	2 378.088	2 335.571	2 363.948	48 000
2010/7/6	2 358.284	2 409.783	2 356.552	2 409.424	61 400
2010/7/7	2 407.665	2 421.679	2 392.567	2 421.117	56 200

第 13 章　GARCH 模型的 Stata 应用　307

（续表）

日期（Date）	开盘价（Open）	最高价（High）	最低价（Low）	收盘价（Close）	成交量（Volume）
2010/7/8	2 429.676	2 436.283	2 402.002	2 415.150	54 400
…	…	…	…	…	…
2020/7/27	3 210.386	3 221.985	3 174.658	3 205.227	299 300
2020/7/28	3 226.133	3 245.297	3 208.494	3 227.96	289 400
2020/7/29	3 221.988	3 294.552	3 209.990	3 294.552	324 900
2020/7/30	3 299.572	3 312.451	3 282.162	3 286.822	340 700

1. 收益率的基本数据结构

首先需要将 Excel 类型的数据导入 Stata 17.0 中，在 Command 窗口输入命令：

cd "F:\stata17\zsq\chap13"　　　　　　　　　//设定工作路径
import excel SSECindex.xlsx, firstrow clear
format Date %td　　　　　　　　　　　　　　// 将 Date 日期变量转化为日
rename Date day
tsset day, daily
gen week = dow (day)　　　　　　// 显示周，0-周天，1 至 6 表示周一至周六
keep day Close week　　　　　　　// 保留收盘价，用以计算收益率
rename Close clsprice
destring clsprice, replace force
save SSECclsprice.dta, replace　　　　// 得到了包含日期、日收盘价、周的数据
browse

数据结构如图 13-1 所示。

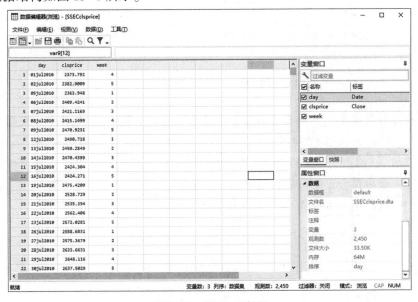

图 13-1　例 13-1 数据

将数据进行初步整理后，需要进一步处理以了解数据的统计性、正态性等特征。

```
use SSECclsprice.dta, clear
tsset day
gen lclsp1 = clsprice [_n-1]
gen ret = (clsprice -lclsp1) / lclsp1                    // 计算收益率
drop in 1                           // 删除第一行，计算收益率后第一行变为空缺值
sum ret, det
save SSEC.dta, replace                              //将处理后的数据保存为 SSEC
```

输入以上命令后，按回车键，得到了收益率的基本统计特征，如图 13-2 所示。这里计算的是简单收益率，除此之外，对数收益率也很常用（在学术研究中对数收益率更常用）。对数收益率具有良好的数学性质，且不改变收益率的统计特征。对数收益率的计算方法如式（13.9）所示。无论是简单收益率还是对数收益率，收益率的统计性质基本一致。

$$r_t = \ln(\frac{P_t}{P_{t-1}}) \tag{13.9}$$

```
. sum ret,det

                            ret
-------------------------------------------------------------
      Percentiles      Smallest
 1%    -.0439596      -.084909
 5%    -.0194248      -.0848336
10%    -.0138242      -.0772451      Obs            2,447
25%    -.0056323      -.0770456      Sum of wgt.    2,447

50%     .000583                      Mean          .0002278
                       Largest       Std. dev.     .0136004
75%     .006426        .0553147
90%     .0148906       .0560072      Variance       .000185
95%     .0216569       .0571135      Skewness     -.7957707
99%     .0336441       .0576353      Kurtosis      8.820787
.
```

图 13-2 统计分析结果

在统计分析结果中，共有 2 447 个收益率数据，在用价格数据计算收益率数据时，损失了 3 个值。收益率均值为 0.022 78%，标准差为 1.36%，偏度为 -0.795 770 7，峰度为 8.820 787。从历史经验来看，股票收益率往往具有尖峰、厚尾的特征，很少符合正态分布，且多为偏态分布。

我们也可以用 codebook 命令查看收益率统计特征，如图 13-3 所示。

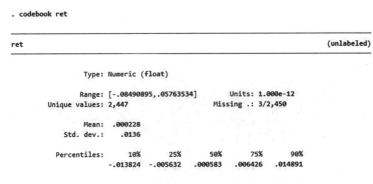

图 13-3　codebook 命令下的收益率统计特征

通过图 13-3 可知，收益率的最小值约为-8.49%，最大值约为 5.76%，以及收益率的不同分位数。

除此之外，我们也可以通过直方图、散点图等了解收益率的其他基本特征。

use SSEC.dta, clear
label var clsprice   " 上证综指收盘价"
label var ret   " 收益率"
label var lclsp   " 上一期收盘价"
label var day   " 时间"
tsline clsprice   //走势图，展示价格的时间趋势，见图 13-4
tsline ret   //走势图，展示收益率的时间趋势，见图 13-5
histogram ret   // 直方图，展示数据的频数，见图 13-6
scatter clsprice day   // 散点图，见图 13-7
ac ret   // 自相关图，见图 13-8
pac ret   // 偏自相关图，见图 13-9

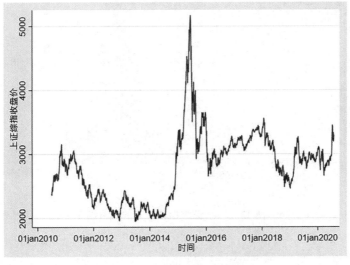

图 13-4　上证综指收盘价的走势图

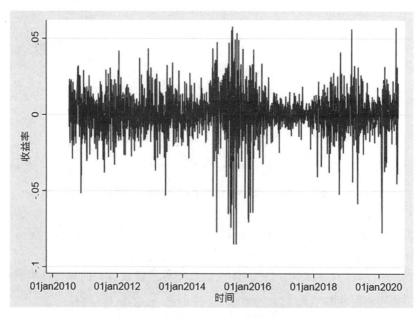

图 13-5　上证综指收益率的走势图

从图 13-5 收益率的走势图中，我们可以看出，上证综指的收益率呈现出比较典型的波动率聚集。时间序列图可以很直观地展示收益率、指数的时间趋势，因此，在时间序列分析里，经常需要运用时间序列图来了解和分析对象的时间趋势。

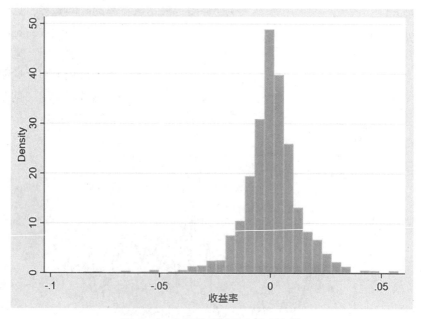

图 13-6　上证综指收益率的直方图

直方图又称为质量分布图，是对连续变量的概率分布的估计。从图 13-6 中可以看出，上证综指收益率接近均值为 0 的正态分布。

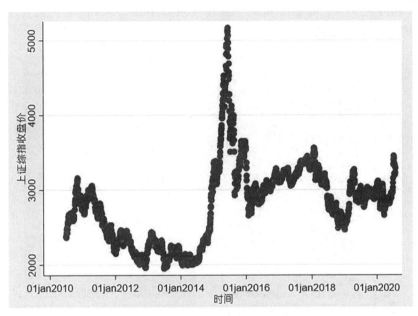

图 13-7　上证综指收盘价的散点图

在图 13-7 中，散点图和时间序列图趋势一样，只不过是以散点的形式展现指数价格随时间的动态变化。

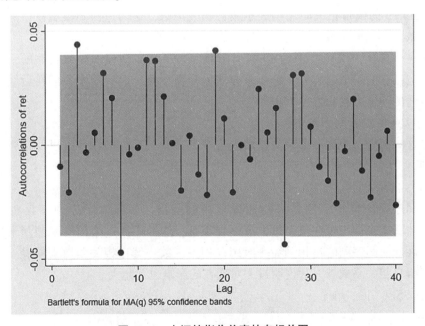

图 13-8　上证综指收益率的自相关图

自相关图展示收益率在不同时间点的互相关关系。图 13-8 表明指数收益率之间的自相关性，大多数的滞后阶都处在均值为 0 的 5% 的置信区间内，说明与 0 无显著差异。在滞后 3 阶、滞后 8 阶时，自相关系数不显著为 0，自相关表现出"拖尾"，表明有一定程度的自相关性。

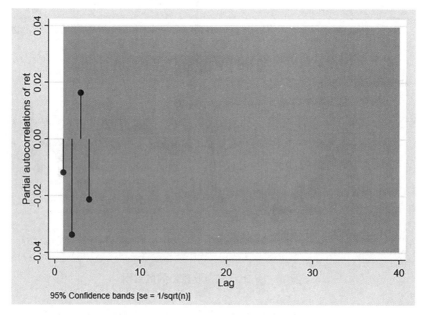

图 13-9　上证综指收益率的偏自相关图

图 13-9 的偏自相关图用以展示偏自相关函数，是通过回归模型获得的条件自相关系数。

在这一部分，我们通过不同的统计分析手段了解了建模对象收益率的一些基本特征，包括它的均值、方差、分布直方图、平稳性等。这有助于我们在后续建模中选择合适的均值方程和方差方程。

2. 收益率的基本特征分析

在这一部分，我们需要确认指数收益率的自相关性、平稳性，以及是否为白噪声序列。

（1）自相关性。

时间序列的自相关性是进行建模分析的前提，如果时间序列不存在自相关性，意味着未来值与现在值、过去值没有联系，这样根据过去信息来预测未来就没有合理性。时间序列的自相关性一般用自相关函数、偏自相关函数来检验。自相关系数、偏自相关系数越大，说明过去对现在的影响也就越大。

use SSEC.dta, clear

des

ac ret　　　　　　　　　　　　　　　　　　　　　　//收益率序列自相关图

pac ret   //收益率序列的偏自相关图
twoway (scatter clsprice lclsp) (lfit clsprice * lclsp)

图 13-10 展示了指数价格与上一期指数价格之间关系。从图中可以看出，上一期指数价格越高，下一期指数价格也更高。

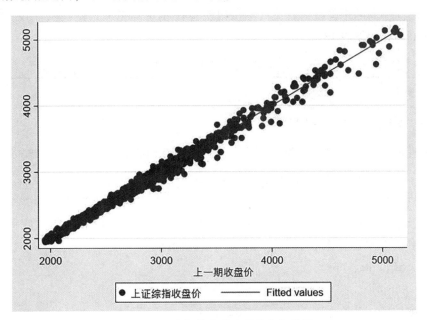

图 13-10　上证综指收盘价的自相关性

(2) 平稳性。

平稳性是时间序列分析的基础，基于平稳时间序列的预测分析才是有效的。平稳性就是要求时间序列的特征在未来一段时期内能沿着现有的形态持续下去。由于很多金融时间序列经常发生跳跃和突变，变为不平稳的时间序列，因此预测的准确性就面临极大的挑战。

平稳性又有严平稳 (Strictly Stationary) 和弱平稳 (Weak Stationary) 之分。严平稳要求时间序列随着时间推移，其统计性质保持不变，以及其联合概率密度函数需要满足一定的条件。这是个很强的条件，日常建模中难以用经验方法验证。

弱平稳则放宽了条件，只要求低阶矩平稳，即一阶矩（均值）和二阶矩（方差）不随时间和位置而变化。只要有足够多的历史观测值，就可以通过多个子样本来验证序列的弱平稳性。通常满足弱平稳条件的时间序列也可以用来预测未来值。

判断时间序列是否平稳，通常有三种方法：

第一，观察时间序列图。弱平稳时间序列的均值、方差为常数，因此时间序列会围绕某一均值波动，并且波幅大致相同。如果存在明显的增减或周期性波动，则可能存在某种趋势，不是平稳序列。

第二，观察时间序列的自相关图、偏自相关图。平稳序列的自相关系数、偏自相关系数一般会快速降低至 0 附近或者在某一阶后变为 0，而非平稳时间序列的自相关系数则下降缓慢。

第三，单位根检验。根据图形判断具有一定的主观性，通过单位根检验可以客观考察时间序列的平稳性。常见的单位根检验有 ADF 检验、PP 检验、GLS-ADF 检验，它们的异同见表 13-2。

表 13-2　单位根检验说明

检验	原假设	说明
ADF 检验	序列具有单位根	可以加入趋势项、滞后项
PP 检验	序列具有单位根	检验统计量的渐近分布和临界值与 ADF 检验相同
GLS-ADF 检验	序列具有单位根	先对序列进行广义线性（GLS）回归而后进行 ADF 检验

基于这三种方法，我们运用 Stata 17.0 来看一下股票指数和股票收益率的平稳性。其中 dfgls 命令要求收益率序列不能有时间间隔。

```
use SSEC.dta, clear
tsline clsprice
tsline ret
ac clsprice
ac ret
pac clsprice
pac ret
dfuller ret, lags(0)                          //ADF 检验，结果见图 13-11
pperron ret                                   //PP 检验，结果见图 13-12
dfgls ret                                     // GLS-ADF 检验
```

```
Dickey-Fuller test for unit root           Number of obs   =  1,928
Variable: ret                              Number of lags  =      0

H0: Random walk without drift, d = 0

                               Dickey-Fuller
                  Test      ─── critical value ───
              statistic      1%        5%       10%

   Z(t)        -48.504     -3.430    -2.860    -2.570

MacKinnon approximate p-value for Z(t) = 0.0000.
```

图 13-11　ADF 单位根检验

```
. pperron ret

Phillips-Perron test for unit root      Number of obs   =   1,928
Variable: ret                           Newey-West lags =       7

H0: Random walk without drift, d = 0

                                    Dickey-Fuller
                     Test    ─── critical value ───
                statistic       1%       5%      10%

Z(rho)          -1962.660   -20.700  -14.100  -11.300
Z(t)              -48.445    -3.430   -2.860   -2.570

MacKinnon approximate p-value for Z(t) = 0.0000.
```

图 13-12　PP 单位根检验

由图 13-11 和图 13-12 中的检验统计值可知，P 值都为 0.000 0，拒绝原假设，说明收益率不存在单位根，原序列是平稳的时间序列。我们可以进行下一步的均值分析和方差建模。

由于证券交易的日数据是不连续的，因此计算出的收益率数据在日期上存在空缺值，使用 dfgls 命令无法得到检验结果。当检验序列为周、月、季、年等不存在空缺值的数据时，可以采用 dfgls 命令检验序列的单位根情况。

（3）白噪声检验。

如果序列是随机游走，意味着它的新变化是无迹可寻、没有规律的，因此也无法捕捉到对预测未来有用的信息。纯随机游走的时间序列没有分析的价值，也不可能用于预测。检验时间序列是否为纯随机游走序列也是建模分析前的重要过程。一般用 Ljung-Box（LB）检进行统计检验。

如果时间序列 $\{r_t\}$ 是具有有限均值、有限方差的独立同分布的随机变量序列，那么该序列就是一个白噪声序列。更进一步，如果 $\{r_t\}$ 是均值为 0、方差为 σ^2 的正态分布，则 $\{r_t\}$ 为高斯白噪声，其自相关系数为 0。因此，可以利用白噪声的这个特性来检验一个时间序列是否为白噪声序列。可以通过以下步骤来进行白噪声检验：

第一，画出时序图，观察时间序列的均值、方差情况；

第二，验证时间序列的相关性，即画出 acf 图。观察 acf 图中的自相关系数的分布情况；

第三，进行统计检验，常用的有 LB 检验、BP 检验（又称 Q 检验）等。表 13-3 对不同的检验方法进行了简单总结。

表 13-3　白噪声检验

检验	原假设	Stata 命令	说明
LB 检验	序列为白噪声	wntestb	适用于小样本，序列中不能有间隔
Q 检验	序列为白噪声	wntestq	检验序列所有 K 阶自相关系数是否联合为零

Q 检验更适合大样本检验，在小样本检验中不太精确。LB 检验是对 Q 检验的修正，准确性更高。如果 Q 统计量和 LB 检验的统计量的 P 值大于 α（α 可以取 0.1、0.05、0.01，不同的取值代表了不同的置信水平），说明我们无法拒绝原假设，这个时间序列就是白噪声序列。

```
use SSEC.dta, clear
wntestq ret                                      // Q 检验，见图 13-13
wntestq clsprice                                 // 针对指数的 Q 检验，见图 13-13
wntestb ret                                      // LB 检验
```

从图 13-13 中的白噪声检验结果可知，针对收益率检验的 P 值为 0.126 8，无法拒绝原假设，说明收益率序列是白噪声序列。针对指数收盘价检验的 P 值为 0.000 0，拒绝原假设，说明指数收盘价序列不是白噪声序列。

```
. wntestq ret
(note: time series has 518 gaps)

Portmanteau test for white noise
────────────────────────────────────────────
Portmanteau (Q) statistic =     50.3353
Prob > chi2(40)           =      0.1268

. wntestq clsprice
(note: time series has 519 gaps)

Portmanteau test for white noise
────────────────────────────────────────────
Portmanteau (Q) statistic = 40521.9833
Prob > chi2(40)           =     0.0000
```

图 13-13 收益率和指数收盘价的白噪声检验

注意，我们是对价格数据差分后得到的收益率序列进行检验，结果表明收益率序列是白噪声序列。价格序列符合 ARIMA（0，1，0）过程，通过简单的差分就消除了价格序列中的线性趋势。ARIMA（0，1，0）为上证综指提供了一个简单的线性建模，但是如果考虑到序列中的非线性趋势，这种线性建模并没有太大意义，更无法为收益率的波动提供预测。虽然收益率序列为白噪声序列，但是这并不影响我们对收益率序列进行非线性建模，这也就是 GARCH 模型在收益率中的应用。

在这一小节，针对资产收益率，有以下几点需要注意：

第一，收益率是价格的差分变量，通常具有自相关性、平稳性等特征，这是进行收益率线性建模的前提。

第二，资产收益率序列有时候是白噪声序列，有时候不是白噪声序列。即使是白噪声序列，也不影响针对收益率序列的非线性建模，GARCH 模型就是为了捕捉收益率序列的波动聚集。

第三，Stata 17.0 中提供了多种命令进行序列的自相关性、平稳性、白噪声检验。有的命令要求序列是连续无间隔的，有的则不需要，因此我们需要结合序列的特征选择相应命令进行检验。白噪声检验一般用于模型拟合后的检验，若模型的残差序列为白噪声序列，则说明模型拟合完好；如果不是白噪声序列，则还需要进一步改进模型。

第四，通常来说，我们把不想要的情况设置为原假设，所以论文和书籍中经常看到拒绝原假设，从而接受我们想要的备择假设。

3. GARCH 建模

虽然我们对 GARCH 模型中的均值方程不作严苛假设，但是一个合格的均值方程应该消除收益率序列中的线性趋势。

平稳时间序列的线性模型主要包括三类：自回归模型（AR Model）、滑动平均模型（MA Model）、混合的自回归滑动平均模型（ARMA Model），它们有各自的适用范围和条件。

在 AR (p) 模型中，x_t 的变化主要与其历史数据有关，与其他因素相关性很低。AR 是用时间序列的历史数据的线性组合给出当前预测值。

在 MA (q) 模型中，x_t 的变化主要来自历史数据中的干扰项，所以说滑动平均模型是用过去各个时期的随机干扰项或预测误差的线性组合给出当前预测值。

在 ARMA (p, q) 模型中，x_t 的变化与历史数据、随机干扰项都相关，是比较常用的时间序列模型。在实际应用中，ARMA 模型的建模工作主要是确定 p 和 q 的值。

事实上，平稳时间序列的建模过程中包括以下四步：

第一步：模型识别。根据 ACF、PACF 函数来判断适合哪类模型。

第二步：模型估计。估计模型中的参数，常见的估计方法有最小二乘估计、最大似然估计、非线性估计、矩估计等。

第三步：模型检验。包括模型的显著性检验以及参数的显著性检验，如果模型检验不通过，需要根据赤池信息准则（Akaike Infarmation Criterion，AIC）、贝叶斯信息准则（Bayesian Information Criterion，BIC）对模型进行优化。

第四步：模型预测。这是分析时间序列数据的主要目的，一般通过样本内、外预测来判断预测效果，从而选出最佳拟合模型，并得到未来预测值。

在处理时间序列建模时，我们可以通过观察时间序列的特征来确定 ARMA 模型中 p 和 q 的值，或者根据模型的一些信息准则（如 AIC 和 BIC）来选择更合适的模型，还可以根据一些评价指标来比较模型的优劣，如均方误差（Mean Squared Error，MSE）、均方根误差（Root Mean Squared Error，RMSE）、平均绝对误差（Mean Absolute Error，MAE）等。

（1）收益率的均值方程。

经过上述一系列检验，可以得出上证综指的收益率序列是平稳的白噪声序列。由于收益率数值较小，将其扩大 100 倍，命令 arima 可以拟合线性模型，得到均值方程的具体形式。

```
rename ret ret1
gen ret = ret1 * 100                         // 将收益率放大 100 倍
arima ret, arima (0, 0, 0)                   //均值方程中只包含常数项
save SSEC.dta, replace                       //重新保存并覆盖已有数据
```

返回结果如图 13-14 所示。常数项系数为 0.022 811，但不显著。/sigma 系数为 1.359 762，这是指均值方程中的残差序列 ε_t 的标准误为 1.359 762。上证综指收益率序列满足式（13.10）的随机过程：

$$r_t = 0.022\ 781\ 1 + \varepsilon_t \tag{13.10}$$

```
ARIMA regression

Sample: 02jul2010 thru 30jul2020, but with gaps
                                       Number of obs  =    2447
                                       Wald chi2(.)   =       .
Log likelihood = -4224.13              Prob > chi2    =       .

                         OPG
         ret | Coefficient std. err.      z    P>|z|   [95% conf. interval]
-------------+----------------------------------------------------------------
ret          |
       _cons |   .0227811  .0286735    0.79   0.427   -.033418    .0789802
-------------+----------------------------------------------------------------
      /sigma |   1.359762  .0102531  132.62   0.000   1.339666    1.379858
------------------------------------------------------------------------------
Note: The test of the variance against zero is one sided, and the two-sided
      confidence interval is truncated at zero.
```

图 13-14　ARIMA 模型估计结果

如果收益率是平稳的白噪声序列，均值方程只需要简单地消除收益率序列里的均值，从而得到一个均值为 0 的残差序列 ε_t。如果收益率是平稳的非白噪声序列，那么就需要根据 p、q 构建 ARMA（p，q）模型，以消除收益率中的线性趋势。

①白噪声检验。

基于上述回归，检验均值方程中的残差是否为白噪声，可输入命令：

```
predict ret_res, residuals            // 得到 ret 序列的残差，存入 ret_res
wntestq ret_res                       //对残差序列进行白噪声检验
```

predict 为根据拟合的模型生成的残差序列，存入 ret_res 变量中，经过该命令后，数据中多了一个变量 ret_res。从图 13-15 结果中可以看出，得到的残差序列依旧为白噪声序列，说明原始序列中的线性趋势被消除，模型拟合良好。

```
. wntestq ret_res
(note: time series has 518 gaps)

Portmanteau test for white noise

Portmanteau (Q) statistic =    50.3353
Prob > chi2(40)           =     0.1268
```

图 13-15　残差序列的白噪声检验

②ARCH 效应检验。

ARCH 效应检验的实质是检验均值方程中的残差平方是否存在自相关性。Stata 17.0 也提供了专门的命令来检验 ARCH 效应。

```
gen ret_ res2 = ret_ res * ret_ res          // 得到残差的平方
wntestq ret_ res2                            //对残差平方进行白噪声检验，见图 13-16
regress ret                                  //只包含常数项的回归
estat archlm, lags（1）
                                             //检验回归后的误差项是否具有 ARCH 结构，见图 13-17
```

```
. wntestq ret_res2
(note: time series has 518 gaps)

Portmanteau test for white noise
─────────────────────────────────
Portmanteau (Q) statistic =    1144.1154
Prob > chi2(40)           =       0.0000
```

图 13-16　ARCH 效应检验（1）

```
. estat archlm,lags(1)

Number of gaps in sample = 518
LM test for autoregressive conditional heteroskedasticity (ARCH)

   lags(p)        chi2         df       Prob > chi2
      1         107.181         1          0.0000

   H0: no ARCH effects    vs.  H1: ARCH(p) disturbance
```

图 13-17　ARCH 效应检验（2）

从图 13-16 中可以看出，残差平方序列存在自相关性，不是白噪声序列，说明收益率序列中存在 ARCH 效应。从图 13-17 中可以看出，P 值为 0.000 0，拒绝 "不存在 ARCH 效应" 的原假设，说明收益率序列存在 ARCH 效应。上述两种方法都可以简单检验收益率序列中的 ARCH 效应，这也是构建 GARCH 模型的必要条件。ARCH 效应不会因为线性模型而消失，所以在 GARCH 建模过程中，均值方程的形式不是很重要。

（2）收益率的方差方程。

通过均值方程消除了收益率序列的线性趋势后，再通过方差方程得到波动率的估计。传统的 OLS 无法估计方差方程中的系数，需要用最大似然估计法迭代推算出来。并且，方差方程具有多种变化，用来拟合不同分布、具有不同统计特征的数据。例如针对不同分布的各类 GARCH，还有针对均值方程设定的 GARCH-M，Realized-GARCH 等。对大多数收益率序列来说，GARCH（1, 1）能够很好地拟合方差方程，$\sigma_t^2 = \omega + \alpha \varepsilon_{t-1}^2 + \beta \sigma_{t-1}^2 + \zeta_t$。方差方程估计就是估计系数 α 和 β。Stata 17.0 为 GARCH 估计提供了丰富的设定，命令 help arch 可以查看对 GARCH 估计中分布、均值方程、方差方程等的设定。以下采取不同设定，比较不同方差方程、不同分布设定下的估计结果。

关于方差方程的不同设定：

arch ret, arch（1）garch（1/1）　　　　//ARMA（0, 0）GARCH（1, 1）
est store GARCH11
arch ret, arch（1）garch（1/2）　　　　//ARMA（0, 0）GARCH（1, 2）
est store GARCH12
arch ret, arch（1/2）garch（1/2）　　　//ARMA（0, 0）GARCH（2, 2）
est store GARCH22
local m1 " GARCH11 GARCH12 GARCH22"
esttab m1, mtitle（m1）scalar（ll aic bic）b（%10.4f）t（%10.4f）///
　　nogap compress star（* 0.1 ** 0.05 *** 0.01）, using GARCH.rtf, replace
　　　　　　　　　　　　　　　　//保存不同模型的估计结果，见表 13-4

关于分布的不同设定：

arch ret, arch（1）garch（1）dist（normal）
　　　　　　　　　　　//正态分布，ARMA（0, 0）GARCH（1, 1）
est store GARCH11norm
arch ret, arch（1）garch（1）dist（ged）
　　　　　　　　　　　//ged 分布，ARMA（0, 0）GARCH（1, 1）
est store GARCH11ged
arch ret, arch（1）garch（1）dist（t）
　　　　　　　　　　　//t 分布，ARMA（0, 0）GARCH（1, 1）
est store GARCH11t
local m2 " GARCH11norm GARCH11 ged GARCH11t"
esttab m2, mtitle（m2）scalar（ll aic bic）b（%10.4f）t（%10.4f）///
　　nogap compress star（* 0.1 ** 0.05 *** 0.01）, using GARCH-dist.rtf, replace
　　　　　　　　　　　　　　　　//保存不同模型的估计结果，见表 13-5

arch 命令中，默认的分布是正态分布，因此语句"arch ret, arch（1）garch（1）"和语句"arch ret, arch（1）garch（1）dist（normal）"的估计结果相同。ged 表示广义误差分布。

表 13-4　不同方差方程下的 GARCH 模型估计

	(1) GARCH（1, 1）	(2) GARCH（1, 2）	(3) GARCH（2, 2）
ret			
_cons	0.009 6 (0.427 4)	0.011 6 (0.543 5)	0.012 6 (0.590 8)

(续表)

	(1) GARCH (1, 1)	(2) GARCH (1, 2)	(3) GARCH (2, 2)
ARCH			
L. arch	0.189 9*** (8.076 9)	0.082 6*** (11.837 1)	0.081 3*** (11.247 8)
L2. arch			0.032 4 (1.041 1)
L. garch	0.755 3*** (13.002 3)	2.177 2*** (17.620 1)	1.942 6*** (7.852 2)
L2. garch		-2.304 1*** (-9.256 7)	-1.976 2*** (-5.261 1)
_cons	0.031 5 (0.445 1)	1.856 4*** (7.468 0)	1.608 4*** (5.169 8)
N	2 447	2 447	2 447
ll	-4 075.289 1	-4 057.020 8	-4 056.414 9
AIC	8 158.578 2	8 124.041 7	8 124.829 8
BIC	8 181.788 7	8 153.054 8	8 159.645 5

表 13-4 展示了不同方差方程的估计结果。当存在多个估计方程时，可以结合估计系数和信息准则，以选择更合适的方程。最大似然值（ll）越大越好，AIC 和 BIC 值越小越好。一般来说 β 估计系数应该小于 1，如果存在估计系数大于 1，则模型拟合有待改善。总体来说，以上 3 个方程中，GARCH（1, 1）更优，估计结果为：

$$r_t = 0.009\ 6 + \varepsilon_t$$
$$\sigma_t^2 = 0.031\ 5 + 0.189\ 9 \times \varepsilon_{t-1}^2 + 0.755\ 3 \times \sigma_{t-1}^2 + \zeta_t$$

系数 α 为 0.189 9，β 为 0.755 3，$\alpha + \beta = 0.945\ 2$，说明收益率表现出较强的波动聚集现象。各个参数估计的 P 值都显著小于 5%，说明参数估计良好。模型估计后还需要对模型进行诊断，以检验拟合的模型是否良好，残差中的有用信息是否都被提取出来。

再结合分布设定比较其他估计结果。表 13-5 展示了不同分布下的 GARCH（1, 1）估计结果。ged 分布和 t 分布都比正态分布具有更多的参数，比如 ged 分布中有形状参数，t 分布中有自由度，见表 13-5 中第（2）、(3) 列中的独特系数。

表 13-5 不同分布下的 GARCH (1, 1) 模型估计

	(1) 正态分布	(2) ged 分布	(3) t 分布
ret			
_cons	0.009 6 (0.427 4)	0.051 0*** (3.059 2)	0.037 2* (1.870 2)
ARCH			
L.arch	0.189 9*** (8.076 9)	0.160 4*** (4.082 7)	0.167 0*** (4.481 3)
L.garch	0.755 3*** (13.002 3)	0.841 8*** (6.484 0)	0.902 0*** (6.918 3)
_cons	0.031 5 (0.445 1)	−0.079 1 (−0.453 4)	−0.152 8 (−0.819 9)
lnshape			
_cons		−0.018 0 (−0.545 5)	
lndfm2			
_cons			0.435 6*** (2.938 6)
N	2 447	2 447	2 447
ll	−4 075.289 1	−3 851.276 8	−3 863.554 3
AIC	8 158.578 2	7 712.553 6	7 737.108 6
BIC	8 181.788 7	7 741.566 7	7 766.121 7

三种分布下的系数估计都符合要求，根据信息准则，ged 分布下的最大似然值 (ll) 最大，AIC 和 BIC 值最小，应该选择 ged 分布下的 GARCH (1, 1) 估计，具体方程如下：

$$r_t = 0.051\ 0 + \varepsilon_t$$
$$\sigma_t^2 = -0.079\ 1 + 0.160\ 4 \times \varepsilon_{t-1}^2 + 0.841\ 8 \times \sigma_{t-1}^2 + \zeta_t$$

(3) 模型检验。

GARCH 估计后的检验包括系数检验、标准化残差序列的自相关检验。系数检验采用 Wald 联合检验，标准化残差序列检验用来确定是否还存在 ARCH 效应。拟合良好的模型，残差中不再存在 ARCH 效应，这说明收益率序列中有用的信息都被提取出来了。

系数联合检验：

use SSEC.dta, clear

```
est clear                                      //清除数据里可能有的其他估计
arch ret, arch (1) garch (1) dist (ged)       // 选择最佳估计模型系数联合检验
ereturn list                                   // 返回回归方程结果
test [ARCH] L1. arch [ARCH] L1. garch
                                               //系数联合检验，wald 检验，见图 13-18
```

```
. test [ARCH]L1.arch [ARCH]L1.garch

 ( 1)  [ARCH]L.arch = 0
 ( 2)  [ARCH]L.garch = 0

        chi2(  2) =   255.02
      Prob > chi2 =    0.0000
```

图 13-18 系数联合检验

系数联合检验的原假设为 H_0：$\alpha=\beta=0$，由于 P 值 = 0.000 0，拒绝原假设，说明方程估计有效。

标准化残差序列的自相关检验：

```
predict RESID, residuals                       // 得到估计后的残差
predict VARI , variance                        // 得到条件方差
gen stde = RESID/sqrt (VARI)                   // 得到标准化残差
wntestq stde                                   //检验结果见图 13-19
```

```
. wntestq stde
(note: time series has 518 gaps)

Portmanteau test for white noise
─────────────────────────────────
Portmanteau (Q) statistic =    38.3843
Prob > chi2(40)           =     0.5431
```

图 13-19 标准化残差序列的自相关检验

这里的残差来自方差方程，与前文的 ARCH 效应检验不同。针对标准化残差序列的检验实际上是检验模型拟合情况，拟合良好的模型中，残差序列应该不存在自相关性，为白噪声序列。检验中的 P 值为 0.543 1，无法拒绝原假设，序列是白噪声序列，说明方差方程模型拟合良好。

本章介绍的例子是单变量时间序列建模分析，在金融实际运用中，多变量金融时间序列分析更为常用。如多元 GARCH 里的 DCC-GARCH，GARCH-BEKK 以及 Coupla-GARCH，为寻找多元变量之间的相关系数、溢出效应研究提供了实用的分析工具。

操作练习题

1. 比较简单收益率和对数收益率在统计特征上的异同。
2. 自行下载贵州茅台的股票数据，试回答以下问题：

（1）计算出贵州茅台的对数收益率，并分别给出日收益率、月度收益率的基本统计量。

（2）贵州茅台的日收益率数据是否为平稳序列？

（3）观察日收益率的 ACF 图、PACF 图，试判断收益率的拖尾、截尾情况，根据 AIC 准则，确定 ARMA (p, q) 中的阶次，并给出拟合后的模型参数。

（4）根据问题（3）的结果，检验是否存在 ARCH 效应，如果存在，试建立合适的 GARCH 模型，并给出模型拟合情况，画出残差、标准差的时间序列图。

第 14 章 VECM 模型的 Stata 应用

14.1 VECM 模型的含义

在对多个资产收益率建模时,一个简单、有用的向量模型是向量自回归(Vector Auto-Regressive, VAR)模型。传统的 VAR 模型是针对平稳序列设计的。如果建模对象是非平稳序列,就需要进行差分调整,以消除变量之间的随机趋势,得到变量之间的长期联动关系。对多元非平稳序列进行协整检验并构建合理模型就是向量误差修正模型(Vector Error Correction Model, VECM)的协整分析。

从方程形式上来看,VAR 模型包含结构式和简约式两类。结构式 VAR 模型用来描述经济变量之间的结构关系,在方程右端可以加入其他变量作为内生变量;简约式 VAR 模型中的内生变量是内生变量滞后值的线性函数。

一个简单的 VAR(2)可以写成:

令向量 $Z_t = [X_t, Y_t]$,$Z_t = a + \beta_1 Z_{t-1} + \gamma_1 Z_{t-2} + \varepsilon_t$ (14.1)

VAR(2)展开如下:

$$Y_t = a_1 + \beta_{11} Y_{t-1} + \gamma_{11} Y_{t-2} + \beta_{12} X_{t-1} + \gamma_{12} X_{t-2} + \varepsilon_{1t}$$
$$X_t = a_1 + \beta_{21} Y_{t-1} + \gamma_{21} Y_{t-2} + \beta_{22} X_{t-1} + \gamma_{22} X_{t-2} + \varepsilon_{2t}$$ (14.2)

矩阵式表示如下:

$$\begin{bmatrix} Y_t \\ X_t \end{bmatrix} = \begin{bmatrix} a_1 \\ a_2 \end{bmatrix} + \begin{bmatrix} \beta_{11} & \beta_{12} \\ \beta_{21} & \beta_{22} \end{bmatrix} \begin{bmatrix} Y_{t-1} \\ X_{t-1} \end{bmatrix} + \begin{bmatrix} \gamma_{11} & \gamma_{12} \\ \gamma_{21} & \gamma_{22} \end{bmatrix} \begin{bmatrix} Y_{t-2} \\ X_{t-2} \end{bmatrix} + \begin{bmatrix} \varepsilon_{1t} \\ \varepsilon_{2t} \end{bmatrix}$$ (14.3)

估计 VAR 中的参数可以直接由 OLS、GLS 得到有效估计。VAR 估计后,还可以继续进行格兰杰因果检验、脉冲效应分析、方差分解。

当变量序列 Y、X 是非平稳的时候,会产生伪回归问题,需要对 VAR 模型进行修正。VAR(2)的误差修正模型具有如下形式:

$$\Delta Y_t = a_1 + \delta_1 ECT_{t-1} + \beta_{11} Y_{t-1} + \gamma_{11} Y_{t-2} + \beta_{12} X_{t-1} + \gamma_{12} X_{t-2} + \varepsilon_{1t}$$ (14.4)
$$\Delta X_t = a_1 + \delta_2 ECT_{t-1} + \beta_{21} Y_{t-1} + \gamma_{21} Y_{t-2} + \beta_{22} X_{t-1} + \gamma_{22} X_{t-2} + \varepsilon_{2t}$$ (14.5)

其中,$ECT_{t-1} = Y_{t-1} - \beta_1 X_{t-1}$,也被称为误差修正项。

式(14.4)和式(14.5)其实是一个 VAR 结构,只不过增加了一个外生变量项 ECT_{t-1},因此式(14.4)和式(14.5)被称为 VAR-ECM,简称 VECM 模型。如果序列 X 和 Y 之间有长期均衡关系或协整关系,那么误差修正项的系数就应该显著不为 0。

当 δ_1 显著为负,若 Y_{t-1} 大于其期望值 $\beta_1 X_{t-1}$,即 $Y_{t-1} > \beta_1 X_{t-1}$,那么,下一期 Y 就会减少,即 $\Delta Y_t < 0$。若 Y_{t-1} 小于其期望值 $\beta_1 X_{t-1}$,即 $Y_{t-1} < \beta_1 X_{t-1}$,那么,下一期 Y 就会增加,即 $\Delta Y_t > 0$。

当 δ_2 显著为正,若 Y_{t-1} 大于其期望值 $\beta_1 X_{t-1}$,即 $Y_{t-1} > \beta_1 X_{t-1}$,那么,下一期 X 就会增加,即 $\Delta X_t > 0$。若 Y_{t-1} 小于其期望值 $\beta_1 X_{t-1}$,即 $Y_{t-1} < \beta_1 X_{t-1}$,那么,下一期 X 就会减少,即 $\Delta X_t < 0$。

在一个协整体系内,误差修正项($Y_{t-1} - \beta_1 X_{t-1}$)衡量了短期失衡,引起的长期均衡调节可能存在多个方向。有时候是 Y 方向的调整,有时候是 X 方向的调整。

可见,VECM 模型的估计包括两部分,一部分是对 VAR 系数的估计($\beta\gamma$),另一部分是对误差修正项的估计(δ)。

14.2 VECM 模型的 Stata 应用

一个完整的 VECM 模型构建主要包括以下几个步骤:

1. 单位根检验

和 VAR 模型不同,VECM 模型是针对非平稳序列的建模。因此,在进行协整分析和运用 VECM 模型之前也需要进行单位根检验。如果不存在单位根,说明是平稳序列,直接运用 VAR 模型进行分析。如果存在单位根,说明是不平稳序列,需要进行协整分析,即 VECM 建模。序列的单位根检验有多种形式,既可以通过观察时间序列图判断平稳性,还可以通过 DF 检验、ADF 检验判断平稳性。平稳的时间序列没有明显的增长或下降趋势,它的均值、方差不随时间发生变化。

(1)观察时间序列图的 Stata 命令。

```
twoway (line shuju year)         // shuju 为原始序列,year 为时间变量
twoway (line d.shuju year)       // d.shuju 为一阶差分后的数据,year 为时间变量
tsset year                       //设定数据的时间变量为 year
tsline shuju                     // 画出数据的时间序列图
tsline d.shuju                   // 画出数据一阶差分后的时间序列图
```

tsline 包含了丰富的画图设定,可以通过命令 help tsline 了解更多的参数设定,画出清晰、美观的时间序列图,观察序列的平稳性。

(2)DF 检验、ADF 检验的 Stata 命令。

```
dfuller shuju, notrend           // 对变量 shuju 进行单位根检验,且不包含趋势项
dfuller d.shuju, notrend
```

命令 dfuller 包含了多种形式的检验,可以通过命令 help dfuller 了解更多检验模型的设定,包括是否包含时间趋势项、飘移项、滞后项等。

ADF 检验的原假设为 H_0:序列具有单位根。如果返回的 P 值>0.1,则无法拒绝原假设,说明检验序列具有单位根,序列是非平稳的;如果返回的 P 值<0.1,则

拒绝原假设，说明检验序列不具有单位根，是平稳的（见表14-1）。根据序列的平稳性质，决定是否需要对序列进行差分处理。

表 14-1 序列的单位根检验

	H_0：序列具有单位根	H_1：序列没有单位根
$p>\alpha$	无法拒绝 H_0，说明序列存在单位根	序列不平稳，需要进行差分处理
$p<\alpha$	拒绝 H_0，说明序列不存在单位根	序列平稳，可以进行建模分析

2. 协整检验

协整检验的思想是将差分后的变量放在同一模型里，通过变量之间的线性组合，消除共同的随机趋势，以得到变量之间的长期联动趋势关系。协整检验的关键是确定协整形式，并选择合适的滞后阶数。二元时间序列的协整关系可以通过格兰杰两步法检验，也可以通过迹检验。协整检验需要借助线性回归模型，因此进行协整检验的第一步是建立一个简单的线性回归模型。x、y 为原始时间序列，假设都为不平稳序列，现在需要检验 x、y 一阶差分后之间的协整关系。

（1）格兰杰两步法的 Stata 命令。

```
regress d.y d.x             // y 作为因变量，x 作为自变量，用 OLS 估计
predict e, resid            // 取出估计后的残差，存于变量 e 中
tsline e                    // 绘制残差的时间序列图
dfuller e, notrend          // 对残差序列进行单位根检验
```

观察残差的时间序列图，如果时序图存在明显的增长或下降趋势，或者呈现周期性波动，说明存在某种趋势，为非平稳序列。结合时间序列图和 ADF 单位根检验，如果残差序列不存在单位根，为平稳序列，则说明 x、y 之间存在协整关系，x、y 都为一阶单整，需要构建相应模型来刻画这种协整关系。如果残差序列还存在单位根，为不平稳序列，则还需要对原始序列 x、y 进行二阶差分。

（2）迹检验的 Stata 命令。

根据信息准则确认变量的滞后阶数，确定放入模型中的滞后阶数后，然后确定协整的秩，协整秩代表协整关系的个数。

```
varsoc d.y d.x              //得到包含不同滞后阶数的信息准则
```

返回结果中包含最终预测误差准则（Final Prediction Error Criterion，FPE）、赤池信息准则（Akaike Information Criterion，AIC）、HQ 信息准则（Hannan-Quinn Information Criterion，HQIC）和结构贝叶斯信息准则（Structure Bayesian Information Criterion，SBIC）四种信息准则，不论哪种信息准则，都是值越小越好。再结合返回的 P 值，选择最优滞后阶数。假设最优滞后阶数为 3。

```
vecrank y x, lags (2)       //确认 x、y 的协整秩
```

需要注意的是，在进行协整检验时，命令 vecrank 输入的是原始序列，且在命令 lags 中输入最优滞后阶数-1 的阶数（varsoc 确认最优阶数为 3），因此输入的 lags

为 2。返回结果中，关注 trace statistic（迹统计量），找到带有"*"的迹统计量，如果对应的秩为 1，说明这两个变量存在 1 阶协整关系。当变量大于 2，也可能得到多个长期均衡关系，得到的秩就会大于等于 1。

对于变量之间的协整检验，本书第 11 章提供了更为详细的分析，可以进行参考。

3. 格兰杰因果检验

根据上一个步骤，我们可以确定变量之间的协整关系。如果想要继续研究两者之间的因果关系，就需要进行格兰杰因果检验。在前面章节中，我们也介绍过格兰杰因果关系，现在简单回顾一下：：如果变量 A 是变量 B 的因，同时变量 B 不是变量 A 的因，那么可以用变量 A 的滞后值来预测变量 B 的值，但变量 B 的滞后值无法预测变量 A 的值。在模型回归中，以变量 A 为因变量，变量 A、变量 B 的滞后值为自变量，那么变量 B 的滞后值的估计系数显著。这种情况下，称变量 A 与变量 B 之间存在单向格兰杰因果关系。如果变量 A 和变量 B 互为因，说明变量 A 与变量 B 之间存在双向格兰杰因果关系。格兰杰因果关系检验有多种方法，本文提供一种简单的检验，命令如下：

var d.y d.x, lags(3)   // 保证输入的变量是平稳序列
vargranger

变量中还可以加入外生变量，通过命令 help var 可以了解更多的参数设定。在命令 vargranger 返回的结果中，根据最后一列 P 值判定结果（见表 14-2）。

表 14-2 格兰杰因果检验假设说明

	H_0：变量 1 不是变量 2 的格兰杰因
$p>\alpha$	无法拒绝 H_0，说明变量 1 的滞后值不会影响变量 2，变量 1 不是变量 2 的格兰杰因
$p<\alpha$	拒绝 H_0，说明变量 1 的滞后值会影响变量 2，变量 1 是变量 2 的格兰杰因

如果 $d.y$ 和 $d.y$ 互为各自的格兰杰因，说明 $d.y$ 和 $d.x$ 之间存在双向格兰杰因果关系；如果 $d.y$ 是 $d.x$ 的格兰杰因，$d.x$ 不是 $d.y$ 的格兰杰因，或者 $d.y$ 不是 $d.x$ 的格兰杰因，$d.x$ 是 $d.y$ 的格兰杰因，则说明 $d.y$ 和 $d.x$ 之间存在单向格兰杰因果关系；如果 $d.y$ 和 $d.x$ 之间互不为双方的格兰杰因，则说明 $d.y$ 和 $d.x$ 之间不存在格兰杰因果关系。

需要说明的是，格兰杰因果关系并不是真正的因果关系，它仅仅反映变量之间的预测效果，起到辅助经济分析的作用。

4. VECM 模型估计

确立了变量之间的协整关系和格兰杰因果关系后，就可以建立 VECM 模型来估计变量之间的长期均衡关系。输入 VECM 模型的是原始序列（不平稳），滞后阶数要比 VAR 模型的滞后阶数少一个。VECM 模型是含有修正项的 VAR 模型。相关命令如下：

vec y x, lags（2）rank（1） //lags 为放入模型中的滞后阶数，rank 为确定的秩

命令 lags 中的最优滞后阶数可以根据命令 varsoc 获得，但输入命令 vec 的滞后阶数应该比通过命令 varsoc 选择出的滞后阶数少一个。命令 rank 中的秩是协整关系的数量，根据 vecrank 的返回结果可得。

命令 vec 后会返回两个结果，一个是误差修正方程的系数估计结果，一个是协整方程的估计结果。

下面对二元时间序列的建模作一个简单总结：

（1）如果两个序列都是平稳的，直接建立 VAR 模型；

（2）如果两个序列都不平稳，但是一阶差分平稳，则需要根据情况选择合适模型：①如果通过了协整检验，则建立原始序列的 VECM 模型；②如果没通过协整检验，则建立一阶差分后的 VAR 模型。

此外，针对序列之间是否存在格兰杰因果关系，需要说明的是：①如果序列平稳，则直接进行格兰杰因果检验；②如果序列不平稳，先进行协整检验，若存在协整关系，那么对差分后的序列进行格兰杰因果检验；如果不存在协整关系，也可以对差分后的序列进行格兰杰因果检验。但是估计的模型是不一样的。

14.3 VECM 模型的应用实例

1. 背景概述

2022 年 3 月，伦敦金属交易所上演了一场"史诗级的逼空大战"，商战的主角双方是青山控股集团和全球大宗商品交易巨头嘉能可（Glencore）。青山控股集团是主营镍铁和不锈钢资源的龙头企业，被称为"中国镍王"。青山控股集团的核心业务是不锈钢的生产加工，这离不开重要的原材料——镍。金属镍是典型的大宗商品，受供需关系影响，价格波动非常大。为了规避价格波动风险，大宗商品相关企业都会选择套期保值。

进行实物交易的市场被称为现货市场，与之相对的是期货市场。期货市场的交易对象是现货市场交易的货物，比如铜、棉花、石油。在期货市场，按照交易头寸，交易者可分为多头方和空头方。多头方对未来价格看涨，而空头方则对未来价格看跌。一般来说，如果手中持有大量现货，为了对冲现货价格下跌带来的风险，会在期货市场做空。青山控股集团由于主营不锈钢，镍矿产量很大，是全球第一的镍铁供应商。在现货市场，青山控股集团是卖家，也就是现货的多头方。为了对冲风险和套期保值，青山控股集团多年来一直是期货市场的空头方，并且有多次成功做空的经验。毫不意外，在此次"逼空大战"中，青山集团在期货市场持有大量高仓位的空单。

对于实体企业来说，减少现货价格波动带来的冲击，确保企业生产经营的有序进行尤为重要。通行的做法是通过期货交易来规避现货价格波动带来的风险，从经

济逻辑上来看,在相对长的同一周期内,同一商品的期货价格和现货价格受相同经济因素的影响,因此现货价格和期货价格的运行趋势基本一致。期货价格和现货价格的相互关系也因此表现出明显的长期均衡关系。现货价格会影响期货价格,反过来,期货价格也会在很大程度上影响现货价格。现有研究表明,期货和现货之间的价格关系主要表现为期货对现货的价格发现与期货、现货间的价格引导关系。其中,发现这种关系的主要方法来源于恩格尔和格兰杰于1998年提出的协整检验方法。

我国是金属铜的生产和消费大国,产量和销量皆居世界第一。作为工业生产的重要基础原材料,金融铜的期货价格和现货价格变动与我国经济运行紧密相关。本章通过VECM模型来研究铜期货和现货之间的协整关系。

2. 数据的基本处理

从数据库下载上海期货交易所的沪铜主力合约,得到铜的期货价格,并下载得到阴极铜的现货价格,保存至Excel2010表格中,分别命名为future和spot。时间区间为2012年4月19日—2022年4月18日。需要注意的是,由于期货交易在法定工作日交易,因此在时期上存在缺失;而现货交易每天都有,不存在时间缺失。因此,将数据整合时需要进行时间匹配,比多变量回归多了一个步骤。数据存在F:\stata17\zsq\chap14中。

从表14-3铜合约期货价格和表14-4的铜交易现货价格来看,铜期货价格和现货价格走势比较一致,在样本期间内整体呈现出上升的趋势。在2012年4月,铜价为5.8万元吨;在2022年4月,铜价上涨至近7.5万元/吨。

表14-3 铜合约期货价格

日期	期货价格(元/吨)
2012-04-19	57 670.000 0
2012-04-20	57 750.000 0
2012-04-23	57 330.000 0
2012-04-24	57 600.000 0
2012-04-25	57 590.000 0
2012-04-26	58 290.000 0
…	…
2022-04-13	74 030.000 0
2022-04-14	74 180.000 0
2022-04-15	74 970.000 0
2022-04-18	74 760.000 0

注:期货价格单位为元/吨。上海期货交易所合约单位为5吨/手。

表 14-4 铜交易现货价格

日期	期货价格（元/吨）
2012-04-19	57 468.75
2012-04-20	57 537.50
2012-04-21	57 537.50
2012-04-22	57 537.50
2012-04-23	57 627.50
2012-04-24	57 603.75
…	…
2022-04-15	75 055.00
2022-04-16	75 055.00
2022-04-17	75 055.00
2022-04-18	75 541.67

把下载好的数据导入 Stata 17.0，在 Command 文本框中输入命令：

```
cd "F:\stata17\zsq\chap14"                              //设定工作路径
import excel future.xlsx, firstrow clear
rename 日期 date
rename 期货价格 future
gen day=date(date,"YMD")                                // 生成日期变量
format day %td                                          // 将日期变量 day 转为日
tsset day, daily
keep day future
order day future                                        // 得到了包含日期、期货价格的数据
label var future "铜期货价格"
label var day "交易日"
save futureprice.dta, replace
browse
```

数据如图 14-1 所示。

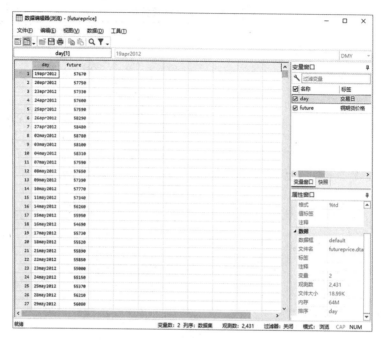

图 14-1　铜合约期货价格

用同样的方法处理铜交易现货价格数据。数据如图 14-2 所示。

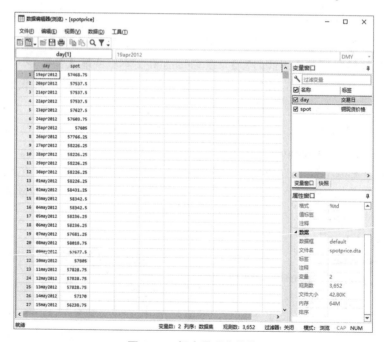

图 14-2　铜交易现货价格

从图 14-1、图 14-2 中可以看出，铜期货价格有 2 431 个观测值，铜现货价格有 3 652 个观测值，数据分别存入 futureprice.dta 和 spotprice.dta 中，下一步需要进行日期匹配。由于期货价格数据少于现货价格数据，因此要以期货价格数据为基准剔除多余的现货价格数据。

use futureprice.dta, clear
merge 1∶1 day using spotprice.dta   //以日期 day 进行匹配

```
merge 1:1 day using spotprice.dta

    Result              Number of obs
    Not matched                 1,221
        from master                 0  (_merge==1)
        from using              1,221  (_merge==2)

    Matched                     2,431  (_merge==3)
```

图 14-3   匹配结果

从图 14-3 中可以看出，有 2 431 个数据匹配，没有匹配到的 1 221 个观测值全部来自 spotprice.dta，删除没有匹配到的数据。

keep if _merge ==3   // 留下匹配后的数据
drop _merge
save price.dta, replace

我们画一个时间趋势图观察现货价格和期货价格的走势，命令如下：

use price.dta, clear
tsline（spot），title（"铜现货价格走势图"）xtitle（"交易日期"）ytitle（"价格"）plotregion（color（white））graphregion（color（white））
save spot.gph
tsline（future），title（"铜期货价格走势图"）xtitle（"交易日期"）ytitle（"价格"）plotregion（color（white））graphregion（color（white））
save future.gph
graph combine future.gph spot.gph

铜期货价格和现货价格的走势如图 14-4 所示。在样本期间内，铜的期货价格和现货价格均为先下跌、后上涨，而后小幅下跌，然后在 2020 年开始大幅上涨，2022 年呈现出小幅震荡态势。当然，也可以将现货价格、期货价格走势画在同一张图里。

图 14-4 价格走势图

3. 单位根检验

建立时间序列模型之前,首先需要确定该时间序列是否为平稳序列。如果序列不平稳,需要进一步处理;如果为序列平稳,可以继续建模。单位根检验是检验序列平稳性最常用的方法之一,而在单位根检验中最常用的方法是 ADF 检验。为了降低可能存在的异方差性对价格序列统计精度的影响,我们对期货价格、现货价格序列进行了对数处理(对数化处理不影响数据的平稳性)。而后分别对期货价格、现货价格进行单位根检验。

use price.dta, clear
gen lnspot = ln(spot)   // 对数化处理
gen lnfuture = ln(future)
dfuller lnspot
dfuller lnfuture

返回结果见图 14-5 和图 14-6。

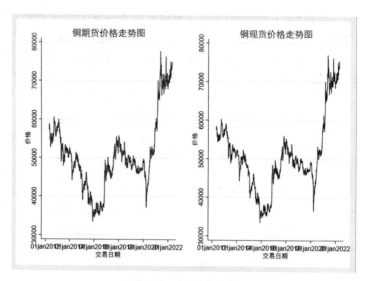

图 14-5 lnspot 序列的单位根检验

从图 14-5 中可知，检验值 $Z(t)$ 为 -1.334，大于 1%、5%、10% 不同显著性水平下的临界值，且 P 值为 0.613 6 > 0.05，无法拒绝原假设，因此序列存在单位根。由此可得，铜现货价格数据是非平稳时间序列。

```
. dfuller lnfuture

Dickey-Fuller test for unit root       Number of obs  =  1,914
Variable: lnfuture                      Number of lags =      0

H0: Random walk without drift, d = 0

                              Dickey-Fuller
              Test       ---- critical value ----
              statistic    1%        5%       10%

    Z(t)      -1.963     -3.430    -2.860    -2.570

MacKinnon approximate p-value for Z(t) = 0.3029.
```

图 14-6　lnfuture 序列的单位根检验

从图 14-6 可知，检验值 $Z(t)$ 为 -1.963，大于各不同显著性水平下的临界值，且 P 值为 0.302 9 > 0.05，无法拒绝原假设，因此序列存在单位根。由此可得，铜期货价格数据也是非平稳时间序列。

然后对对数现货价格、对数期货价格的一阶差分序列进行 ADF 检验，检验差分后数据的平稳性。结果如图 14-7 所示。

```
gen dlnspot = lnspot-lnspot[_n-1]               // 差分处理，不损失变量
gen dlnfuture = lnfuture-lnfuture[_n-1]
dfuller dlnspot
dfuller dlnfuture
```

```
. dfuller dlnspot

Dickey-Fuller test for unit root       Number of obs  =  1,913
Variable: dlnspot                       Number of lags =      0

H0: Random walk without drift, d = 0

                              Dickey-Fuller
              Test       ---- critical value ----
              statistic    1%        5%       10%

    Z(t)     -50.165     -3.430    -2.860    -2.570

MacKinnon approximate p-value for Z(t) = 0.0000.

. dfuller dlnfuture

Dickey-Fuller test for unit root       Number of obs  =  1,913
Variable: dlnfuture                     Number of lags =      0

H0: Random walk without drift, d = 0

                              Dickey-Fuller
              Test       ---- critical value ----
              statistic    1%        5%       10%

    Z(t)     -49.937     -3.430    -2.860    -2.570

MacKinnon approximate p-value for Z(t) = 0.0000.
```

图 14-7　差分后序列的单位根检验

从图 14-7 返回结果可知，对数期货价格和对数现货价格的一阶差分序列，其 $Z(t)$ 检验值都远远小于临界值，P 值为 0，拒绝原假设，差分序列不存在单位根，说明序列是平稳的，而且两个时间序列都是一阶单整序列。

注意，在图 14-5 到图 14-7 中，ADF 检验的观测值都明显少于原始观测值 2 431。一方面，这是由于差分之后有样本损失；另一方面，更重要的原因在于，时间序列是日序列，ADF 检验实质上是样本自回归后对残差进行检验，样本自回归过程需要加入滞后变量，因此滞后变量不存在的样本会被剔除掉，由于周末、节假日没有交易数据，因此会损失一部分样本。如果想要对上一个交易日或者上一个观测样本进行回归，减少样本损失，可以构造虚拟时间序列。方法如下：

```
set obs 2431                              // 数据中存在 2 431 个观测值
gen t=_n
tsset t, daily                            // 将 t 设定为日度时间变量
dfuller dlnspot
dfuller dlnfuture
```

此时，时间变量是连续的日数据，进行单位根检验的样本是连续的。由于 Stata 17.0 中默认的时间从 1960 年 1 月 1 日开始。$t=1$ 显示为 1960 年 1 月 1 日，$t=2$ 显示为 1960 年 1 月 2 日。因此在后面的时间中，看到的日期变量始于 1960 年 1 月 2 日，1960 年 1 月 1 日在差分处理中被删除。经过这种时间处理，日期变量是连续人，全部样本都进入单位根检验的样本，此时损失的样本就很少。此时检验也不改变检验结果，一阶对数差分序列都是平稳的。结果见如图 14-8 所示。

```
. dfuller dlnspot

Dickey-Fuller test for unit root          Number of obs  =  2,429
Variable: dlnspot                         Number of lags =      0

H0: Random walk without drift, d = 0

                              Dickey-Fuller
                    Test    ——— critical value ———
               statistic     1%       5%      10%

    Z(t)        -49.773    -3.430   -2.860   -2.570

MacKinnon approximate p-value for Z(t) = 0.0000.

.
. dfuller dlnfuture

Dickey-Fuller test for unit root          Number of obs  =  2,429
Variable: dlnfuture                       Number of lags =      0

H0: Random walk without drift, d = 0

                              Dickey-Fuller
                    Test    ——— critical value ———
               statistic     1%       5%      10%

    Z(t)        -51.130    -3.430   -2.860   -2.570

MacKinnon approximate p-value for Z(t) = 0.0000.
```

图 14-8 新日期下的差分序列单位根检验

4. 协整检验

想要清楚铜期货价格和现货价格之间是否存在长期均衡关系，首先需要对两个序列进行协整检验。对于二元时间序列，可以采用格兰杰两步法和迹检验两种方法。首先，构建合适阶数的模型以进行协整检验，在窗口输入命令：

varsoc dlnspot dlnfuture

返回结果如图 14-9 所示。4 种信息准则中，有 3 个的最优滞后阶数为 4，所以，选择滞后 4 阶进行后续检验。由于前文重新设置了日期序列，因此显示出的日期和原来的日期不一致，不过这并不影响数据分析结果。

```
Sample: 07jan1960 thru 28aug1966              Number of obs = 2,426

 Lag      LL        LR      df    p      FPE       AIC       HQIC      SBIC

  0    16050.3                         6.2e-09   -13.2303  -13.2285  -13.2255
  1    16504.8   909.02    4   0.000  4.2e-09   -13.6017  -13.5965  -13.5873
  2    16657.1   304.63    4   0.000  3.8e-09   -13.7239  -13.7153  -13.7001
  3    16726.7   139.1     4   0.000  3.6e-09   -13.778   -13.7658  -13.7445*
  4    16739.1   24.717*   4   0.000  3.5e-09*  -13.7849* -13.7692* -13.7419

* optimal lag
Endogenous: dlnspot dlnfuture
 Exogenous: _cons
```

图 14-9　滞后阶数检验

根据信息准则确认的最优滞后阶数进行协整检验，以确定铜期货价格和现货价格之间是否存在协整关系。输入命令：

vecrank lnspot lnfuture, lags (3)　　// 输入价格序列，而不是差分序列，见图 14-10

返回结果如图 14-10 所示。秩为 1 时，迹统计量（trace statistic）远远小于 5% 的临界值，说明铜期货价格、铜现货价格之间的协整秩为 1，即两者之间存在一个协整关系。

```
Johansen tests for cointegration
Trend: Constant                         Number of obs = 2,428
Sample: 05jan1960 thru 28aug1966        Number of lags =     3
                                                      Critical
Maximum                              Trace            value
 rank   Params       LL    Eigenvalue statistic        5%
   0      10     16672.745     .         96.4278      15.41
   1      13     16720.741   0.03876      0.4353*      3.76
   2      14     16720.959   0.00018

* selected rank
```

图 14-10　迹检验结果

5. 格兰杰因果检验

期货价格序列、现货价格序列不平稳，而且存在协整关系，说明两者之间可能存在因果关系。要判断两个变量中哪一个变量具有解释作用，需要采取格兰杰因果关系检验进一步了解现货价格和期货价格之间的相互关系。

  var dlnspot dlnfuture   // 输入平稳序列

  vargranger   // 返回格兰杰因果关系检验结果

返回结果如图 14-11 和图 14-12 所示。*dlnspot* 为 *lnspot* 的差分变量，对数价格的差分值其实是收益率，*dlnspot* 也就是铜现货收益率。命令 var 默认的 VAR 模型为包含各自变量的 2 阶滞后变量 VAR（2）。从系数的 P 值来看，当因变量为 *dlnspot* 时，*dlnfuture* 滞后变量的系数为正，且 P 值都显著为 0；当因变量为 *dlnfuture* 时，*dlnspot* 滞后变量的系数有正有负，但 P 值都大于 5%，系数不显著。

```
Vector autoregression

Sample: 05jan1960 thru 28aug1966            Number of obs    =      2,428
Log likelihood =    16672.75                AIC              =  -13.72549
FPE            =    3.75e-09                HQIC             =  -13.71681
Det(Sigma_ml)  =    3.72e-09                SBIC             =  -13.70162

Equation          Parms      RMSE      R-sq       chi2     P>chi2

dlnspot              5      .00922    0.1733    508.9326   0.0000
dlnfuture            5      .011041   0.0041    10.06116   0.0394


              | Coefficient  Std. err.      z    P>|z|     [95% conf. interval]
dlnspot       |
   dlnspot    |
         L1.  | -.5779523    .0317694   -18.19   0.000    -.6402191   -.5156855
         L2.  | -.2278824    .0293986    -7.75   0.000    -.2855026   -.1702623
   dlnfuture  |
         L1.  |  .6102668    .0272713    22.38   0.000     .556816     .6637176
         L2.  |  .341887     .0291495    11.73   0.000     .284755     .399019
        _cons |  .000098     .0001869     0.52   0.600    -.0002684    .0004644

dlnfuture     |
   dlnspot    |
         L1.  |  .0275852    .0380448     0.73   0.468    -.0469813    .1021516
         L2.  | -.0027548    .0352057    -0.08   0.938    -.0717568    .0662471
   dlnfuture  |
         L1.  | -.0535377    .0326583    -1.64   0.101    -.1175468    .0104713
         L2.  |  .0446328    .0349075     1.28   0.201    -.0237845    .1130502
        _cons |  .0001077    .0002239     0.48   0.630    -.000331     .0005465
```

图 14-11 铜期货价格、现货价格之间的格兰杰因果关系检验

在图 14-12 中，因变量为 *dlnspot* 的 P 值为 0，拒绝"铜期货价格不是铜现货价格的格兰杰因"这一假设，说明铜期货价格是现货价格的格兰杰因；因变量为 *dln-future* 的 P 值为 0.697，无法拒绝"铜现货价格不是铜期货价格的格兰杰因"这一假设。铜期货价格和铜现货价格之间存在单向格兰杰因果关系，即铜期货价格是铜现货价格的格兰杰因，这说明可以用铜期货价格来预测铜现货价格，铜期货市场在价格发现中起主导作用。

```
Granger causality Wald tests
```

Equation	Excluded	chi2	df	Prob > chi2
dlnspot	dlnfuture	503.14	2	0.000
dlnspot	ALL	503.14	2	0.000
dlnfuture	dlnspot	.7218	2	0.697
dlnfuture	ALL	.7218	2	0.697

图 14-12　格兰杰因果检验

6. VECM 模型估计

从平稳性检验、协整检验、格兰杰因果关系检验可知，要想进一步分析铜期货价格和现货价格之间的长期动态均衡关系，还需要建立 VECM 模型。根据"4. 协整检验"，建立 VECM（4），并采用迹检验方法估计该模型的系数。

$$\Delta \text{lnspot}_t = a_1 + \delta_1(\text{lnspot}_{t-} - \beta \text{lnfuture}_{t-1}) + \sum_{i=1}^{4}\beta_{1i}\Delta \text{lnspot}_{t-1} + \sum_{i=1}^{4}\gamma_{1i}\Delta \text{lnfuture}_{t-1} + \varepsilon_{1t}$$

$$\Delta \text{lnfuture}_t = a_2 + \delta_2(\text{lnspot}_{t-} - \beta \text{lnfuture}_{t-1}) + \sum_{i=1}^{4}\beta_{2i}\Delta \text{lnspot}_{t-1} + \sum_{i=1}^{4}\gamma_{2i}\Delta \text{lnfuture}_{t-1} + \varepsilon_{1t}$$

（14.6）

Stata 17.0 中的命令如下：

  vec lnspot lnfuture, lags（4）rank（1）　　　　//输入对数价格，为非平稳序列

这条命令会返回两部分内容：一是铜期货和现货对数价格差分序列的误差修正模型估计，可估计出参数 β、γ；二是协整方程估计。返回结果分别见图 14-13 和图 14-14。协整方程代表两个变量的长期均衡关系。

```
Vector error-correction model

Sample: 06jan1960 thru 28aug1966          Number of obs  =      2,427
                                          AIC            =  -13.80183
Log likelihood = 16765.52                 HQIC           =  -13.78707
Det(Sigma_ml) = 3.43e-09                  SBIC           =  -13.76124
```

Equation	Parms	RMSE	R-sq	chi2	P>chi2
D_lnspot	8	.009147	0.1879	559.5451	0.0000
D_lnfuture	8	.011031	0.0076	18.4564	0.0181

	Coefficient	Std. err.	z	P>|z|	[95% conf. interval]	
D_lnspot						
_ce1						
L1.	-.0644558	.0225239	-2.86	0.004	-.1086018	-.0203099
lnspot						
LD.	-.5991137	.037175	-16.12	0.000	-.6719753	-.526252
L2D.	-.3369435	.0386193	-8.72	0.000	-.4126359	-.261251
L3D.	-.1387459	.0303944	-4.56	0.000	-.1983179	-.079174

图 14-13　VECM（4）估计结果

```
lnfuture
    LD.     .6029761    .0330112    18.27    0.000     .5382753    .6676769
    L2D.    .4206315    .0366348    11.48    0.000     .3488286    .4924344
    L3D.    .1635386    .0313691     5.21    0.000     .1020563    .2250209

    _cons   .0000939    .0001857     0.51    0.613    -.00027      .0004579

D_lnfuture
    _ce1
    L1.     .0532798    .0271655     1.96    0.050     .0000364    .1065232

lnspot
    LD.     .0087035    .0448359     0.19    0.846    -.0791732    .0965802
    L2D.    .0091034    .0465778     0.20    0.845    -.0821874    .1003943
    L3D.   -.0100572    .036658     -0.27    0.784    -.0819056    .0617911

lnfuture
    LD.    -.0231993    .0398141    -0.58    0.560    -.1012334    .0548349
    L2D.   .0432373    .0441844     0.98    0.328    -.0433625    .1298371
    L3D.  -.0319956    .0378535    -0.85    0.398    -.1061479    .0421567

    _cons   .0001136    .000224      0.51    0.612    -.0003254    .0005526
```

图 14-13 VECM（4）估计结果（续）

```
Cointegrating equations

Equation       Parms     chi2      P>chi2

_ce1             1     28455.85    0.0000

Identification: beta is exactly identified
                Johansen normalization restriction imposed

         beta   Coefficient  Std. err.    z      P>|z|   [95% conf. interval]

_ce1
   lnspot           1           .         .        .          .           .
   lnfuture    -1.002987    .0059458   -168.69   0.000    -1.01464    -.991333
   _cons        .0291878        .         .        .          .           .
```

图 14-14 协整方程估计

对数价格数据经过差分后得到收益率数据，因此回归结果中的 D-lnspot、D-lnfuture 的经济意义是铜现货收益率、铜期货收益率。从表 14-5 的第（1）列可以看出，铜现货收益率会同时受到铜现货收益率的历史值和铜期货收益率的历史值的共同影响。铜现货历史收益率会负向影响铜现货当前收益率，并且这种影响随时间而变弱（LD. lnspot、L2D. lnspot、L3D. lnspot 的系数绝对值越来越小）；铜期货历史收益率会正向影响铜现货当前收益率，这种影响随时间而变弱（LD. lnfuture、L2D. lnfuture、L3D. lnfuture 的系数越来越小）。从第（2）列中可以看出，铜现货价格对期货价格的影响不存在显著关系，除了误差修正项（L._ce1），其他系数都不显著。

误差修正项系数（δ_1、δ_2）意味着现货价格、期货价格的短期短波动受长期均衡关系偏离程度的影响。$\delta_1 = -0.0645$，显著为负。这说明如果现货价格对于期货价格超出其均衡关系1%，下一期的现货价格就会下降6.45%。$\delta_2 = 0.0533$，显著为正，这说明如果现货价格对于期货价格超出其均衡关系1%，下一期的期货价格就会提高5.33%。从系数的绝对值可以看出，现货价格的调整速度要快于期货价格的调整速度。

表14-5 VECM（4）估计结果

VARIABLES	(1) D_lnspot	(2) D_lnfuture
L._ce1	-0.0645*** (0.0225)	0.0533** (0.0272)
LD.lnspot	-0.599*** (0.0372)	0.00870 (0.0448)
L2D.lnspot	-0.337*** (0.0386)	0.00910 (0.0466)
L3D.lnspot	-0.139*** (0.0304)	-0.0101 (0.0367)
LD.lnfuture	0.603*** (0.0330)	-0.0232 (0.0398)
L2D.lnfuture	0.421*** (0.0366)	0.0432 (0.0442)
L3D.lnfuture	0.164*** (0.0314)	-0.0320 (0.0378)
Constant	9.39e-05 (0.000186)	0.000114 (0.000224)
Observations	2,427	2,427

注：L2D.lnspot 表示 lnspot 差分的滞后2阶值。

如果模型拟合完好，那么 lnspot-1.002987ln*future*$+0.0291878$ 计算出的序列应该是平稳序列。为了检验模型拟合程度，需要对协整方程中的残差项进行检验，如果残差项是平稳序列，不存在单位根，说明模型拟合完好。

    predict ce, ce   // 得到协整方程中的残差项
    line ce t

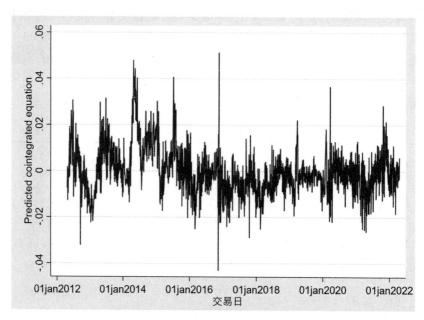

图 14-15　协整方程中的残差项时间序列图

从残差时间序列图可以看出，残差项围绕 0 上下波动，没有明显的趋势，是平稳的时间序列。同时，采用 ADF 检验，显示残差序列为平稳序列。由此可知，上述 VECM 模型拟合度较好。

综上所述，铜期货价格和现货价格存在单向格兰杰因果关系，期货价格变动会影响现货价格变动，但是现货价格变动不会影响期货价格变动，铜期货市场在价格发现中起主导作用。根据协整检验建立合适的误差修正模型，得到了期货价格和现货价格的长期均衡关系和短期调整关系。可以看出，期货历史收益率会负向影响现货收益率，影响强度会随着时间衰减，但是现货历史收益率不会影响期货的收益率。当偏离长期均衡关系时，现货价格的调整速度比期货价格的调整速度更快。

操作练习题

下载沪深 300 指数和沪深 300 股指期货价格数据，分析指数现货（沪深 300）和期货（沪深 300 股指期货）之间的协整关系，探究哪个市场在价格发现中起主导作用。

参考文献

Altman, et al. 1968. Financial Ratios, Discriminant Anlysis and the Prediction of Corporate Bankruptcy [J]. Journal of Finance, 23: 589-699.

McQeen, et al. 1997. Dow-10 Investment Strategy Beat the Dow Statistically and Economically? [J]. Financial Analysts Journal, 53 (4): 66-72.

〔美〕Ruey S. Tsay, 2013. 金融数据分析导论: 基于 R 语言 [M]. 李洪成, 尚秀芬, 郝瑞丽, 译. 北京: 机械工业出版社.

〔美〕戴维·安德森, 2012. 商务与经济统计学(原书第 11 版) [M]. 张建华, 译. 北京: 机械工业出版社.

〔美〕Ruey S. Tsay, 2012. 金融时间序列分析(原书第 3 版) [M]. 王远林, 王辉, 潘家柱, 译. 北京: 人民邮电出版社.

陈工孟, 2007. 金融中的统计方法 [M]. 上海: 上海人民出版社.

范金城, 2007. 数据分析 [M]. 北京: 科学出版社.

黎子良, 邢海鹏, 2009. 金融市场中的统计模型和方法 [M]. 姚佩佩, 译. 北京: 高等教育出版社.

李子奈, 2005. 计量经济学(第三版) [M]. 北京: 高等教育出版社.

林雨雷, 2012. 定量方法 [M]. 北京: 中国财政经济出版社.

刘顺忠, 2006. 管理统计学和 SAS 软件应用 [M]. 武汉: 武汉大学出版社.

庞浩, 2007. 计量经济学 [M]. 北京: 科学出版社.

盛骤, 谢式千, 潘承毅, 2010. 概率论与数理统计 [M]. 北京: 高等教育出版社.

张建同, 2005. 以 Excel 和 SPSS 为工具的管理统计 [M]. 北京: 清华大学出版社.

张甜, 2014. Stata 统计分析与行业应用案例详解 [M]. 北京: 清华大学出版社.

张晓峒, 2004. 计量经济学软件 Eviews 使用指南(第二版) [M]. 天津: 南开大学出版社.

朱顺泉, 2013. 金融计量经济学及其软件应用 [M]. 北京: 清华大学出版社.

朱顺泉, 2014. 数据、模型与决策 [M]. 北京: 北京大学出版社.

朱顺泉, 2007. 统计与运筹优化应用 [M]. 北京: 清华大学出版社.

教辅申请说明

　　北京大学出版社本着"教材优先、学术为本"的出版宗旨，竭诚为广大高等院校师生服务。为更有针对性地提供服务，请您按照以下步骤通过**微信**提交教辅申请，我们会在1~2个工作日内将配套教辅资料发送到您的邮箱。

◎扫描下方二维码，或直接微信搜索公众号"北京大学经管书苑"，进行关注；

◎点击菜单栏"在线申请"—"教辅申请"，出现如右下界面：

◎将表格上的信息填写准确、完整后，点击提交；

◎信息核对无误后，教辅资源会及时发送给您；如果填写有问题，工作人员会同您联系。

温馨提示：如果您不使用微信，则可以通过以下联系方式（任选其一），将您的姓名、院校、邮箱及教材使用信息反馈给我们，工作人员会同您进一步联系。

联系方式：

北京大学出版社经济与管理图书事业部
通信地址：北京市海淀区成府路205号，100871
电子邮箱：em@pup.cn
电　　话：010-62767312 / 62757146
微　　信：北京大学经管书苑（pupembook）
网　　址：www.pup.cn